穆旦年谱

易彬 著

浙江大学出版社·杭州

图书在版编目(CIP)数据

穆旦年谱 / 易彬著. -- 杭州：浙江大学出版社，
2024.11. -- ISBN 978-7-308-25529-5
Ⅰ.K825.6
中国国家版本馆 CIP 数据核字第 2024T6V847 号

穆旦年谱

易 彬 著

责任编辑	蔡 帆　吴心怡
责任校对	吴 庆
封面设计	周 灵
出版发行	浙江大学出版社
	（杭州市天目山路 148 号　邮政编码 310007）
	（网址：http://www.zjupress.com）
排　　版	浙江大千时代文化传媒有限公司
印　　刷	杭州宏雅印刷有限公司
开　　本	880mm×1230mm　1/32
印　　张	17.25
字　　数	390 千
版 印 次	2024 年 11 月第 1 版　2024 年 11 月第 1 次印刷
书　　号	ISBN 978-7-308-25529-5
定　　价	118.00 元

版权所有　侵权必究　印装差错　负责调换
浙江大学出版社市场运营中心联系方式：（0571）88925591；http://zjdxcbs.tmall.com

浙江省文化研究工程指导委员会

主　任：王　浩
副主任：刘　捷　彭佳学　邱启文　赵　承
　　　　胡　伟　任少波
成　员：高浩杰　朱卫江　梁　群　来颖杰
　　　　陈柳裕　杜旭亮　陈春雷　尹学群
　　　　吴伟斌　陈广胜　王四清　郭华巍
　　　　盛世豪　程为民　蔡袁强　蒋云良
　　　　陈　浩　陈　伟　施惠芳　朱重烈
　　　　高　屹　何中伟　李跃旗　吴舜泽

浙江现代文学名家年谱
编纂委员会

主　　任　洪治纲
首席专家　王嘉良　陈　星
编纂委员会（以姓氏笔画为序）
　　丁　帆　刘克敌　孙　郁　吴秀明　张直心
　　陈　坚　陈思和　陈福康　邵宁宁　骆寒超
　　黄乔生
编纂者（以姓氏笔画为序）
　　王　贺　刘家思　李先国　沈建中　张直心
　　陈　星　陈奇佳　罗　华　周春英　赵顺宏
　　姜云飞　骆寒超　钱英才　鲁雪莉　潘正文

浙江文化研究工程成果文库总序

有人将文化比作一条来自老祖宗而又流向未来的河,这是说文化的传统,通过纵向传承和横向传递,生生不息地影响和引领着人们的生存与发展;有人说文化是人类的思想、智慧、信仰、情感和生活的载体、方式和方法,这是将文化作为人们代代相传的生活方式的整体。我们说,文化为群体生活提供规范、方式与环境,文化通过传承为社会进步发挥基础作用,文化会促进或制约经济乃至整个社会的发展。文化的力量,已经深深熔铸在民族的生命力、创造力和凝聚力之中。

在人类文化演化的进程中,各种文化都在其内部生成众多的元素、层次与类型,由此决定了文化的多样性与复杂性。

中国文化的博大精深,来源于其内部生成的多姿多彩;中国文化的历久弥新,取决于其变迁过程中各种元素、层次、类型在内容和结构上通过碰撞、解构、融合而产生的革故鼎新的强大动力。

中国土地广袤、疆域辽阔,不同区域间因自然环境、经济环境、社会环境等诸多方面的差异,建构了不同的区域文化。区域文化如同百川归海,共同汇聚成中国文化的大传统,这种大传统如同春风化雨,渗透于各种区域文化之中。在这个过程中,区域文化如同清溪山泉潺潺不息,在中国文化的共同价值取向下,以自己的独特个性支撑着、引领着本地经济社会的发展。

从区域文化入手,对一地文化的历史与现状展开全面、系统、扎实、有序的研究,一方面可以借此梳理和弘扬当地的历史传统和文化资源,繁荣和丰富当代的先进文化建设活动,规划和指导未来的文化发展蓝图,增强文化软实力,为全面建设小康社会、加快推进社会主义现代化提供思想保证、精神动力、智力支持和舆论力量;另一方面,这也是深入了解中国文化、研究中国文化、发展中国文化、创新中国文化的重要途径之一。如今,区域文化研究日益受到各地重视,成为我国文化研究走向深入的一个重要标志。我们今天实施浙江文化研究工程,其目的和意义也在于此。

千百年来,浙江人民积淀和传承了一个底蕴深厚的文化传统。这种文化传统的独特性,正在于它令人惊叹的富于创造力的智慧和力量。

浙江文化中富于创造力的基因,早早地出现在其历史的源头。在浙江新石器时代最为著名的跨湖桥、河姆渡、马家浜和良渚的考古文化中,浙江先民们都以不同凡响的作为,在中华民族的文明之源留下了创造和进步的印记。

浙江人民在与时俱进的历史轨迹上一路走来,秉承富于创造力的文化传统,这深深地融汇在一代代浙江人民的血液中,体现在浙江人民的行为上,也在浙江历史上众多杰出人物身上得到充分展示。从大禹的因势利导、敬业治水,到勾践的卧薪尝胆、励精图治;从钱氏的保境安民、纳土归宋,到胡则的为官一任、造福一方;从岳飞、于谦的精忠报国、清白一生,到方孝孺、张苍水的刚正不阿、以身殉国;从沈括的博学多识、精研深究,到竺可桢的科学救国、求是一生;无论是陈亮、叶适的经世致用,还是黄宗羲的工商皆本;无论是王充、王阳明的批判、自觉,还是龚自珍、蔡元培的开明、开放,等等,都展示了浙江深厚的文化底蕴,凝聚了浙江人民求真务实的创造精神。

代代相传的文化创造的作为和精神,从观念、态度、行为方式和价值取向上,孕育、形成和发展了渊源有自的浙江地域文化传统和与时俱进的浙江文化精神,她滋育着浙江的生命力、催生着浙江的凝聚力、激发着浙江的创造力、培植着浙江的竞争力,激励着浙江人民永不自满、永不停息,在各个不同的历史时期不断地超越自我、创业奋进。

悠久深厚、意蕴丰富的浙江文化传统,是历史赐予我们的宝贵财富,也是我们开拓未来的丰富资源和不竭动力。党的十六大以来推进浙江新发展的实践,使我们越来越深刻地认识到,与国家实施改革开放大政方针相伴随的浙江经济社会持续快速健康发展的深层原因,就在于浙江深厚的文化底蕴和文化传统与当今时代精神的有机结合,就在于发展先进生产力与发展先进文化的有机结合。今后一个时期浙江能否在全面建设小康社会、加快社会主义现代化建设进程中继续走在前列,很大程度上取决于我们对文化力量的深刻认识、对发展先进文化的高度自觉和对加快建设文化大省的工作力度。我们应该看到,文化的力量最终可以转化为物质的力量,文化的软实力最终可以转化为经济的硬实力。文化要素是综合竞争力的核心要素,文化资源是经济社会发展的重要资源,文化素质是领导者和劳动者的首要素质。因此,研究浙江文化的历史与现状,增强文化软实力,为浙江的现代化建设服务,是浙江人民的共同事业,也是浙江各级党委、政府的重要使命和责任。

2005年7月召开的中共浙江省委十一届八次全会,作出《关于加快建设文化大省的决定》,提出要从增强先进文化凝聚力、解放和发展生产力、增强社会公共服务能力入手，大力实施文明素质工程、文化精品工程、文化研究工程、文化保护工程、文化产业促进工程、文化阵地工程、文化传播工程、文化人才工程等"八项工程"，实施科教兴国和人才强国战略，加快建设教育、科技、卫生、体育等"四个强省"。作为文化建设"八项工程"之一的文化研究工程，其任务就是系统研究浙江文化的历史成就和当代发展，深入挖掘浙江文化底蕴、研究浙江现象、总结浙江经验、指导浙江未来的发展。

浙江文化研究工程将重点研究"今、古、人、文"四个方面，即围绕浙江当代发展问题研究、浙江历史文化专题研究、浙江名人研究、浙江历史文献整理四大板块，开展系统研究，出版系列丛书。在研究内容上，深入挖掘浙江文化底蕴，系统梳理和分析浙江历史文化的内部结构、变化规律和地域特色，坚持和发展浙江精神；研究浙江文化与其他地域文化的异同，厘清浙江文化在中国文化中的地位和相互影响的关系；围绕浙江生动的当代实践，深入解读浙江现象，总结浙江经验，指导浙江发展。在研究力量上，通过课题组织、出版资助、重点研究基地建设、加强省内外大院名校合作、整合各地各部门力量等途径，形成上下联动、学界互动的整体合力。在成果运用上，注重研究成果的学术价值和应用价值，充分发挥其认识世界、传承文明、创新理论、咨政育人、服务社会的重要作用。

我们希望通过实施浙江文化研究工程，努力用浙江历史教育浙江人民、用浙江文化熏陶浙江人民、用浙江精神鼓舞浙江人民、用浙江经验引领浙江人民，进一步激发浙江人民的无穷智慧和伟大创造能力，推动浙江实现又快又好发展。

今天,我们踏着来自历史的河流,受着一方百姓的期许,理应负起使命,至诚奉献,让我们的文化绵延不绝,让我们的创造生生不息。

2006年5月30日于杭州

凡 例

一、本丛书之谱主均系公认的浙籍作家。其主要标识为出生于浙江，或童年、少年时期在浙江度过，或长期与浙江保持密切联系，其家世影响、成长经历、文学素养的形成，受到浙江地域文化的浸染，其文学观念、文学创作留有鲜明的浙江文化印记。浙江"身份"尚存争议的作家，暂不列入。

二、本丛书之谱主的主要文学成就，均在"中国现当代文学"时期（包括1949年以前的"现代"期和中华人民共和国成立后的"当代"期）产生过广泛影响的各种文学创作、文学活动及其他相关文化活动。其他历史时段与谱主相关的活动，从略记述。

三、每位谱主之年谱为一册，以呈现谱主之文学创作、文艺思想、文学组织、文学编辑等成就为重点，相关背景呈示多侧重于其与文学的关联性；年谱亦涉及谱主在中国革命史、思想史、文化史上的成就与贡献，充分展示谱主在建构我国20世纪新文化中的特殊贡献。

四、每部年谱共由三部分组成。第一部分为家世简表、谱主照片等有关材料；第二部分为年谱正文和少量插图，图片配发在正文相应部位，以便形成文图互证；第三部分为谱主的后世影响,主要包括正文未及的谱主身份、价值的确切定位及相关悼念、纪念活动,以及谱主的全集出版、著作外译、谱主研究会的成立、重要研究成果等,均予以择要展示。文后附参考文献。

五、年谱使用规范的现代语体文。直接引用资料采用原文文体;人名、地名、书名、文章篇名及引录的原著繁体字或异体字文句,凡可能引起歧义、误解者,仍用原繁体字或异体字。

六、年谱以公历年份作为一级标题,括号内标注农历年份。谱主岁数以"周岁"表述,出生当年不标岁数,只标为是年"出生"。为便于阅读,按通行出版惯例,年、月、日及岁数均采用阿拉伯数字。

七、年谱在一级标题下,以条目形式列出本年度与谱主的文学(文化)活动密切相关、对谱主产生重要影响的若干条"年度大事记"。

八、年谱以公历月份作为二级标题。在二级标题之下,以日期标识谱主相关信息。所有日期均为公历;若农历涉及跨年度等特殊情况,则换算为公历,将所述内容置于相应年份,以利于读者识别。

九、年谱中部分具体日期不明的重要信息,均置于当月最后位置,以"本月……"说明之;若有关信息只能确定在"春季""夏季"之类时间段内,则置于本年度末,以"春……""夏……"等加以说明;若有关信息只能确定在本年度的,则亦置于本年度末,以"本年……"进行表述。

十、中华人民共和国成立前国家、民族、地名、组织、机构、职官等名称,除明显带有歧视、污蔑含义者须加以适当处理外,原则上仍用文献记载的原名称。

十一、鉴于资料来源多元和考证繁杂,年谱中若观点出现有待考证或诸说并存的,借助"按……"的形式,简要表述编撰者的考辨,或者以注释形式加以说明。

十二、凡有补充、评述等特别需要说明的内容,皆以注释形式说明。对以往诸家有关谱主传记文字的误记之处,在录入史实后,均用注释的方式予以纠正。

十三、年谱正文原则上不特别标识信息来源;若确需说明的,则以分门别类的方式,在正文表述中进行适当处理。

十四、年谱注释从简。确需注释的,统一采用当页脚注。发表报刊一般不注,用适当方式通过正文直接表述;其中,民国时期报刊之"期""号"等,原则上依照原刊之表述。

十五、因时代关系,部分历史文献之标点符号不甚规范,录入时已根据现时标点符号规范标点。以往相关书籍史料中收录的谱主文献,不同版本在部分文献上有不同的断句,本年谱所录之文系在比对各种资料后基于文意定之。

十六、谱主已知的全部著述,均标注初刊处、写作日期、初收何集、著述体裁(如小说、散文、漫画、艺术论述、童话、诗词、评论、译文、书信、日记、序跋等)。若谱主著译版本繁多,一般仅录入初版本。若该作品有多处重刊、转载或收入作品集,则在正文中进行说明,以表明作品的重要性和社会影响。未曾发表的作品注明现有手稿及作品的现存之处。

十七、谱主的主要社会评价,既反映正面性评价,也反映批评性评价,以体现存真的目的,尽可能体现年谱对谱主的全面评价意义。有代表性的评价文字,节录原文以存真。社会评价文字根据原文发表时间,放在相应的正文中表述;若无法确定时间,则放在相应的月份末尾或年份末尾予以恰当叙述。

十八、年谱若遇历史文献中无法辨认之字,则用"□"表示。

十九、年谱中有关谱主的后世影响,根据不同谱主状况,依照类别和时间顺序,在谱后进行详略有别的叙述。

《浙江现代文学名家年谱》编纂委员会

2020 年 8 月

抵抗"湮没与遗忘"
——易彬《穆旦年谱》序

洪子诚

易彬让我为他编写的《穆旦年谱》写点文字。我虽然喜欢穆旦的诗,但其实对这位诗人只限于一般性的了解。上世纪五、六十年代,读过查良铮译的普希金、拜伦、雪莱、济慈,和季摩菲耶夫的翻译,而穆旦的诗却只读过 1957 年发表在《诗刊》、《人民文学》上的那几首。虽然 1980 年《诗刊》发表了他的"遗作选",但是比较完整地读到他 40 年代的作品,要迟至 1986 年。

那年 9 月,在兰州参加过《诗刊》组织的新诗理论讨论会之后,一行人乘坐大巴沿着河西走廊,经武威、酒泉、嘉峪关,走了三天来到敦煌。在敦煌街上小小的新华书店里,意外发现人文社 1986 年初出版的《穆旦诗选》。当天晚上,就把这本只有 150 多页的小书翻读一遍。不少作品当时并不能很好地理解,包括诗人生活、写作背景和作品涉及的历史内容。但浮现的隐约想法是,尽管"朦胧诗"已投下惊艳的身影,得到许多赞誉,但是,当代诗歌的开展仍有很长的路要走。在此之后,曾多次想研究穆旦,但也多次打消这个念头。没有别的原因,就是觉得难以找到缩短与研究对象在知识,特别是诗歌想象力的距离的路径。不

1

过,因为参加编写当代文学史和新诗史,穆旦无法绕开,只得写下一些印象式的文字。这些文字,主要采自穆旦自己的文章(1940年《〈慰劳信集〉——从〈鱼目集〉说起》),和在新诗研究界已家喻户晓的王佐良、唐湜对他的评述,自己并无什么发明。目前,尽管对穆旦的评价存在争议,但正如易彬说的,他的20世纪中国重要诗人和重要翻译家之一的地位,应该是学界大多数人的共识。

80年代以来的三十多年间,穆旦的资料整理和研究,已经有长足的进展。在诸多辛勤的研究者中,易彬是成果丰硕者之一。积十年之功,2010年底他出版了《穆旦年谱》(以下简称《年谱》)和《穆旦与中国新诗的历史建构》,2012年底又出版了《穆旦评传》。之后,又继续发掘、搜集相关资料,有不少新的发现,并在体例、方法上进一步改善,而有了《年谱》的修订版。修订版材料更加丰富、准确,新增30年代到50年代的集外文,强化穆旦作品版本谱系的信息。在有关穆旦档案的发现和使用上,也取得重要进展。《年谱》修订版,以及他即将出版的《穆旦诗编年汇校》,最直接的价值自然是在穆旦研究方面,但是,相信现当代文学、新诗研究的其他领域,也会受其惠泽。另外,易彬这部《年谱》,在现代作家年谱编纂上,也提供了宝贵的经验,提出若干有普遍性质的值得我们进一步思考的问题。

首先是资料的性质和使用。易彬坚持从报刊、书简、日记、文集等搜求第一手原始资料。但是,穆旦是这方面资料稀缺的作家,他只有极少量的日记和书信,很少写自述性的文字,生平的若干重要关节点留下的原始记载不多。为了弥补这一缺陷,《年谱》使用了穆旦朋友、亲属和其他了解情况者在他去世后的回忆性文字。穆旦去世时虽然"文革"已经结束,但是大规模的为历史"冤假错案"纠正平反的时间还没有到来。他没能如其他"九叶"诗人那样获得"自我塑造"的时机。这自然是遗憾。不过也因此迎来众多追忆文字,也算是一种"补偿"。这些补偿性的追念,相对于"自我塑造",也可以称为"他人塑造"。在易彬的《年谱》中,它们有助于厘清穆旦生平,特别是某些事件和心境的细节。不过,无论是"自我塑造"或"他人塑造"的材料,其性质和价值都不能和"原始性"资料等同。原因在于因叙述人身份、讲述时间和动机所呈现的单一指向性,也就是回忆的那种"再造"的性质。基于对这一局限的理解,易彬在使用上取相对谨慎的态度。可以看到,在《年谱》中,这类材料多数情况下不被纳入"正文",而是作为"正文"的扩展性的供参照的材料使用。这应该是一种较为稳妥的处理方式。

《年谱》材料上的另一特点,是档案的搜求和处理。"当代"可以说是个"档案社会",档案与"当代人"的生活、命运的紧密关联不言而喻:至少在八九十年代之前是这样。对于经历了这个历史时期,又不同程度属于"问题人物"的作家来说,了解其行踪,特别是特定时间的心迹,档案具有特殊意义。《年谱》中使用的穆旦档案的材料有这样几种类型,一是他在各个时期填写的登记表、不同情境下的思想汇报和交代材料等"自述",二是被审查过程中他人的检举、揭发、交代材料,还有就是"组织"的审查意见,所作的结论等。如何使用这些档案,是需要我们探索的新课题。个人档案里的材料,许多是当事人不知晓的"一面之词",即使是当事人的"自述"、"汇报",也因为产生于不同语境,如受制于强大的政治氛围或是于受压制、被迫的情况做出,也会呈现不同的面貌。而且,档案不仅反映、呈现人的生活思想状况,也制约、规范着人的行为和思想方式。这种复杂情况,需要对档案材料与当事人之间的关系做仔细的辨析。肯定能有助于落实谱主经历、思想、写作、道德等的事实,但也肯定存在含混可疑,以至不实的情况。因而,在对档案中的某些材料做出确定的判断的同时,也需要有意识"解构"、暴露另一些材料可疑的、"不稳定"的性质。就后者而言,廓清由材料所产生的具体语境,以及在可能的情况下,提供相关的材料作为互证(或互否)的比照,是可以考虑的方式。事实上,易彬的《年谱》正是这样做的。

在年谱的编写上,易彬提出了"突破谱主的单一性材料的局限",更广泛处理相关的历史材料的设想。作家年谱编写虽说需遵守必要的形制与规则,但具体的处理,也会依谱主的具体情况,和撰写者的思想学识、对谱主的理解等差异而呈现不同面貌。在年谱的繁简、博精之间做怎样的选择,应该没有一定之规。具体到穆旦,我们可能更倾向易彬的这种展开的方式。像穆旦这样的20世纪中国诗人,他们最大的特点是个体生命与历史之间的纠结,相互的嵌入。一方面行动和写作自觉参与了"历史"行程(战争,革命,政治运动,时代转折,个人的欣悦与受难),另方面,历史也在他们身上(心性和作品)"走过",留下深刻印痕。由于穆旦他们既主张诗歌对于"严肃的时辰"的迫近,也强调诗的艺术庄严,历史与诗艺的互相嵌入更呈现复杂的方式。上述的这些印记的呈现,是研究,包括年谱编写的重要工作。可是这些印记,可能消蚀而难以辨认,甚至湮没遗忘。犹如穆旦写40年代远征军死亡经历的《森林之魅》中说的:

　　静静地,在那被遗忘的山坡上,
　　还下着密雨,还吹着细风,
　　没有人知道历史曾在此走过,
　　留下了英灵化入树干而滋生。

历史研究工作,从这个方面说就是"抵抗"这种湮没与遗忘。我们生活在有意加速遗忘和享乐性的无意失忆交错的时间里。在这样的时代,对某些(自然不是一切)研究对象来说,"宁失于繁,无失于略"的想法真的可能是更好的选择。

没有疑问,年谱撰写的最基本,也是最高要求是求真,是材料的确切、真实,以及尽可能呈现谱主的"真实面目"。不过,考虑到材料并非可以穷尽,而能得到什么材料,能接触什么材料也存在着偶然性(当代许多档案仍不能公开;有些材料经过篡改;而诸如穆旦1953年回国的登记表等,也不知什么原因流落书肆……),考虑到年谱撰写者的学识、才情的差异,即使同一谱主的年谱,在不同时代和不同编写者那里,也会有不小差别。因此,客观、全面、真实的诉求也是相对而言,是高悬的标的。从历史叙事学的观点而言,作家年谱也是一种历史叙述,一种人物"塑造"。因而,在求真的严谨性的要求之中,基于学识之上的想象力、批判精神,也构成编写者水准的不可忽略的因素。这也许就是易彬说的"真实性"与"可能性"之间的关系。有诗人这样写道(将诗人的话引用来讲严谨的历史研究,大概不合学界的规矩):

凡可归入结局的,都还不是真相
——臧棣:《人须有冬天的心情入门》

2018年1月

导论:呈现真实的、可能的作家形象
——说新版《穆旦年谱》,并说开去

  为作家编订年谱,就总体思路而言,其实是中国文学研究中比较老套的做法,个案研究,编年(作品编目、谱表编写等)先行。大概在 2000 年前后,我开始有意识地搜集穆旦的相关文献。2006 年左右,我的博士学位论文已经确定以穆旦为对象,同时也开始着手撰写穆旦年谱。2010 年底,《穆旦年谱》与《穆旦与中国新诗的历史建构》同时出版。因此,说来大概也不算夸张,到当时为止,这个过程已是"历十年之功"。

  穆旦现在被视为中国现当代文学史上最为重要的诗人和翻译家之一,但放眼看去,在重要作家当中,穆旦无疑属于文献较少的那一类型。穆旦生前名声微薄,而且,除了随《穆旦诗文集》所披露的少量书信、日记外,坊间几乎没有穆旦的自述类文字。其大学同学王佐良当年即曾说过,穆旦对于名声"觉得淡漠而又随便"[1],实际上也可以说,穆旦缺乏自述(自传)的环境,其生前境遇多比较严峻,去世又比较早——对穆旦本人来说,虽然 1976

---

[1] 王佐良:《一个中国诗人》,穆旦:《穆旦诗集》,1947 年(自印),附录第 3 页。

年10月之后亦曾因为"四人帮"的倒台而有过短暂的兴奋期,但1977年初,终归还是其人生的黑暗时期,当时致友人的书信以及家人后来的回忆,均显示出穆旦对于未来情势的悲观判断,这即如友人郑敏所言:"他并没有走近未来,未来对于他将永远是迷人的'黑暗'。"①以更长的历史眼界来看,在这一时间节点去世,意味着未能活到文化语境逐渐开化的新时代,比照年长于穆旦的作家,如艾青、卞之琳、冯至等,年龄相仿的如辛笛、杜运燮、袁可嘉等,即可发现所谓"自我塑造"在"新时代"乃是一个非常突出的事实。

但文献的多与少,终究是一个相对性的话题。如下所述作家形象的"真实"与"可能"方面的问题,首先自然是基于2010年版《穆旦年谱》,也跟此后本人在现当代文学(穆旦)文献的搜集、现当代文学(穆旦)研究的拓展以及《穆旦年谱》(增订版)有关;而其中对于相关文献的搜集整理以及年谱撰写工作的指涉,则是试图拓宽话题,以映照现代作家年谱编写与研究中的一些普遍的问题。

一、档案的获取、甄别与运用

对于跨越中国现当代阶段的作家或文学现象的研究而言,档案的重要性已经得到了普遍的认可,有些人甚至认为,如果当代档案解密的话,当代文学史、文化史、思想史都将可能会有重要的乃至根本性的改变。当然,在目前的情势之下,类似话题也无法深究,研究者总会受到各种时代因素的限制,此即一例也。

---

① 郑敏:《诗人与矛盾》,杜运燮等编:《一个民族已经起来:怀念诗人、翻译家穆旦》,南京:江苏人民出版社,1987年,第31页。

最初开始着手撰写《穆旦年谱》的时候，八卷本《穆旦译文集》和两卷本《穆旦诗文集》已出版，亦有专门的年谱和传记，穆旦写作和发表的主要格局已定，但彼时曾感到非常困惑，穆旦的生平文献实在太少，毫不夸张地说，穆旦生平之中的若干重要转折点几乎都是模糊不清的，如1940年留校后的情况，1942年从军以及回国之后未重回学校、在大西南生活多年的情况，1946—1947年间在东北办报的情况，1948—1949年间在上海、南京、曼谷等地生活的情况，1949—1952年间在美国留学的情况，1953年初回国并到南开大学任教的情况，这些穆旦的主要经历，仅能从少量的回忆文章、相关报刊和校史文献中获得一些零散的信息。最终破解这种状况的，是南开大学所藏查良铮（即穆旦）个人档案及相关档案，主要包括《南开大学档案馆馆藏人事档案查良铮卷》（其中包括8份相关登记表以及若干零散的文献）、《南开大学人事室南开大学有关教师调动卷》、《南开大学关于"外文系事件"的有关材料》、《南开大学教职工名册》（多种）、《南开大学关于院、系、专业调整、增设、机构建立、人员编制等方面的材料》、《南开大学关于开展学术讨论和批判的决议、总结、情况报告等及有关外文系事件的总结报告》、《南开大学五反办公室（对各部、处批评意见转递表）》、《南开大学农村四清办公室（参加四清师生、干部登记表）》等等。这些文献厘清了穆旦的诸多生平疑点，实际上也有助于深入呈现穆旦与时代（特别是新中国）文化语境之间的内在关联。

近期，又有多批档案文献流出。先是孔夫子旧书网的拍卖平台出现了两批穆旦及夫人周与良留学归来之初的文献，包括由穆旦夫妇本人填写的多种回国留学生登记材料，以及广东省政府，中央人民政府高等教育部、人事部，南开大学等机构的部分函件。之后也有几批1966年至1973年间的文献,多是穆旦的个人交待材料和外调材料,也有一些零散的相关材料。这些文献原本亦是应归入相关档案卷宗的,不知何故流散书肆之间。它们与原有档案略有重叠,更多的则是新见文献,有助于更为精细地呈现穆旦回国之初的行迹和心迹,以及1960年代中后段的状况。① 新文献的特殊效应,于此也可见一斑。

获取档案文献之后,进一步的工作则是甄别与运用。至少有两个层面的因素需要考虑。首先是史实(事实)层面。穆旦不同时期所填写的履历表和交待材料,多涉及个人的主要经历。这些文献有助于澄清穆旦生平中的诸多疑点,同时却也会带来一些疑惑,即不同时期的文献对于同一事件的载记或者相关信息的填入存在着异动现象。

统观之,有的异动应是属于记忆之误,盖因相关表格或交待文字写于不同时期。比如,对于一些时间点的记载,可能会有一两个月甚至几个月的出入。在绝大多数情况下,这类误差都难以找到其他文献来附证,比如穆旦在国际宣传处主办的中央政治学校做新闻学院学员一事,不同记载的时间起点都记为1943年10月,结束时间则有1944年1月与2月的差异。关于1948年在南京、上海生活期间的记载,起讫时间往往会有一两个月的误差。类似情况,《穆旦年谱》在实际撰写之中只能采取大而化之的原则,以某份文献为主线,同时用"或"来杂叙其他时间记载,以标明时间的不确定性。

有的异动则应该是时势使然。比如,相关表格的"曾用名

---

① 此部分的详细讨论可参见易彬:《从新见材料看回国之初穆旦的行迹与心迹》,《扬子江评论》2016年第5期;《"自己的历史问题在重新审查中":坊间新见穆旦交待材料评述》,《南方文坛》2019年第4期。

(笔名)"一栏,是否填入笔名"穆旦"即多有异动。1950年代,以"穆旦"之名发表的诗作不过寥寥数首,同时,鉴于在当时的南开大学和天津市的相关审查文献之中,提及穆旦的早年写作基本上都充斥着"匪"报(指刊发其作品的《中央日报》等报刊)、"书写反动诗"一类用语,且在1957—1958年间,诗人"穆旦"之名多次被《人民日报》《人民文学》《诗刊》等刊物公开批判,因此,有理由相信,相关文献之中"穆旦"之名的异动显示了穆旦本人对于时局或个人处境的考量。又比如,各类表格或交待文字中基本上都有社会关系(进步的与反动的)或交往情况("经常来往的朋友")版块,相关事迹也需要填写"证明人",这样一来,某人出现或不出现,某人多次出现,某一经历的证明人,先是这人后却又换为那人,这些异动应该都包含了穆旦对于时代语境的感知。

但是,也有些异动难以判断。比如填写时间比较相近的不同交待文字,同一事件的记载,可能会出现不同的人物。比如关于1942年初从军任翻译一事,《历史思想自传》(1955年10月)和《我的历史问题的交代》(1956年4月22日)都有记载,主要内容也相近,都谈到"要写诗必须多体验生活,对教书工作也感到不满和厌倦",翻译的内容也是"和当时作战有关";但是后者多了一个细节:

> 去军队前,是不认识其中任何一个人的。潘仲鲁曾因我是他亲戚之故,似曾写信介绍我给杜聿明的参谋长罗又伦认识,只是请他私人关照之意,因他和罗又伦在昆明曾见一面。但绝非他派遣我去的,我去从军前也没有号召别人从军,我从军是为了抗战,而不是为了帮助蒋介石。(小组会上曾作了非事实的交待)

在《我的历史问题的交代》的其他部分,穆旦还谈道:"潘仲鲁是姑丈(一个本家姑姑的丈夫),他任中央社昆明分社主任","把我当作自己家人看待"。潘仲鲁固然是实有其人(穆旦的姑姑查荷生的丈夫),但何以在相隔半年之后冒出这么一个亲戚,后人看来也是难以理得清了。

另一个需要考虑的层面则是所谓的思想认识。前面说到坊间极少穆旦的自述类文献,档案文献自然也是一种自述,但两者终归还是不能放到同一层面来衡量。

穆旦档案文献中的某些自述,可以得到他人文献的佐证。比如,《历史思想自传》(1955年10月)在述及家庭情况时所言:"在大家庭中,我们这一房经济最微寒,被人看不起,这给我留下深刻的印象,我当时即立志要强,好长大了养活母亲,为她增光吐气";述及初中三年级时爆发的"九一八"事变时所言,"这激起了我爱国心,曾到处告人别买日货"。这些均可以得到胞妹查良铃回忆的印证①,当可说是具有更高的可信度。又如,《回国留学生工作分配登记表》(1953年2月21日)中所谓"在美时和中国同学谈话,常常为了辩护及解释祖国一切合理的设施,争辩得面红耳赤",和妻子回忆中的"经常和同学们争辩"一节,大致上应是相通的。而妻子提到的当时很多留美学生"观望"的说法,穆旦因亲身经历旧中国"劳苦大众的艰难生活"而"热爱祖国,热爱人民"的说法,以及穆旦本人所谓从国内来信受到鼓舞的说法,亦可见于比穆旦夫妇稍早回国的、曾在南开共事的巫宁坤的晚

---

① 查良铃:《怀念良铮哥哥》,杜运燮等编:《一个民族已经起来:怀念诗人、翻译家穆旦》,第145—146页。

年回忆录。① 同时,鉴于"回国"乃是穆旦后半生具有转折意味的行动,他曾以极大的热情来从事文化建设(文学翻译)工作,也有理由相信他对于新中国的认识,即所谓"她崭新的光明的面貌使我欢快地激动",在总体上亦是有其心理依据的。

但是,在更多时候,那些漫衍开来的"思想认识"显然包含了更多的政治文化信息,它本身即是个人所承受的历史压力的一种最直接的体现。不妨选取一份略略述之,1956年4月22日所写的《我的历史问题的交代》,一般的读者应该知晓这一时间本身的涵义,不过,这里倒无意强调这一点,而是想谈一谈所谓的"客观的叙述"。该交待分11个部分,其中10个部分为各阶段经历、行为动机与思想状况的交待,最末为总结。这是一般交待的程式,但开头部分有这样一段别有意味的文字:

> 在运动中,自己并且交待过自己的历史问题。不过,由于在小组上,感到群众的压力,并且由于自己的错觉(认为要说"实质"和"意义",做了很多推论和假定),作了一些不附合事实的、不负责的交待,这是不应该的。这里,我要就自己过去的重点问题,作一个实事求是的、负责的叙述,同时指出曾经作过的不负责的交待。我想尽力作出客观的叙述,不加自己的批判,以便使组织对我的过去作出明断来。

实际文字中一再地陈述肃反期间的一些交待是如何"不附合事实"的,比如,"美国留学"部分在交待了与国民党高级将领罗又伦的往来后,有一小段文字:"在肃反小组会上我说罗又伦派我回大陆潜伏等话,是完全不合事实,绝对没有的。"肃反期间

---

① 除了一些类似细节外,巫宁坤还写道:"和大多数中国同学一样,我是在国难和内战的阴影下成长的,渴望出现一个繁荣富强的中国。"见《一滴泪》,台北:远景出版事业有限公司,2002年,第10—12页。

7

穆旦向组织和群众交待的场面已无法复现,但这份交待就真的是"客观的叙述"吗?显然也不是。

且不说文字中为自己所作的诸种曲意辩护,说一说当时所遗留下来的一个细节,在交待出国前的思想状况时,穆旦写下了这样的对于时局的认识:"我原已准备迎接解放,因为当时我认识到,共产党来了之后,中国会很快富强起来,我个人应该为百分之八九十的人民高兴,他们翻了身,个人所感到的不自由(文化上,思想上)算不了什么,可以牺牲。"这段文字旁有下划线,且有四个字的批语:"纯粹扯淡!"在我看来,它以一种粗鄙而又地道的语言涵括了那些深谙政治文化奥秘的审阅交待材料者对于穆旦的所谓"思想认识"的基本看法。

实际上,检视相关档案文献,审阅者留下的痕迹并不算稀见,比如在《回国留学生工作分配登记表》(1953年2月21日)、《高等学校教师调查表》(1953年6月)等表格之中,多处文字下均划有红色波浪线。以前份表格为例,"有那些进步的社会关系"部分,李广田及相关说明信息(云南大学副校长,共产党员,朋友)下划有红线;"有那些反动的社会关系"部分,查良鑑、查良钊、杜聿明、罗又伦这四人名字下均划有红线;"回国经历情形?"部分的"但香港过境,又有问题,必需有卅人以上才能团体押送过境,因是我们又由十月初等到十二月底,才得以搭船离美","你在回国后有何感想?"部分的"既然有共产党领导,人民就应该跟随,好像这跟随是被动的,被拉着走的",均划有红色波浪线。看起来,所划记的都是一些比较重要的信息,应是出自材料审阅者之手。

因此,在运用这类档案文献时,《穆旦年谱》尽量只选取其中的事件线索,而剔去那些枝枝蔓蔓的"思想认识"。当然,即便没有"纯粹扯淡"一类批语,相信今天的读者对于此类文献也会有明晰的判断,不致迷失。

从作家文献的整理来看,较早时候,检讨类文字基本上不被录入或仅见单篇。但近年来已呈现出新的动向,被收入作家全集或专题出版,聂绀弩、郭小川、沈从文、王瑶等人的全集对此均有较多收录,郭小川此类文献的处理尤其引人瞩目。据说现存郭小川的检查交待(小传、自我鉴定、检查交待等)和批判会记录共有40余万字。①《冯雪峰全集》(人民文学出版社2016年版)则用两卷篇幅收录了多达80万余字的"外调材料",时间跨度为1954年至1974年。

总体来看,作家档案文献的整理与出版,在学界引起了热烈的反响。著名文学史家洪子诚先生较早的时候即曾指出,新时期之后的一段时间内,郭小川原本已经"逐渐退出诗界关注的中心","失去在新的视角下被重新谈论的可能",但随着包含了"大量的背景材料和诗人传记资料"的《郭小川全集》的出版,"作为当代诗人、知识分子的郭小川的精神历程的研究价值得以凸现,也使其诗歌创作的阐释空间可能得以拓展";廓大到当代文学研究来看,它也"有助于更切近地了解这一时期文学和作家的历史处境,和文学的'生成方式'的性质",推动"'当代文学'研究的改善和深化"。②《冯雪峰全集》甫一出版,论者也称之为"迄今所见最奇特的'交代材料',也是最珍贵的回忆录,更是具有重要历史

---

① 先是《郭小川全集·补编》(广西师范大学出版社2000年版)收入"与作者生平、创作及思想关系密切的部分",约25万字;稍后又以《检讨书:诗人郭小川在政治运动中的另类文字》(郭晓惠等编,中国工人出版社2001年版)之名出版。

② 洪子诚:《历史承担的意义》,郭晓惠等编:《检讨书:诗人郭小川在政治运动中的另类文字》,第362—365页。

研究价值的学术研究史料","标志了二十一世纪中国人对待历史文化遗存态度的进化"。①

当然,疑问声也是存在的,洪子诚先生在完成总题为"材料与注释"系列文章的写作之后曾谈道:"更重要的问题是,这些材料能不能成为当代文学的史料,一直存在疑问。当然,在写这些文章的时候,已经是把它们作为史料处理,但是总感到困惑。我们不是生活在'文革',也就是说'检讨材料'有着私密的性质;公开使用它们是不是合适?如何让读者真切了解这些材料产生的特定背景,感受人无法掌握自己命运的历史氛围?还有是,使用这些材料,不管你是否愿意,使用者显然处于一种道德优势,道德高地:这是应该成为事实的吗?"②

总之,基于对档案(交待)文献的特殊价值的判断,本谱尽可能多地利用这方面的文献——尽可能只摘录其中的事实描述,饶是如此,历史语境的强大效应还是会随之浮现出来,其中的复杂景状还请读者多多体味。

二、口述历史:可能与限度

口述是中国现当代作家文献发掘的新方向。在内容和空间上,口述历史之于当代文学研究都会有重要的拓展。我这些年在这方面做了若干工作。当然,就最终实际呈现的形态而言,并非严格意义上的"口述历史",而是一般层面的人物访谈。

最初的工作是始于 2002 年对杜运燮、杨苡、郑敏、江瑞熙

---

① 王锡荣:《虽是交代材料,也有史家品格:从〈冯雪峰全集〉收入"交代材料"谈起》,《文汇报》2017 年 1 月 17 日。

② 洪子诚:《当代文学的史料问题》,《长沙理工大学学报》2016 年第 6 期;洪子诚:《材料与注释》,北京:北京大学出版社,2016 年。

(罗寄一)等穆旦同学的采访。之后,围绕穆旦家属、同事、友人也做过一些零散的访问,包括邵燕祥、申泮文、冯承柏、来新夏、魏宏运与王黎夫妇、王端菁与李万华夫妇、刘慧(穆旦外甥女)、鲲西(王勉)、王圣思以及穆旦儿子查英传、查明传,等等。所提到的这些人物,或是知名人物,或与穆旦交往的线索非常清晰,或曾撰文评论、忆及穆旦,如杜运燮、杨苡、江瑞熙、郑敏、邵燕祥、来新夏等人。相比之下,刘慧则明显不为人所知,至于南开校园之内的申泮文、魏宏运、冯承柏、王端菁与李万华等人,其与穆旦交往的情况,在南开校园之内或不成问题,但也面临着传播有限的窘况——2006年,我初次到南开访问诸位穆旦同事时,他们对于彼此与穆旦交往的情况都有所了解,谈话间彼此偶尔也会有所照应,魏宏运先生还曾表示要找机会和诸位当事人一起来谈谈,之后是否谈过已不得而知。

这类近乎田野调查的口述历史采集工作,无疑能进一步拓宽穆旦年谱文献的方向。比如,穆旦中学同学、著名化学家、中国科学院院士申泮文先生不仅谈到了穆旦中学、大学时候的若干细节,还提供了一些稀见的文献,如存世可能仅有两本的《南开中学毕业纪念册》,并且强调,"要写好穆旦,就一定要了解产生他的背景"。[1] 杜运燮、杨苡、江瑞熙等穆旦大学时期的多位友人共同来回忆穆旦,是第一次,也是唯一的一次。其中关于穆旦恋爱,1940年代后期在上海、南京等地的生活,晚年的心理状态等说法,当时均可说是第一次披露,不见闻于他处;而且"他非常

---

[1] 参见易彬:《穆旦的中学毕业纪念册》,《新文学史料》2007年第2期。按,申先生当时称该书仅有一本存世,但从目前能查证的情况来看,至少还另有一本在南开大学图书馆。

渴望安定的生活"这一说法,也很贴近穆旦的实际状态。① 魏宏运、冯承柏此前曾谈到过穆旦的情况,但在本人访问时的实际所谈也增加了一些新内容,王端菁与李万华夫妇等人所谈到的穆旦在南开大学图书馆的情形也是不见于其他文献。此外,魏宏运先生所提供的《魏宏运自订年谱》此前也未进入穆旦研究者的视野,实际上,因为魏宏运"老南开人"的身份,其中诸多关于南开大学的信息能为穆旦传记提供宽泛的背景,部分记载更是能确认穆旦日记中的某些细节。②

至于穆旦的后代(辈),儿子查英传、查明传和外甥女刘慧,所提供的说法更是有别于一般人。其中有不少值得记录的生活细节,随穆旦儿子参观其住所,阅览其藏书,并且参观当年穆旦一家在"文革"期间住过的另两处场所(穆旦晚年友人郭保卫、《穆旦传》作者陈伯良先后在场),则是增添了不少感性的印象。

口述历史的方法、规则、价值与意义近年来已经得到了很好的申扬,无须再赘述。这里想强调两点:一是机缘。因为穆旦而接触到的这些对象,多是年届耄耋之年的老人,所以有个特别浓烈的感受,那就是机缘非常重要。错过了机会,就永远错过了。2002年访问杜运燮一个多月之后,老人家就过世了。江瑞熙、冯

---

① 见易彬:《"他非常渴望安定的生活":同学四人谈穆旦》,《文汇读书周报》2002年9月27日。

② 《穆旦诗文集》所录穆旦日记中的一些记载,相关背景几乎完全隐去,比如1970年5月5—6日的日记为:"下午开校动员大会,连动员大会,4·18反革案。"初看之下,所记仿佛是密语。查《魏宏运自订年谱》(商务印书馆2015年版,第98—99页)可知:1970年4月18日这天,南开大学校园内出现了反革命标语。标语是剪贴报纸上的铅字拼成的。5月4日这天,全校师生从完县返回学校,追查这一案件。但在更多情况下,日记所记内容,如1970年5月11日"开市内落实3个文件大会",1971年3月15日下午"开展'四大'大会",4月8日晚"大会批黑电台",1972年1月26日晚"讨论公开信",等等,均因缺乏背景材料,一时还难以察知其确切含义。

承柏两位老先生,情况也相似。2013年,借着在南开大学文学院举办学术会议的机会,我对魏宏运以及王端菁与李万华夫妇进行回访的时候,已明显有时不我待的感觉。当时也想回访申泮文先生,被告知老先生在医院,以致最终失去了机缘。所以,有相关人物的线索,一定要及早着手。

另一个则是文化。当代作家年谱撰写或相关文学现象的文献搜集,相关情形似乎没有那么紧迫,但文化的积累都有一个过程,及早进行,既可早积累素材、发现问题,也有助于打开视野、拓展方向。

就我本人的实际工作来看,十数年来,在口述历史的采集与整理方面也算是做了不少工作,除了与穆旦相关的口述之外,还有两种:一种是2005—2008年间所做的彭燕郊口述,相关文字最终结集为《我不能不探索:彭燕郊晚年谈话录》(漓江出版社2014年版);另一种比较成型的则是借着2016—2017年间在荷兰莱顿大学从事访问学者工作的机会,采访了八位荷兰汉学家,拟集合相关访谈和研究论文,结集为《中荷文学:对话与融合》(即将由商务印书馆出版)。以现在的口述经验来看,较早时期的访问在文献准备等方面还是存在不少缺陷。采访杜运燮、江瑞熙、杨苡等穆旦友人是在2002年,那时我刚硕士毕业,参加工作一年,也是第一次做访问工作,文献知识、采访经验等方面实在是非常之欠缺,但回想起来,值得欣慰的是,我从一开始就列出了提纲、提出了问题,也得益于杨苡先生的热心张罗,最终在有限的时间内还是很有收获的。所以,做口述,准备工作是非常必要的,得熟悉对象,有针对性地准备相关文献与问题,要让受访者觉得你就是准备最充分的、问题最独特的那个访问者。如果可能的话,可以将访问提纲预先送到受访者手里,给受访者一定的准备时间。记忆的打开方式有时候是非常重要的,独特的问题、充裕的时间,都能很好地激活受访者的记忆。同时,人的记忆往往有其芜杂之处,按照唐德刚在《文学与口述历史》中的说法,即便是像胡适这样的人物,其口述也要查找大量的文献加以"印证补充"。[①] 因此,访问之后,核实工作是必不可少的。口述历史中的很多问题,特别是由史实错乱而缺乏足够可信度的现象,固然肇因于受访者有意无意的记忆错漏,也和采访者的素养和主观失误有关。

难题在于,在面对更为个人化的历史叙述的时候,无法"印证补充"的情形往往是多有存在的,即如多位历史当事人关于穆旦的回忆,就出现过相互抵牾的现象。有当事人对另外的当事人的"历史问题"提出了质疑,认为其回忆并不准确,是在粉饰历史、美化自己。这一度影响了笔者对于文献的取舍,但最终还是保留了多种声音。

三、各类书报刊文献的采集与作品版本谱系的呈现

年谱文献采集过程之中,最常规的对象自然还是各类书报刊文献。首先要查找的自然是穆旦的各种个人文献。尽可能地发掘、利用谱主的相关文献,这自然是撰谱的基本要义所在。综合来看,《穆旦年谱》撰写的潜在优势有二:其一,《穆旦译文集》《穆旦诗文集》等多卷本作品集奠定了穆旦写作与发表(出版)的基本格局。其二,穆旦生前诗名有限,年谱相关文献的总量偏少——亦可以反过来说,相关文献总量偏少,正显示了穆旦生前诗名的限度。

[①] 唐德刚:《书缘与人缘》,沈阳:辽宁教育出版社,1998年,第65页。

当然,新发现的穆旦文献(包括档案)也已经有了一定的数量,相关刊物包括《益世报》《盛京时报》《清华副刊》《世界日报》《新民报》《火线下》《益世周报》《今日评论》《教育杂志》《大公报》(多版)《文学报》《中南文艺》《中央日报》《国民公报》《改进》《集体创作》《甘肃民国日报》《春秋导报》《联合画报》《文聚丛刊》《枫林文艺丛刊》《大刚报》《新报》《大公晚报》《独立周报》《世界晨报》《侨声报》《平明日报》《谷雨文艺》《正报》《译文》、香港《文汇报》等,其中部分信息已经补入第3版《穆旦诗文集》。相关记载如林徽因、夏志清与夏济安兄弟、吴兴华等人的书信文献(分别见1947年、1948年、1950年的条目),虽然均不过是略笔带过,也都别有趣味。

所见新文献,有几种(类)具有非常突出的效应:(1)关于中国远征军(野人山经历)的《光荣的远征》《国军在印度》《苦难的旅程——遥寄生者和纪念死者》等;(2)1940年代中段的翻译文字;(3)《新报》时期的"日日谈"和"社论"文字;(4)新中国之后的档案类文字,等等。这些文字或长期不闻,或先前较含混而如今得以厘定,相关谱文段落均作了较多的摘录。

而以我本人目前的实际工作经验来看,佚文的发掘固然重要,作家的版本谱系的清理也有其紧迫性。作家佚文固然在持续发掘之中,但总体上说来,现代重要作家文献的基本格局已定,很难再有轰动性的重大发现,但作家作品的版本谱系显然还没有得到应有的关注——此一现象往大处看,反映在作家文集或者全集的编校之中,则是作品的校理明显缺乏规范和秩序。

作家写作的修改现今得到了比较广泛的关注,但版本谱系方面的因素如何在作家年谱里更好地呈现,还是一个值得深究的问题。在为《艾青年谱长编》所作书评中,我曾谈到"作为现代最为有名的诗人,艾青的作品可谓大量印制,版本繁多",但"艾青诗歌版本的流变"在年谱中没有得到清晰的呈现。艾青作品集中,以"全"命名的就有两种,即1991年花山文艺出版社出版的五卷本《艾青全集》和2003年人民文学出版社出版的三卷本《艾青诗全编》。这两部集子全无版本观念,曾引起学者的非议。实际上,作者掌握了大量的信息,也反复提到"集外佚文","为读者简要地勾勒一条艾青作品的版本谱系还是可能的"。①

穆旦是一个勤于修改的写作者,其诗歌写作和翻译行为之中,均存在大量的异文。目前所见穆旦诗歌的总数为156首,存在异文的诗歌将近140首,其中大多数和穆旦本人的修改意志有关,1937年《野兽》之后至1948年间的作品,普遍都有多个版本,晚年的《停电之夜》《冬》的修改也引人注目,修改力度之大、范围之广可见一斑。翻译也多有修改,主流意识形态、译者的人生经历以及中国文化的接纳等因素,都对穆旦的翻译行为产生了重要的影响。② 为此,本谱一方面对作品的题目、写作时间等异动现象逐一做了标注,对少数非常重要的修改段落做了标识,另一方面则是单独设立附录《穆旦作品版本状况及诗歌汇校举隅》,集中说明了修改的现象,并以不同时段的三首存在大量异文的作品,即《玫瑰之歌》、《诞辰有作》(后改题为《三十诞辰有感》)和《冬》,作为汇校实例进行了展示。③

当然,目前这种处理方式只能说是权宜之计——主要还只

---

① 易彬:《年谱材料的误用与谱主形象的塑造:对于〈艾青年谱长编〉的批评》,《中国现代文学研究丛刊》2012年第12期。
② 参见高秀芹、徐立钱:《穆旦:苦难与忧思铸就的诗魂》,北京:文津出版社,2007年,第165—179页。
③ 这是最初的构想,但因为某种原因的限制,此次出版最终未收入该附录。

是从观念层面触及了这个问题。目前,我已经完成《穆旦诗编年汇校》一书(北京大学出版社2019年版),对能够搜集到的全部版本进行了非常细致的汇校,但具体信息如何更为清晰合理地编入年谱,显然还有待进一步商讨。

各类背景性文献的采集,包括相关原始报刊、档案、校史、回忆录、传记、年谱、访谈以及研究著作等,也值得单独一说。从基本初衷来说,这自然是因为穆旦本人的自述类文字较少——较多地援引背景文献,还是希冀借此来弥补谱主个人叙述的不足。实际上,在本谱较早撰写的阶段,对于背景文献的依赖程度相当之大,后来随着穆旦个人及相关档案的加入,这一局势才得到相当程度的缓解:较多档案文献的加入降低了背景文献的篇幅比例,但不是因此就完全删除各类背景文字,而是形成了更为驳杂的文献局势——从最终的效果来看,则可说是提供了一幅更为宽广的传记知识背景。当然,也必须承认,在相当程度上,文献对年谱的实际写作起到了支配性的作用:穆旦个人文献的总量偏少,为驳杂地吸纳各种文献提供了可能性。正因为如此,对穆旦本人生前的文献以及各种相关文献(如批评文字、书信记载、图书资讯等),竟可以采用穷尽式的方式来加以搜集。

不妨将相关文献称为同时代共生性的资源。何谓"共生"呢?穆旦是中国新诗史和翻译史上的重要人物,绝非孤立的,而是呈现于具体历史语境之中,是诸多历史因素复合而成的。这些因素包括教育背景、媒体环境、政治文化语境、具体人事等方面,这些同时代的各类文献(因素)之间可谓天然具有一种共生关系,能起到相互说明的效应,共同构成了彼一时期的时代语境。实际上,按我的理解,20世纪的文化语境盘根错节,复杂难辨,年谱、传记的撰写很有必要突破谱主的单一性文献的局限;

而且,这种突破的力度越大越好,突破越大,越能呈现出广阔的传记知识背景,也就越能呈现出复杂的时代面影。

因此,年谱实际撰写中着意举列了较多的外部性因素,其中如期刊信息的较多罗列(如发表穆旦作品的当期的其他作者信息等),旨在传达这样的观点:不同作者在同一刊物发表作品,在分享了同一发表空间的同时,更意味着分享了某种共通的历史境遇。教育文献(如学校培养方案、教材、课表,等等)的列入,则是旨在呈现穆旦的教育与成长背景。其他的如1942年参加中国远征军在缅甸战场的经历、《新报》经历以及其他一些重要人生关节点的谱文,也视情况,或长或短地补入了相关背景文献。

统言之,本谱纠集多重文献,是希冀能在穆旦生平之上,进一步达到如下几个设想:更为清晰地厘清穆旦的成长线索与空间,凸显穆旦与同时代人共通的历史境遇,呈现穆旦与时代之间的互动关系与深刻关联,落实此前学界对于穆旦的一些模糊认识(比如,在穆旦经历中占有非常重要的地位,但此前始终没有清晰呈现的"《新报》经历"与"外文系事件"等),甚至是纠正一些错误判断。综合视之,这样一些设想与具体做法,无疑将使得本谱获具更多的学术含量,同时也为读者提供了更多的信息,提示了更多的线索与问题。线索繁多,问题也不可能穷尽,如果读者愿意顺着其中的某些点、某些方面深掘下去,那其实正是我所期待的。

四、偶然性与可能性的问题

文献本身不仅仅有复杂性的一面,文献之于穆旦形象构设的偶然性与可能性的话题也值得一说。

所谓"偶然性",一方面在于个别文献的加入完全是偶然的、意料之外的;另一方面,仅仅由实际存留下来的文献所组成的穆旦形象,又不得不带有较大的偶然性。可以举三个例子来看,一个是吴宓日记的记载,一个是梁再冰的"检举材料",一个是《穆旦诗文集》(第3版)新增的"女友"曾淑昭的相关文献与讯息。

吴宓是民国知名教授,在清华大学与联大时期,作为老师和同事,与穆旦有过交道。穆旦1935年入清华大学,后随校迁移,1940年毕业后,曾留任西南联大外文系助教。1943年从军回来后,虽未再任教,但也在昆明多有滞留。按常理推断,在校时间既有数年,穆旦和清华大学以及联大老师应较熟悉,有较多交往。这些老师的日记、书信乃至评论文字里,就很可能有较多相关记载或论述,从而为梳理穆旦形象提供若干线索,但是,遍捡冯至、卞之琳、朱自清、闻一多、沈从文、李广田等知名新文学作家的此类文字,闻一多有所提及,沈从文在1940年代和1970年代的文字中有多处记载,其他的记载则相当之少。

在这种背景下,吴宓日记对于穆旦的较多记载显得尤为珍贵。吴宓对白话文运动显然并无好感,其联大时期的日记基本上没有涉及当时的文学社团活动,联大学生的回忆也表明,因为吴宓教授反对新文学,当时的学生于文学活动中均是心照不宣地不请吴宓为导师,而更亲近闻一多、朱自清等人。[1] 穆旦本人后来所填写的诸多表格之中,曾叙及吴宓,但所列"证明人"、社会关系(进步的与反动的)或交往情况("经常来往的朋友")等部分,冯至、李广田等人在列,从未出现过吴宓的名字。以此来看,诸多新文学的热情参与者的文字里较少关于穆旦的记载,文化

---

[1] 参见刘兆吉:《与吴宓先生在一起:自学生到同事三十年回忆录》,王泉根主编:《多维视野中的吴宓》,重庆:重庆出版社,2001年,第88—89页。

保守主义者吴宓这里却较多出现,实在是具有较大的偶然性。

现在看来,吴宓完全可称得上是日记体作家,已经整理出版的日记达20卷之多。所记可谓非常之翔实,被认为是"以生命实践个人文化理想的记录","二十世纪中国学术史、教育史的珍贵记录"(参见日记折页处的介绍)。《吴宓日记》关于穆旦的记载约有12处。其中新中国成立前有10处,起于1937年12月6日,止于1943年8月1日,涉及穆旦的恋爱、留校后、从军以及从军回来之后等方面的情况。新中国成立之后有2处,其时吴宓与穆旦已无缘相见,吴宓日记所记,一处是听友人方敬"述查良铮事"(1953年4月18日),一处则是读了查译普希金著作的感受(1955年7月28日)。吴宓日记中所出现的人物可谓为数巨众,关于穆旦的这12处记载,在数量和篇幅上均算不上醒目,但足可见出两人的师生情谊。而从文化的角度来看也别有意味,所有记载均以"查良铮"(或"良铮""铮")名之,从未指涉过穆旦作为新诗人的那一面,这无疑又从另一个角度印证了吴宓文化保守主义者的身份。

梁再冰为梁思成与林徽因的女儿,在一般的文献中,绝无与穆旦交往的记载,线索来自档案:一方面,穆旦所列社会关系或者证明人一栏,多次出现梁再冰的名字,另一方面,穆旦档案中有一类为"检举材料",其中有一篇1955年11月26日梁再冰所写的《关于我所了解的查良铮的一部分历史情况以及查良铮和杜运燮解放后来往的情况》,根据这份11页的文献可知,两人约在1947年春认识,之后有较多书信往来。梁再冰即多依据穆旦写给她的信,交待了彼此交往的情况。在穆旦个人的诸多交游之中,梁再冰本不算突出,但这份在特殊语境之下所写文献中的若干细节可以得到穆旦本人的相关叙述的证实,其基本真实无可怀疑,其中所提及的书信与相关内容以及一些事件自然也就按年月日列入谱文中,就这样,因为一份偶然留下的文献,梁再冰一下子在1947—1953年间的谱文中占据了突出的位置。当然,顺着此一线索,检视林徽因的文献,也可发现1947年10月初林徽因致友人费慰梅的信中,包含了当年她、女儿与穆旦等人交往的信息。

至于曾淑昭,在此前的文献之中,仅有非常零星的线索,较早时候,江瑞熙等友人在忆及穆旦当年的恋爱故事时曾提及此人;在稍后找出的穆旦档案文献中,也能见到非常简单的记载,或称其为"女同事",或称其为"女友"——不过,"女友"一词,在穆理的表述之中,应该并非特指女朋友,而是指女性朋友。除此之外,再无其他记载。有的研究根据这些文献坐实了穆旦与曾淑昭的恋爱关系。① 应该说,确是可成一说,但当时的线索终归是太单薄。而且,一般而言,曾淑昭长期不在视野之中,穆旦的同时代人基本上又都已老去,《穆旦诗文集》也已出过2版,再有新文献的可能性不大。但2018年出版的第3版《穆旦诗文集》却是收录了包括曾淑昭的口述及其所存穆旦相片、诗歌、书信等在内的多种文献。根据编者描述的相关文献的发掘过程,曾淑昭一直寓居美国,"穆旦(查良铮)长子查英传在美国多次与曾淑昭联系,并获得其珍藏六十余年的穆旦诗作、信笺手迹和照片等珍贵文献"。《穆旦诗文集》采信了2014年穆旦长子查英传所作的曾淑昭口述——其中有一个特别有意味的细节:"1945年9月,查由昆明到重庆,在回北平前将一些照片和诗信手稿留给

---

① 参见林建刚:《穆旦情诗中的隐秘情人》,"腾讯·大家专栏",2015年11月25日首发。

曾,说'放在你这里可靠,将来见面时再给我'。1947年曾托中航出差到沈阳的同事亲手将照片、诗信交还查,但因当时查不在沈阳,结果把装有照片、诗信的大信封带回给曾。"[1]鉴于穆旦当时的个人文献后来基本上都已湮灭无闻,如果当初这批文献成功送达穆旦手里,今日读者很可能已无缘窥见。这番际遇实在是太过偶然。这批"珍藏六十余年的"文献不只是第3版《穆旦诗文集》最大的亮点,也可说是近年来穆旦相关文献发掘最为重要的收获之一。

"可能性"也和文献本身有关。比之于"偶然性",它在更多层面得以体现,它既指个别现象,即文献本身或是孤证,或无法得到充分的证实;也指一种总体效果,即全部文献所构设而成的穆旦形象,有着不少不确定的因素。

具体而言,以本谱所利用的回忆文献为例,其作者为穆旦家人或友人,从相关回忆的撰写时间看,往往距离事情发生已有一段时间。从经验的角度看,不仅回忆差误难免,"家属意志"与"友人塑造"也是在所难免的——实际上,相当一部分回忆文章均是写作于某些纪念日前后,如穆旦逝世10周年、20周年等,"纪念"这一机缘可能会对回忆产生影响。[2]

和之前提到的口述类型相似,对于回忆可能带有的误差现象,也仅是在少数情况之下,才能做出有效的甄别,比如综合相关历史文献、穆旦本人的文献、多种回忆而得出某些回忆在时间细节上存在误差;更多的时候则无从辨识。

---

[1] 曾淑昭口述,查英传记录,现据李方:《穆旦(查良铮)年谱》,穆旦:《穆旦诗文集・2》(第3版),北京:人民文学出版社,2018年,第386—387页。

[2] 参见冯跃华:《"穆旦纪念文集"中的史料问题》,《长沙理工大学学报》2020年第6期。

正因为有了一些不确定,文献的取舍成为一个难题。洪子诚先生曾从文学史写作的层面来看取这个难题,他在考察"文革"期间的写作的时候,提到当时研究者利用的文献往往都是"孤证";"文革期间,还有文革前的那条'异端'的,秘密的文学线索,这方面的材料,我们只有某些当事人的陈述,这些陈述有时又含糊不清,或有矛盾,没有别的旁证,别的方面的材料来作为印证。这使我们陷入尴尬之中。你不能不信,但又放心不下,事情就是这样。如果这个材料比较脆弱,经不起检验,这个文学史就很可疑"。①

在实际的处理过程中,对于那些明确存在误差的现象将予以确断,对于那些相互抵牾的回忆文字,目前更倾向于多种文字(文献)并存,辅以适当的按语说明。举例来说,两位南开大学历史系人士,冯承柏和辜燮高,其回忆均提到穆旦参与美国史翻译一事。前者提到的是《美国南北战争资料选辑》,这是可以确证的。1978 年该书出版时,署名参加翻译的共 9 人,查良铮、冯承柏均为其中的人选(但未标出各自所翻译的章节),前者没有提到的《美西战争资料选辑》也在参与翻译之列。后者提到穆旦参与翻译了《美利坚共和国的成长》(第一卷,第一分册)一书。综合各类文献来看,说法有可疑之处。这倒不是因为该书署集体名,即"南开大学历史系美国史研究室译",而是其中若干细节,如相关翻译时间、分工(工作量)、署名等方面,都有不合之处,相关人物的回忆似也有参差。当然,这里边也可能有采访者漏记或者误记的情况。总的说来,可疑是可疑,却又无法完全确断,

---

① 洪子诚:《问题与方法:中国当代文学史研究讲稿》,北京:生活·读书·新知三联书店,2002 年,第 78 页。

只能录入,并予以一定的说明(参见年谱1975年10月的条目)。

基于诸方面的状况,想强调的是,年谱所呈现的固然是一个更为丰富、真实、复杂,也更富历史内涵的穆旦;但在某种程度上,相关文献既较为驳杂难辨,所呈现的也是一个"可能的穆旦",也即,某些文献——特别是那些近乎孤证的文献,所呈现的更类似于一种线索,一种可能性,它能不能进一步凝缩成穆旦的品质或者特点,还有待更多文献的支撑,但实际上,很可能无法得到支撑。

而读者显然也会发现这样的问题:在某些阶段,谱文内容翔实具体;而在某些阶段,谱文却又简单粗略。这样的详与略,虽然在某种程度上可以见出穆旦参与的程度或给人印象的深浅,但综合上述诸种情况来看,这种深与浅并非绝对化的现象,并非详细就是因为实际参与事件多,而简略就是因为参与事件少。前述梁再冰的出现即是一例,晚年阶段的谱文较为翔实也是因为相关文献使然,既有较多书信,也有不少回忆文字,因此,接续前述话题,这里边也有一个"可能性"的问题,也即,在更主要的层面上,详或略乃是因为文献获取方面的缘故,文献佚失、回忆盲点以及缺乏必要的自述等原因共同造成了某些阶段谱文与叙述的简略。这一点,自然是希望读者能有所辨明。

五、关于本书体例的补充说明

本书在总体上符合丛书《凡例》的诸条原则,结合本书所涉谱主的实际情况和个人在年谱撰写方面的考虑,这里略作一些补充说明。

(一)文献方面的问题

1.作品署名问题。谱主作品的发表,多用笔名穆旦,亦用本名查良铮,间或另用笔名慕旦、梁真、良铮等。凡署名"穆旦"的,除首次出现外,其余处均不另说明;其他各种署名,均一一注明。

2. 作品写作时间问题。谱主作品多半标注了写作时间,总体上来说是便于系年的,写作时间一般依作品末尾所标注。但由于谱主对作品(主要是诗歌)进行了较多修改,存在着多种版本,作品的不同版本所标注的时间偶有差异。对于此类现象,凡有确切证据的将加以确断,凡无确切证据以供判断的,均从最初版本的信息。

又,谱中涉及一些人物的来信,所称"×日×××来信",指××写信的时间(书信落款的时间),而非谱主收到来信的时间。

3. 部分作品的题目处理。诗歌如《诗》《农民兵》《赠别》《成熟》等,分两个章节,诗题也相应地标为《诗(一)》《诗(二)》,《农民兵(一)》《农民兵(二)》,《赠别(一)》《赠别(二)》,《成熟(一)》《成熟(二)》,但在《穆旦诗文集》等现行穆旦诗歌最通行的版本之中,均是取消了(一)、(二)的标注,而合为1首。暂无从断定这是谱主本人生前所作出的修改,还是编者的行为使然,本谱在诗题标注上从《穆旦诗文集》,但在写作、发表或出版的相关部分,仍分开标注。

4. 版本问题。穆旦是一个勤于修改的写作者,诗歌和翻译作品均存在大量的修改现象。本谱限于体例,无法清晰、准确地显示每一部作品的版本与异文信息,仅在极少数重要作品处标注此类信息。更全面的诗歌版本信息则请参见本谱作者所著《穆旦诗编年汇校》(北京大学出版社2019年版)。

5. 人名问题。不同时期的文献,既包括手写文献,也涉及部分报刊文献,相关人物的名字或会有出入,最典型的为邵寄平,穆旦本人的相关文字中多作此,但亦会写作"邵季平",一些地方志书籍、研究者如李方等人,则多写作"邵寄萍",根据相关语境推断,应该是同一个人。"刘希武"与"刘兴武"、"张金刚"与"张金钢"、何燕晖与何燕辉等,均属类似情形。对于在昆明投考新闻学院时遇到的昆明国际宣传处负责人周萍帆,穆旦应是不能确定其名字,日后的自述,即有"或邹萍帆?"的内容,其他的自述又有记为"周帆萍"的情形。这些人物的知名度有限,一时之间难以查证,故保留了不同的写法。"罗又伦"则不一样,这是原名,穆旦的各类文字均用此名,也有材料用"罗友伦"(如《罗友伦先生访问记录》,1994年),"罗佑伦"则属误写(见于周与良的回忆文字)。

又,译名也存在与现今的通译名有差异的情形,如第兰·托马斯/狄兰·托马斯、叶慈/叶芝、爱略特/艾略特、太戈尔/泰戈尔等,未一一说明。

6. 涉及文字校勘的情形。主要在手写体的文献之中,一些字词的写法与当下的汉语规范有差异,如在思想检讨一类文献中,"交代""交待"多混用,本谱在文献引述时均保持原貌,在相关叙述中则尽量统一用法(此处即统一用"交待")。而"借绍""职叶"等写法,则依据当下的规范予以标记,基本方式如"借[介]绍"。报刊文献中的误排情形也不少,如"不能摆脱开境境所加于我的窒闷"(见1936年11月的条目),"境境"当作"环境",凡类似情形,也作"境[环]境"之类的标记。另有一些漏字导致对阅读有些许影响者,则以"( )"加以补充,如"看着同依次倒毙"(见1942年5—8月的条目),作"看着同(伴)依次倒毙"。

7. 文字识别方面的问题。或因所见为影印本与缩微胶卷,或因手写体难以辨认,等等,字迹或有蔓延不清之处,录入时偶有状况。因所录部分相关文字中已有"……""×""□"之类的符号,本书均保留原有符号,并用★来标识无法准确辨认的文字,以示区分。

8.两类需特别说明的文献:

①作家文献搜集与整理是一个不断累积的过程,目前收录穆旦作品最为齐全的作品集为第3版《穆旦诗文集》(人民文学出版社2018年版)和第2版《穆旦译文集》(人民文学出版社2020年版),两种作品集较之此前的版本均有不同程度的完善。除特别说明之外,所称《穆旦诗文集》《穆旦译文集》即这两种最新版本。

②所称"自述"文献为穆旦在新中国成立后所写的各类交待材料。具体包括两类:一是南开大学档案馆所藏查良铮个人档案卷宗以及相关档案;二是近年来流现于坊间的各类相关文献(原本也应归入档案卷宗)。本谱对南开大学档案馆所藏档案引述尤多,出于行文尽可能简略的考虑,谱文仅标示时间,具体信息对应于主要征引文献之"档案材料"。不过需说明的是,1955年10月有《履历表》《历史思想自传》两份,后者引用率更高,故凡引述《履历表》的,均有明确标注,即"后有自述(《履历表》,1955年10月)";未标注者,即《历史思想自传》。

(二)撰写方面的考量

1.谱文的语体。谱文默认的主语即谱主本人,为避繁琐,不一一出现谱主的名字。

2.谱文正稿与按语。基于前文所言多发掘"同时代共生性的"文献资源的考虑,本谱偏于"年谱长编"的写法。在谱文的处理上,分正稿和按语两个版块,大致而言,正稿主要即谱主本人的直接文献,也有少许宏观性的描述;相关背景性文献、说明性文字,则用按语的形式来处理。正稿和按语,在字体上有所区分。

家世简表

据相关文献[①]，第一世为查瑜（1325—1385），以下世系为查慧—查浩—查实—查恒—查祚—查琼—查懋言—查尚贤—查孟麟—查敬宗—查嗣馨—查世焜—查昌轼—查景—查世芳—查有新（1771—1830）—查人渼（1795—1850）—查光泰（1829—1894）—查美荫（1860—1915）—查厚埥—查良铮。

查厚埥为第二十一世，行四，兄弟姐妹另有：查履忠（男）、查厚培（男）、查厚本（男）、查厚堃（男）、查厚增（男）、查厚绣（女）、查厚暄（女）。查良铮（穆旦）为第二十二世，相关简表如下：

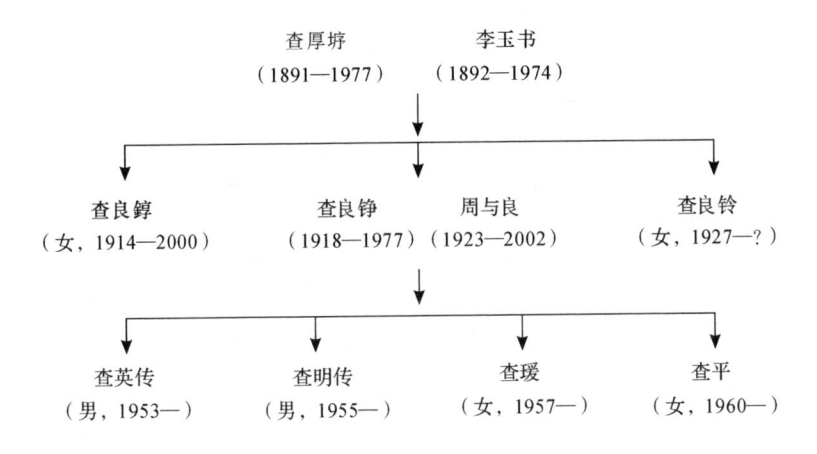

```
          查厚埥            李玉书
        （1891—1977）   （1892—1974）
              │              │
    ┌─────────┼──────┬───────┐
    ↓         ↓      ↓       ↓
  查良錞    查良铮  周与良   查良铃
（女,1914—2000）（1918—1977）（1923—2002）（女,1927—？）
              │
    ┌─────────┼───────┬──────┐
    ↓         ↓       ↓      ↓
  查英传    查明传    查瑗    查平
（男,1953—）（男,1955—）（女,1957—）（女,1960—）
```

---

① 本表第二十一世之前的信息，主要参见陈伯良：《穆旦传》，北京：世界知识出版社，2006年，第3—6页；陈玉兰：《海宁查氏与天津查氏关系论：关于海宁查氏世家文学之生态网络的考察》，《浙江社会科学》2013年第7期。

目 录

1918年(戊午,民国七年) 出生 ………………………… 1
1923年(癸亥,民国十二年) 5岁 …………………… 3
1924年(甲子,民国十三年) 6岁 …………………… 6
1928年(戊辰,民国十七年) 10岁 ………………… 6
1929年(己巳,民国十八年) 11岁 ………………… 7
1930年(庚午,民国十九年) 12岁 ………………… 11
1931年(辛未,民国二十年) 13岁 ………………… 11
1932年(壬申,民国二十一年) 14岁 ……………… 14
1933年(癸酉,民国二十二年) 15岁 ……………… 18
1934年(甲戌,民国二十三年) 16岁 ……………… 20
1935年(乙亥,民国二十四年) 17岁 ……………… 25
1936年(丙子,民国二十五年) 18岁 ……………… 35
1937年(丁丑,民国二十六年) 19岁 ……………… 38
1938年(戊寅,民国二十七年) 20岁 ……………… 46
1939年(己卯,民国二十八年) 21岁 ……………… 60
1940年(庚辰,民国二十九年) 22岁 ……………… 65
1941年(辛巳,民国三十年) 23岁 ………………… 75

1942年(壬午,民国三十一年)　24岁 …………………… 83
1943年(癸未,民国三十二年)　25岁 …………………… 100
1944年(甲申,民国三十三年)　26岁 …………………… 112
1945年(乙酉,民国三十四年)　27岁 …………………… 118
1946年(丙戌,民国三十五年)　28岁 …………………… 129
1947年(丁亥,民国三十六年)　29岁 …………………… 154
1948年(戊子,民国三十七年)　30岁 …………………… 178
1949年(己丑,民国三十八年)　31岁 …………………… 205
1950年(庚寅)　32岁 ……………………………………… 212
1951年(辛卯)　33岁 ……………………………………… 216
1952年(壬辰)　34岁 ……………………………………… 218
1953年(癸巳)　35岁 ……………………………………… 226
1954年(甲午)　36岁 ……………………………………… 247
1955年(乙未)　37岁 ……………………………………… 262
1956年(丙申)　38岁 ……………………………………… 273
1957年(丁酉)　39岁 ……………………………………… 280
1958年(戊戌)　40岁 ……………………………………… 291
1959年(己亥)　41岁 ……………………………………… 300
1960年(庚子)　42岁 ……………………………………… 307
1961年(辛丑)　43岁 ……………………………………… 308
1962年(壬寅)　44岁 ……………………………………… 310
1963年(癸卯)　45岁 ……………………………………… 315
1964年(甲辰)　46岁 ……………………………………… 320
1965年(乙巳)　47岁 ……………………………………… 324
1966年(丙午)　48岁 ……………………………………… 326
1967年(丁未)　49岁 ……………………………………… 330

1968年(戊申)	50岁	331
1969年(己酉)	51岁	345
1970年(庚戌)	52岁	357
1971年(辛亥)	53岁	365
1972年(壬子)	54岁	373
1973年(癸丑)	55岁	379
1974年(甲寅)	56岁	387
1975年(乙卯)	57岁	390
1976年(丙辰)	58岁	401
1977年(丁巳)	59岁	427
后世影响		441
主要征引文献		463
后　记		491

1918年(戊午,民国七年)　出生

▲5月,鲁迅的《狂人日记》发表于《新青年》第4卷第5号。
▲11月,第一次世界大战结束。

4月

5日　农历二月二十四日,生于天津西北角老城内北马路恒德里,其祖父或曾祖父遗留下来的几房共居的老屋里。

本名查良铮,祖籍浙江省海宁县袁花镇,为查氏南支廿二世"良"字辈;日后写作多用笔名穆旦,亦用本名查良铮,间或用笔名良铮、慕旦、莫扎、梁真等,也有被误署为"穆且""移旦"的情形,以"穆旦"行世。本谱为统一称呼故,基本上以"穆旦"行文。

按,尽管未曾到过祖籍所在之地,但目前所见谱主本人成年之后的相关文献,如《南开中学毕业纪念册》、西南联大时期的学生名册、南开大学档案馆馆藏档案等,籍贯基本上均填为浙江海宁。至于在地域性的文学史当中,浙江、天津两地的文学史著与作品选都曾将其列入。

又,据考证,查姓为我国著姓之一。元代末期,其中一支为避战乱由安徽迁往浙江海宁,世代"以儒为业,耕读为务",逐渐繁衍成海宁望族。明清两朝更是出现了大批以诗文书法著称的文人士子,如查培继、查慎行等,康熙皇帝曾亲笔题写:"唐宋以来巨族,江南有数人家。"由于仕宦和经商等原因,清初即有海宁查氏后人迁往宛平、天津等地。约在清代晚期,曾祖查光泰(1829—1894,海宁查氏第19世)因为仕宦迁至天津,按族中惯

例,仍称海宁南支。至祖父查美荫(1860—1915)50岁时,因存款的银号突然倒闭,一生积蓄尽付东流,家道骤然中落。①

父查厚堉(1891—1977),行四,字燮和,号簦孙。据称,"青年时期适逢社会变革,新旧交替,生性淡泊,不善于交际,找不到合适的工作","大多数日子失业在家,有段时间,曾给机关团体干过抄写誊录的琐碎事务,诸如在法院担任过书记(从事抄写工作)等。三十多岁时,他父亲查美荫去世以后,就很少出外工作,只是在家里读书、看报、写字、作诗","晚年信佛吃素,生活更归于淡泊"。

母李玉书(1892—1974),祖籍浙江余姚。据称,没有上过学,不识字,1912年嫁到天津后,即随丈夫习字,后亦能看不少书籍。②

有一姐一妹。姐姐查良铮,1914年生,后远嫁广西(相关文献少,1960年之后的谱文方有若干相聚、通信一类讯息)。妹妹查良铃,1927年生,后为北京中国印刷科学技术研究所退休干部。

后有自述(1955年10月)谈及家庭情况:"我在1918年二月廿四日(阴历)出生在天津城内一个没落的封建家庭里,祖父(原籍浙江海宁)做过前清的县官,死后留下一所房子由各房儿子合住,还有一笔不大的财产。父亲在天津法政大学毕业,在天津地方法院作书记官有廿多年,收入微薄,以此养活一家人。母亲未受教育。我家共有父、母、一姐、一妹,和我自己。大家庭中有祖母,叔伯数人,姑姑,堂兄弟等人合住,经济各自独立。""大家庭

---

① 陈伯良:《穆旦传》,北京:世界知识出版社,2006年,第3—6页。
② 陈伯良:《穆旦传》,第7—9页。

的生活方式是封建式的,敬神,尊长,重男轻女,这一切都使我不满";"在大家庭中,我们这一房经济最微寒,被人看不起,这给我留下深刻的印象,我当时即立志要强,好长大了养活母亲,为她增光吐气"。

按,妹妹查良铃的回忆中亦有母亲教育孩子"要争口气"的内容:父亲"因记忆力差,一直没有很好的工作,在大家庭兄弟中是不受重视的";"一生任小职员,工作断断续续,薪俸微薄,生活拮据,常靠变卖旧物维持"。母亲"是一位精明强干的家庭妇女,喜欢看种类闲书,对新事物理解快,明大理,对人热情",常常教育孩子们:"要好好念书,明辨是非。人活着就要争口气,走自己选择的道路。不能一辈子受气,受压迫。"[1]

1923年(癸亥,民国十二年)　5岁

▲8月,鲁迅小说集《呐喊》出版。
▲9月,闻一多诗集《红烛》出版。
▲新月社成立。

9月

本月　入读离家不远的城隍庙小学(创建于1903年,为天津最早的官立小学之一,后改天津市立第十小学等校名,校址现已不存),同学有翟松年等人。

---

[1]　查良铃:《怀念良铮哥哥》,杜运燮等编:《一个民族已经起来:怀念诗人、翻译家穆旦》,南京:江苏人民出版社,1987年,第145页。

按，小学时期的相关记载极少，当时报刊所载《最近之天津教育(十二年夏至十三年)》之"公立小学部"有关于学校的介绍，兹录如下：

城隍庙小学校(城内西北隅)

沿革 这个学校是天津小学校五个里最早成立的一个。清光绪二十九年的时候，由袁项城指令开办。初成立时，监督为现教育局长华泽元君。后为戴元龄顾寅昌继续任职。三十四年更以孙世琛为校长。去年孙君因改任官立十一★女学主任，乃请高恩荫君代理。

组织 学校方面，有校务会议，每星期三举行，由教职员组织之，讨论一些进行计画。又有一教学讨论会，由教员组织之，为增进和改良教学方法，占用校务会议的日期和时间，也可以说是二而一。教员有一个轮流参观团，每礼拜一次，在校务会议时报告同仁，这算是一个改进的机会。

校中校长一人，职员一人，教员十六人，还有四位女的，皆是师范毕业。学生共六百三十人，计分高级四班，其中高级一，二，是新制，高二，三是旧制的；国民五班，初三两班，一，二，四，各一。高级用文言，初级用白话。学生家庭，商界占百分之七十八，学界百分之二十。

经费 月由教育局领四百三十余元，全年约五千元。因学生学费高级每年每人八元，初级六元，每年约收五千元，与前款合计约一万元。

设备 校址一亩多，只有普通教室九个，无特别的教室，教室内多因陋就简，桌椅等不甚合适，光线亦不见好。学校园，图书馆既然无有，标本，挂图也是很少，器械操具尚有几种。

教授训练 教授无一定方针,从外观言,初级似用启发,高级半用讲演。参观时高一尺牍,教材内容都是些普通客套,教员所讲,学生能领会的,颇占少数。初一体操,以竹杆代球杆,初一是一位女教员教游戏,扔雪球,做雪人,颇能引起学生的兴趣。该校功课表,午前只上课二次,第一时用一点半钟,教授三样或两样功课,或唱歌算学,或唱歌尺牍西地。据校长说:时间的分配,全按教员的时间去分配,不能按照理想的办法。教授时间亦可以活用——延长或缩短皆可。第二时一点钟,只授一样,这样的排列,天津只有这校是如此!校训"勤""护""勇"三个字,训练顺序分为四段:1.养成耐劳耐苦之习惯,2.养成分析事理解决事理之习惯,3.养成服务社会之习惯,4.养成自治服从之习惯,此外还有个别训话,团体训话。高级学生有武术一项,低级学生有补习的机会,时间为每日三时半至四时半,由教员分任。在天津阴秀山小学校外,与学生一补习际会的,也惟此一校。某教室内悬挂一牌,上书"守规则不扣分",未免机械了。

"参观意见" 器械操较别的小学,稍为完备。初一学生年龄表较本校他年级为整齐。参观者对于该校的希望是"改良教室"。因为教室都是就旧庙大殿和廊房改造的,屋里楹柱很多遮蔽视线,窗户很少,光线所以不足。"改良桌椅",其高低应当合宜学生的身材才好。至于学生的清洁,学校尤当注意。这个学校近来有欲改良的计划,时常出外参观,取长补短,试用新功课表,若能节节改进,实在是很有希望的。[1]

---

[1] 于炳祥、寿昀、赵有三等:《最近之天津教育(十二年夏至十三年)》,《晨报附刊》1924年7月8日。另可参见张绍祖主编:《近代天津教育图志》,天津:天津古籍出版社,2013年,第326—327页。

1924年(甲子,民国十三年)　6岁

3月

16日　《不是这样的讲》(文)刊载于天津《妇女日报·儿童花园》,署"城隍庙小学第二年级生查良铮(男)",当版另有其姐姐、城隍庙小学第三年级生查良鐏的《一只高跟革履》等作品。

《不是这样的讲》为目前所见幼年时期所发表的唯一一篇作品,全文百余字,如下:

呜呜呜——呜呜呜——汽车来了。母亲挽着珍妹的手,急忙站在一边。见汽车很快的过去了。珍妹忽然向母亲说道:"这车怎这样的臭呢?不要是车里的人。吃饭过多。放的屁吧!"母亲摇摇手。掩着嘴笑道:"不是这样的讲。这汽车的臭味,正是他主人家内最喜爱的气味呢!"

1928年(戊辰,民国十七年)　10岁

3月

4日　获猜谜语丙等奖、奖品为"普通铅笔一支(本馆备)"的讯息,见于天津版《大公报·儿童》第31期"猜谜语揭晓(第二十九期)"栏目。

1929年(己巳,民国十八年)　11岁

▲8月,教育部颁布新的中小学课程《暂行标准》。

7月

本月　毕业于天津城隍庙小学。

按,此一时期的相关记载非常之少,基本出自胞妹和堂弟的回忆。若是,则其时已经具备了不少文学知识和才艺。

妹妹查良铃回忆:晚上"围坐在小煤油灯下","哥哥总是把一天学校(南开中学)的见闻当故事讲给母亲听","有时也讲《三国》、《水浒》、《西游记》等书里的故事","还善于画画,三笔两笔就能画出一个人物","画大马更突出";"每逢过年(春节)大家庭中要祭祖先,摆供桌,子孙们要磕头,轮到他,他就不磕头"。[①]

小两岁的堂弟查良锐回忆:读小学的良铮哥哥就已经很有文学知识,每逢寒暑假,常给他讲《三国演义》《封神演义》《水浒传》《东周列国志》《聊斋》《济公传》等书中的故事,或领他读唐诗、宋词或《古文观止》。"每次读一首诗词或一篇文章,非读至会背并理解其大意不可。"有一次,用不同的节奏念出杜牧的《清明》七言诗,笑称"真又是绝妙的一首好词"。[②]

又,杜运燮称,查氏家族丰富的藏书和深远的文化积淀对于

[①]　查良铃:《怀念良铮哥哥》,杜运燮等编:《一个民族已经起来:怀念诗人、翻译家穆旦》,第145页。
[②]　查良锐:《忆铮兄》,杜运燮等编:《丰富和丰富的痛苦:穆旦逝世二十周年纪念文集》,北京:北京师范大学出版社,1997年,第217—219页。

穆旦的成长有着重要影响,"到了穆旦的幼年时代,在其大家庭中,查慎行的藏书","仍极受尊重"。①

9月

本月 考入天津南开学校,直到1935年高中毕业。

按,中学时期特别是初中阶段的情况,亦少有直接的记载,这里摘录若干背景文献,以较为宽泛地展现其成长背景。

南开中学建于1904年,是现代中国极富盛名的中学。其校训为"允公允能 日新月异"。据称,学校非常注重基本道德品质修养的培养,步入校门,即可见一如人高的整容镜上镌有:"面必净、发必理、衣必整、纽必结。头容正、肩容平、胸容宽、背容直。气象:勿傲、勿暴、勿怠。颜色:宜和、宜静、宜庄。"②

又,校史文献③记有"南开教育之要旨及实验之趋向":"南开学校成立之日,正当甲午败衅之后,设学主旨,在'教育救国'。盖欲挽救中国民族之衰颓,国家之危亡,舍造成具有'现代能力'之青年,使负建设新中国之责任,其道末由。""本校目的既在'救国',则实行三民主义之教育,使三民主义之精神,融化于一切教科及活动之中,当为本校今后实施教育之标的。""在学校中造成环境,使学生多得'开辟经验'的锻炼,以养成其'现代能力'。"其学制采行"三三制",前三年为初级,后三年为高级。课程设置原则有四:"1. 社会的需要;2. 个人的需要;3. 动作中所感到的需

---

① 杜运燮:《穆旦著译的背后》,杜运燮等编:《一个民族已经起来:怀念诗人、翻译家穆旦》,第110页。
② 申泮文:《永志不忘的南开精神》,杨志行等主编:《解放前南开中学的教育》,天津:天津教育出版社,1989年,第117页。
③ 南开中学校编辑:《私立天津南开中学一览》,1929年,第30—34、39—43页。

要;4.学科进程步骤的需要。"特别注意的有五点:"1.注重实地观察,使学生能自己求到活的知识,并以养成其科学的观念。2.注重动作。凡一切学科都是帮助动作,使所学得与实际生活发生关系。3.注重童子训练,以养成其勇敢、服务之精神。4.注重团体组织,以养成其民治的精神。5.注重生活技能。"学科方面,"有国文、英文、算学、社会常识、自然现象等,每周共二十小时,时间均在上午"。动作方面,"时间均在下午,动作种类凡六,均使与学科发生联络",六类即改编的童子军训练,体育,艺术的训练——图画、乐歌等,职业的训练——金工、木工等,观察——社会观察、自然观察等,练习自治。其课程表如下:

初级中学

第一年	学点	第二年	学点	第三年	学点
国文	8	国文	6	国文	6
英文	7	英文	8	英文	8
算学	5	算学	5	算学	5
社会常识	3	中史	2	中史	2
自然现象	2	党义	1	西地	3
图画手工	3	混合理科	2	初级生物学	3
乐歌	1	图画手工	4	党义	1
体育	2	乐歌	1	体育	2
童子军	2	体育	2	集会	1
集会	1	集会	1		
	34		32		31

高级中学
普通部——甲组（为升入文科之预备）

第一年	学点	第二年	学点	第三年	学点
国文	4	国文	4	国文	4
英文	6	英文	6	英文	6
西地	3	物理及实验	5	党义	1
算学	5	西近世史	3	军事训练	2
化学及实验	5	社会观察	1	集会	1
中近世史	2	军事训练	2	簿记学	3
党义	1	集会	1	政治学	3
体育	2	任选二门 英文选读	3	任选四门 经济学	3
集会	1	商业常识	3	算学	3
		文学概论	3	生物及实验	3
		名著选读	3	社会学	3
				名著选读	3
				文学概论	3
				英文选读	3
	29		28		26

据称，中学阶段即喜好文学，作文常被国文老师在课堂上朗诵出来。

按，与穆旦同校六年、两次同班的赵清华回忆，1930—1931年间，冰心的《繁星》中有几首已经被选入国文课本，"良铮尤为喜爱，每一篇都能琅琅上口地朗诵起来。他也爱吟咏'繁星'式的短诗"。教初二国文的一位20来岁的张老师很喜欢良铮的诗作,"每当上作文评选课时,他时时朗诵出来",每当这时,良铮则"不禁涨红了脸"。①

1930年(庚午,民国十九年)　12岁

▲3月,中国左翼作家联盟成立。

6月

7日　《笑话》三则刊载于天津版《大公报·儿童》第7号,署"查良铮(十三岁)"。

按,本年4月20日,天津版《大公报·儿童周刊》刊有查良锐(市立第十小学校,十一岁)的《笑话》,两篇作品的主人公都叫"王儿"。

1931年(辛未,民国二十年)　13岁

▲2月,柔石、胡也频等五位左联成员被秘密杀害。

▲9月18日,日军侵占中国辽宁省沈阳之北大营,史称"九一八"事变。日军随后陆续侵占东北三省。

▲11月18日,诗人徐志摩因空难逝世。

---

① 赵清华:《忆良铮》,杜运燮等编:《丰富和丰富的痛苦:穆旦逝世二十周年纪念文集》,第192—193页。

9月

9日 为水灾救济会捐款一元的信息,见于天津版《大公报》第2版《本报收到水灾赈款报告(九月八日)》,具名查良铮,南开师生李尧林、叶石甫、周珏良、白祥麟等人也在其列。

按,1931年入夏以来,长江、黄河、珠江、淮河等主要河流都发生特大洪水,波及全国,受灾面积大,死亡人数特别多,被认为是20世纪乃至人类历史上最具破坏性、致命性的自然灾害之一。天津版《大公报》8月27日开始,连续数日在头版发布《"救灾日"运动》的广告,表示9月1日为"大公报馆救灾日",将捐出"发行广告两部全日收入",同时,盼望"有职业的朋友"、"各公司商店"也"为七千万被灾同胞服务一天"。后又发布《本社募赈办法》(8月30日)、《本社救灾日之辞》(9月1日)、《本报收到水灾赈款报告》(9月1日开始持续发布)等内容。

本月 随着"九一八"事变的发生,平津学生纷纷发起爱国运动。之后,南开中学的局势一度紧张,曾发生学生运动。

本人后有自述(1955年10月):"初中三年级时,爆发了九一八事变,这激发了我的爱国心,曾到处告人别买日货,并在家中和兄弟姊妹等组织研究时事及买书等。次年校中发生风潮,校方令校刊停办改组(认为它左倾),同学反对,于是起了风潮";"但自己当时年级较低,未参加在风潮内"。

按,查良铃有回忆涉及抵制日货的内容,称哥哥不允许母亲买日本进口的海带、海蜇皮,"要是买来,他不但一口不吃,后来还把它倒掉。家庭中伯父们就议论良铮是'赤色分子',都怕他一等"。亦谈道:"在兄弟,姐妹,侄子们当中,哥哥的威信很高。他待人真诚,耐心,不怕麻烦,最喜欢教人读书,一读起书来,饭可以不吃,觉可以不睡,直到对方全部明白为止。所以人人都喜欢找他,也都有点怕,怕他的严格性。但是玩起来,他又是最能出主意,想办法,叫人玩得开心。"①

又,关于学生运动,南开中学校史文献记载:"11月,日本利用便衣队,煽动天津事变,南开一带尤为便衣队隐匿活动之渊薮,本校为避免危险计,乃将全体学生送往安全地带,学校并暂移法租界广东中学办公。未经旬,即迁回南开,照常上课。12月中旬,学生激于爱国热诚,发动救国工作,一度停课。"②

赵清华回忆:"学校迭次在瑞庭礼堂召开大会,一次又一次地纪念'九·一八'、'一·二八',纪念'热河事变',接着又出现了'塘沽协定''何梅协定',说明华北已处在风雨飘摇中了。每逢集会,师生同登讲台,或慷慨陈词,或长歌当哭,无不义愤填膺。每当这时,我们望着垂悬在礼堂舞台两侧的一幅'莫自馁、莫因循,多难可以兴邦,要沉着、要强毅,立志必复失土'的长联,思索着祖国和个人的命运,往往泣不能抑。"③

王锡璋(1931—1936年就读于南开中学)回忆称,学潮的起因是1931年"九·一八"事变之后,民族危机加重,民众停止内战、团结抗日的情绪增强。"《南开双周》上也著文评论时局,呼吁一致对外。南中当局不顾广大同学的正义呼声","竟然勒令《南开双周》停刊,并改组了它的编辑部,从学生会手中夺去了这个刊物的编辑和出版权","激起了同学们的无比义愤。加上学

---

① 查良铃:《怀念良铮哥哥》,杜运燮等编:《一个民族已经起来:怀念诗人、翻译家穆旦》,第146页。
② 《四十年大事记》,杨志行等主编:《解放前南开中学的教育》,第256页。
③ 赵清华:《忆良铮》,杜运燮等编:《丰富和丰富的痛苦:穆旦逝世二十周年纪念文集》,第194页。

校庶务股与承包食堂的商人勾结,贪污受贿,降低了学生伙食的质量,也引起了同学们的不满"[①],于是学潮很快爆发。

1932年(壬申,民国二十一年)　14岁

▲9月,南开中学进行"新教育"试验,"自高中一年级起,设实验班两班,半工作,半读书,俾实现'心力同劳''手脑并用'之教育理想"。不过,次年8月即取消。

9月

本月　升入南开学校高中部。1日上午九时,学校举行新生集会;2日,正式上课(据天津版《大公报》9月2日第11版的报道)。

按,当时在上南开初中的查良锐回忆:每天两人"一同乘电车赴西南角,下车还要步行一段很长的路,才到学校"。中午一起到食堂就餐,边吃饭边问学习上的困难与疑惑。饭后有一个多小时之久,查良铮常带他到图书馆,给他借《文学季刊》《小说月报》《东方杂志》一类刊物,或"带到他住宿的同学屋去"。在家的时候,常见查良铮演算数学习题,读英语或国文,描绘着自编、自绘、自写的连环图画("小人书")之类的情形。能记得的连环图画有关于"还我河山的《血魂》""伟大中华民族、黄河的《摇篮》""生我养我的故土,无名、平凡的《子巷》","均以纤细的工

[①]　王锡璋:《忆南开(1931—1936)》,杨志行等主编:《解放前南开中学的教育》,第132—134页。

笔画,一笔一笔勾勒而成,个个人物栩栩如生,故事内容丰盈充实而生动"。还常指点他阅读"鲁迅、茅盾、郭沫若、巴金等人的著作",叮嘱他"好的书,好的文章要反复多读,一遍、两遍,甚至更多几遍",还给他展示过一本本"用蝇头小楷写得很工整"的日记。①

高中阶段的课程,"国文"选科有四种:国文一,诸子百家,叶石甫主讲;国文二,古代文学,孟志荪主讲;国文三,现代文学,赖天缦主讲;国文四,应用文,关健南主讲。与赵清华等人都选了国文二和国文三。

按,赵清华称孟志荪学识渊博,授课生动、幽默,深得同学好感,"对同学们的'佳作'或'警句'从高声朗诵到一一讲评,赞不绝口,仿佛这些才是当代'文选'、'诗经'似的。这样做的效果是大大地激发了同学们学习'国文'的热情"②。赖天缦所授现代文学课"是新兴的一门课,并无现成课本,全靠学生笔记"。在他看来,这些老师的讲授"对良铮的文学成长是很有影响的"。③

又,1932年,教育部颁布了《高级中学国文课程标准》,明确指出高级中学国文教学的目标是:"(一)使学生能应用本国语言文字,深切了解固有的文化,以期达到民族振兴之目的。(二)除继续使学生能自由运用语体文之外,并养成用文言文叙事说理表情达意之技能。(三)培养学生读解古书,欣赏中国文学名著

---

① 查良锐:《忆铮兄》,杜运燮等编:《丰富和丰富的痛苦:穆旦逝世二十周年纪念文集》,第217—219页。
② 赵清华:《怀念南开(1929—1935)》,杨志行等主编:《解放前南开中学的教育》,第110页。
③ 赵清华:《忆良铮》,杜运燮等编:《丰富和丰富的痛苦:穆旦逝世二十周年纪念文集》,第193页。

之能力。(四)培养学生创造新语新文学之能力。"①新的课程标准对于学生的成长应该也有影响。

目前能见到一些由天津南开中学自行编订出版的国文教材,如《天津南开中学高二国文教本(上册)》(1929年),选文36篇,为文言文9篇,白话文23篇,译文4篇。文言文中,诗3篇8首,文6篇;白话文中,书信体3篇,文学评论1篇,中国社会问题研究3篇,日本问题研究5篇,人生、人性问题11篇;译文主要是人生问题和社会问题。从文体来看,该教本选文主要以议论、说理为主,大多属于议论文。《天津南开中学高一国文教本》(1934年)则是新学制高级中学国文教科书。

关于英文方面的课程,据称,对学生的英文训练很严格,"在课堂上完全用英语讲授,不说一句中国话,规定学生也要用英语对话和提问,还要每个学生轮流上台作五分钟演说",这使得学生"受到很好的外语训练"。英文老师包括李尧林、夏乐真、顾子范、史丽源等。②

按,这些老师中被提得最多的是李尧林。据称,李尧林的课"讲得生动活泼,教学效果很好","他教英语自选的课本是王尔德的《温德米尔夫人的扇子》,斯蒂文生的《宝岛》,还有英译大仲马的《基督山伯爵》等。他极认真教课,对学生要求严格"。③ 又,申泮文、赵清华等人回忆,李尧林英语很流利,他的课很受他们及穆旦、董言声等同学的喜爱,所授 Meeting with an Old Friend

---

① 闫苹、段建宏主编:《中国现代中学语文教材研究》,郑州:文心出版社,2007年,第371页。
② 叶笃成、李文达、邱孝域等:《怀念母校:南开中学(1930—1936)》,杨志行等主编:《解放前南开中学的教育》,第207页。
③ 张绍祖:《巴金三哥在"南开"》,汪致正主编:《巴金的两个哥哥》,北京:人民文学出版社,2005年,第180页。

（即由辜鸿铭译成英文的杜甫诗歌《赠卫八处士》）给学生留下的印象尤其深刻。申泮文称这首"脍炙人口的温馨友谊之歌""几乎成了一九三五班的班歌"。[①] 1935年5月29日出版的《南开高中》第2期，有岳家翰的《穷愁潦倒的诗人杜甫》，后附《赠卫八处士》以及辜鸿铭的译文。

教学方面，各年级课本分别为：初一，实验班为《南开英语读本》第一册，其他各班为周越然编《模范读本》第二册。初二，为周越然编《模范读本》第三册。初三，为《南开英文读本》第三册（短篇文选）；Graybill：*Mastery of English LV（Sentence Study）*。高一，为《南开高中英文教本》第一、二册；Tanner：*Correct English*。高二，分共同必修课程和选修课程，前者每周6小时，课本为Woo：*Fifty Modern Short Stories*；T. H. Lee：*Vital Factors in China's Problems*；Tanner：*Composition & Rhetoric Selected Current Literature from Periodicals*。后者又分文、理、商3科，其中文科每周3小时，课本为Dickens：*Oliver Twist Retold*；Dickens：*David Copperfield Retold*；Dickens：*A Tale of Two Cities*；Lamb：*Tales from Shakespeare*；Ibson：*Plays Selections of Stories, Biographies, Essays, and Poems*。高三，亦分共同必修课程和选修课程，前者每周6小时，课本为Woo：*Fifty Modern Short Stories*；T. H. Lee：*Vital Factors in China's Problems*；Tanner：*Composition & Rhetoric Selected Current Literature from Periodicals*。后者亦分文、理、商3科，其中文科每周3小时，未列具体的课本，

[①] 申泮文：《深切怀念名师李尧林先生》，汪致正主编：《巴金的两个哥哥》，第175—178页。

只笼统提到"选读英美各名家作品"。①

又，周珏良的回忆亦提到李尧林的教学方法及其所采用的教本，并谈到"当时南开中学使用的许多教科书是英文的"，"在初中三年级读的几何课本就是英文的，然后高中的数学、化学、物理等课本都用的英文教科书，特别是高中一年级读了美国海斯和慕恩（Hayes and Moon）著的现代史，对扩大词汇、提高阅读能力大有好处。当时的数学习题和物理化学的试验报告都用英文，考试答卷不要求但也可以用英文答"，"这样一来，英文就成了吸收知识和表达思想的工具"。②

12月

本月 据南开中学校史文献，日本军队侵占山海关，何柱国将军率部抗战，学校组织慰劳队，携带慰问品多件，赴前线慰问抗战将士。③

1933年（癸酉，民国二十二年）　15岁

2月

26日 《管家的丈夫》（短故事）刊载于天津版《益世报·小

---

① 天津市南开中学编：《天津市南开中学》，北京：人民教育出版社，1998年，第137—149页。
② 周珏良：《"却顾所来径，苍苍横翠微"：学习英语五十年》，季羡林等：《外语教育往事谈：教授们的回忆》，上海：上海外语教育出版社，1988年，第229—232页。
③ 《四十年大事记》，杨志行等主编：《解放前南开中学的教育》，第256页。

朋友》复刊第 16 号,署查良铮,当版另有漫画"查良铃七岁"(未署作者名)。

后来的自述(1955 年 10 月)提到:"在中学高二、三年级开始写诗及小说。"

按,长期以来,穆旦的"小说"作品一直未能见得,也未被注意。《管家的丈夫》及《笑话》《傻女婿的故事》《童话》等作品(新近发现,尚未收入《穆旦诗文集》)用讲故事笔法写成,或可印证写"小说"的说法。

3 月

11 日　作《事业与努力》(文),强调"知识和经验""是在我们希望成功某种事业前的两大努力目标,二中是不可缺一的"。"在现在中国这种情况下,一般人,犹其是青年,我们需要有野心,更需要用我们底最大的努力来满足它！在这暴风雨的世界里,我们要各人努力准备自己将来的事业,维持这老大的中国！更需要在这'埋头干'的口号下,振作起来,用我们最大的努力来干,干！"

12 日　《傻女婿的故事》(短故事)刊载于天津版《益世报·小朋友》复刊第 18 号,署查良铮。

6 月

27 日　《童话》(文)刊载于沈阳《盛京时报·儿童周刊》,署查良铮。

11 月

本月 据南开中学校史文献:"喜峰口中日战事方酣,本校大中两部学生,推举代表,组织联合慰劳队,携带慰问品多件,赴前线慰劳。"①

12 月

16 日 晚,作《梦》(文,亦可视作散文诗),以"梦"设喻人生:人生充满"波折","你若是顺着那波折一曲一弯地走下去,才能领略到人生的趣味","如果生活是需要些艺术化或兴趣的,那你最好便不要平凡地度过它";"你若要生活不平凡一点,有兴趣一点,总要有些不过于偏狭地爱好'梦'的心理才对;比如你常安适地过活,最好也要尝些苦的滋味;你常平静的心里,也叫它受些惊险;常按着轨道的生活也叫它变迁一下……"

1934 年(甲戌,民国二十三年)　16 岁

▲10 月,中央红军开始长征。

1 月

5 日 《梦》刊载于《南开高中学生》第 1 卷第 4、5 期合刊,署穆旦,当期另有吴讷孙的《那一本故事书》、璞君的《哀祖母》、记

---

① 《四十年大事记》,杨志行等主编:《解放前南开中学的教育》,第 256—257 页。

者的《各大学实况述要》等作品。

按，目前所见，《梦》是首次也是高中时期唯一一次署"穆旦"的作品。该笔名的由来应是将"查"字拆分为"木旦"，取其谐音。日后曾使用过的笔名"慕旦"，应该亦是取"木旦"谐音。

又，《南开高中学生》由南开高中学生出版干事会所办，在河北邮政局挂号为新闻纸类，内政部登记证警字第 4091 号。根据刊物所载信息，每年南开高中部均会成立学生自治会，在高中各班设立干事会，设有健康、游艺、合作、平教、庶务、出版、纪律、学术干事，各班干事之上设有总干事会，《南开高中学生》就是由其中的出版干事会负责的，从第 1 卷第 2 期开始，设立辅导股，聘请老师作辅导，其中既包括教务主任，也有国文教员、英文教员、辅导先生、公民教员、社会教员等。最初列有关健南、曹京实、陆善忱、李尧林、唐明善、唐炳亮、张子圣、杨叙才、孟志荪等人，之后有增删，1934 年新列韩叔信，1935 年之后又增加何其芳、高远公等人。从《编后》等处记载来看，时为社会作业委员会主任干事的陆善忱比较多地参与了刊物操作。而从后来学生们的回忆文来看，李尧林、孟志荪等人显然给学生留下了更深的印象。

4 月

6 日 《事业与努力》（文）刊载于《南开高中学生》春季第 1 期，署查良铮，当期另有周珏良的《论胡适之先生公开荐举议》等作品。

15 日 晚，作《流浪人》（诗）。

5 月

4 日 《流浪人》（诗）、《亚洲弱小民族及其独立运动——印度,朝鲜及安南》(文)刊载于《南开高中学生》春季第2期,分署良铮、查良铮,当期另有璞君的《五四运动》,赵照的《禁书问题》,周季奎先生讲、董庶笔记的《军事训练的目标》等作品。

《亚洲弱小民族及其独立运动》的写作动因在于:"亚洲弱小民族是我们将来在患难上的朋友,为了我们将来与他们合作起见,我们有知道他们被压迫的情形及为独立而斗争的经过的必要。"有谢词:"本文蒙韩先生与以修改,谨此志谢。"所称"韩先生"应是社会教员韩叔信。有《后记》,称"本想写出七个不同地方的情形,像台湾,叙利亚,菲律宾,及东印度群岛等处的弱小民族",但因为"这种事实的记载实在太少了"而放弃。

6月

15日 "诗三首"(《夏夜》《神秘》《两个世界》)刊载于《南开高中学生》春季第3期,署查良铮,当期另有济铭的《苏联加入国际可能吗?》等作品。

按,《夏夜》一诗标注为6月24日作,晚于刊物所标注的出版时间。此一状况,应是跟校园刊物出版时间不固定、稿源不足等因素有关。据曾任刊物主编的周珏良回忆:刊物"每到集稿时,篇幅不够","总是找他救急,而他总是热心帮助,如期拿出稿子来"。① 此诗应该就是属于"救急"类型。稍后,1935年6月21日出版的《南开高中学生》所载《哀国难》一诗,署1935年6月13日作,时间非常切近,亦属同一状况。

---

① 转引自李方:《穆旦(查良铮)年谱》,穆旦:《穆旦诗文集·2》,北京:人民文学出版社,2018年,第375页。

7月

10日 在天津法国花园亭,有个人照(可见于《穆旦诗文集·1》等处)。

本月 所在一级学生同高一学生到韩柳墅参加天津区学生暑假军训。

按,《南开中学毕业纪念册》(见1935年条目)所刊《校史》称"本校成绩颇佳"。据称,军训期间,同学们都"穿着草绿色军装,头剃得光光的","每晚同学们齐集操场,高歌岳飞《满江红》,人人憋着劲儿唱,脸都憋红了,一直唱出了我们最强音,最高音,悲凉激越,响彻云霄"。[①]

9月

29日 作《一个老木匠》(诗)。

10月

17日 南开中学举行30周年校庆,各地校友纷纷返校。

《一个老木匠》刊载于《南开高中学生》秋季第1期"南开高中学生三十周年纪念特刊",署良铮,当期另有《南开三十周年纪念歌》等作品。

据刊物所列"南开高中部学生自治会职员名单 二十三年秋",任高三2班主席,下分8个小组,负责人分别为:学术——

[①] 赵清华:《忆良铮》,杜运燮等编:《丰富和丰富的痛苦:穆旦逝世二十周年纪念文集》,第194页。

潘志英,纪律——李象樽,出版——周德章,庶务——李竹年,平教——关士聪,合作——张铨,游艺——蔡孝敏,健康——李国轼。

按,赵清华(笔名赵照)回忆称查良铮、周珏良以及他本人都曾担任刊物的总编辑,为期一个学期,查良铮担任总编辑是在高三的下学期①,但查阅各期刊物所载"出版干事职责分配表",其中并没有查良铮的名字,赵清华很可能是混淆了刊物主编和班级自治会主席这两个职务。

31 日 作《前夕》(诗)。

11 月

3 日 作《冬夜》(诗)。

23 日 《前夕》《冬夜》刊于《南开高中学生》秋季第 2 期,署良铮,当期另有董庶的《中山路(独幕剧)》、周珏良译《Quaker 的提琴》等作品。

12 月

10 日 作《诗经六十篇之文学评鉴》(评论)。该文开篇即生发了"文学何以发生?"这样一个"很有趣味的问题",在综合了《毛诗大序》和朱熹观点之后,提出"先是有感于中,而后发之于情,把这种感觉写成文字,表现出来,就是文学的起始了"。在评鉴《诗经》时要把握两个要点:一是,"文学是必须带有情感的",要"详细审定"《诗经》"是不是每一篇诗里都有作者的感情在

---

① 赵清华:《忆良铮》,杜运燮等编:《丰富和丰富的痛苦:穆旦逝世二十周年纪念文集》,第 194 页。

内";二是,"能对自己发生兴趣的诗,才去鉴赏",因为"自身的兴趣问题",对那些"平淡寡味"的抒情及"拙笨和板滞"的叙事,"要老实不客气的推它到一旁去了"。《诗经》能传诵至今,一部分不得不归功于"中国人的道德观念一直没有多大的变动"。"六十篇"被具体分成七大类,即"关于两性的诗""关于亲子的诗""悲于世乱的诗""祝贺诗""叙事诗""思友""劝兄弟友善之诗"。

1935年(乙亥,民国二十四年) 17岁

▲北京大中学生举行抗日救国示威游行,反对华北自治,反抗日本帝国主义,掀起全国抗日救国新高潮,史称"一二·九"运动。无数青年喊出:"华北之大,已经安放不得一张平静的书桌了!"

▲"左翼作家联盟"成立清华园小组。

▲本年至次年,《中国新文学大系》陆续出版,共十卷,赵家璧主编,蔡元培作总序。

1月

15日 《诗经六十篇之文学评鉴》刊载于《南开高中学生》(1934年秋)第3期,署查良铮,当期另有董庶的同题文章,赵照的《贫穷线上的葬曲》,蔡文侯先生讲、徐兴让记的《德法关系与欧洲国际政治》等作品。

5月

本月 据南开中学校史记载,"平津学生,发起爱国运动,本

校正常工作,一度停顿"。①

6月

13日 作《哀国难》(诗)。

21日 《哀国难》刊载于《南开高中学生》第3期,署良铮,当期另有叶石甫的《陶诗中的野趣》、蓝英译《肯第达》(萧伯纳作)等作品。

7月

本月 毕业于南开学校高中部。

其时或稍后 所在年级编印过一本《南开中学毕业纪念册》(1935班,以下简称《纪念册》),作为"二组主席"列于"本刊职员"之"常务委员会",同时,与周珏良、董庶、蔡孝敏、叶笃正、董言声等51人,列为"毕业筹备会职员"。个人主要信息(照片、签名、通讯地址等)见于相关栏目,并有文章《谈"读书"》(署查良铮)见于文字栏。

《纪念册》由校长张伯苓题写书名,目录共22项:(1)目录,(2)校徽、校旗、校歌,(3)校史,(4)本校创办人及传略,(5)校景,(6)校长及主任,(7)教职员,(8)教职员通信处,(9)本班师生全体合影,(10)级史,(11)本班级同学照像,(12)本班级同学签字,(13)本班级同学通信处,(14)出校同学,(15)团体,(16)杂俎,(17)本刊顾问先生,(18)本刊职员,(19)毕业筹备会职员,(20)文字,(21)编后,(22)广告。

---

① 《四十年大事记》,杨志行等主编:《解放前南开中学的教育》,第257页。

按,"编后"的落款时间为9月23日,可知《纪念册》的编定时间至少已在9月下旬。查南开大学馆藏该《纪念册》,上有题词:"乃如先生惠存并谢指导 一九三五班 敬赠 一九三六一月六日。""乃如先生"应该即教职员表所列校长办公室秘书伉乃如。《纪念册》是否至此一时间点方才印出,亦未可知。

"校史"记载了学校如何在严范孙、张伯苓等人的经营下由私塾、私立中学堂发展到南开学校的简略过程。"级史"由董庶于1935年7月所撰,其态度是"长短兼收,消长兼取",而不仅仅是"颂扬公德",其中评价了因政治时局变化而产生的各种运动、学潮;提及欧游归来的中学部主任张彭春所实施的失败的"新教育"试验;还谈到这一级在运动上和学术上所做出的努力以及所取得的成绩。

按,"新教育"是指1932年9月(即穆旦进入高中之时),"自高中一年级起,设实验班两班,半工作,半读书,俾实现'心力同劳''手脑并用'之教育理想"。这一措施并未实施多久,1933年,张彭春改为专任南开大学教授,喻传鉴接替中学部主任一职。1933年8月,"高中实验班取消,所有该班学生,均分别编入普通班肄业"①。

"校长及主任""教职员"栏均附有照片,其中有校长张伯苓,中学部主任兼教务课主任喻传鉴,教职员共列46位:社会教员韩叔信、唐炳亮、吕仰平,英文教员童仰之、李尧林、刘百高、夏乐真、何一桂、吴维中、戴圣谟、邱汉森,校长办公室秘书伉乃如,国文教员叶石甫、赖天缦、关键南(兼教务课副主任)、孟志苏、高远公,算学教员朱旭光、姜子骥、张信鸿、李澹村、刘孚如、胡赞年,

---

① 《四十年大事记》,杨志行等主编:《解放前南开中学的教育》,第257页。

文牍课主任魏云庄、体育课主任韩辑五、教员赵文选、历史教员孙绍裘,校医景绍薪,生物教员尹商藩、张效曾、助教周有光,辅导先生曹京实(兼公民教员)、任启南、王九龄、丁辅仁,化学教员郑新亭、胡廷印、助教王佩实,会计课兼建筑课主任华午晴,社会作业委员会主任干事陆善忱,军乐会领导陈子诚,庶务课主任孟琴襄、课员韩质夫,物理教员赵松鹤、段绍先、助教郭育才。此外,根据《南开高中学生》等刊物来看,老师还有唐明善、张子圣、杨叙才等,其他还能查证的老师有顾子范、史丽源(英文教师)等。

"同学"一栏亦印有许多同学的个人照和合影,共有两张个人相关的照片:一张是个人照,中分头,着中山装;一张是合影(题为"硕果仅存旧初一二组",共有 12 人),着带扣袢的中式衣服,中分头。

按,申泮文称当时有九个组,穆旦在初一二组,有 30 个人,等到高中毕业的时候,所在班级只剩下 12 个人,此即"硕果仅存"的含义。① 赵清华称这一级的入学人数,共约有 450 人。② "硕果仅存"的人数,"级史"所记及"本班级同学通信处"所录均为 141 人。

"本班级同学通信处"列出各位同学的"姓名""字""年龄""籍贯""永久通信处"。查良铮处,"字"缺,后三栏信息为:"十七　浙江海宁　天津府署街恒德里"。"通信处"所列同学姓名为:于以堂、方才政、王乃梁、王大纯、王士圃、王之准、王正尧、王文

---

①　本版块所引申泮文的文字,均据本谱作者与申泮文的谈话(2006 年 4 月 10—11 日,天津)。

②　赵清华:《忆良铮》,杜运燮等编:《丰富和丰富的痛苦:穆旦逝世二十周年纪念文集》,第 192 页。按,在此文中,赵清华称"硕果仅存"的仅为 125 人,或属误记。

彬、王世杰、王志毅、王金林、王恩至、王寿岩、王禄真、王端骝、王鸿钧、王庆鹗、孔祥莹、申泮文、白祥麟、朱元义、朱光熙、吴文惠、吴金年、吴洪训、宋鸿涛、李廉、李璞、李竹年、李仲修、李汝铎、李善甫、李顺祥、李国轼、李象樽、李焕章、李德慈、李应信、吕汶、何连泉、杜精南、沈尔林、周錞、周珏良、周衍增、周德章、宗九龄、郁彦、岳家翰、邵世荣、金绍端、林镜东、孟鑫武、纪纯、纪汉光、查良铮、胡熙明、胡济生、侯闻礼、高志达、高彧文、徐文园、徐孝通、徐兴让、马廷声、马志嵩、马维廉、曹秉禧、堵建章、崔藻宏、屠继先、陆孝威、陆智常、陈恺、陈幼石、陈正华、陈伯英、陈家祥、陈家徵、郭立杰、郭寿彭、张述、张铨、张中厚、张亦诚、张志仁、张廷华、张秉国、张宏建、张恩田、张国才、张毓琦、张钟鹤、冯玉璋、孙世玮、华克刚、冯克强、富志礼、汤佩青、温绍澂、程骏声、董庶、董言声、杨斌、杨卓成、杨启元、杨津基、杨毅和、叶纪霖、叶笃正、黄秉枢、黄时绥、靳古铭、万长炎、赵士信、赵清华、赵煦之、赵凤瑞、蔡子定、蔡孝敏、齐兆武、刘大鹏、刘金旭、刘雨荪、刘春林、刘益晚、刘绍辰、刘云拂、刘葆楹、刘维政、刘渔溪、郑兆琛、潘志英、鲁锡田、卢英时关士聪、聂衡平、严仁华、罗宗兴、苏长元、苏寿昌。

"出校同学"指中途离校的同学,部分因为国事紧张,放弃学业,选择从军;部分是经济等方面的原因,南开中学为私立学校,对家庭经济有较高要求。①

"团体"一栏指的是班级的各种团体,包括田径队、篮球队

---

① 王锡璋在《忆南开(1931—1936)》中提到,南开中学的"学杂费很高,每学期要交几十元,就是在天津,一般工人子弟也很难负担",见杨志行等主编:《解放前南开中学的教育》,第123页。按,关于学费问题,亦可参见吴大任的《我所受的南开教育》和张镜潭的《昔日南大琐记》,两文均收入南开大学校长办公室编:《张伯苓纪念文集》,天津:南开大学出版社,1986年。

等等。

按,谈到"团体",申泮文称"查良铮不活动,他是个文弱书生"。对于"你们那时候都知道查良铮是一个诗人吗?"这一问题,他指着"文字"栏中的《谈"读书"》一文给予了肯定回答。

"文字"一栏为学生的文学作品,共有四篇,除了《谈"读书"》之外,另有葆楹的《四斋生活片断》、赵照(清华)的《南北极——生活一瞥》和璞君的《丽娜》。

《谈"读书"》前半段谈到社会上读书风尚的改变:"士大夫那种闲趣"消失,"科举制"被"取消",那种"唯美式"的、"呆板式"的、"盲目的"读书被"换上一种新姿态","一种严悚的面孔",读书已必须考虑"对于社会国家的责任的重大"。读书"正确的作用",可用"学以致用"或"知行合一"来概括。后半段则谈到自己如何对读书产生兴趣。这是一种"硬性的,困难的"经验:最初是先生布置功课,读书是"还债似的";"渐渐地才把'家里让我读书么'那种念头抛开";随着阅读一些小说并"扩展到一切软性的书籍"而产生"更进一层的兴趣","使我知道了自身以外的许多事情。我渐渐欣赏起这些事物来了,脑中开始生出了各种幻想,各种幻想的综合在我心中也曾起了很大的欲望,可是这反而使我苦恼起来"。读书由此成为一种"追索","读书的确是可以解决自身的一部分问题的";而且,由于书籍是人家"对宇宙万物幻想的结果",也"使自己觉得详细观察每一件事物都是有意思的"。

关于中学时的好友以及文学活动方面的情况,本人后有自述(1955年10月):好友有董庶、董言声、李竹年、陆智常等,"董庶对我的影响最大,引起我对文学的爱好,他借给我书和文学杂志看,并鼓励我写作。我的家庭环境和性格原是沉郁的,看了文学作品后(如鲁迅的野草及小说,巴金,郁达夫,周作人,及旧俄作家如柴霍甫等作品)更觉人生灰色,对社会也益觉不满。在中学高二、三年级开始写诗及小说,全是个人情感的发泄,也有对社会的不平之鸣。高三时也有社会教员借[介]绍我读社会学的书,曾买过波格达诺夫的一本书,没有读懂,但已倾向理解社会问题,并仔细阅读当时进行的大众文艺论战"。

按,周珏良称"穆旦的诗才从十几岁就显露出来,而且非常敏捷","当时他是写稿人的两大台柱之一,主要写诗,也写散文"。① 如前述,穆旦作品首次刊载于《南开高中学生》是在1934年1月出版的第1卷第4、5期合刊,到1935年7月穆旦毕业时所出版的1935年第3期止,共出版10期,其间穆旦发表诗文8次,共有诗歌9首、文章3篇,"台柱"的说法应该没错。

又,穆旦后来的文字中经常提及的同班同学、"级史"撰写者董庶(有笔名丹东),先是在《南开高中学生》第1卷第1期(1933年11月10日)的文艺栏中出现,及至1934年春第1期(1934年4月6日)时,又出任出版干事长、编辑股总编辑。尽管董庶很快就因为个人身体原因退出了干事会,但从第1卷第3期(1933年12月11日)开始,他于该刊发表约10次,也可归入周珏良所谓的"台柱"式人物。

中学阶段

在天津宁园,有个人照片(见于《穆旦诗文集·1》等处)。

8月

21日 清华大学校长办公室发布第186号通告,公布1935

---

① 转引自李方:《穆旦(查良铮)年谱》,穆旦:《穆旦诗文集·2》,第375页。

31

年一年级新生录取名单,与周珏良、王佐良等318人名列其中。

据称,当时被三所大学同时录取,选择了清华大学。① 入学考试的题目,可见于次年6月27日出版的《清华周刊向导专号》,其中列有"历年入学试题及答案",内有1932—1935年这四个年份的《国立清华大学入学试题及答案》,从中可知考试科目有党义、国文、英文、本国历史地理、代数几何平面三角、高中物理学、高中化学、高中生物学、世界历史地理等。同时,该刊有校史、近五年发展概况、院系概况、章则及表格、团体会社、生活漫谈、投考经验等版块,从中可知学校概貌。

后有自述(1955年10月)谈及专业选择:"要学文学,但中文系太古旧,要考据,不愿读古书,所以入外文系。"

按,大学所上课程及相关任课教师难以一一查实,如下所列举的信息只能视为一种笼统的背景。

清华大学以"自强不息,厚德载物"为校训,当时由梅贻琦任校长,其基本教育理念可见于《大学一解》,即应推行"通才教育"以"新民"。② 这一教育理念亦体现于当时清华大学的外文系学程,"课程之目的,为使学生得能:(甲)成为博雅之士,(乙)了解西洋文明之精神,(丙)造就国内所需要之精通外国语文之才,(丁)创造今世之中国文学,(戊)汇通东西之精神思想而互为介绍传布"。"课程之编制,本于二种原则,同时并用:其一则研究西洋文学之全体,以求一贯之博通;其二则专治一国之语言文字

---

① 李方:《穆旦(查良铮)年谱》,穆旦:《穆旦诗文集·2》,第375页。按,其他两所学校的信息不详。

② 此文原载《清华学报》1941年第1期"清华大学三十周年纪念号"上册;现据北京大学等编:《国立西南联合大学史料·一》,昆明:云南教育出版社,1998年,第19—28页。

及文学,而为局部之深造。课程表中,如西洋文学概要及各时代文学史,皆属全体之研究,包含所有西洋各国而为本系学生所必修者;但每一学生并须于英德法三国中(此外更设希腊拉丁及俄罗斯日本语文各班,意大利西班牙等国语文俟后增入)择定一国语言文字及文学为精深之研究,庶同时可免狭隘及空泛之病。""本系课程,文学而外,语言文字之研究特为注意。普通功课皆以英文讲授";"自二十四至二十五年度起,除大一英文外以三小时授读本二小时作文外,第二三四年英文亦均各以二小时专授作文,以达到使学生能用英文自由写作之目的"。课程方面亦有体现,外文系一年级新生共设五门课程:国文,第一年英文,中国通史与西洋通史择一,逻辑、高级算学与微积分择一,普通物理、普通化学、普通地质学与普通生物学择一,共36或38学分。二年级设六门课程:第二年英文,第二外国语(任择一种),西洋哲学史,西洋文学概要,英国浪漫主义(专集研究一),西洋小说(专集研究二),共36学分。①

又,曾有观点认为穆旦进入清华大学时,先入地质系,后改入外文系,即是基于对清华大学当时的教育理念以及实际课程设置的误解。该观点可能源自杜运燮为1986年版《穆旦诗选》所作《后记》②,受此影响,后来的研究者如日本学者秋吉久纪夫等人③也持此观点。

周珏良称,穆旦"入清华后,可能主要选读了地质方面的课

---

① 据《外国语文系学程一览(民国廿五年至廿六年度)》,《国立清华大学一览》,北平国立清华大学出版事务所,1937年,第129—131页。
② 穆旦:《穆旦诗选》,北京:人民文学出版社,1986年,第147页。
③ [日]秋吉久纪夫著,荀春生译:《穆旦年表试稿》,《中国文化研究》1994年夏之卷。

程"①。《清华周刊》第 42 卷第 5 期(1934 年 11 月 19 日)、第 7 期(1934 年 12 月 1 日)等处,都有关于"第一年不分院系"的讨论。文理法三院新生,一年级均为五门课。《清华副刊》第 44 卷第 6 期有味竹的《谈谈大一文法学院课程》一文,对文法学生必须选修"自然科学的课程"提出了批评:其一,这些课程"向不为文法学生感到兴趣,但却占了他们大部分的时间,成了苦的刑罚";其二,这些课程多为生物学、化学、地质学这样"狭隘"的题材,而不是"科学概论"一类"科学的常识和科学的治学方法"。《清华副刊》第 44 卷第 8 期有周英的《大一课程》,也认为这一做法不合理,结论是"学校的必选自然科学的计划,无论从那一方面来看,不能不说是整个的失败"。穆旦稍后所作《这是合理的制度吗?》,即是基于此一背景。

12 月

本月 参加了"一二·九"游行和"一二·一六"游行。

稍后,写信给已回浙江绍兴老家的高中同学赵清华,谈及这些事件。

按,赵清华回忆:"信不断从北平雪片似地飞来","这些热情洋溢的信件,其中还夹有照片和即景抒情的诗歌";"笔如游龙,绘声绘色","描述了这场运动的情景"。当他回信对此表示担心的时候,得到的回复是:"不怕,几乎所有的教授,包括冯友兰、朱自清、闻一多和张申府等进步教授,都支持他们。"②

---

① 转引自李方:《穆旦(查良铮)年谱》,穆旦:《穆旦诗文集·2》,第 375 页。
② 赵清华:《忆良铮》,杜运燮等编:《丰富和丰富的痛苦:穆旦逝世二十周年纪念文集》,第 195 页。

后有自述(1955年10月):"受过大刀和水龙的驱逐,读了一些进步书籍如《大众哲学》等,也和左倾同学来往。"包括赵俪生、王瑶、贺善徽等,"常向同学""发左的论调"。

本年 加入"清华文学会"。

按,1935至1936年间,"左翼作家联盟"成立清华园小组,由赵德尊(1933级外文系)、陈落(中文系)负责,组员有杨戊生(魏东明)、王瑶、赵俪生、郑庭祥(郑天翔)、冯宝麟、王逊、魏蓁一(韦君宜)、邵森棣等人。公开名目为"国防文艺社",出版过两期《国防文艺》,由赵俪生和郑庭祥编辑。后,文艺社扩大为清华文学会,由赵俪生任主席,陈国良任副主席,出版过《新地》两期,也由赵俪生与郑庭祥编辑;曾邀请朱光潜、沈从文、梁宗岱等到校作讲演。①

1936年(丙子,民国二十五年)　18岁

▲10月19日,鲁迅逝世于上海。

▲12月,"西安事变"发生。

5月

19日　作《这是合理的制度吗?》(文),认为文法学生必须选修"不相干的自然科学的学分","虚费精力在一些离我们需要很

---

① 范泉主编:《中国现代文学社团流派辞典》,上海:上海书店,1993年,第79页;赵俪生:《篱槿堂自叙》,上海:上海古籍出版社,1999年,第40—41页。

远的事物上",不是"合理的制度"。

30日 《这是合理的制度吗?》刊载于《清华副刊》第44卷第8期,当期另有周英的《大一课程》、松文的《国难时期中的职业问题》、叶升的《中国的女子教育》、古城的《谈谈清华的工学院》等作品。

6月

28日 由北平《绿洲》第1卷第3期所载孟实(朱光潜)的《谈戏的两种演法》而发,作《两种人》(文)。朱文谈到戏的"两种演法",一种是"体验派"演法,一种是保持"间离"态度。《两种人》由此引申到对于人生态度的思考——人生不同于演剧,"普通,我们最能看得起的,是这些看破人生不过是一幕剧,而却积极求全求美去表演的一类人"。"若不明白人生就是演戏,若不肯冲入舞台的前面,欣赏是不可能的啊。"

7月

6日 《两种人》刊载于天津版《益世报·语林》第1338号,署慕旦,当版另有之华的《鲁迅看不看自己的书?》、芳菲译《小火车》(志直贺哉作)等作品。

10日、11日 《两种人》刊载于汉口《新民报·弦上》第250、251号,署慕旦,当版先后另有均戬的《约翰生与吉士菲尔侯爵书》、荷子的《山头夜景》以及杜宇译《高尔基之死》(秋田雨雀作)等作品。

10 月

20 日 作《清华的电灯》（文），述及学校电灯使用、停电之类的情形。

21 日 改定《山道上的夜——九月十日记游》（文），记录 9 月 10 日与同学"庶和柏"一起夜游某山的经历与感受。

11 月

1 日 《清华周刊》出版第 45 卷第 1 期，根据封底所列"清华周刊社职员表"，与其他 77 人被列为"特约撰述人"。

2 日 《山道上的夜——九月十日记游》刊载于《清华副刊》第 45 卷第 1 期"散文随笔"栏目，署慕旦，当期另有纪念鲁迅特辑、"学校论坛"专辑（包括林传鼎的《本学期救国工作会的动向》、乔人的《对敌抗战与我们的学业》、王瑶的《关于第四十五卷周刊》）、新生的《中日外交讨论会记录》等作品。

月初 作诗《我们肃立，向国旗致敬》《更夫》。

10 日 《清华的电灯》刊载于《世界日报·学生生活》，署慕旦，当版另有广正的《我们要听时事——民众学校的一幕写真（续）》等作品。

11 日 由几天前收到的一位"江南的朋友"的来信而发，作《生活的一页》（文），表示"一种生活的景象燃烧在心里，为了这种缘故，我得到了不安。我用尽我的脑力想使我自己在现在的环境里得到一种有意义的生活方法；或者说：我要一种充实的兴奋的生活。我的周遭是太死寂了，人们所做的，大多无非是到图书馆去死读书而已。我鄙视分数，但我的活动无一不是受了分数的束缚"。"我想到了一个活的青年的使命,那是多么重大啊! 而我们却是整日地怎样子过活呢?""我是陷进浓厚的忧郁里了, 我不能摆脱开境[环]境所加于我的室闷;我愿意看到光明和黑暗交界的地方,我愿意时时张大我的视野,这种微温的生活是我所不能忍耐的。"

16日 《我们肃立,向国旗致敬》刊载于《清华副刊》第45卷第3期,署慕旦,当期另有穆渭琴的《与友人书(检讨清华过去的学运)》、若予的《试行导师制度以后》、竹林的《本年度新同学课外活动调查统计》等作品。

22日 《更夫》刊载于《清华周刊》第45卷第4期,署慕旦,当期另有沈志远的《苏联五年计划的本质与意义》、刘贲的《中国为什么没有系统的科学》、雨秀的《中国语文的新生》等作品。

12月

28日 《生活的一页》刊载于《清华副刊》第45卷第10期,署慕旦,当期另有"西安事变"与"一二一二示威"专辑以及邵寿椿译《希特勒在学校》、林动毓的《南下宣传日记重抄》等作品。

本年 在清华大学,有个人照片(可见于《穆旦说诗》等处)。

1937年(丁丑,民国二十六年) 19岁

▲7月,抗日战争全面爆发。
▲国民政府采取战时教育政策,将一批学校迁到内地,以延续和保存教育文化命脉。9月,北京大学、清华大学、南开大学合

并成立国立长沙临时大学。11月1日,1937—1938年第一学期开始上课。这一天后来被作为西南联合大学校庆日。

1月

1日 《古墙》(诗)刊载于上海《文学》第8卷第1期("新诗专号"),署慕旦,当期另有佩弦(朱自清)的《新诗杂话》、屈轶的《新诗的踪迹与其出路》、朱光潜的《中国诗中四声的分析》、郭沫若译《赫曼与窦绿苔(诗歌剧)》([德]歌德作)、茅盾的《论初期白话诗》、冯至译《尼采诗钞》、王亚平的《饥饿》、邹荻帆的《做棺材的人》《四月》等作品。

25日 《玫瑰的故事》(诗)刊载于《清华周刊》第45卷第12期,署慕旦,当期另有王瑶的《为清华周刊的光荣历史敬告师长同学》、昭琛(王瑶)的《伯林斯基文学批评集》、魏宇彬的《小品二章》、沈钧儒的《狱中杂感》、王迈的《漫谈出路》等作品。

《玫瑰的故事》有一短序:"英国十九世纪散文家 L. P. Smith 有一篇小品 The Rose,文笔简洁可爱,内容也非常隽永,使人百读不厌。故事既有不少的美丽处,所以竟采取了大部分织进这一篇诗里,背景也一仍原篇,以收异域及远代的憧憬之趣。至于本诗能够把握住几许原文的美,我是不敢断言的;因为,这诗对于我本来便是一个大胆的尝试。想起在一九三六年的最后三天里,苦苦地改了又改,算是不三不四的把它完成了;现在看到,我虽然并不满意,但却也多少是有些喜欢的。二十六年一月忙考时谨志。"

按,《更夫》《玫瑰的故事》是较早发现的署"慕旦"的作品,王佐良肯定其"是查良铮所作无疑",并称,The Rose 一文正是

"1935—36年间在清华读的大一英文教科书中的文章"。①

6—7月

参加北平大中学生集中军训。军训由二十九军旅长何基沣主持,据个人自述(《履历表》,1955年10月),主要内容为"军事训练,步兵操练"。后因"七七事变"发生,"形势紧急,军训提前结束";当时,清华留校学生约200人。②

下半年

随着抗日战争全面爆发,平津等地沦陷,高校已无法正常办学。8月,国立长沙临时大学筹委会成立。9月10日,教育部发出第16696号令,宣布以北京大学、清华大学、南开大学及中央研究院设立国立长沙临时大学。13日,国立长沙临时大学筹备委员会举行第一次会议,确立了校舍、经费、组织分工等事项,不设校长,设三位常委,即蒋梦麟、梅贻琦、张伯苓。10月15日,临时大学常委会会议决定,长沙临时大学校舍不敷分配,本部设于长沙浏阳门外韭菜园一号的湖南圣经学校,文学院则设在圣经学校南岳分校,称长沙临时大学南岳分校。11月1日,1937—1938年第一学期开始上课。11月16日,学生从长沙出发前往南岳分校,当日开学,19日,开始上课。

据称,在清华大学南迁长沙的过程中,为"护校队成员"

---

① 转引自李方:《穆旦(查良铮)年谱》,穆旦:《穆旦诗文集·2》,第376页。
② 西南联合大学北京校友会编:《国立西南联合大学校史(修订版)》,北京:北京大学出版社,2006年,第10页。

之一。①

按,从北平→长沙→南岳的过程中,穆旦的事迹少见记载。当时刚从山东大学外文系转入临时大学的赵瑞蕻称其"随文学院各系同学八十人一起离开长沙,分乘几辆客车到达衡山山脚下,再步行上山",住入"圣经学院"的学生宿舍里。②

国立长沙临时大学南岳分校最初有教师19人,学生80余人,后陆续增至教职员30余人,学生约190人。教师包括外文系叶公超、吴宓、柳无忌、英籍教师燕卜荪(William Empson),中文系闻一多、朱自清、陈梦家、浦江清、罗庸、罗常培、魏建功,哲学心理学系汤用彤、冯友兰、金岳霖、沈有鼎、郑昕、陈雪屏,历史学系钱穆、刘崇鋐等。同学之中,来自清华大学外文系三年级的还有郝锡安、李博高、邵森棣、王佐良、李慧可、马肇椿、苗宝泰、李赋宁、牛其新、许国璋、李世又、邹尚录等;见于相关材料的其他同学有中文系陈登亿、向长清、董庶、陈士林、陈三苏、周定一、于仅、周贞一、孔祥瑛、杨戊生,外文系赵瑞霱(蕻)、姜桂侬、李敬亭、李鲸石、林振述(蒲)、刘重德、叶柽,哲心系冯宝麟(契)、林宗基、王洪藩、刘兆吉、王逊等(据马芳若藏1937年12月的《长沙临时大学文学院学生名录》)。

按,联大校史记载,湖南圣经学校南岳分校在衡山半腰,距南岳有三四十里,附近有白龙潭、水帘洞、祝融峰、王船山归隐处等名胜古迹。"分校教学条件极差,既无图书,也缺教材,开学之初,连小黑板也不能满足供应。教授随身带出的参考书不多,有时须到南岳图书馆去寻找必要的资料。讲课时只能凭借原有的

---

① 李方:《穆旦(查良铮)年谱》,穆旦:《穆旦诗文集·2》,第377页。
② 赵瑞蕻:《南岳山中,蒙自湖畔》,《离乱弦歌忆旧游:从西南联大到金色的晚秋》,上海:文汇出版社,2000年,第123页。

讲稿,作些修订补充";"夜晚,菜油灯光线暗淡,无法在灯下看书(学生也无书可看),只好在宿舍议论战争局势。有的教授也常去学生宿舍参加讨论、漫谈。师生接触机会较多,关系融洽,在交谈中自然也涉及专业知识、治学方法,因此颇有古代书院的风味"。① 在赵瑞蕻等人看来,老师们在这样艰苦的条件下仍认真讲学、著述不断,对学生成长起到了良好的引导作用,"对穆旦后来的成长,一生勤奋,作出贡献也是很有关系的"。②

又,赵瑞蕻回忆:当时"教师大都住在学院大门外右边山麓上一座西式坚实而精致的二层楼上,如吴宓、闻一多、钱穆等";"学院大门内左边有小楼一座,叶公超以及燕卜荪等先生住在里面";"学生宿舍就在右边一排平房里。两者之间有一排教室和一个大厅,作为食堂和集会之用"。③

所在宿舍共有 4 人,可确知其中一人为王逊。其间,此前已经离校从军的赵俪生、王修等人曾前来探望,与王逊、冯宝麟、邵森棣等人一起,"聚谈了大半夜",次日凌晨告别。④

按,《王逊先生学术年谱》认为,冯契(宝麟,1915—1995)亦在该宿舍⑤,此或不确。1973 年 10 月 15 日,穆旦在致杨苡的信中写道:"当时共有四个人,死了三个,只剩下我一个了。"以此来看,冯契应不在其中。

---

① 西南联合大学北京校友会编:《国立西南联合大学校史(修订版)》,第 15 页。
② 赵瑞蕻:《南岳山中,蒙自湖畔》,《离乱弦歌忆旧游:从西南联大到金色的晚秋》,第 127—128 页。
③ 赵瑞蕻:《南岳山中,蒙自湖畔》,《离乱弦歌忆旧游:从西南联大到金色的晚秋》,第 124 页。
④ 赵俪生:《篱槿堂自叙》,第 55 页。
⑤ 王涵:《王逊先生学术年谱》,王逊著,王涵编:《王逊学术文集》,海口:海南出版社,2006 年,第 177 页。

对于临时大学时期的个人情况,后有自述(1956年4月22日):"抗战初起时,在长沙曾有去陕北参加革命的意图,因为自己过去在北平清华大学期间,是比较左倾的,参加过一二九及一二一六学生运动,并读过进步书籍",但并未付诸行动。

据称,和几乎所有外文系学生一起选修了燕卜荪的两门课,且选修了吴宓的课,旁听了冯友兰的"中国哲学史"。①

按,联大外文系的课程以英语和英国文学为主,语言理论课程较少。其他外语有法、德、俄、日四种,供本系学生选作第二外国语,或供其他各系学生选修,一般以法、德为主,可修一至三年。文学方面的选修课根据教师的专长和当时所从事的研究而开设,门类较多。② 不过,长沙临大时期没有完整的记载,且这些课程的大致内容(如大纲、讲义等)基本没有留下来,已无从窥视当时教学的全貌。

从相关回忆看,赵瑞蕻对吴宓所授课程以及外文系对三、四年级学生开设的"欧洲名著选读"课着笔较多。燕卜荪和他的课也给学生留下深刻印象。赵瑞蕻(1943年)、杨周翰(1943年)等人当时即有相关文字描述;赵瑞蕻、王佐良、周珏良等人晚年对于燕卜荪的回忆则多带有历史评判的视角。这些文献反映了当时的一般状况,其中部分明确涉及穆旦。

赵瑞蕻称:当时穆旦除了喜欢拜伦、雪莱、济慈外,对燕卜荪课堂上讲的布莱克的诗歌也特别感兴趣,课后还几次跟他讨论布莱克;燕卜荪在课堂上推荐的艾略特评价布莱克的话"可以拿

---

① 赵瑞蕻:《我是吴宓教授,给我开灯!》,《离乱弦歌忆旧游:从西南联大到金色的晚秋》,第65—66页。

② 西南联合大学北京校友会编:《国立西南联合大学校史(修订版)》,第103—104页。

来理解和分析穆旦的创作"。①

  王佐良称:燕卜荪的讲课方式"只是阐释词句,就诗论诗,而很少像一些学院派大师那样溯源流,论影响,几乎完全不征引任何第二手的批评见解"。这迫使学生们"不得不集中精力阅读原诗。许多诗很不好懂","在那样一位知内情,有慧眼的向导的指引之下",学生们"对于英国现代派诗和现代派诗人所推崇的17世纪英国诗剧和玄学派诗等等有了新的认识"。《现代诗》"内容充实,选材新颖,从霍甫金斯一直讲到奥登,前者是以'跳跃节奏'出名的宗教诗人,后者刚刚写出了充满斗争激情的《西班牙,1937》";虽然"对他所讲的不甚了然",但"对于沉浸于浪漫主义诗歌中的年轻人,倒是一副对症的良药",燕卜荪让"正苦于缺乏学习的榜样"的学生们"慢慢学会了如何去体会当代敏感"。穆旦的诗歌如《五月》,"显出燕卜荪所教的英国现代派诗的影响,已经深入到中国青年诗人的技巧和语言中去了"。②

  周珏良称:当时大家首先接触的是英国浪漫派诗人,后受燕卜荪的教导,"接触到现代派的诗人如叶芝,艾略特,奥登乃至更年轻的狄兰·托马斯等人的作品和近代西方的文论"。自己和穆旦多从燕卜荪那里受益:"从燕卜荪先生处借到威尔逊(Edmund Wilson)的《爱克斯尔的城堡》和艾略特的文集《圣木》(*The Sacred Wood*),才知道什么叫现代派,大开眼界,时常一起讨论。他特别对艾略特著名文章《传统与个人才能》有兴趣,很

---

  ① 赵瑞蕻:《南岳山中,蒙自湖畔》,《离乱弦歌忆旧游:从西南联大到金色的晚秋》,第126页。
  ② 参见王佐良:《怀燕卜荪先生》,《语言之间的恩怨》,天津:天津人民出版社,1998年,第107—108页;《穆旦:由来与归宿》,杜运燮等编:《一个民族已经起来:怀念诗人、翻译家穆旦》,第1—3页;《论穆旦的诗》,穆旦著,李方编:《穆旦诗全集》,北京:中国文学出版社,1996年,第4页。

推崇里面表现的思想。"当时他对穆旦的新诗新作虽"不能赞一辞","但对彼此都在学习的英美现代诗和接触到的西方文论则常在一起谈论","有一个印象,穆旦当时有个想法,认为受旧诗词的影响大了对创作新诗不利",而自己"不同意","常常辩论"。① 又称,当时学过叶公超的笔译课,学期之末"要求每个学生选一篇较长的文章译成英文",他"选的是沙汀写贺龙将军的一个特写",不懂其中的"一杯水主义""小鬼"两个词的意思,询问穆旦才知道,穆旦"那时已接触了一些解放区的进步文学"。②

11 月

本月 作《野兽》(诗),曾刊登在南岳分校的诗歌墙报上,后列为个人第一部诗集《探险队》(1945 年)之首。

按,赵瑞蕻回忆:"在南岳时已有多次诗歌活动,如朗诵会、谈诗会和诗歌墙报等",自己是《野兽》"这首诗手稿最初的读者"。叶公超等教师也参加过诗歌讨论会,叶公超"竭力鼓吹写新诗,并且谈了'诗与时代'的意义,但他强调新诗必须有一定的格律",正如某次和燕卜荪先生聊天时,询问其"对于自由诗的看法,他笑着说:'Yes, free, but not verse.'(是的,自由,可不是诗了。)这些场合,我和穆旦和许多同学都参加了"。③

---

① 周珏良:《穆旦的诗和译诗》,杜运燮等编:《一个民族已经起来:怀念诗人、翻译家穆旦》,第 19—20 页。
② 周珏良:《"却顾所来径,苍苍横翠微":学习英语五十年》,季羡林等:《外语教育往事谈:教授们的回忆》,第 233—234 页。
③ 赵瑞蕻:《南岳山中,蒙自湖畔》,《离乱弦歌忆旧游:从西南联大到金色的晚秋》,第 120、127 页。

12 月

6 日 女友万卫芳抵达衡阳,夜宿衡山县城的一个旅馆。

按,杨苡回忆:万卫芳为穆旦在清华大学时的初恋对象,当时在燕京大学读书;抗战全面爆发后,亦南迁至湖南。① 据吴宓日记,当日为他几经辗转到达南岳的前夜,同行者共住衡山县城旅馆的两间房子,一间是他和李赋宁、李博高住,另一间是与他同行的陈慈、张婉英及万卫芳住。吴宓注明了万卫芳的身份与来历,"燕京借读女生,查良铮偕来此",且有"万终未与宓识面"之语。②

28 日 《在秋天》(诗)刊载于长沙《火线下》(三日刊)第 15 号,当期另有集体讨论稿《一九三七年的回顾》、师田手的《没有一颗明亮的星——从长辛店到良乡》、本社同人的《送李恭贻君出征》、韩克信的《第一次去伤兵医院服务》、之江的《关于民众力量和农民组织》、陈纯英的《女同学就应该回家去吗》等作品。

1938 年(戊寅,民国二十七年)　20 岁

▲2 月,国立长沙临时大学迁往昆明。4 月 2 日,奉教育部电令,国立长沙临时大学改称国立西南联合大学(英文名称定为 The National Southwest Associated University),以"刚毅坚卓"为校训。5 月 4 日,学校正式在昆明上课。

---

① 易彬:《"他非常渴望安定的生活":同学四人谈穆旦》,《文汇读书周报》2002 年。

② 吴宓著,吴学昭整理注释:《吴宓日记 Ⅵ》,北京:生活·读书·新知三联书店,1998 年,第 269 页。

▲3月,中华文艺界全国抗敌协会在武汉成立。

▲8月,滇缅公路竣工。

1月

本月 南岳分校结束,师生陆续返回长沙。

2月

10日 国立长沙临时大学公布"准予赴滇就学学生名单",总计878人(万卫芳不在此列);公布"应行发给甲种赴滇就学许可证学生名单",全部为男生,共计284人,为其中之一;公布"适滇体弱不能步行学生名单"(含女生名单)。

按,由于战事迅速发展,南京沦陷,武汉危急,长沙已不适合办学,长沙临时大学着手实施西迁事宜。本年1月19日,国民政府最高当局批准国立长沙临时大学迁往昆明;20日,联大常委会讨论了西迁昆明的相关事宜;27日,学生开始填写赴滇就学志愿书(2月5日截止)。2月4日,联大常委会决议通过学生步行入滇之路线及用舟车路段。不过,在实际行进过程中,步行线路有所变动;实际出发时,"准予赴滇就学"的学生人数亦有所变动。

稍后所撰《抗战以来的西南联大》(1940年10月16日),记录了长沙临时大学以及学生的生活与思想状况:学校"表面虽似混乱,而实皆为一种国难期间的悲壮紧张空气所包围"。"这一时期教授少,书籍仪器等几乎没有,个人生活也大多无办法,有些同学甚至每日吃一角钱的番薯度日!然而大家却一致地焦虑着时局。校中有时事座谈会、讲演会等,每次都有人满之患。""学生自治会反对学校迁移,并派了代表到教部请愿;当地的报纸也都一致攻击,认为大学生不该逃避云云。是时有很多同学犹豫不决,恰好学校当局请了两位名人来讲演",即"反对迁移的"的省主席张治中先生,和主张"学校应当迁移"的陈诚将军。"以后会有很多同学愿随学校赴云南者,陈诚将军是给了很大的影响的。"

  20日—4月28日 参加"湘黔滇旅行团",从长沙步行至昆明,实际所用时间共计68天,总共行进1663.6公里,除车船代步、旅途休整外,实际步行时间为40天,实际步行路程为1300多公里,平均每天行进32.5公里,步行最多的一天达到四五十公里。具体路线为:长沙(2月20日)→益阳(2月23日)→常德(2月26日—28日)→桃源(2月28日—3月1日)→沅陵(3月6日—12日)→辰溪、芷江、晃县(3月12日—15日)→镇远(3月20日—22日)→黄平(3月23日—24日)→贵定(3月28—29日)→贵阳(3月30日—4月4日)→安顺(4月6日—8日)→镇宁(4月8日—9日)→黄果树(4月9日)→安南(晴隆)(4月12—14日)→普安(4月14日—16日)→盘县(4月16日—18日)→平彝(4月19日—21日)→沾益(4月22日)→马龙(4月24日—25日)→昆明(4月28日)。①

  按,这次旅行后来被称作是"中国教育史上的一次创举"乃至"世界教育史上的一次长征",学生对其则有一个富有青春激情的说法:"行年二十,步行三千。"②

---

 ① [美]易社强著,饶佳荣译:《战争与革命中的西南联大》,北京:九州出版社,2012年,第32页。
 ② 时为长沙临时大学电机系一年级学生的高小文有文《行年二十步行三千》,张寄谦编:《中国教育史上的一次创举:西南联合大学湘黔滇旅行团纪实》,北京:北京大学出版社,1999年,第233—250页。

又,学校决定,"步行时概适用行军组织"。①校史记载:"为照顾学生体力起见,学校决定凡是可以用车船代步的地段,尽量利用交通工具","为了保证步行途中的安全,有组织地实行军事管理,经学校向国民政府请求,由军事委员会指派中将参议黄师岳担任旅行团团长,指挥一切。参加步行的教师11人(闻一多、曾昭抡、黄钰生、李继侗、袁复礼、许维遹、李嘉言、王钟山、毛应斗、郭海峰、吴征镒)组成辅导团","有两辆卡车运送行李,学生除带被褥及换洗衣服外,多余物品均于出发前交学校代运,抵昆后再领回。旅行团学生一律穿土黄色军装,裹绑腿,背干粮袋、水壶、黑棉大衣,还有一把雨伞。这些行军装备都是湖南省政府赠送的"。②

又,"本校迁移昆明时规定学生步行沿途须作调查、采集等工作,且借以多习解各地风土民情,务使迁移之举本身即是教育";"步行学生到昆明后,所缴报告成绩特佳者,学校予以奖励"。校史记载:参加旅行团的学生"栉风沐雨,翻山越岭,经受了体力的考验和意志的磨炼,也学到了许多在课堂里、书本上学不到的东西。一路上,他们瞻仰古迹、游览名山,观赏祖国的壮丽山川,访问少数民族的村寨,了解到各地的风土人情,更体验到人民群众的困苦生活。他们采集了不少标本,收集到了上千首民歌民谣"。途中袁复礼教授"主张记日记,并要科学的记载,并鼓励同学沿途多多考察随处皆可有所获得"。"几乎每人都在写某种日志。在此项活动中干得最彻底的就是锲而不舍的

---

① 本段所引学校相关规定均据学校常务委员会之《第四十七次会议(1938年1月27日)》,见北京大学等编:《国立西南联合大学史料·二》,第38页。

② 本段的校史内容,见西南联合大学北京校友会编:《国立西南联合大学校史(修订版)》,第16—23页。

旅行者和记日记者曾昭抡。在一天的行军结束后，不管这一天走了多长的路，是多么艰苦，都可以发现他在烛光下记录他的收获"，"也许清华的低班生查良铮""可以和曾昭抡的有条不紊的积累知识相媲美"。①

又，"步行学生其沿途食宿之费概由学校担任，其经学校允许乘舟车者学校仍予以川资津贴廿元"。据参加步行团的同学称，当时"但凡经济上有一点办法的同学都不愿意参加旅行团"；但当时很多学生从北方赶往长沙，已是身无分文，学校组织旅行团去昆明，"这对经济情况困难由战区来长沙的同学真是一件绝好的举措"。②

被分入第二大队一中队一分队，该队共有15人，基本上都是清华大学学籍，为：队长刘金旭，副队长王乃樑，地学系三年级白祥麟、高仕功，电机工程系二年级王宗炯、洪朝生，经济系三年级赵泽丰、蔡孝敏，哲心教系三年级林宗基、王洪藩，机械工程系二年级许安民、吴大昌，土木工程系二年级何广慈，北京大学算学系三年级陆智常（据1938年初长沙临时大学学生名册）。

按，校史记载：旅行团"除团本部外，学生组成两个大队，三个中队，每中队又分若干小队（相当于班）。军训教官毛鸿少将任参谋长，另两位教官邹镇华、卓超分任大队长，中队长和小队长则由学生担任。每一大队有一伙食班，由学生五六人组成，学校配备炊事员一人"。

---

① 杨式德：《湘黔滇旅行日记》，易社强：《从长沙到昆明：西南联大的长征是历史也是神话》（何田译），均见张寄谦编：《中国教育史上的一次创举：西南联合大学湘黔滇旅行团记实》，第430页、第525页。

② 杨启元：《湘黔滇旅行团杂忆》，余树声：《湘黔滇旅行花絮》，均见张寄谦编：《中国教育史上的一次创举：西南联合大学湘黔滇旅行团记实》，第339页、第323页。

旅行团共18个分队,各分队当时都有团体照,张寄谦所编《中国教育史上的一次创举:西南联合大学湘黔滇旅行团记实》一书第13页即有该分队成员的照片一张,但注明"缺查良铮"。又,多位同学的追忆中有穆旦相关的信息。

　　申泮文称:旅行团队伍是按照原来所在学校来划分的,他所在队伍都是南开大学的同学,穆旦所在组基本上为清华大学的同学。① 刘兆吉称:经常看到穆旦与闻一多先生同行,讨论诗歌,对闻一多"很尊敬"。② 蔡孝敏称:十一级查良铮"于参加旅行团之前,购买英文小字典一册,步行途中,边走边读,背熟后陆续撕去,抵达昆明,字典已完全撕光。此种苦学精神,堪为青年楷模"。③ 洪朝生称:"我们一般是早餐后列队,但走不多远队伍就散开了,三五成群各按自己的速度前进。如果中午有开水站,或遇到小河边,大家会自然地会聚一下,但也不再重新排队行进。腿快的,如蔡孝敏等,常常下午两三点钟就到了宿营地,其他人陆陆续续到达,查良铮则常要到人家晚飧时才独自一人来到。"④

　　以步行经历为背景,后来写下《出发——三千里步行之一》《原野上走路——三千里步行之二》等诗,其中有句:"在我们的血里流泻着不尽的欢畅";"这不可测知的希望是多么固执而悠久,/中国的道路又是怎么自由而辽远啊"。诗中的沅江、军山铺、太子庙、石门桥、桃源、郑家驿、毛家溪,均为沿途所经过的湖

----

① 据本谱作者与申泮文的谈话(2006年4月10—11日,天津)。
② 刘兆吉:《穆旦其人其诗》,杜运燮等编:《丰富和丰富的痛苦:穆旦逝世二十周年纪念文集》,第185页。
③ 蔡孝敏:《旧来行处好追寻:湘黔滇步行杂忆》,董蒴总编辑:《学府纪闻:国立西南联合大学》,台北:南京出版有限公司,1981年,第104—105页。
④ 洪朝生:《洪朝生来信》(1997年7月27日),张寄谦编:《中国教育史上的一次创举:西南联合大学湘黔滇旅行团记实》,第303页。

南地名和河流之名。

5月

1日 因昆明的校舍是"短时期内难以解决的大问题",所在文法学院将在蒙自办学。本日,蒙自分校校务委员会成立,推定樊际昌为主席,主持文、法两院日常教务、总务工作。同时,昆明的校区贴出布告,告知3日早晨出发前往蒙自。

按,据校史记载,蒙自分校为期一个学期,从1938年5月到8月,有学生120余人,教师30余人,包括闻一多、朱自清、陈寅恪等知名教授。

在昆明,有个人照(可见于《穆旦诗文集·1》等处),照片背面题有:"摄于湘滇黔旅行之后,一九三八年五月一日。"

3—4日 随联大文法学院从昆明出发前往蒙自。

按,大致情形为:3日,早晨三、四时即起,捆运行李,后步行至火车站。七时半开车,"联大自包有车厢三节,行李与人,俱在其中"。下午五时抵开远站,由学校统一安排在此过夜。4日也是凌晨起床,六时二十九开车,"约九时至碧色寨,再换小火车至蒙自,十时始到蒙自车站,抵站迎接之师长同学甚多",后"至海关学校中报到,下午注册,学校定明日正式上课"。①

又,文献显示,滇越铁路昆明至蒙自一段,车站包括昆明、呈贡、宜良、路南、宁州、弥勒、开远、碧色寨等,它"完全避开了人口密集、地势平坦、经济发达的地区",是"一条经过悬崖峭壁、崇山

---

① 马芳若:《马芳若日记》,四礼堂,2021年,第122—123页;余道南:《三校西迁日记》,张寄谦编:《中国教育史上的一次创举:西南联合大学湘黔滇旅行团记实》,第416—417页。按,后者所记出发、抵达等时间均略晚。

峻岭、许多地段连人烟都没有的路线"。蒙自的车站"设在十多公里外碧色寨的一片山坡上","当时的开远,也不过是一个叫阿迷州的小集镇"。①

去蒙自之前,与王洪藩、赵泽丰、林宗基、王宗炯、陆智常、王寿仁、陈舜礼等七位同学在昆明火车站有合影(可见于陈伯良的《穆旦传》等处,陆智常提供),其中,前五位为湘黔滇旅行团同一分队的成员。

按,蒙自为云南南部小城,距离昆明有近300公里之远,靠近红河。据校史记载:"分校所租校舍主要是三部分:原蒙自海关作为教室,法国银行、法国领事馆作为图书馆和教职员宿舍,三者在一个大院里。歌胪士洋行有两进:临街一进的楼上作教职员宿舍,楼下与后进作为男生宿舍。女生则借住城内早街周伯斋宅。""海关旧址花木颇多,大门内松柏夹道,颇令清华师生想起工字厅一带的景物。""分校附近有一片洼地,周围遍种杨柳,大雨过后,积水成湖,当地人称为南湖,中有松岛等景点";"师生晚饭后常在湖边散步,切磋学问,吟咏诗词";陈寅恪的《蒙自南湖》中有句"南渡自应思往事,北归端恐待来生",影响很大。②蒙自分校"图书馆藏书较长沙更少,大部即从长沙运来者,但有些期刊与新闻纸,系在昆明订购。惟学生的读书精神颇佳。距图书馆开门前半小时,门外站立者人数甚多,门开拥入争座位,每夜如此"。"图书馆容量甚小,仅有座位七十,所以不敷

---

① 李开义、殷晓俊:《彼岸的目光:晚清法国外交官方苏雅在云南》,昆明:云南教育出版社,2002年,第259页。

② 西南联合大学北京校友会编:《国立西南联合大学校史(修订版)》,第24—25页。

分配。"[1]

4日　国立西南联合大学正式上课。当日,蒙自分校学生集会纪念"五四",请朱自清、张佛泉、罗常培和钱穆演讲。

20日　参加蒙自分校中、外文系学生组织成立的"南湖诗社"。据称,成员共20余人,请闻一多、朱自清担任导诗。

月底　与"南湖诗社"成员陈士林、向长清、林振述(林蒲)、高亚伟、李敬亭、周定一、陈三苏、周贞一、赵瑞蕻、刘重德、刘兆吉等人有合影(可见于赵瑞蕻《离乱弦歌忆旧游:从西南联大到金色的晚秋》等处),相片背景"是一排排挺拔茂盛的尤加利树,树丛后面就是一条通向南湖巫菘岛的长堤,那是西南联大师生课余时常去散步休息谈心的好地方,一个幽静的风景点"[2]。

按,诗社由刘兆吉、向长清"分头发展诗社成员"。刘兆吉称:蒙自三个月期间,共出四期壁报诗刊,"小型座谈会开过多次,都是在男生宿舍或食堂召开的,全体社员和指导教师也参加的会只有两次,都是在教室开的";会议"似乎谈及新诗的前途、动向问题,也谈到新旧诗对比问题,对新旧诗问题有过争论","绝大部分诗社成员的意见,连闻、朱两位指导教师在内,都主张南湖诗社以研究新诗、写新诗为主要方向"。两位老师都在会上作了"较长时间的指导性发言",主动来参加会议的沈有鼎教授"也作了很好的发言"。

又,最初听说查良铮是来自南开中学的诗人,笔名穆旦是到蒙自以后才知道的。发展会员时,"首先征求穆旦的意见,他不只同意","并问了办社宗旨,发起人和指导教师等问题",还同意

---

[1]　陈达:《浪迹十年》,上海:商务印书馆,1946年,第181页。
[2]　赵瑞蕻:《南岳山中,蒙自湖畔》,《离乱弦歌忆旧游:从西南联大到金色的晚秋》,第118页。

帮忙"发展社员","凡大会小会,他都按时早到,而且积极的投稿"。社团"没有经费","只能以壁报形式发表创作。每次出刊,穆旦都带头交稿,有时也协助张贴等烦琐工作";有时也"帮忙审稿"。①

6月

本月 作《我看》(诗)。

按,赵瑞蕻回忆:"有多少次,在课余,在南湖边堤岸上,穆旦独自漫步,或者与同学们一起走走,边走边愉快地聊天,时不时地发出笑声;或者一天清早,某个傍晚,他拿着一本英文书——惠特曼《草叶集》或者欧文《见闻录》,或别的什么书到湖上静静地朗读……这些就是他写这首诗的背景。自然风光融入心灵,他那么巧妙地描绘了南湖景色"。②

7月

6日 西南联大致函世界学生服务社救济学生专款管理委员会昆明委员会(《西南联大关于战区学生救济办法暨名单的公函》),列出"所有领受救济金办法暨领受救济金名单",共341名,"每生每月七元,以五、六、七、八四个月为限",为其中之一。③

---

① 刘兆吉:《穆旦其人其诗》,杜运燮等编:《丰富和丰富的痛苦:穆旦逝世二十年周年纪念文集》,第186—187页;刘兆吉致闻黎明等人的信(1988年7月21日),见闻黎明、侯菊坤编:《闻一多年谱长编》,武汉:湖北人民出版社,1994年,第550—551页。

② 赵瑞蕻:《南岳山中,蒙自湖畔》,《离乱弦歌忆旧游:从西南联大到金色的晚秋》,第130页。

③ 北京大学等编:《国立西南联合大学史料·五》,第612—615页。

8月

23日 蒙自分校课程结束。

月底 师生陆续迁回昆明。在蒙自期间,与同学有合影(其背面题有:"我坐的一面,是我们住了三个月的屋子。"可见于《穆旦诗文集·1》等处)。

在蒙自期间,开始随历史系的俄国教授噶邦福(J. J. Gapanovich)学习俄语,到昆明后,又随刘泽荣教授继续学俄语,打下了"俄文的基础"。其自述(1953年2月21日)在叙及此一时期时,有"俄文学习历时两年"之语。

又,在蒙自和昆明时期的苦读,被同学视作认真学习的"典型"与"模范"。

按,赵瑞蕻回忆:在蒙自期间,穆旦时常"在海关大院一个教室里和噶邦福先生坐在一起学习",或者"跟老师沿着南湖边走边说话"。在南岳和蒙自,穆旦"把一部开明书店出的《英汉模范字典》从头至尾,从A字部到Z字部,连单词例句,反复熟读了几遍"。"他几次告诉我,得益大,有味儿得很,可以温故而知新,也劝我试一试。穆旦有一部很厚的美国教授佩奇(Page)编选的《英国十九世纪诗人》选集(这也就是吴宓先生在清华讲授'英国浪漫诗人'一课时所用的读本)影印本,视为珍品,时常翻阅,反复吟诵,比如其中雪莱哀悼济慈的著名长诗《阿童尼》(Adonais)等,他都背熟了。""他那时特别喜欢读华盛顿·欧文的《见闻录》(Sketch Book),他有本英文原著(他说在北平东安市场旧书店找到的),差不多天天翻翻,很入迷";穆旦经常"一早起来在晨光熹微中在湖边大声朗读;他尤其醉心其中《威士敏斯特教堂》(Westminster Abbey)这一篇,都背熟了";"也十分喜欢惠特曼,他爱《草叶集》到了一个发疯的地步,时常念,时常大声朗诵"。①

另一处,赵瑞蕻提到因其是抗战爆发之后中途转入联大的,对此前老师的讲课并不熟悉,在南岳期间,"清华外文系三年级一个同学"将吴宓此前讲授"英国浪漫诗人"课程的读本——佩奇编选的《英国十九世纪诗人》一厚册借给他看,"还特别举例谈到吴先生是怎样讲解读本所选的雪莱哀悼济慈的杰作《阿童尼》(Adonais)这首长诗的"。② 综合来看,此人应该即是穆旦。

又,王勉(笔名鲲西)在关于蒙自的回忆中,提到穆旦与董庶"一起读柏拉图对话集"的情景。③

到昆明之后,与赵瑞蕻等人同住在小西门内昆华师范学校原址的一间房间里,二人共用一张双层床,睡上铺,赵瑞蕻睡下铺,直到毕业。

关于联大时期的文学活动,后有自述(1956 年 4 月 22 日):写诗之外,"曾与爱好写作的同学组织文艺团体,先后计有青鸟社,高原社,南荒社。后两社主要成员为林振述,陈三苏,董庶,向长清,周定一,余瑾,杜运燮,青鸟社只记得有赵瑞霁、杨静如,南荒社尚有同济大学学生庄瑞源、陆嘉。李之楠同志当时也参加过一个社,是否为'青鸟社'已记不清了,只记得曾选他为主席。这三个社的性质是差不多的。活动是,在校中贴壁报,开会讨论社务及谈天联欢。这些社都没有政治意图,壁报也不谈政治。只有南荒社曾经在昆明中央日报出过一次文艺副刊,也只

---

① 赵瑞蕻:《南岳山中,蒙自湖畔》,《离乱弦歌忆旧游:从西南联大到金色的晚秋》,第 133—135 页。

② 赵瑞蕻:《我是吴宓教授,给我开灯!》,《离乱弦歌忆旧游:从西南联大到金色的晚秋》,第 62 页。

③ 鲲西:《清华园感旧录》,上海:上海古籍出版社,2002 年,第 31 页。

是文艺创作,没有政论。这些社的组织也很松散,例如南荒社,由于以后大家离开学校,逐渐就没有了"。另有自述(1955年10月),当时学校已有"进步团体如群社",但并未参加。

　　按,穆旦后来的多份自述均提到"青鸟社",但该社团未见于其他文献,具体情况待查。

　　又,到昆明后,杨周翰、王佐良、赵瑞蕻、黎锦扬等几个外文系学生办了一个英文墙报Symposium,半个月出一大张。墙报文章原稿现在可能仅存一份,为能写一手"漂亮的小品随笔"的周班候所写的 A Character — Sketch Our Young Poet(《我们年轻的诗人——给赵瑞蕻》),是燕卜荪课堂上的作业,以一种风趣笔调记录了当时生活。[①]"Young Poet"为当时外文系同学李赋宁、周班候、黎锦扬等人给赵瑞蕻取的绰号,赵瑞蕻回忆称当时在学校,穆旦总是叫他"Young Poet"。[②]

　　本月　作《园》(诗)。据称,《我看》《园》当时都刊登在南湖诗社的墙报上。

　　按,赵瑞蕻回忆:"那时生活艰难,连找一张像样的白纸头都困难",只能"用粗劣的还能用的各种纸头抄东西,交给向长清或刘兆吉,他们就贴在一两张能找到的牛皮纸或一张报纸上,再贴在教室外边墙上或其他人们容易看到的地方。不管怎样,穆旦总是认真地一个字一个字写在纸上,字眼端正而秀气";后来在昆明时,曾请穆旦将《我看》《园》和《合唱二首》等诗,抄在"从香港一家旧书店里买到的萨克雷《亨利·艾思蒙传》里几张插图雪

[①] 英文原稿和译稿,见姚丹:《西南联大历史情境中的文学活动》,桂林:广西师范大学出版社,2000年,第307—316页。

[②] 赵瑞蕻:《南岳山中,蒙自湖畔》,《离乱弦歌忆旧游:从西南联大到金色的晚秋》,第137页。

白的背面上"。①

10月

本月　作《祭》(诗,"在黑夜里,激起不断的吼声")。

12月

本月　与联大高原文艺社社员李廷揆、周正仪、陈登亿、林蒲、邵森棣、王鸿图、周定一、向长清、于仅、周贞一、何燕晖等人同游昆明海源寺,有合影(可见于1997年版《西南联大现代诗钞》、《穆旦诗文集·1》等处,周定一提供)。

按,蒙自分校结束后,南湖诗社改名高原文艺社,取昆明地处西南高原之意;向长清、刘兆吉为负责人,增加了不少新成员。文艺社办有壁报《高原》,曾请朱自清、沈从文、萧乾等人做讲座。

又,据杨苡称,萧乾当时曾"到昆明为《大公报》组稿",大家在一家茶馆相聚,围着长条桌而坐,她和陈蕴珍、王树藏"几个女生坐一边","穆旦、林蒲、赵瑞蕻几个男生(大都是高原社的)坐另一边",沈从文"给萧乾撑场子,说了不少话"。② 而许渊冲日记有记:1939年5月28日,高原社请萧乾于联大农校西楼二层小教室开座谈会③。按说,两者所述当是在同一时段,但具体时间

---

① 赵瑞蕻:《南岳山中,蒙自湖畔》,《离乱弦歌忆旧游:从西南联大到金色的晚秋》,第131页。
② 杨苡口述,余斌撰写:《一百年,许多人,许多事:杨苡口述自传》,南京:译林出版社,2023年,第251—252页。
③ 许渊冲:《西南联大求学日记》,北京:中译出版社,2021年,第86页。

和人物似难对应。①

1939年(己卯,民国二十八年) 21岁

▲7月,联大发布校歌,词为:"万里长征,辞却了五朝宫阙。暂驻足衡山湘水,又成离别。绝徼移栽桢干质,九州遍洒黎元血。尽茄吹,弦诵在山城,情弥切。千秋耻,终当雪,中兴业,须人杰。便一成三户,壮怀难折。多难殷忧新国运,动心忍性希前哲。待驱除仇寇,复神京,还燕碣。"

▲9月,第二次世界大战全面爆发。

1月

27日 《祭》("在黑夜里,激起不断的吼声")刊载于昆明《益世周报》第2卷第3期,当期另有《张伯伦访义与世界和平》《对国联会议的希望》等作品。

2月

本月 作《Chorus 二章》(诗),后改题为《合唱二章》。

4月

本月 作《防空洞里的抒情诗》(诗)。

---

① 此处或有疑。1939年,萧乾前往英国,该年夏,杨刚接替其主编香港版《大公报·文艺》(见萧乾编选:《杨刚文集》,北京:人民文学出版社,1984年,第581页),而萧珊(陈蕴珍)是1939年8月方抵达昆明,后入外文系一年级,前后时间难吻合。

按,抗战全面爆发后,日机轰炸,挖掘防空洞成了中国民众的一项重要任务与经历。以下是跟学校相关的一些信息:1937年10月,长沙临时大学(西南联大前身)即掘有30个防空洞"专备本校员生使用"。1938年9月13日,昆明第一次发布空袭警报。10月,西南联大颁布员生分组挖掘小型防空洞办法,共列五条,其中,第一条称"为避空袭计,本校员生,得自动组成六人乃至十人之小组,在本校各学院所在地之附近,挖掘一防空洞",二至五条则列出了相关手续及操作过程。1939年2月17日,联大颁布防空设备布告。1939年4月8日,昆明发生空战,中国空军击落日机2架。[①]

5月

4日 联大学生参加云南省青年"五四"纪念活动,并举办救国献金,夜间举行火炬游行。大约据此经历,作长诗《一九三九年火炬行列在昆明》。

26日 《一九三四年火炬行列在昆明》(诗)刊载于昆明版《中央日报·平明》第9期,当版另有王般若的《黄水》、周的的《江南雨》、向薏的《吊捷克》、行朗的《雨天》等作品。

诗歌标题有误,应作《一九三九年火炬行列在昆明》。6月2日《平明》副刊第14期刊登了"更正启事",表示"一字之差,意义相失甚远"。

6月

本月 作《劝友人》(诗)。

[①] 见北京大学等编:《国立西南联合大学史料·六》,第452—455页。

8月

本月 昆明时遭日军飞机空袭,物价上涨,联大师生的日常生活发生重要变化。

按,联大校史记载,"常委会一面劝告教职员家属即速疏散,一面把部分图书仪器移至乡间存放","同时把授课时间改为上午7时至10时,下午3时至6时,晚上7时至9时,每课40分钟,课间休息5分钟。遇有空袭警报,一律停课疏散,警报解除后1小时照常上课";"若警报在下午4时以后解除,就不再上课"。①"跑警报"是联大生活的重要组成部分,不少联大师生的文字记载了当时的情形。

本月 联大新校舍竣工,"地处昆明城外西北郊三分寺,建在环城马路两侧,占地120余亩"。

按,校史记载,"马路北面称北区,占地较广。北区校门为两扇木质大门,门楣上方是镌有'国立西南联合大学'字样的横额。进大门是一条南北向的土路,直通北面后门,北校门外横亘着一条铁路,过铁路是丘陵起伏的荒郊。每逢空袭警报拉响,师生就从北校门出去分散在这一带躲避空袭,称为'跑警报'"。

"这条贯通南北的土路把北区划成东西两部分。东半部较大,教室、各部门办公室、图书馆和东、西食堂都在那里。西半部是学生宿舍和运动场";"大阅览室面积近 $900m^2$,整齐地排列着几十张长方的阅览桌,周围是些木椅,可容几百人。借书处正对大门,后面连着 $350m^2$ 的书库。几万册藏书,主要是课本和各种教学参考书。凭入学证(即学生证)借出在馆阅读,闭馆前归

---

① 西南联合大学北京校友会编:《国立西南联合大学校史(修订版)》,第51页。

还"。图书馆前的空地上有一根旗杆和一座砖砌的两米见方的一米来高的升旗台。"每月一次的国民月会就在空场上举行。一般总在月初,邀请名人学者来校讲演,由常委或教务长(代常委)主持","茅以升、顾维钧、李约瑟、林语堂、陈诚、褚辅成等都在这里讲过"。"教室分散在图书馆的前后,东南角、东北角都有一些,都是铁皮顶的平房,室内除了黑板、讲桌、课椅(右边扶手上有木板,便于记笔记),就别无他物了。""图书馆北面有两座砖木结构的食堂",里面"散放着几十张方桌,但没有凳子。伙食由学生自办,一个膳团少者6桌,多者10桌。一日两餐,早饭自己解决"。

北区西部是学生宿舍,共有长方形的茅屋36座,茅屋"两端都有双扇木门,两侧土墙上各有5个窗口,嵌上几根木棍,代替窗子。顶着窗口放一张长桌,桌两旁各一张双层木床,中间有一盏光线黯淡的电灯,组成一个小小的'单元'。每间宿舍放20张双层木床(10个这样的'单元')","文、理、法商学院的男生(包括工学院的一年级新生)都住在这里"。[①]

9月

本月 作《从空虚到充实》(诗)。

10月

4日 下午5—6时,与同学去"补选课"。[②]

---

① 西南联合大学北京校友会编:《国立西南联合大学校史(修订版)》,第41—45页。

② 吴宓著,吴学昭整理注释:《吴宓日记 Ⅶ》,第85页。

27日 《Chorus 二章》刊载于香港版《大公报·文艺》第724期,当版另有碧野的《花子的哀怨——一个女俘虏的遭遇》、李霖灿的《黔滇道上(十续)》等作品。

12月

18日 《防空洞的抒情诗》刊载于香港版《大公报·文艺》第755期"诗特刊",诗末署"一九三九,南荒社"。该发表本有两处"□"符号,据后出版本,第7节第1行"□□□□□?"为"打下几架敌机?",第5行"□□□□□"为"被炸毁的楼"。

按,符号"□"的出现应是和新闻检查有关,当期所载厂民的《龙游河之歌》有六处文字、曾逷敦的《送征人》有两处文字亦被"□"代替。

又,据考证,南荒文艺社"是以西南联大学生为主体的一个文学社团,由西南联大高原文艺社转化而成,吸收了昆明地区在《大公报》上发表过文章的学生,因萧乾倡导而组织起来,目的在于为香港《大公报》副刊《文艺》组织稳定作家队伍,以提供充足的稿源"①。穆旦《防空洞的抒情诗》和《从空虚到充实》初刊本的末尾都曾署"南荒社",但在后出版本中,此一信息均被删去。

本年 曾到闻一多寓所,出"译诗相示"。

按,1940年5月26日闻一多在复赵俪生的信中,有"查良铮君去岁曾至敝寓一次,出其译诗相示,以后即未遇见"之语。从信中内容看,应是赵俪生向闻一多打听一些师生的去向情况。

---

① 李光荣、宣淑君:《穆旦在南荒文艺社的创作》,《西南民族大学学报》(人文社科版)2007年第11期。

而闻一多于1939年9月上旬开始为期一年的学术休假,故复信表示"查君不知是否毕业他去","乃兄　良钊先生现在联大任教,寄函由彼转交,亦一办法"。① 良钊先生即穆旦堂兄查良钊。

1940年(庚辰,民国二十九年)　22岁

▲1月,毛泽东发表《新民主主义论》。
▲年底,西南联大在四川叙永成立分校。次年8月,撤销分校。

1月

本月　在友人杨苡的一本英文书上题写了《怀念》一诗。诗末写道:"阿虹非要让我在这本给你的好书上写下这篇脸红的东西,我遵命,于是玷污了这本书。穆旦,1940年,1月。""阿虹"即赵瑞蕻。

《怀念》这一诗题只见于此处,该诗初刊于《今日评论》时题作《写在郁闷的时候》,收入《探险队》题作《童年》。其写作时间从手稿版(稍后的发表本亦同此),《探险队》版未标注写作时间,《穆旦诗文集》标为1939年10月。

年初　加入新成立的联大校园文艺社团"冬青文艺社"。

按,据考证,该社是联大活动时间最长的学生社团,核心成员为林元(林抡元)、刘北汜、杜运燮等人。冬青社前后可分为三

---

① 闻一多:《闻一多全集·12》,武汉:湖北人民出版社,1993年,第361—362页。

期。前两期的活动,穆旦应是参与了不少,虽然具体内容已不得其详,但与冬青社相关的多种报刊,穆旦都曾发表过作品。1940年初到1941年初为冬青社的前期,聘请闻一多、冯至、卞之琳等人为导师,组织了多种形式的文艺活动。先是在联大"民主墙"上出版壁报《冬青杂文》。后又在新校舍18号设立编辑部,编辑出版手抄的"杂志":用统一的稿纸抄写作品,然后用经过美术加工的封面装订起来,就算是出版。有《冬青文抄》《冬青诗抄》《冬青小说抄》《冬青散文抄》,陈列在学校图书馆报刊阅览室里,供读者阅看。后为配合一些宣传抗战活动,还出版了《街头诗页》。其他活动有诗歌朗诵会、演讲会与纪念会,如1940年10月19日举行的鲁迅逝世四周年纪念活动,其间冯至作过一次关于鲁迅的演讲。中期为1941年到1943年暑期,冬青社转向校外,与报纸联系办专刊,包括明确标明为"昆明西南联大冬青文艺社集稿"的《贵州日报·革命军诗刊》以及《文聚》《中南报·中南文艺》等;也举办了一些座谈会与小型集会,聘请李广田为导师,请老舍、朱自清、李广田、卞之琳等人演讲。①

2月

本月 作《蛇的诱惑——小资产阶级的手势之一》(诗)。

3月

3日 《〈他死在第二次〉诗集 艾青作 每月文库一辑之六》(评论)刊载于香港版《大公报·文艺》第794期,当版所载均为书评

---

① 李光荣、宣淑君:《冬青文艺社及其史事辨正》,《中国现代文学研究丛刊》2007年第6期。

类文字,另有韩铁英的《〈中国哲学史纲要〉白冰林作》、陈畸的《评〈突围令〉庄涌作》等。

文章认为,艾青诗集《他死在第二次》是"抗战以后新兴的诗坛上""珍贵的收获",体现在"中国的"内容和"形式"上的"创试"。"作为一个土地的爱好者,诗人艾青所着意的,全是苗生于我们本土上的一切呻吟,痛苦,斗争,和希望","没有一个新诗人是比诗人艾青更'中国的'了"。"读着艾青的诗有和读着惠特曼的诗一样的愉快。他的诗里充满着辽阔的阳光,和温暖,和生命的诱惑。如同惠特曼歌颂着新兴的美国一样,他在歌颂新生的中国。"文章肯定了艾青的"诗的散文美"观点,认为"可以在诗人自己的诗句里找到明证";"光就作者在诗里所采用的这种语言来说,他已经值得我们注意了。因为我们终于在枯涩呆板的标语口号,和贫血的堆砌的词藻当中,看到了第三条路创试的成功,而这是此后新诗唯一可以凭藉的路子"。这种"单纯的,生动的,自然的节奏美""比一切理论都更雄辩地说明了诗的语言所应采取的路线"。

23日 作《〈慰劳信集〉——从〈鱼目集〉说起》(评论),指出自从艾略特之后,"仿佛以机智(wit)来写诗的风气就特别盛行起来。脑神经的运用代替了血液的激荡"。"将同样的种子移植到中国来"的,卞之琳是"第一个值得提起的","自五四以来的抒情成分,到《鱼目集》作者的手下才真正消失了"。在"新生起来的中国",一方面,"旧的抒情(自然风景加牧歌情调)是仍该放逐着",如徐迟《抒情的放逐》及《鱼目集》所表现。另一方面,"为了表现社会或个人在历史一定发展下普遍地朝着光明面的转进,为了使诗和这时代成为一个感情的大谐和,我们需要'新的抒情'!""有理性地鼓舞着人们去争取那个光明的一种东西。我着重在'有理性地'一词,因为在我们今日的诗坛上,有过多的热情的诗行,在理智深处没有任何基点,似乎只出于作者一时的歇斯底里。""新的抒情""应该遵守的,不是几个意象的范围,而是诗人生活所给的范围。他可以应用任何他所熟习的事物、田野、码头、机器、或者花草;而着重点在:从这些意象中,是否他充足地表现出了战斗的中国,充足地表现出了她在新生中的蓬勃、痛苦和欢快的激动来了呢?对于每一首刻画了光明面的诗,我们所希冀的,正是这样一种'新的抒情'"。"强烈的律动,洪大的节奏,欢快的调子,——新生的中国是如此,'新的抒情'自然也该如此。""新的抒情"的"较好代表"是艾青,而《慰劳信集》中"新的抒情"的成分太贫乏了,这是一个失败。

按,本文提到的徐迟《抒情的放逐》和前一篇评论提到的艾青《诗的散文美》,均见于1939年7月10日创刊的《顶点》。又,《鱼目集》为卞之琳1931—1935年间的诗歌合集,由文化生活出版社于1935年12月出版。1940年2月5—16日,香港版《大公报·文艺》分四次发表了《慰劳信集》中的多首诗歌;本年,《慰劳信集》由明日社出版(未署月份)。

27日 《从空虚到充实》刊载于香港版《大公报·文艺》第806期,当版另有叶紫遗稿《菱》、碧野的《悼叶紫》等作品。

该发表本与后出的版本大有差异。最重要的一处异文在于该发表本结尾处另有17行:

于是我病倒在游击区里,在原野上,
原野上丢失的自己正在滋长!
因为这时候你在日本人的面前,
必须教他们唱,我听见他们笑,
中华民族到了最危险的时候,

为了光明的新社会快把斗争来展开,
起来,起来,起来。

我梦见小王的阴魂向我走来,
(他拿着西天里一本生死簿)
你的头脑已经碎了,跟我走,
我会教你怎样爱怎样恨怎样生活。
不不,我说,我不愿意下地狱,
只等在春天里缩小,溶化,消失。
海,无尽的波涛,在我的身上涌,
流不尽的血磨亮了我的眼睛,
在我死去时让我听见鸟的歌唱,
虽然我不会和,也不愿谁看见我的心胸。(南荒社)

本月　作《玫瑰之歌》(诗)。

4月

7日　《玫瑰之歌》刊载于昆明《今日评论》第3卷第14期,署良铮,当期所载诗歌的目录统列为"诗——林庚等",另有林庚《路》《牧野曲》等诗四首、颜瑟的《无名英雄》;刊物另有王迅中的《论傀儡政权》、潘光旦的《再论宣传不是教育》、费孝通的《雇工自营的农田经营方式》等作品。

28日　《〈慰劳信集〉——从〈鱼目集〉说起 卞之琳作 明日出版社》刊载于香港版《大公报·文艺》第826期,当版所载均为书评类文字,另有廉岸的《〈第三百零三个〉布德作》、杜文慧的《〈二憨子〉林蒲作》等作品。

本月　作诗《漫漫长夜》《失去的乐声》《X光》。

5月

4日 《蛇的诱惑(小资产阶级的手势之一)》刊载于香港版《大公报·文艺》第830期,当版另有沈从文的《"五四"二十年》、林蒲的《湘西行(6)》等作品。

29日 赵瑞霟的《昆明底一个画像——赠新诗人穆旦》(诗)刊载于昆明版《中央日报·平明》第225期。

按,赵瑞霟即赵瑞蕻,此诗后收入《西南联大现代诗钞》(1997年)时,改题为《一九四〇年春:昆明一画像——赠诗人穆旦》,内容也有较大修改。

6月

16日 《写在郁闷的时候》《失去的乐声》《X光》刊载于昆明《今日评论》第3卷第24期,署良铮,当期另有钱端升的《大学往何处去》、潘光旦的《南洋移民与其乡土的社会》、朱自清的《文字改革》、雍羽(沈从文)的《一种境界》(诗)等作品。

18日 在联大常委会第一四六次会议上,被聘为"外国语文系助教,月薪九十元,自下学年起"。同时被聘用的还有林文铮(外文系教授)、董树屏、强明伦(工学院机械工程学系专任讲师)等人。①

夏或稍后

与当时在昆明"基本英语学会"(Basic English Society)工作

---

① 北京大学等编:《国立西南联合大学史料·二》,第139—140页。

的赵瑞蕻一起拜访刚到西南联大任教的卞之琳,正好冯至也在那里,"听他们热切的谈话"。①

7月

21日 《漫漫长夜》刊载于香港版《大公报·文艺》第887期,当版另有端木蕻良的《新都花絮(19)》、曹未风的《巴黎雪夜》等作品。

本月 毕业于西南联大外文系(也称清华大学"第十二级毕业生"),留校任助教。同年毕业的外文系学生共17人,原清华籍8人,余7人为王曼明、周班侯、周珏良、张炳星、张婉英、陈慈、祁广誉;原北大籍5人为周家骖、沈宝鈜、徐东学、陈念、陈祖文;联大籍4人为吴玉、王祖德、黎锦扬、赵瑞蕻。其中,周珏良、陈祖文亦是留校任教。

按,穆旦1935年入清华大学,原本应为1939年毕业,推迟一年毕业,原因不详。同学中前一年留校任助教的有王佐良、杨周翰等人。同为南开中学的同学而升到西南联大的,除周珏良外,叶笃正、关士聪等人也是1940年毕业,陆智常则迟至1941年才毕业。杨苡、申泮文、鲲西(王勉)等人曾接受本谱作者对于此一问题的询问,都表示不知其详,也未给出合理的解释。

又,王佐良稍后在专论穆旦的《一个中国诗人》(1946年)一文中对于西南联大昆明时期的学习和生活情形有过非常形象的描绘,可视为一种总体背景。

成为联大教师之后的工作情况,少见记载。查1940—1942

---

① 赵瑞蕻:《冯至先生给予我的启示》,《离乱弦歌忆旧游:从西南联大到金色的晚秋》,第102页。

年的《国立西南联合大学各院系必修选修学程表》,前一年度未见信息,第二年度有两门课程:"英文壹I(作文)",2学分;"英文壹Y(读本)",4学分。

按,据校史记载,开设大一英文课是继承了清华的做法,即"主要为了训练学生的读、写能力,并通过范文学习提高学生的文学修养,以实行'通才教育'"。课本"用打印讲义",选文"以短篇现代散文作品为主","读本每周3学时;作文每周1学时(全年6学分),分小组教学,每组20人左右";"读本由教授和专任讲师主讲,后来因为开课组数增多,教授和专任讲师不敷分配,才由有经验的教员和助教分担若干组的读本教学。每组读本和作文由两位教师分教,以便学生接触不同的语言风格";"作文课要求学生每周写英文作文一篇,当堂完成,教师批改后,在下次上课时发还,对普遍性的问题略加评讲,以便提高学生的英文写作能力"。①

9月

5日 《悲观论者的画像》(诗)刊载于香港版《大公报·文艺》第918期,当版另有李蕤的《记俘虏冈田》、端木蕻良的《新都花絮(53)》等作品。

12日 《窗——寄日后方某女士》《"有钱出钱,有力出力"》刊载于香港版《大公报·文艺》第923期,当版另有严文井的《海鸥与鸭子》、端木蕻良的《新都花絮(60)》等作品。

上述两诗的题目后来均有改动,前者收入《穆旦诗文集》,题

---

① 西南联合大学北京校友会编:《国立西南联合大学校史(修订版)》,第104—105页。

作《窗——寄敌后方某女士》;后者收入《探险队》,题作《祭》。

本月 作诗《不幸的人们》《在旷野上》,后者的写作时间从发表本(香港版《大公报》),诗集《探险队》版标为1940年8月。

10月

12日 《在旷野上》刊载于香港版《大公报·文艺》第945期,当版另有王亚平的《完成十万军包》、端木蕻良的《新都花絮(83)》等作品。

16日 作《抗战以来的西南联大》(文),介绍了学校在长沙临时大学阶段和昆明时期的"艰苦情况"——"然而就在这种种困苦中,西南联大滋长起来了"。

本日 《不幸的人们》刊载于香港版《大公报·文艺》第948期,当版另有林蒲的《炉边——黔东散记之一(未完)》、端木蕻良的《新都花絮(86)》等作品。

21日 《出发——三千里步行之一》(诗)刊载于重庆版《大公报·战线》第664号,当版另有古安瑞的《红河岸边的音息》等作品。

25日 《原野上走路——三千里步行之二》(诗)刊载于重庆版《大公报·战线》第666号,当版另有碧野的《草原上的夜祭——一个中篇小说的缩影(二)》。

按,两首副题为"三千里步行"的作品,均未注明写作时间,不少研究认为它们写于湘黔滇旅行途中,但从1940年其诗歌的发表情况来看,此前各版《大公报》已刊登了数首诗歌,表明当时已有一定的发表渠道,据此推断,这两首诗歌写于1940年中段亦有可能。

11 月

8 日 《原野上走路》刊载于《梁山日报·梁园》第 605 期,当版另有《抗战歌谣》等作品。

9 日 《出发——三千里步行之一》刊载于《梁山日报·梁园》第 606 期,当版另有深渊的《哽咽草》(诗)等作品。

本月 路易·麦克尼斯的论文《诗的晦涩》译毕。该文从对超现实主义(Surrealism)者的诗歌主张的批评开始,有说明文字:"这是作者《近代诗》(Louis Macneice: Modern Poetry. Oxford University Press. 1938)全书之第九章,以近代诗人为例,对诗之晦涩原因解释颇详。作者是英国社会主义的名诗人。在本书序中他说:'今日之诗应该在纯欣赏(逃避之诗)和宣传中取一中路。宣传品是"批评的"诗的极端发展,也就是批评的失败。'"文章所讨论的为第兰·托马斯(Dylan Thomas)、庞德、爱略特、叶慈、奥登、斯本特等现代诗人以及作者自己的写作。

本月 作诗《还原作用》《我》《五月》。

按,穆旦晚年在给友人的信中多次抄录《还原作用》一诗,并解释过诗歌主旨。最初的说法是,该诗"表现旧社会中,青年人如陷入泥坑中的猪,(而又自认为天鹅),必须忍受住厌恶之感谋生活,处处忍耐,把自己的理想都磨完了,由幻想是花园而变成一片荒原";随后延续了这一说法,但将"青年人"换作了"我"[1]。以此来看,《还原作用》的写法可能是一种文学手法,也可能是因为刚参加工作时的个人境况并不好。

---

[1] 见穆旦:《致郭保卫(1975 年 9 月 19 日)》《致刘承祺、孙志鸣(1975 年 10 月 9 日)》,《穆旦诗文集·2》,第 218 页、第 261 页。

年底

前往西南联大在四川叙永新成立的分校,授课对象为大一新生。

按,1940年7月17日,联大常委会决议,因时局变化不定,越南不保,昆明堪虞,本校开始作迁校准备。11月13日,联大常委会决议:成立叙永分校,杨振声任分校主任;一年级学生,限于12月10日前,在叙永分校报到上课(由于战时交通不便,实际开学和上课时间推后)。1941年1月2日,叙永分校新生注册,共有学生600余人。1月6日,分校开学。外文系在陈嘉教授带领下讲授大一英文课程,成员另有王还、杨周翰、王佐良、张振先等;中文系教师包括杨振声、李广田等人。校史记载,"叙永是川、滇、黔三省交界处的一个偏僻闭塞的小县,长江小支流永宁河纵贯其间";"分校以城内庙宇为现成校舍。校本部和大部分教室在东城文庙";"分校的物质条件比昆明更差。教室是勉强凑合使用,课桌椅不全。教学用书与必要的参考书也只有极少的一些,留在图书馆里供学生借阅"。[①]

1941年(辛巳,民国三十年)　23岁

▲1月6日,"皖南事变"发生。

▲12月7日,日军偷袭珍珠港,太平洋战争爆发。

[①]　西南联合大学北京校友会编:《国立西南联合大学校史(修订版)》,第52页。

1月

10日 《抗战以来的西南联大》(文)刊载于香港《教育杂志》第31卷第1号,署查良铮。文末有附录文字,为1940年12月2日梅贻琦校委在联大国民月会上关于迁校情形的报告。又,当期为"抗战以来的高等教育"专辑,介绍了近30所高校的情况,涵括了当时的主要学校,包括中山大学、武汉大学、国立浙江大学、四川大学、复旦大学等;并有王云五的《现代中国高等教育之演进》等文章。

本日 与叙永分校39位低薪教职员工(月薪约在200元以下)一道,呈函请增生活津贴。函称:"叙永物价飞涨出人意表","生活迫人,告贷无门,枵腹从公,势所难能"。"此后薪津增减,尚请比照昆明叙永物价高低平允办理"(实际要求增薪每人每月60元)。

25日 联大常委会复函,对请增生活津贴的要求未予同意。因为自本年度1月起,教育部规定专科以上学校教职员的薪金一律十足发给。复函称:"诸同人献身教育,体念时艰,夙所仰佩。务望一秉素志,以卧尝之志,维我校于不隳;艰苦卓绝,期抗战胜利后,再共享升平也。"①

本月 作《潮汐》(诗)。

2月

8日、10—15日、17—20日 所译路易·麦克尼斯的《诗的

---

① 北京大学等编:《国立西南联合大学史料·四》,第537—539页。

晦涩》分 11 次连载于香港版《大公报》副刊,分别为"文艺"第 1026 期、第 1028 期、"学生界"第 264 期、"文艺"第 1029—1030 期、"学生界"第 265 期、"文艺"第 1031—1032 期、"学生界"第 266 期、"文艺"第 1034—1035 期。这一时段《大公报》副刊有吴伯箫的《郭老虎》、郭小川的《母子短笛》、师田手的《一天》、文彬的《谈谈鲁迅的〈伤逝〉》、佐良的《公路礼赞》、凡野的《遥远的声音》、卞之琳的《读诗与写诗》、杜运燮的《早点》等作品。

22 日　《在寒冷的腊月的夜里》(诗)刊载于香港版《大公报·文艺》第 1036 期,当版另有李健吾的《夏衍论(2)》、周冷的《燃烧起来了》等作品。

25 日　《五月》(诗)刊载于重庆《国民公报·文群》第 268 期,当版另有布罗的《沙湖底微波》等作品。

月底　作《夜晚的告别》(诗)。其写作时间从发表本(《国民公报》)、诗集《探险队》标为 1941 年 3 月。

本月　作《智慧的来临》(诗)。其写作时间从发表本(香港版《大公报》)、诗集《探险队》标为 1941 年 1 月,《穆旦诗集(1939—1945)》标为 1940 年 11 月。

3 月

15 日　《智慧的来临》《还原作用》刊载于香港版《大公报·文艺》第 1051 期,当版另有老舍的《致西南的文艺青年书》、沈从文的《变变作风》等作品。

16 日　《智慧的来临》《还原作用》刊载于桂林版《大公报·文艺》第 1 期,当版内容与 15 日香港版《大公报》相同。

29 日　《夜晚的告别》刊载于重庆《国民公报·文群》第 279 期,当版另有吕坚的《父亲和猪》、青苗的《流星(五)》等作品。

本月 作诗《我向自己说》《鼠穴》《中国在哪里》。

4月

8日 夜,麦可·罗勃兹(Michael Roberts)的论文《一个古典主义的死去》译毕,有附注:"英文'Augustans',本指主要自德莱敦而起的古典主义时期的作家们,我简略译为'十八世纪的古典主义者',是有点不确当的。"文章开头两段为对于"古典的诗人"的界定:

　　古典的诗人接受一种最后的绝对的态度。他敬仰传统:那为世代的经验所形成的东西比一时的灵感,比一两年瞑想的产物大概可靠得多。他不讲求建立"情感的合谐",他只管事实如何,至于情感的安排,上帝之存在已经是充分的解答了。他之为写实的,是在于他把全体经验都认为是艺术的合法材料这一点上;他没有规避或安排的必要;没有幽默的必要,他的喜剧是机智的,而不是幽默的;悲剧就是把别人认为不能忍受的东西正确地抄写下来的艺术,而抄写的谨严和简洁,他认为就是他经验中存在的一种秩序的反映。秩序和必然,这种认定是使他非常满意的,因为,秩序就是上帝。这种秩序的体验必需先接受一些评价的准则,而与这些准则一致的那一串令人满意的感情的体验,就给了他的作品中的想象的一致性。

　　任何态度,只要是满人意的,只要不使幽默的规避成为必要的,都能够成为古典主义的基础。浪漫主义和人文主义是在寻求一种古典主义的路中。梵乐希先生(Valery)说,"每一古典主义都必有一先在的浪漫主义。"然而同样的,每一浪漫主义都是那先在的古典主义的一种反动。

10日 《中国在哪里》刊载于香港版《大公报·文艺》第1070期,当版另有田朝的《一个洋车夫的故事(5)》、远威的《忧郁的叙述》等作品。

14日 《我向自己说》刊载于香港版《大公报·文艺》第1073期,当版另有司马文森的《父子(未完)》、田朝的《一个洋车夫的故事(8)》等作品。

24日 《华参先生的疲倦》(诗)刊载于重庆版《大公报·战线》第754号。

25日 《中国在哪里》刊载于桂林版《大公报·文艺》第17期,当版另有汪曾祺的《猎猎——寄珠湖》、布德的《储蓄》等作品。

5月

15日 《还原作用》刊载于重庆版《大公报·战线》第766号,当版另有庄瑞源的《隔壁的女人(一)》等作品。

16日 《我》刊载于重庆版《大公报·战线》第767号,当版另有任钧的《后方的小唱》等作品。

6月

7日 《华参先生的疲倦》刊载于台山《南华报·文艺》第23期,当版另有刘奎昌的《我的妈妈》、莎尔的《归乡》(诗)等作品。

9日 《在寒冷的腊月的夜里》刊载于《贵州日报·革命军诗刊》第2期,当版作品署"西南联大冬青文艺社集稿",另有冯至的《十四行一首》、卞之琳的《译奥登 诗一首》、林庚的《纸烟》、杜运燮的《风景》、汪曾祺的《被诬害者》等。

14日　《鼠穴》刊载于重庆《国民公报·文群》第310期,当版另有姚奔的《一粒砂》《向日葵》等作品。

21日　《中国在哪里》刊载于台山《南华报·文艺》第24期,当版另有刘北汜的《茑萝》等作品。

本月　作《神魔之争》(诗)。

7月

21日　《五月》刊载于《贵州日报·革命军诗刊》第3期,当版另有冯至的《十四行诗一首》、杜运燮的《我们打赢仗回来》、闻家驷译《错误的印象》([法]P·魏伦作)、刘北汜的《消息》等作品。

25日　个人写作被重庆《中苏文化》第9卷第1期("抗战四周年纪念特刊")所载艾青的《抗战以来的中国新诗》一文谈及。

按,文章的"六　新人的生产"一节,指出穆旦的诗"在温和与平静里,蕴含深沉的思想"。

本月　作诗《小镇一日》《哀悼》。

本月　《抗战以来的西南联大》收入黄觉民编《全国专科以上学校最近实况》(教育杂志社丛刊,商务印书馆)一书。

暑假

据自述(《关于李振江》,1969年1月31日),曾和联大数学系毕业的同学王宪钟到过昆明南附近的某县某村,其间认识了联大师范学院毕业的、在当地一个初级中学教书的李振江,被拉去"教了一个多月的书",但跟他并"没有很多接触"。

8月

2—5日 《神魔之争——呈董庶兄》(诗)连载于重庆版《大公报·战线》第803—807号。其中,2—4日的副刊仅仅连载这一首诗,其余大部分篇幅为广告;5日另有陈纪滢的《新诗朗诵运动在中国(上)》。

该发表本与后出的版本大有差异,不仅异文非常多,形式也大有变化。该发表本明确标明为"诗剧体"(未见于后出版本),设定了"神"、"魔"、"林妖"(男女各六)、"东风"四个角色(后出版本保留,也有变化),诗中设"幕""(下)""(幕落)"等标识,"幕"共出现三次,每次均有生动的文字说明(未见于后出版本):

绿叶茂密的森林中。我们听见泉流,树泻,泥土的呼吸,鸟兽虫鱼的呓语。一切纳入自然的节奏。

尘沙飞扬,天地昏暗。我们听见树林的呼啸声,雷声,和低哑的喃喃,由高而低渐近渐远。林妖伏于地上。

林中火起,树木的黑色头发的显露,向上飘扬,红色的舌头也到处卷动。暗云还停留在半空,不能下来。我们听到倾倒的声音。林妖伏在地上,不能动转。当火焰把他们卷去以后,神出现在幕前。

17日 从叙永分校回到昆明。①

按,由于远离学校本部办学不便等原因,6月10日,梅贻琦到叙永分校传达关于撤销分校、下学年统一在昆明上课的决定。7月4日,联大校务会议决议:自1941—42年度起,不继续设立

---

① 吴宓著,吴学昭整理注释:《吴宓日记 Ⅷ》,第155页。

叙永分校。8月2日，叙永学生开始登记，准备迁回昆明本校。月底，叙永分校学生陆续返回。

10月

4日 下午，往万钟街圣公会参加黄珏生、叶玉芃的婚礼，后与吴宓一起回来。①

6日 《我向自己说》刊载于《贵州日报·革命军诗刊》第5期，当版另有冯至的《有加利树》、金克木的《昆明作二章——赠北氿、文涛》、辛代的《夜行的歌者》等作品。

21日 下午2—3时，在南屏购买电影票（《寒夜琴桃》，Intermezzo），遇吴宓。②

23日 《小镇一日》刊载于《国民公报·文群》第354期，当版另有似因的《白云》、张芸的《榕树的故事》等作品。

本月 作《催眠曲》（诗），后改题为《摇篮歌——赠阿咪》。"阿咪"是王佐良的夫人徐序，此诗是为王佐良夫妇的第一个孩子诞生而作。

本月 作《给后方的朋友》（诗），后改题为《控诉》。其写作时间从发表本（《自由中国》），《穆旦诗文集》标为1941年11月。

11月

20日、22日、24日 所译麦可·罗勃兹的《一个古典主义的死去》分3次连载于香港版《大公报·文艺》第1230—1231期、第1233期。当时副刊正连载李健吾的剧作《黄花》，另有陆夷的

---

① 吴宓著，吴学昭整理注释：《吴宓日记 Ⅷ》，第182页。
② 吴宓著，吴学昭整理注释：《吴宓日记 Ⅷ》，第191页。

《娥》、赵萝蕤的《往复集》等作品。

27日 《潮汐——给运燮》(诗)刊载于《贵州日报·革命军诗刊》第6期,当版另有杨刚的《给卖报女孩》、杜运燮的《天空的说教》、闻家驷译《祭女诗》(雨果作)、李白凤的《我也做了导师》等作品。

12月

6日 台·路易士的长诗《对死的秘语》译毕。全诗7节,284行。有《译后记》,概括性地介绍了这首长诗的内容,并评价了台·路易士的艺术手法,其中,附带性地指出了当时某些抗战诗歌的"不合谐之感"。

12日、15日 所译《一个古典主义的死去(上、下)》刊载于桂林版《大公报·文艺》第112—113期。当时副刊另有焦菊隐的《金城江》、熊佛西的《铁苗》(连载)等作品。

本月 作诗《赞美》《黄昏》《洗衣妇》《报贩》。

1942年(壬午,民国三十一年) 24岁

▲3月,中国远征军入缅作战。该军队根据去年12月的《中英共同防御滇缅路协定》编成,计9个师10万余人,受盟军中国战区参谋长史迪威中将和罗卓英司令长官指挥。

▲5月,延安文艺座谈会召开。

1月

3日 杜运燮的《拘留所——赠穆旦》(诗)刊载于《柳州日

报·布谷》创刊号。

　　据称,在叙永分校期间,"与'布谷'的关系极为亲密","多次为'布谷'壁报写诗"。又,"布谷"副刊创刊号的刊名之下,有"集稿处:布谷文社"的字样,有发刊词《我们的态度》以及卞之琳的《译里尔克诗一首》、何扬的《两年》等作品。

　　按,叙永分校开学不久,出现了一些以壁报为活动中心的社团,由何扬、秦泥(秦光荣)创办的《布谷》即是其中的一种。时为外文系一年级新生的贺祥麟回忆称,《布谷》壁报请李广田为指导老师,查良铮和王佐良是"必须提及"的"两位青年助教",虽然并不能肯定"查先生是否正式参加了'布谷'社,但有一点是肯定的,即他与'布谷'的关系极为亲密"。① 黄宏煦等人回忆称:"取名《布谷》——含有催人耕耘,带来春的消息之意。""《布谷》每半月出版一期,出版前集会一次,讨论当期壁报的内容及写作分工。内容有评论、小说、诗歌、散文等。"分校撤销后,《布谷》通过一位广西籍的同学钟青援的介绍,"在《柳州日报》上借了半个版面出了《布谷》文艺副刊,每周一期,全部由我们供稿,但没有稿酬"。②

　　本月　作《春底降临》(诗)。

---

　　① 贺祥麟:《唱一首小小的赞歌:纪念西南联大叙永分校成立五十周年》,张闻博、何宇主编:《西南联合大学叙永分校建校五十周年纪念集:1940—1944》,1993年,第172页。又,彭国涛在《回忆母校恩师》中亦曾简略地提到穆旦,参见陈伯良:《穆旦传》,第59页。

　　② 黄宏煦、周锦苏、张信达等:《七月〈流火〉和〈布谷〉催春:小记叙永分校的两个壁报团体》,西南联合大学北京校友会校史编辑委员会编:《笳吹弦诵在春城:回忆西南联大》,昆明:云南人民出版社,北京:北京大学出版社,1986年,第363—364页。按,关于穆旦与《布谷》副刊,可参见段从学:《穆旦与〈布谷〉副刊》,吴思敬主编:《诗探索(第1辑)》,北京:九州出版社,2010年,第188—194页。

2月

2日 《野兽》《劝友人》刊载于《柳州日报·布谷》第3期,题作《野兽(外一章)》,当版另有夏婴的《午夜》、贾迟的《写给一个不正常的人》等作品。

16日 《赞美》刊载于昆明《文聚》第1卷第1期,列于刊物的头条,当期另有杜运燮的《滇缅公路》、佩弦(朱自清)的《新诗杂话》、李广田的《青城枝叶》、汪曾祺的《待车》、上官碧(沈从文)的《废邮存底》、罗寄一的《一月一日·角度》、林元的《王孙》等作品。

按,1940年10月间,林元和马尔俄(蔡汉荣)、李典(李流丹)、马蹄(马杏垣)等人商量出版文学刊物《文聚》,后以半月刊、月刊、不定期刊的形式一直出至1945年。作者绝大部分是联大师生,如冯至、沈从文、卞之琳、李广田等,也有来自昆明和国统区之外的作者,如解放区的袁水拍、何其芳等。据称,穆旦为"文聚社的一分子","不仅自己积极写稿支持,还出主意和帮助组织稿件",曾替刊物组稿。1943—1944年间,曾替《文聚》拉来袁水拍等人的稿子。

又,新创刊《文聚》为一册薄薄的16开本杂志。对于位列头条的《赞美》,林元称:"诗人的才华当时还被埋在泥土里,我们决定把《赞美》放在创刊号的'头条',宝石出土,便放出耀眼的光辉,当时就受到不少读者赞美。"[①]

27日 《伤害》刊载于《贵州日报·革命军诗刊》第8期。当

---

① 林元:《一枝四十年代文学之花:回忆昆明〈文聚〉杂志》,《新文学史料》1986年第3期;姚丹:《西南联大历史情境中的文学活动》,第225—226、420页。

版另有李广田的《光尘》、施蛰存译《玩偶》（[英]W·H·戴薇思作）、杜运燮的《诗二首》、刘北汜的《幸福》、罗寄一的《角度之一》《黄昏》等作品。

本月　作诗《春》、《诗》（曾题为《诗八章》，后定为《诗八首》）、《诗》（后改题为《出发》）。

本月　辞去西南联大的教职，在西南联大的工作经历基本结束。

据自述（1956年4月22日），此一时期的交往情况为："切近的朋友是董庶（中文系同学），王佐良，李赋宁，周珏良，（以上是英文系同学）杜运燮，江瑞熙（写诗的朋友）等，此外与联大教师沈从文，卞之琳，李广田也来往。赵瑞霨曾一度有密切来往，以后彼此不适，离校后，一度中断来往（不是出于政治原因）。"社会关系还有"查良钊，潘仲鲁，吕泳"。"查良钊是我的堂兄，任联大训导长，和他只有私人来往，没有政治上或经济上的依附关系。""潘仲鲁是姑丈（一个本家姑姑的丈夫），他任中央社昆明分社主任，在抗战结束前曾闲居几年。和他只有私人关系上的来往，因为本家姑姑把我当作自己家人看待，所以就作为亲戚而来往着。没有任何政治上公务上的联系。吕泳，联大学生，我和他在南开中学一度同学，在大学又会见，因为觉得他热心待人而和他及他的爱人张允宜（联大英文系学生）来往，但无政治联系。"

又，1937—1942年间，在外文系任教的教师有（大致据各年度先后顺序）：陈福田、吴宓、翟孟生、陈铨、吴达元、杨业治、雷夏、徐锡良、毛玉昆、朱木祥、邱汉森、叶公超、莫泮芹、冯承植（冯至）、燕卜荪、黄国聪、潘家洵、谢文通、温德、钱锺书、陈嘉、傅恩龄、柳无忌、刘泽荣、吴可读、闻家驷、李华德、林文铮、严文郁、张振先、李振麟、姜桂农、叶桎、王还、王佐良、杨西昆（崑）、廖福、鲍志一、朱光潜、李宝堂、卞之琳、苏冰心、巫孙家秀、赵诏熊、陈定民、练北胜、杨周翰、罗孝超、周榆瑞、蒋智存、袁家骅、洪谦、黄炳华、李赋宁、薛诚之、衣家骥、刘世沫、贾思培、王庆被、区伟昌、颜锡叚、林同梅、吴讷孙、李鲸石、蒋铁云、陈祖文、俞铭传等。①

3月

2日 下午,为从军之事,由吴宓领着去见曾医官、梅贻琦校长及从军学生。

按,吴宓日记记载:下午2—5时,"偕查良铮至第五军办公处翠湖南路50号。见曾医官,商定查君赴缅从军事。同谒梅校长午寝,坐待约二小时。报告第五军函征外文系教授、学生随军赴缅事。即与查君同访诸生,征询从军意向。奔走久之,始于5:30至雪梅寓楼晚餐。自制。"②

3日 中午,吴宓为"从军赴缅"饯行,"并与介函"。③

月初 参加中国远征军,奔赴缅甸抗日战场。参加作战之前,有个人照片(可见于陈伯良《穆旦传》等处,查良锐提供)。

从军一事,后有自述(1955年10月):"1942年2月,由于杜聿明入缅甸作战,向西南联大致函征求会英文的教师从军,我从系中教授吴宓得知此事,便志愿参加了远征军。当时动机为:校中教英文无成绩,感觉不宜教书;想作诗人,学校生活太沉寂,没有刺激,不如去军队体验生活;想抗日。""在杜军中被派往军部少校翻译官,给参谋长罗又伦任翻译。当时和英军及美军官常

---

① 北京大学等编:《国立西南联合大学史料·四》,第59—129页。
② 吴宓著,吴学昭整理注释:《吴宓日记 Ⅷ》,第257页。
③ 吴宓著,吴学昭整理注释:《吴宓日记 Ⅷ》,第257页。

有联系,他们要了解远征军作战情形,我即为之翻译。"

又有自述(1956年4月22日)称:"在去军队前,是不认识其中任何一个人的。潘仲鲁曾因我是他亲戚之故,似曾写信介绍我给杜聿明的参谋长罗又伦认识,只是请他私人关照之意。""随军的翻译多是战况进展情形,和英军有些联络,他们来司令部时我即为之口译,美军官也曾到司令部几次,也是口译。内容都和当时作战有关。"

按,从军的时间,个人档案中的相关条目以及一般的传记文献均记为1942年2月,但《吴宓日记》既有详细记载,且随后所作《光荣的远征》一文中亦记为"三月初",因此,出发从军的确切时间应是3月初。

又,联大校史对于学生从军热潮有详细记载,但老师从军的记录不甚详细。其中,1944年的从军高潮时刻有记载:助教2人,职员13人。之前则没有发现相关记载。① 又,1946年5月4日,西南联大正式结束,全校师生举行结业典礼,之后又举行国立西南联合大学纪念碑揭幕仪式。纪念碑碑阴刻文为《国立西南联合大学抗战以来从军学生题名》,共刻有834位从军学生的名字,但未见从军教师的信息。

初入远征军所从事的工作,后有自述(《我的罪行交待》,1968年10月2日):"进入缅甸之后,即被派为伪第五军军部中任参谋长罗又伦的翻译。缅甸当时是英国殖民地,行路问路或买东西都用英文,因此我给做的翻译工作,就是口译,问路和买东西。在缅甸和日军作战的,还有英军,英军有时也派联络人员来了解蒋军的作战情况,若是找到罗又伦时,我便作口译。但这

---

① 西南联合大学北京校友会编:《国立西南联合大学校史(修订版)》,第412页。

情况只有一二次。因英军联络员主要是找伪军长杜聿明,杜聿明则另有英文译员。在缅甸作战用的缅甸地图是英文的,我曾把地图上的英文地名译成中文。在缅甸最初的两三个月中,我做的事就是这些。这以后,蒋军入缅远征军被日军战败,进入森林,我便没有工作做,只是在森林里行路。"同在入缅远征军任翻译官的,还有黄宏煦、刘希武等。

15日　《不幸的人们》刊载于《柳州日报·布谷》第6期,当版另有顾回的《老门房》等作品。

25日　自缅甸军中将《光荣的远征》(文)发回给昆明版《中央日报》。全文分为八个部分,以"记者"身份对入缅中国远征军的各方面情形作详细介绍:

"(一)前进",交代基本情况,"记者于三月初参加了这百年来第一次出国的远征军。这是一枝常胜的钢铁军","不便多谈本军",而是谈及"在缅境内所见所闻"。

"(二)森林区中的行进",所写为"群山的林荫中一辆一九四二别克式小包车在柏油路上驰着"的情形。

"(三)腊戍——最后的投机市场",称腊戍为"混乱和安逸的集合体","各式各样的大卡车在滇缅路上跑着",晨八时起"饭店就坐满了客人",但是,"一到日落,腊戍的繁华便完全死去。所有的商店关闭了,全城在灯火管制中,街上漆黑无人。到这时候,人们才会感到了这原是在战云密布下的一个城"。

"(四)如鱼得水的远征军","一路上,大多远征军住在英国兵房中,洁净、整齐、风景优美","有电灯自来水可用了,米饭不再那么粗糙","肉量多于菜蔬",百货便宜;"每个兵士都领到了一件很好的橡皮雨衣,一套新制服,两双胶底鞋,一个毛毯。这在国内是不会有的,他们都不再穿草鞋了"。

"（五）覆车的军官和华侨"，所写为去医院看望由西南联大被征调来的关姓少校翻译官的情形。

"（六）受难的一群"，所写为侨居缅甸、"在经济上与势力仅次于华侨"的印人群体。下午四五点钟与一位高级将领在梅苗城的一个百货公司中购货，受到五十多岁的店主款待，与其进行交流。

"（七）礼尚往来"，"我们住在一栋最华丽的楼房里"，"我们和史蒂莱将军的两位代表住在一起"，"每天的情报我都讲给他们听"。

"（八）到前线去"，谈及"赴中路前线视察"的经历。会见了"精神饱满，态度从容"的×师长，"这时候敌机正在头上盘旋。我们都坐树荫下，一边吃着西瓜，一边谈话"。"远远近近的兵士，也都是从容地，机警地做着各自的事情。而数里以外，就进行着中日第一次在缅境内正式的交锋。这结果是一次胜利，我们毙敌的上尉以下三百余，并获地图日记战利品等。""和×师长谈到了联络民众的工作"以及药材、空军等话题。"在前线吃了一顿丰美的晚餐"，"在深夜里我们坐着汽车驶回。车中一位美国军官重覆了一位英军司令告诉他们的话，'此次的中国军队是比我所见到的任何英军打得都更好'"。

按，所提到的"关姓少校翻译官"为关品枢，后任"新三十八师翻译室主任，北京外语学院教授"，其《缅甸抗日回忆录》对受伤情形有记载。①

---

① 关于《光荣的远征》一文的校勘以及关品枢的相关信息，见凌孟华：《填补穆旦缅印从军经历空白的集外文两篇》及《附录：光荣的远征、国军在印度》，《中国现代文学研究丛刊》2020年第4期。

26日　自缅甸军中给吴宓的信寄达,"言英军腐败"。①

4月

6日、10日　《光荣的远征》刊载于昆明版《中央日报》第3版,署查良铮;当版为国际新闻版,内容有《印国民大会 将宣布决议 甘地已赴华德哈》等。

20日　《春底降临》刊载于昆明《文聚》第1卷第2期,当期另有卞之琳的《里尔克少作四章》、杨周翰的《拜占庭》、杜运燮的《马来亚》、赵令仪的《马上吟》、刘北汜的《青色的雾》、沈从文的《王嫂》、方敬的《司钟老人》、佐良的《骑士》、李广田的《悔》等作品。

26日　《野兽》刊载于兰州《甘肃民国日报·生路》第465号"诗歌专页",该版另有萧荻的《呼唤》、林笛的《箭》等作品;同时,个人讯息见于该版的"诗坛消息"栏目。

按,"消息"称:"诗人穆旦,近随国军入缅,写通讯颇多。"暂只见《光荣的远征》一篇,既称"颇多",或有尚未找到的篇目。

又,本年2月25日,该栏目报道相关刊物讯息时,曾两次提到穆旦:"桂林又将有一新的诗刊出现",执笔人有李广田、吕亮耕、蒂克、穆旦、孙艺秋等;"刘北汜所编'革命军诗刊',近改名'冬青诗刊'",主要作者有沈从文、卞之琳、闻家驷、杜运燮、穆旦、罗寄一等。

---

① 吴宓著,吴学昭整理注释:《吴宓日记 Ⅷ》,第271页。

5月

1日 《寄后方的朋友》刊载于桂林《自由中国》第2卷第1—2合期,当期另有巴金的《寻梦》《某书的题记》、李健吾的《黄花(三幕剧)》、从文的《秋收和社戏》、艾芜的《山野(长篇连载,第一部完)》、孙陵的《大风雪》、方敬的《哀歌》、王亚平的《自由的歌》、绿原的《苍白者》、吕亮耕的《消息》等作品。

4日 《诗》(即《出发》)刊载于重庆版《大公报·战线》第919号,当版另有上官云逿的《缅怀五四》、何瑞瑶的《半杨秘书——一位"五四"元老的剪影》等作品。

14日 四月以来及本日的情形,见于稍后所作《苦难的旅程——遥寄生者和纪念死者》一文:翻阅当时的报纸,四月和五月"还能看到用大字登载着的,我们的节节失利和终于被围的消息。我们被包围了,敌人从瓦城、八莫,密支那三个方向,逐步向我们逼紧来。那时候,敌人的电台,通讯社,大本营,不是都在声言我们指日就可全部消灭了么?所有友邦政府的关怀,我国统帅的指示,以及远处亲朋的焦虑,都枉然了"。"再翻过九天的报纸,就没有我们的消息了。另外一些地方的事情变成了大字标题,代替了我们的。我们那里去了呢?文明的世界看不到我们了。事实上,我们走出了文明的世界。""五月十四日,在我们眼前展开的,是一片无涯的山林,寂静,幽暗,神秘,再没有战事,也没有人烟,只听见到处的虫鸣和鸟鸣了。我们还不知道,这就是地球上现存的最原始地带,它正等待我们长期的痛苦的跋涉。"

26日 《春》刊载于《贵州日报·革命军诗刊》第9期,当期另有《里尔克诗两首》(冯至、卞之琳译)以及林庚的《诗二首》、罗寄一的《犯罪》、杜运燮的《机械士》、方敬的《夜渔》等作品。

5—8月

跟随部队撤退到印度。

由于与日军作战两个多月即失败,中国远征军奉令分多路撤退,穿越人迹罕至、自然条件极其恶劣的原始森林野人山。5月14日开始与外界失去联系;从6月3日开始,遭遇"日以继夜的大雨";8月初,各部先后集结于印度和云南西部。后作《苦难的旅程——遥寄生者和纪念死者》,记录从1942年5月至撤退到"地图上所称世界雨量最多之地"、在战友们的"死亡中等候希望"的情形,全文九节,主要内容如下。

(1)"现在已经将近一年了",翻阅去年四、五月的报纸,五月十四日之前,有不少消息,之后,"文明的世界看不到我们了。事实上,我们走出了文明的世界"。

(2)"左右前后全是密密的树木,看不出几丈远去","这里是植物的世界,昆虫的乐园"。"从飞机上看,这一片起伏的树顶,该是绿色的海那样无边吧,我们就闷在这海底下,醒来就走,走完了一天又睡下。我们回国的希望还渺茫得很"。"渐渐地我才知道,已经有些人,不知为些什么病,是绝望地倒在我走过的路上了。还有些作战受伤的,也多已自戕途中。我寂寞地走着常常想着自己写过的一段诗:

风暴,远路,寂寞的夜晚,

丢失,记忆,永续的时间,……

这是没有关系的却不知为何使我那样眷恋起来。"

(3)一个受大家喜欢的、"忠实和勤谨"的、"不明白战争怎样进行着"的传令兵,"死在树林里"。

(4)"仿佛是在一个魔咒下,我们都渐渐失去了正常状态,而且我们自知这种变化,我们知道自己已被变成了原始的野兽,必需要在这原始的森林里面走","我们常常得不到水,得不到米,我们甚至不知道走到了什么地方。""我们绝望了。""退后是不可能的,前进却又是一个神秘的不可知。"

(5)"我们都异常地渴念母亲,家乡,和友人。若是再不讲一讲过去的回忆,仿佛就要没有时间说了。所以有些天我们用讲话来安慰自己。""渐渐地,我觉察出每个人都开始有了一个阴谋。我们都在暗暗地彼此倾覆。就是最密切的同伴都不可靠了。我的精神更深陷于痛苦中。"

(6)"在密密的树林中走了十多天,竟出乎意料地遇到敌人了。""夜晚住在克勤人(Kachins)的神庙中,半夜惊醒,听到杜将军和罗参谋长在幽暗的烛光下讨论地图上的路线,又听到不断的电话和传令兵的脚步声。""渡过河,我们就又穿进迷乱而黑暗的树林里,这一条小路引我们所去的,不是可爱的祖国,竟是西游记上前赴印度的地方了。"

(7)西行,不遇人烟,"忽见一条大水阻止了去路,这是更的宛河上流的支水,河床宽深,不见舟楫","只听两岸猿鸣,若断若续,仿佛在嘲笑我们这些疲倦的人,何苦走到这里来呢?"

(8)"更切实说一下雨的可怕。""这就是地图上所称世界雨量最多之地。""雨,雨害死了多少人!饿死病死都因了它。自杀者的厌世如绝望也为了它。因为下雨,我一直不曾睡过。因为下雨,蚂蟥群出。因为下雨,很多病人肿胀而死。我们近七八百近匹如[①],都死光了。米都发酵了,火柴无用了,背包都加重了十倍压在身上。没有火,没有光,天天阴暗。没有吃的,没有喝的,

---

[①] 原文如此,或是"近七八百匹马"。

没有歇的,而且没有温暖。每日以泥足陷于水中,滑于泥中,看着同(伴)依次倒毙,走过的全是骷髅和骷髅,不由得会想,自己的那一天不会到来吗?"

(9)"人对于生的固着力这时才真正见到,有些五十岁以上的和十五岁以下的,居然带着生命走过去了。可是有些壮年却自杀在路上。""在河边饿了八天( )工兵每日在河里用竹子搭桥,每日都连人连竹子一齐被水冲走。'救命!救命!'于是旋到河里去了(。)我们就在他们的死亡中等候希望。桥是搭成了,我们走过去,以为是获到了希望,其实希望离我们还远:从此,村庄里再没有米粮供给我们了。我们就摸到村庄也是枉然。"[①]

后来的自述(1955年10月)对"野人山经历"仅简单提及:"至同年五月,作战失败,退入野人山大森林中,又逢雨季,山洪爆发;在森林中步行四月余始抵印度,曾有一次七八日未食,又一次五日未食,死人很多。困难时曾以买来之牛脚让罗又伦吃。"

按,据记载,"中国远征军入缅作战,由于中、英、美三方矛盾重重,是一个极其复杂的过程","加以入缅后,指挥多次变动,系统紊乱,权限不明,各有所私,以及指挥无能,部队战力悬殊等"原因[②],中国远征军虽取得了一些局部胜利,但基本上是溃败之势。4月29日,日军占领了腊戍,"在战略上切断了中国远征军回国的主要通道。从此,中国远征军无可挽回地走上了总溃败

[①] 此文的初刊本排印错误较多,此处参照李煜哲:《从"苦难"到"祭歌":穆旦的缅战经历叙述之变——从穆旦集外文〈苦难的旅程——遥寄生者和纪念死者〉说起》,《现代中文学刊》2019年第2期。

[②] 杜聿明:《中国远征军入缅对日作战述略》,《文史资料选辑》第八辑,北京:中华书局,1960年,第12页。

的道路"。杜聿明所统帅的第五军被称为中路远征军,是日军打击的重点。当时"陷入空前的困难之中"。腊戍失守后,杜聿明未执行第五军撤往印度的命令,而是"命令第96师占领孟拱,在右翼掩护主力部队进入国境",自己则"亲率新编第22师辗转在滇缅印边境的野人山区,曾一度迷失方向",后得援军空投地图、食物,并来电指示路线,方才走出雨季丛林,"于7月25日抵达印度东部的阿萨姆省的雷多附近。新编第22师到达印度时,全师由9000人减少到3000余人,饿死病死过半,杜聿明本人也几乎染病而死"。而从第五军总体状况来看,入缅作战近半年,南征北战,转战1000多公里,其作战环境"十分恶劣",撤退过程"正值南亚雨季来临,致使远征军给养难继,饥疲交困,疫病流行,终日在丛山峻岭中行军,又不断遭到日军的袭击,因此撤退途中的损失比战场上的伤亡大得多。第5军全军4.2万余人,在缅甸损失了一半,仅剩2万余人,撤退时的伤亡达1.4万多人,比战斗伤亡高出一倍多"。[①]

杜聿明[②]、罗又伦[③]等将领有回忆。王佐良稍后谈到:"这个廿四岁的年青人,在五个月的失踪之后,结果是拖了他的身体到达印度。虽然他从此变了一个人,以后在印度三个月的休养里又几乎因为饥饿之后的过饱而死去","他本人对于这一切淡漠而又随便,或者便连这样也觉得不好意思。只有一次,被朋友们逼得没有办法了,他才说了一点,而就是那次,他也只说到他对

[①] 戴孝庆、罗洪彰主编:《中国远征军入缅抗战大事记》,《中国远征军入缅抗战纪实》,重庆:西南师范大学出版社,1990年,第106—118页。

[②] 杜聿明:《中国远征军入缅对日作战述略》,《文史资料选辑》第八辑,第37页。

[③] 朱浤源等访问、记录:《罗友伦先生访问纪录》,台北:"中央研究院"近代史研究所,1994年,第33—41页。

于大地的惧怕,原始的雨,森林里奇异的,看了使人害病的草木怒长,而在繁茂的绿叶之间却是那些走在他前面的人的腐烂的尸身,也许就是他的朋友们的"。①

又,俞维德回忆:穆旦曾与她谈起,当时"亲眼见到一位军人的尸体,只剩下一堆白骨,但是脚上仍穿着一双完整的军靴"。②

又,杨苡回忆:1948年在南京的时候,穆旦告诉她,在撤退路上"生重病,都快不行了",杜聿明"拿自己的药"——治疟疾的金鸡纳霜给他吃。③

6月

10日 《诗(八首)》刊载于昆明《文聚》第1卷第3期,当期另有沈从文的《秋》、林元的《哥弟》、罗辛田的《苍洱琐记》、赵萝蕤的《书呆子自白》、马尔俄的《桥》、冯至的《十四行六首》等作品。

20日 《催眠曲》(诗)刊载于桂林《文学报》第1号,当期另有臧克家的《走》、骆宾基的《生活的意义》、端木蕻良的《我的创作经验》《向红楼梦学习描写人物》、孙陵的《悼念萧红》《大风雪(连载)》等作品。

7月

5日 所译台·路易士长诗《对死的秘语》(有《译后记》)刊

---

① 王佐良:《一个中国诗人》,穆旦:《穆旦诗集》,自印,1947年,附录第2—3页。
② 俞维德:《热爱祖国的诗人穆旦》,转引自陈伯良:《穆旦传》,第90页。
③ 杨苡口述,余斌撰文:《穆旦在南京,1948》,《南方周末》2024年9月5日第C21版。

载于桂林《文学报》第 3 号,当期另有方敬的《花会》、禾康译《肖洛霍夫论》([苏联]鲁庚作)等作品。

13 日 《黄昏》(诗)刊载于《贵州日报·革命军诗刊》第 10 期,当版另有杨刚的《清道》、冯至的《译盖欧尔格 诗一首》、刘北汜的《旷地》、罗寄一的《月·火车》、杜运燮的《在一个乡下的无线电台里》等作品。

8 月

23 日 《阻滞的路》(诗)刊载于重庆版《大公报·战线》第 279 期,当版另有《民族英雄如何腾蛟——贵州民族英雄诗话》(未署作者名)等作品。

9 月

14 日 《阻滞的路》刊载于许昌《新民日报·战线》第 6 期,当版另有顾回的《老门房》等作品。

本月 《黄昏》《洗衣妇》《报贩》刊载于《谁先看见太阳》(《集体创作》革新第一号,诗歌特辑),当期另有李广田、卞之琳、杜运燮、冯振乾、林蒲等人的诗作或译作,刊名出自蒂克的同名诗歌。

10 月

本月 所译《拉丁亚美利加之透视》(文,英国 R. A. Humphreys 作)刊载于福建永安《改进》第 6 卷第 8 号,署慕旦译①,当期另有汪德耀的《推行国防科学之具体方案》、高临渡的《日本法西主义现阶段》、高矜细的《士和儒》、[美]赛珍珠的《论种族偏见》(李宜培译)等作品。

本月 在印度加尔各答,有着戎装的照片,后送给曾淑昭(1945年秋冬之际)。

按,据考证,这是现存穆旦"舍弃西南联大外文系教席而投笔从戎的唯一一张戎装照片"②,由曾淑昭长期保存(首见于第3版《穆旦诗文集·1》)。

11 月

本月 所译《拉丁亚美利加之透视》续载于福建永安《改进》第 6 卷第 9 号,署慕旦译,当期另有《甘地的三封信》、之索的《人类进化的史诗》、俞庆赉译《卢骚评传(上)》([法]罗曼·罗兰作)、赵家欣的《弘一法师的生平》等作品。

本月 作《自然底梦》(诗)。

本月 在印度。据自述(1956 年 4 月 22 日):"在缅甸约两个多月,即失败退入森林,步行野人山中几个月,于一九四二年十一月抵印度,养病及赴加尔各答游玩。"又据自述(1955 年 10 月),在加尔各答游玩时,"住金克木处"。又恰逢杜运燮来此地,"匆匆会了一面"。③

按,统观各种档案文献,一般都是将参加中国远征军的时间

---

① 相关讨论参见解志熙:《"蝗灾"及其他:穆旦散文译文拾遗》,《广州大学学报(社会科学版)》2020 年第 5 期。
② 李方:《穆旦佚诗信笺考订》,《新文学史料》2018 年第 4 期。
③ 杜海东:《不是序:书前的话》,杜运燮:《热带三友·朦胧诗》,北京:中国戏剧出版社,2006 年,第 3 页。

笼统地记为1942年2月至1943年1月,仅《我的历史问题的交代》(1956年4月22日)明确了抵达印度的时间。但多种文献显示,此一时间有误,当在本年8月即随第五军新编第22师抵达印度。

又,1945年6月12日,时在印度的金克木在给沈从文的信中提到"运燮兄良铮兄在印均数见",并表示"运燮兄并曾同往游鹿野苑"。① 杜运燮当时在中国驻印军训练中心任翻译,他日后在忆及金克木时也有相应的游玩内容②,但综合来看,这与穆旦相见并不在同一时间,游玩者中也没有穆旦。

12月

本月 作《幻想底乘客》(诗)。

1943年(癸未,民国三十二年) 25岁

▲12月1日,《开罗宣言》发表。

1月

月初 由印度飞回昆明。

25日 晚,参加吕泳、张允宜夫妇在其寓所的请宴,"述从军

---

① 金克木:《风烛灰:思想的旋律》,北京:生活·读书·新知三联书店,2002年,第214页。
② 杜海东:《不是序:书前的话》,杜运燮:《热带三友·朦胧诗》,第4—5页。

所见闻经历之详情",吴宓、李赋宁亦在座。[①]

1—2 月

没有重新回到联大教席,而是在昆明闲居,并寻找工作。

此后几年,辗转昆明、重庆、曲靖、贵阳等地,工作多有变动,但坚持"每半个月准时给母亲寄来一张明信片","从未间断过"。

按,查良铃回忆:明信片"写得密密麻麻的蝇头小楷,内容丰富,读来十分过瘾",当时和母亲"唯一的盼望就是哥哥的明信片",它带来"幸福、愉快,两遍三遍地也看不够。母亲总是小心翼翼地放在枕边,想起来时就拿出来再看。年复一年,哥哥的明信片从未间断过"。[②]

2—4 月[③]

在云南曲靖第五军汽车兵团,任少校英文秘书,教团长罗又伦英文。

后有自述(1955 年 10 月):"回昆明后住一短时期,无适当事作,又遇罗又伦邀我去曲靖教他英文,我因旧关系便去了。"

3 月

1 日　《国军在印度》(文)刊载于昆明版《中央日报》第 3 版(国际新闻版),署查良铮,所谈为驻扎在印度恒河平原西边,"距

[①] 吴宓著,吴学昭整理注释:《吴宓日记 Ⅸ》,第 16 页。
[②] 查良铃:《怀念良铮哥哥》,杜运燮等编:《一个民族已经起来:怀念诗人、翻译家穆旦》,第 146 页。
[③] 《干部履历表》(1965 年 9 月)记为 3—5 月。

加尔各答约有十二小时的火车路程"的"一片较干燥的红色丘陵地带"的中国军队,"他们是由缅甸苦战中挣扎出来的。他们是踏着死去者的尸身,忍着疾病,饥饿,和大雨,一步步地走到了印度"。文章分为四个部分展开。

"衣、食、住、行"部分指出,"凡由缅甸步行到印的,常有一句口头禅是:'大难不死,必有后福'。果然,现在,至少他们的衣食住行是比国内好多了"。"远征军的营房很像一个城镇","营房中有很多马和很多汽车",相比于以前,现在的士兵们"精神愉快得多"。

"工作,娱乐,学习"部分谈到,远征军大本营中有汽车学校、战术训练班、炮科和射击方面的训练、英文班,"除了正式练兵而外,这些班就整日使人忙个不了。笔者曾三次约一个连长谈话,每次都是谈三四分钟就被事情打断了"。远征军"最感苦闷"的是,"他们怀念祖国可是得不到消息。全印度只有一份中文报纸,即印度日报,出版于加尔各答",国内消息"为量很少,且不能详尽"。"如有肯捐赠远征军书报者,请寄昆明军邮三三一和三三三政治部收即可。"

"中英。中美。中印"部分指出,"在驻印军的大本营中,简直见不到英国人。我军的需要,诸如军火,给养,服装等,全由美军SOS供给。在史迪威将军的指挥部中,中美合署办公"。"我们的士兵在印人脑中留了很好的印象","他们称呼我们为'新中国人',他们对于'新中国人'敬佩多了"。

"新中国人"部分谈到,"印度看见了新中国人",改变了"旧中国人"给人的那种"做生意,聚赌,私卖烟土的印象"。

文章最末谈到,"笔者于新年前后,得有机会参加阿萨密省的几个茶园俱乐部,有中英美军官和一些英国大老板的家眷们联欢",看到中国的军官受到"他们看重","想起了那些死去的,和那些因报效国家而受苦的烈士同胞,他们换来的光荣,落在我们身上。我们应该记挂他们,前线后方,国内国外,新中国人"。①

23日 《中国健儿在印度》(文)刊载于江西吉安《声报》,署查良铮,篇首有"(昆明通讯)"字样,当版均为社会政治类文章,如《英美苏合作问题 正在华府会商》等。

24日 《中国远征军在印度》(文)刊载于福建南平《东南日报》,标题下有"由缅甸苦战中//步步挣扎出来//踏着尸身 冒着雨水//忍者疾病 耐着饥饿"四行文字,篇首有"印度某地通讯"字样,文末署查良铮。

按,综合来看,这三篇书写远征军在印度的文章,《中央日报》版为首发,后两者为穆旦本人投稿或是报纸的转载,则不得而知;同时,后两者存在若干异文,是穆旦本人的修订还是报纸编辑所为,也无法判断;再者,如篇首所标注,此文作于印度还是昆明,亦有疑问(《中央日报》版没有类似的字样)。②

本月 作《合唱二章》(诗,后改题为《祈神二章》)、《隐现》(长诗,写作时间从初刊本《华声》)。

按,《合唱二章》的权属问题值得注意,它直接取自长诗《隐现》,为其"历程"篇的"合唱队"两章——诗题即来自于此。从目前所见初刊本来看,两首诗于同一时期发表,均为1945年1月。即在长诗《隐现》发表的同时,又从中抽出两章来单独发表。现行穆旦诗集通行本分别录入两诗,但穆旦本人所编订的诗集,

---

① 此文的初刊本排印错误较多,此处参照凌孟华:《填补穆旦缅印从军经历空白的集外文两篇》,《中国现代文学研究丛刊》2020年第4期。
② 参见陈越:《穆旦〈国军在印度〉的版本与思想》(未刊稿)。

《穆旦诗集》收录了《合唱二章》(改题为《祈神二章》),未录《隐现》;《穆旦诗集手稿本》收录了《隐现》,未录《祈神二章》。据此,穆旦对《祈神二章》的权属应是有所考虑的,很可能是倾向于不再收录。不过从另一角度来看,《祈神二章》仍有单独保留的必要:一方面是它确曾单独成诗,另一方面,穆旦日后对《隐现》进行了大幅修改,"合唱"部分的内容虽然基本没变,但两章的顺序却发生了颠倒,这一结构性的调整让《祈神二章》重新获得了某种独立性。

4 月

本月 作诗《诗》("我们没有援助,每人在想着",收入《穆旦诗集》时曾题作《诗(一)》《诗(二)》)、《拜访》。

4—5 月[①]

任驻滇干部训练团第一大队中校英文秘书,该团设在昆明,团长杜聿明。

后有自述(1955 年 10 月):去曲靖不久,"因无何事情,闲得无聊,他(按,指罗又伦)又给安插在杜聿明处,杜即派我在军委会驻滇干训团第一大队(队长陈明仁)任中校英文秘书,那里有美军训练蒋军官兵使用美式武器。但那里有外事处许多翻译员工作,我感觉自己不被需要,待遇又不好,待了十多日便请病假退出。在该团时,曾参加一次射击练习,放射过步枪,机关枪和打坦克车的枪"。

---

① 《干部履历表》(1965 年 9 月)记为 6 月—7 月。

5月

14日 所译太戈尔《献歌》(散文诗)刊载于昆明《中南报·中南文艺》第2期,当版另有李广田的《论文章的分类》、祖文的《那些日子》等作品。

25日 《拜访》(诗)刊载于昆明《春秋导报》第1期,署莫扎。

按,以"莫扎"为笔名发表作品仅见此一处。该诗日后曾抄送给曾淑昭,作为组诗 To Margaret 的第二章,未有单独的诗题。随着手稿的披露(可见于第3版《穆旦诗文集·1》),沉埋于故纸堆里的这首诗和笔名,方得以确认。

30日,6月5日、10日、26日,7月10日、17日 《苦难的旅程——遥寄生者和纪念死者》(文)刊载于昆明《春秋导报》第2—4期、第6期、第8—9期,署查良铮,依次刊载的为第1—3节、第4—5节、第6节、第7节、第8节、第9节。

各期所载作品另有巫宁坤的《归》《风沙日》(诗)、闻一多的《〈屈原〉梁宗岱著 华胥社丛书 一九四一年出版》(书评)、彦的《金银花开的时候》、汪曾祺的《家信》、余昭的《离》、黄丽生的《乳灰》、奚明的《默契篇》、赵令仪的《张斌》等。

5—9月[①]

在昆明闲居及找工作。

后有自述(1956年4月22日):经联大教授及翻译官主任陈福田介绍给一美军官,该军官"拟赴滇南半年,拟短期雇用一英

[①] 《回国留学生工作分配登记表》(1953年2月21日)、《高等学校教师调查表》(1953年6月)记为7—9月,《干部履历表》(1965年9月)记为7—10月。

文较好的人为翻译,因待遇好,我已答应和他同去,但两星期后又拒绝了,因为此时见报,重庆的新闻学院招考学员,我决定去投考该处。在该美军官任用的两星期内,没有作任何事情,只是等待和他出发,每星期找他一次,看看有无事情可作。而在第二个星期去找他时,便告他不能和他去滇南,向他辞职"。

6月

本月 "诗三首"(《自然底梦》《记忆底都城》《幻想底乘客》)刊载于昆明《文聚丛刊》第1卷第5、6期合刊《一棵老树》,当期另有沈从文的《人与地》、佐良的《昆明居》、冯至的《一棵老树》、卞之琳的《〈亨利第三〉与〈旗手〉的遇合》、杜运燮的《希望之歌》、杨刚的《我怀念你呀,莫斯科》等作品,并有"文聚丛书"的预告。

按,"文聚丛书"的目录预告有10种,为小说5种,即沈从文《长河》(长篇)、冯至《楚国的亡臣》(中篇)、刘北汜《阴湿》(短篇)、林元《大牛》(短篇)、马尔俄《飓风》(短篇);散文3种,即李广田《日边集》、赵萝蕤《象牙的故事》、方敬《记忆的弦》;诗2种,即穆旦《探险队》、卞之琳《〈亨利第三〉与〈旗手〉》(叙事散文译诗)。由于种种原因,后仅出版沈从文、卞之琳和穆旦的3种。

7月

27日 所译爱略特的长诗《J. A. 普鲁佛洛的情歌》(有《译后记》)刊载于昆明《枫林文艺丛刊》第2辑《生活与苦杯》,当期另有李广田的《小盒与小刀》、汪铭竹的《有赠四章》、以滔的《佛地》、邹狄帆的《纪念册》等作品。

8月

1日 晚,在吕泳、张允宜家(穿心鼓楼,薛家巷二十四号楼下)聚餐,吴宓、李赋宁在列。晚9点,与李赋宁送吴宓回住所。①

27日 所译《大使从军记》(文)刊载于重庆《联合画报》第42期,署沙农斯基记、穆旦译,内容为沙农斯基记录的战前波兰驻德大使约瑟夫·里普斯基的谈话,当期另有穆透的《战士的保姆》(诗)等作品。

按,从1943年8月至1944年6月,穆旦在《联合画报》刊发了数篇关于时论的译文,其中1943年发表的几篇署"穆且译"。相关译文的主题有相通性,都跟二战密切相关,且都有剖析对手或正面宣扬、鼓舞人心的效果,而篇幅较大的《MAQUIS——法国的地下武力》,1944年6月在《联合画报》的两个版面刊发时,分署"穆旦译"和"穆且译",由此可知"穆且"属误署,相关译文可确认为出自"穆旦"之手。②

又,因为主题具有特别的时代意义,部分译文在《联合画报》刊出之后,被《武汉日报》《南华报》《皖报》《南宁民国日报》《国风日报》等报纸转载,部分延续了"穆且"的署名,也有的未署名,或进一步误排为"移且"。

9月

17日 所译《战争和儿童》(文)刊载于重庆《联合画报》第

---

① 吴宓著,吴学昭整理注释:《吴宓日记 Ⅸ》,第88页。
② 王岫庐:《穆旦时论翻译佚作钩沉(1943—1944)》,《中国现代文学研究丛刊》2019年第4期。

45期,署穆旦译,注明译自"一个荷兰孩子日记的一段",当期另有《欧亚军事形势》等作品。

按,据分析,该日记"原文选自'二战'期间相当出名的一本书《我和妹妹:一个荷兰难民男孩的日记》(My Sister and I: The Diary of a Dutch Boy Refugee),作者是 Dirk van der Heide。尽管人们对该书是否确实出于一个十二岁的小男孩之手有所怀疑,但这个故事却无疑是极其动人的。该书最初于1941年1月在纽约出版,6月在伦敦出版,据说一年之内就卖出46000本,并得到评论界的一致好评,例如伦敦著名文学期刊 Life and Letters Today 在1941年第30期曾刊登过书评,给予极高评价"。

又,穆旦是否曾通过 Life and Letters Today(《生活与艺术》)了解过该日记,"暂时无法确定",但这份在伦敦出版的文学期刊"与西南联大师生颇有关联":"威廉·燕卜逊(William Empson)曾在上面发表不少文章,其中包括描写中国西南联大的'A Chinese University'(《一所中国大学》),刊登于1940年第25期。王佐良评论穆旦的文章'A Chinese Poet'(《一个中国新诗人》)最早也是以英文发表于该刊1946年第49期。"[1]

23日 所译《大使与一等兵》(文)刊载于桂林版《扫荡报》,署沙农斯基记、穆旦译,当版另有刘斌的《共产国际解散与中共前途》、林秀贤的《美国战时花絮》等作品。

25日 《青年新诗人笔名真名对照表》(署名"知")刊载于《文化新闻》第3版,内有"穆旦——查良铮"的信息。

---

[1] 王岫庐:《穆旦时论翻译佚作钩沉(1943—1944)》。

9—10 月

任国际宣传处昆明办事处职员,为一种临时性的工作,主要就是"坐办公室,司电话,信件"。

又据自述(1956 年 4 月 22 日),在昆明期间,"起初和吴讷荪、陆智周同住,以后和江瑞熙同住。所接触的人仍是联大的师友"。

10 月

22 日　所译《日本北部门户洞开》(文)刊载于重庆《联合画报》第 50 期,署"穆旦译自基督教导报",当期另有《东西战场上的胜利》等作品。

31 日　所译《大使与一等兵》刊载于《武汉日报·星期集纳》,署沙农斯基记、穆且译,当版另有《宋美龄奖学基金》以及梁嘉德的《一位从香港来的小姐》等作品。

本年 10 月至次年 1 月或 2 月[①]

在重庆,为国际宣传处主办的中央政治学校的新闻学院学员,"学习英文新闻"。

后有自述(1955 年 10 月):"进入前在昆明投考,在录取的前

[①]　《回国留学生工作分配登记表》(1953 年 2 月 21 日)记为 1943 年 9 月—1944 年 1 月,"投考后进入学校,三个月后退出";《我的历史问题的交代》(1956 年 4 月 22 日)记为 1943 年 11 月底至 1944 年 2 月初;《干部履历表》(1959 年 4 月 19 日)记为 1943 年 10 月至次年 1 月;《干部履历表》(1965 年 9 月)记为 1943 年 11 月至次年 2 月。

两名中没有我，但昆明国际宣传处负责人周帆萍认为我成绩好，要替我争取，于是我在他的办事处中等了约一个月，帮他坐办公室，以后始得进入新闻学院的许可。"

按，新闻学院由时任中宣部副部长的董显光任院长，招收大学毕业的人员，训练期为一年半，以后可派赴国外留学及从事国际宣传。统合当时的文献可知，1943年8月23日、24日，重庆版《中央日报》在头版刊登《中央宣传部国际宣传处招考国际宣传高级新闻学员启事》，称将在重庆、成都、昆明、桂林四地招考国际宣传高级新闻学员，共录取三十名，考试科目有党义、国文、英文、中外史地、时事、口试。报名日期至九月八日止。考试日期于九月十日上午七时起。录取名单"九月卅日在渝蓉昆桂登报公布"。待遇："受训期间一年期内每月暂支给薪金一千二百元并得按年龄分领六斗八斗一石平价米或代金受训期满经考试及格者分发本处及新闻机构任职届满半年得经考选后派送国外大学深造毕业后保送到国外国际宣传及新闻机构任高级宣传及通讯工作人员。"1943年10月2日，重庆版《中央日报》公布《中央宣传部国际宣传处录取国际宣传高级新闻学员》名单，共32名，其中昆明区3名：欧阳采薇、李炳泰、谈金裕。

新闻学院的课程及学习情况，有自述（1955年10月）写道："讲授有党义（潘公展讲），政治制度（甘乃光讲），美国新闻史（美籍老教授），英文新闻写作（三个美籍教师），每日上午听讲，下午写英文新闻及到重庆各机关采访新闻，由全班学员编英文《重庆新闻》周报，每星期出版一次。该学院每星期有纪念周一次，由董显光或曾虚白作时事报告或训话。""在新闻学院不及四个月，我便脱离了。原因是：感觉自己对学新闻在能力和兴趣上都很勉强；生活苦，身体支持不住；不喜欢党化教育；想到家庭也须要接济。因此决意中途退出。适逢中航公司招考职员,待遇很高,我幻想去搞航空业务也不错,因此投考并被录取,我于是向董显光声请退学,以需供养家庭为理由,但董和我大吵起来,不准我退学,经力争后才得退出。"

另有自述(1956年4月22日):"总结这一阶段,就是为了生活,到处找事作,希望有一个较好的前途,同时逐渐抱着出国留学的期望。因为自己学英文系,觉得只有留学后才有较好的个人前途,否则只有到处碰壁。"

又据自述(《关于一张像片的交待》,1969年2月1日),当时从昆明机场去重庆,曾和一个美国军人、三个中国人一起合影。拍照者即周萍帆,合影者中,与美国人、"戴眼镜的中国译员"并不相识,"只因偶然同乘飞机去重庆而和我碰在一起并照了像","那两个穿长大褂的人,一个是何燕辉,是我在联大的熟人,那另一个人是同何燕辉来的,我不认识"。

11月

22日 所译《日本北部门户洞开》刊载于台山《南华报·副刊》,署"移且译自基督教导报",当版另有杜巴译《火线上的将军》等作品。

12月

10日、11日 所译《大使从军记》刊载于重庆《皖报·战士》第1299号、第1300号,署穆且译,当版先后有宜生的《舞台下》、平的《中华魂——记空中肉弹之一》、孙科的《世界战后建筑之设计》、李贻训的《哀思》、春帆的《战后国际金融计划》等作品。

1944年(甲申,民国三十三年)　26岁

▲1月,中国军队在缅甸发起对日本军队的反攻。

1月

16日　《诗》("我们没有援助,每人在想着")同时刊载于桂林版、重庆版《大公报·文艺》第11号,当版另有联大冬青文艺社李金锡的《腊月的村镇(续前)》、黑生的《诗三首》等作品。

30日　夜,抄赠《智慧的来临》(诗)给友人杨苡。

2月

10日　《诗》("我们没有援助,每人在想着")刊载于《民国日报(赣南)·笔锋》,当版另有零璘的《"易卜生"和"易卜生主义"(上)》、舒华的《往事》等作品。

24日　《诗》("我们没有援助,每人在想着")刊载于福建龙岩《闽西日报·新洲》第301号,当版另有陈南的《桃树》等作品。

本年2月至次年5月

任重庆中国航空公司职员,在营业组及人事科,负责客运工作和人事工作。该公司为当时中美合办的航空运输机构。

后有自述(1955年10月、1956年4月22日):还在决意退出新闻学院时,"适逢中航公司招考职员,待遇很高,我幻想去搞航空业务也不错,因此投考并被录取";"完全为了当时自己身体

不好,需要较好的生活条件,并且可以得便往家中带钱(在北平)"。进入中航公司后,"实习约半月,便派昆明办事处工作,管理客运及英文电报起草工作。在昆明约一月,发现该处人员联合售卖黑票,便将此事写信报告给总经理(李吉辰),不意此信为秘书折阅,即密告昆明办事处的人们,因此十分被他们歧视,便想辞职,并将此意函告重庆办事处一女友(曾淑昭),她当即去见总经理面述此事,总经理于是把我调到重庆总公司,在人事科工作";"人事科长为李希贤,科员有二人","我管理公司新添职员的表格及人事科内的英文电报,内容为人员转动、请假、及例行的一般琐事"。

又据自述(1956年4月22日),在重庆时期的来往关系有:"巴金夫妇(他们在重庆文化生活出版社),杨刚(重庆大公报主编文艺)。常和他们来往。杨刚在赴美前,并曾劝我去延安,但自己未予以严肃考虑。通过杨刚,并认识袁水拍。因为都写诗,来往也较亲切。""查良鑑,当时是重庆地方法院院长,我的堂兄,和他只有私人来往。吕泳,他在重庆中国银行作职员,和他没有密切来往,只是有一次他找我替他父亲改稿子(他父亲写的自传,拟付印出版),我答应了,他并建议我到他的山上银行宿舍去住几天,因为那里清静,便于改稿工作。我因为好玩,便去住了一两天,并见到李之楠(他当时也在中国银行工作,住在该宿舍)。""其他的社会关系尚有杨静如(在中大读书),陆智常(在南开中学教书),曾淑昭(中航同事),何怀德(中航同事),和他们都时常来往。"据另一自述(1955年10月),"常来往"的朋友还有贺叔琥等人。

按,杨苡(静如)曾回忆当时与穆旦交往的情况:穆旦到过沙坪坝几次,住陆智常那里,"在外面逛,或是坐茶馆","都是三人

113

一道。三个人站在嘉陵江边,看日落,看江景,从自然风景说到南方人北方人,随意地聊"。穆旦离开航空公司时,曾到沙坪坝告别,与其在嘉陵江边上的小茶馆里有过单独谈话。那一天是穆旦的生日。① 据此,告别应是在1945年。

又据自述(《关于何怀德》,1968年12月7日),1944年2月与何怀德同时进入中国航空公司,"约在1944年4月到年底这一时期,我在重庆和他住在宿舍的一间大屋里,比较熟识,同住的人还有姓曹的和一姓俞的"。

按,李赋宁曾提到:"大约是1943年暑期",和王佐良、穆旦"在重庆拜访过巴金先生",巴金请大家"在新新咖啡馆喝咖啡、谈天"。② 综合来看,几位同学去拜访巴金一事很可能不是发生在1943年,而是1944年。

3月

17日 所译《武器可以决胜吗?》(文)刊载于重庆《联合画报》第71期,当期另有洪珊译《美国军用飞机的命名》等作品。

24日 所译《格陵兰鸟瞰》(文)刊载于重庆《联合画报》第72期,当期另有于原的《战猛关——缅北诗笺之一》等作品。

5月

8日 所译英国福洛少将的《"次要"战场在意大利》(文)刊

---

① 杨苡口述,余斌撰写:《一百年,许多人,许多事:杨苡口述自传》,第340—341页。
② 李赋宁:《序》,王佐良:《王佐良文集》,北京:外语教学与研究出版社,1997年,第4页。

载于昆明《扫荡报·军事周刊》第 10 期,署良铮;当版另有谢汉俊译《更多的受伤战士复原了》、凌鹤的《梦的微笑(第四幕)》等作品。

13 日　所译《格陵兰鸟瞰》刊载于《南宁民国日报》,未署译者。

19 日　所译《美国人眼中的战时德国》(文)刊载于重庆《联合画报》第 80 期,当期另有《美国应重视中国和苏联》(美国副总统华莱士作)等作品。

6 月

1 日　将《赠别》(诗,"多少人的青春在这里迷醉")寄给曾淑昭。该诗收入《穆旦诗集》时,曾题作《赠别(一)》《赠别(二)》。

按,据称,《赠别》一诗的渊源"可以通过爱尔兰现代诗人叶芝而追溯到法国 16 世纪的龙萨(Pierre de Ronsard)"。①

2 日　所译 H.G.拉沙里夫的《MAQUIS——法国的地下武力》(文)刊载于重庆《联合画报》第 82 期(第 5 版和第 6 版,其中第 6 版误署为"穆旦译"),当期另有《轰炸下之香港》等作品。

本月　作《成熟》(诗),收入《穆旦诗集》,曾题作《成熟(一)》《成熟(二)》;收入《旗》,题作《裂纹》。

7 月

9 日　所译《武器可以决胜吗?》刊载于西安《国风日报·拼盘》,当版另有陈伯周译《荷兰抗战的努力(续)》等作品。

---

①　周珏良:《穆旦的诗和译诗》,杜运燮等编:《一个民族已经起来:怀念诗人、翻译家穆旦》,第 19—20 页。

8月

本月 作《寄——》,曾抄寄给在中国航空公司印度办事处工作的曾淑昭,"诗题为《诗》,诗后署写作时间'七月'"。①

按,因暂未见抄送给曾淑昭的手稿,写作时间仍从《穆旦诗集》。

本月 将"组诗'To Margaret'(共六首)"寄给在印度加尔各答的曾淑昭,"组诗前题有英文(The same feeling repeated),组诗后署写作时间'七月'"。②

按,六首诗实为多首诗歌的杂合,之一为《春》,之二为《拜访》,之三至五为《诗八首》之六、七、八章,之六为《自然底梦》。该组诗现以 To Margaret 为题收入第 3 版《穆旦诗文集·1》。

9月

本月 作《活下去》(诗)。

10月

10日 《潮汐》(诗)刊载于桂林《青年文艺》新 1 卷第 3 期,当期另有臧克家的《生命的秋天》、何其芳的《都市——"北中国在燃烧"之一节》、雪峰的《鲁迅先生谈智识分子》以及茅盾、戈宝权、袁水拍等人的译文。

---

① 穆旦:《穆旦诗文集·1》,第 94 页。
② 穆旦:《穆旦诗文集·1》,第 242 页。

11 月

16 日 收到唐振湘的来信并作复,称当时"不是先有文学兴趣而写作,而是心中有物,良心所迫,不得不写一点东西的局势";时局问题,"我们这边都谈论、关心,而且呈现动摇,很大的苦闷压在人的心上。前后左右都悲观,有了别国的光荣,更显得自己的不成。""昆明和贵阳一样,有点紧张,你若到那里,又是掉在老生活圈子了。"还提及江瑞熙、李金锡等友人,以及由清华同学办的《华声》半月刊,表示"你如来稿,可寄我转去"。

按,所称"清华同学",应是指1936年毕业于清华大学社会学系的赵文璧等人。又,唐振湘对此信有过回忆:《山谷》即在穆旦鼓励他"写出新的东西"一信之后写成的。1944年春,他被派往湖南零陵美空军基地任译员,其间曾上衡阳前线,并差一点死去。衡阳沦陷后,先撤退至桂林,后又向贵阳逃亡,"在火车上经历了两个月的饥饿、寒冷、痢疾与撞车的袭击到达贵州省独山"。这些经历,都曾函告穆旦。回忆对"老生活圈子"有过解释:"自1941年国民党攻袭新四军的皖南事变以后,国民党控制区的知识分子受到更大的压抑,在昆明西南联大的学生中有部分暴露身份的共产党员和进步学生离开了学校,留在学校的大多数处于彷徨、苦闷和受压抑的气氛中。进步的学生团体停止了活动。同学之间的交往与议论只限于小圈子。有学生自嘲为'死读书,读书死'。穆旦对这种生活显然是不满意的。"[1]

---

[1] 唐振湘、易彬:《由穆旦的一封信想起……》,《新文学史料》2005年第2期。

1945年(乙酉,民国三十四年)　27岁

▲4月,中国共产党第七次全国代表大会在延安召开,毛泽东作《论联合政府》的报告。

▲8月15日,日本天皇广播《终战诏书》,正式宣布无条件投降。9月9日,第二次世界大战中国战区受降仪式在南京举行,标志着中国人民抗日战争暨世界反法西斯战争取得最后胜利。

1月

1日　《合唱二章》(即1943年所作《祈神二章》)刊载于昆明《文聚》杂志(复刊)第2卷第2期,当期另有沈从文的《芸庐纪事》、李金锡的《"还是一个人"》、冯至的《译尼采诗七首》、李广田的《日边随笔》、靳以的《短简》、歌德的《自然》(姚可崑译)等作品。

封底"最近出版文聚丛书"广告包括诗集《探险队》:"最大的悲哀在于无悲哀。以今视昔,我倒要庆幸那一点虚妄的自信。使我写下过去这些东西,使我能保留一点过去生命的痕迹的,还不是那颗不甘变冷的心么?所以,当我翻阅这本书时,我仿佛看见了那尚未灰的火焰,斑斑点点的灼炭,闪闪的、散播在吞蚀成切的黑暗中。我不能不感到一点喜。"

按,该广告跟穆旦的文风很近,被认为是穆旦本人所撰[1],且已收入《穆旦诗文集》。

---

[1] 姚丹:《西南联大历史情境中的文学活动》,第428页。

本月 第一部诗集《探险队》由昆明文聚社出版,为"文聚丛书"之一。诗集共83页,扉页题有"献给友人董庶",目录共列诗作25首:《野兽》、《我看》、《园》、《Chorus 二章》、《防空洞里的抒情诗》、《劝友人》、《从空虚到充实》、《童年》、《祭》("阿大在上海某家工厂里劳作了十年")、《蛇的诱惑》、《玫瑰之歌》、《在旷野上》、《不幸的人们》、《五月》、《我》、《还原作用》、《智慧的来临》、《潮汐》、《在寒冷的腊月的夜里》、《夜晚的告别》、《鼠穴》、《我向自己说》、《神魔之争》、《小镇一日》、《哀悼》。其中,《神魔之争》一诗空缺,实为24首。

按,诗集应是按写作时间的先后顺序来编排,不过《童年》《祭》未标注写作时间。而所录最后一首作品《哀悼》作于1941年7月,或表明该诗集较早即已编定。

本月 《隐现》刊载于重庆《华声》第1卷第5·6期,当期另有张申府的《民主的三种类型》、梁实秋的《再谈中共问题(公开答复一封匿名信)》、张致远的《战后德国的命运》、顾毓琇的《文艺复兴与民族复兴》、袁俊改译的《富贵浮云》(戏剧)等作品。

按,该版《隐现》与后出的版本大有差异,且该发表本长期不闻,较早的相关研究据后出版本所标注的时间以及《穆旦诗文集》的信息,认为其作于1947年8月。又,此诗末尾有一则信息:"穆旦先生,最近有《探险队》(诗集)出版(昆明,文聚社)。编者",并有《文聚》杂志的广告。

2月

本月 作诗《线上》《被围者》。

2月或3—5月

调至中国航空公司贵阳办事处工作两个月,5月辞职。

后有自述(1955年10月):"在中航公司工作,待遇虽似不错,但感觉它是商业机关,没有'前途',人多陈腐,我和一年青同事有时看新华日报,亦为公司中人所歧视,人事上处不好,营业主任高大经要排挤我,因此调我去贵阳,我则早想另找事作。适自堂兄查良钊得知杜聿明仍欢迎我去参军,看着欧战已胜利,抗日胜利也不远了,因此便又动意去军队,乃辞中航职务,去到昆明。"

又,在贵阳期间,工作"似乎不很重,而诗兴却很浓",与方敬有较多交往,并在其主编的《大刚报·阵地》发表作品。①

4月

5日 将新写成的《海恋》(诗)寄给在中国航空公司重庆办事处的曾淑昭,并附信:"淑昭:想着你鼓励的话,昨夜天很冷,坐在灯下写了一首诗。我们既然都很忧郁,而且又向往于海,我想你也许会喜欢它。我希望你看了我其中的反复辩论,可以减少一点零乱沉滞的心情。"

10日 致曾淑昭,述及当时的生活状态:"我在这里真无事可做,连无聊的事都没有。胡思乱想帮助写诗,又写了一首《甘地》。"随信抄录《圣者甘地》(诗手稿现可见于第3版《穆旦诗文集·1》)的书前插页,落款为4月10日,为《甘地》一诗的前

---

① 方敬:《回忆〈阵地〉》,《新文学史料》1992年第4期。

四节)。

又,谈到读书的情况:"我唯一带来的书,是你给我的文学史,每日翻翻,和另一本剑桥版的相对着看。""还可以到花溪贵阳大学去借书看,可是老看书,就要把我闷死。"还谈到感情问题:"我还胡想些别的,你既然劝我有合适的小姐不要错过,我想也该劝你有合适的 Boy 也不要错过。你一回来就讲那末一句话,真叫人很不顺心。我看,我们作为长久的朋友,倒很好;若要我伺候你一辈子脾气,我仍是觉得很不合适的。""我们反正总是不碰面的,假如我们一块在草地河边走走,谈谈,我想这就是人生的乐趣。可是上帝不允许!""我幻想一种生活,我们快乐的过在一起。我想这不会很难,或者很慢。只要时机好一点,什么都可以实现了。"

20 日　《甘地》(第 1—4 节,落款为"一九四五,四月")刊载于贵阳版《大刚报·阵地》第 137 期,当版另有方敬《序曲》、跃冬《无名树》等作品。

本月　作诗《退伍》《春天和蜜蜂》《忆》《旗》。《旗》的写作时间从发表本(《益世报·文学周刊》),《穆旦诗文集》标注为 1945 年 5 月。

5 月

4 日　《活下去》(诗)刊载于重庆《文哨》第 1 卷第 1 期(创刊特大号,月刊)。刊物封面为"罗曼罗兰最后画像",内有"罗曼·罗兰纪念特辑",包括艾青的《悼罗曼·罗兰》等文字;另有郭沫若的《向人民大众学习》、夏衍的《笔的方向》、茅盾的《近年来介绍的外国文学——国际反法西斯文学的轮廓(论文)》、沙鸥的《化雪夜》、艾芜的《江上行(上)》、徐迟与袁水拍译《这样的胜利!

（上）》（苏·爱伦堡作）、吴组缃的《读〈十年诗选〉》以及《我们的方向——〈文哨〉座谈》等作品。

8日 《甘地》（第5—8节）刊载于贵阳版《大刚报·阵地》第144期，当版另有巴金译《基督》（王尔德著）、刘北汜《野生的花》等作品。

9日 为欧战胜利日，作《给战士》（诗）。

11日 《春天和蜜蜂》刊载于贵阳版《大刚报·阵地》第146期"诗歌专页"，当版另有杜运燮《山》、何其芳《歌（上）》、方敬《送葬曲》等作品。

17日 作《风沙行》（诗），曾寄给曾淑昭，暂未见发表信息。

20日 作《重庆居》（诗），后改题为《流吧，长江的水》。其写作时间从发表本（《诗地》），《穆旦诗集》署"一九四五，四月"，《穆旦诗文集》署"1945年5月"。

按，2018年版《穆旦诗文集》在收录该诗时有注释："1945年5月3日，穆旦在重庆写下此诗，原题为《给M——》。M应是曾淑昭英文名Margaret的缩写。在抄寄曾淑昭时，没有署诗题和日期。"[①]不过，暂未见《给M——》手稿，5月3日这一时间，不知何据。

又，《流吧，长江的水》《风沙行》两诗都出现了"玛格丽"，据友人回忆，这可能和穆旦的爱情经历有关。杜运燮称，"玛格丽"是穆旦诗歌中唯一的女人名字。其原型很可能是穆旦当时的一个民航同事，一个富家女子。江瑞熙认为"玛格丽"即曾淑昭，后来与一位名人的儿子结了婚。杨苡称，"穆旦写信给我谈到当时的恋爱失败"；"'玛格丽'可能并不一定代表一个女人，而且这些

---

① 穆旦：《穆旦诗文集·1》，第111页。

并不重要,因为有的很短暂。穆旦早年有过多次恋爱经历,但他绝不是唐璜式的人物。他是得不到";穆旦当时和朱凤俦、俞维德等女性朋友关系也都不错。朋友们很少谈论穆旦的爱情,"不是在回避,是因为朋友们也不了解具体情况。穆旦是一个内向的人,他很少和人谈起他的恋爱。初恋对他的影响非常大,包括对他的性格影响"。①

也有研究者认为"玛格丽"可能出自霍甫金斯(G. M. Hopkins,1844—1889)的《春与秋》(*Spring and Fall*)一诗的女主角"Margaret",当年燕卜荪讲课的时候,就是从霍甫金斯讲起的。②

本月 《被围者》刊载于《诗文学》丛刊第 2 辑《为了面包与自由》,当期另有何其芳的《夜歌两首》、臧克家的《宝贝儿》、彭燕郊的《论感动》《土地母亲的话》等作品。

6 月

7 日 将《赠别》("既然一切是这样")寄给曾淑昭。

按,穆旦写了两首题为《赠别》的诗,这一首先前未见披露,也未见发布信息,手稿由曾淑昭长期保存,2018 年版《穆旦诗文集·1》首次收录。

14 日 《被围者》刊载于贵阳版《大刚报·阵地》第 155 期,当版另有卞之琳《云》、沙汀《胜利在望年即景》等作品。

本月 《线上》(诗)刊载于昆明《文聚》第 2 卷第 3 期,当期另有汪曾祺的《花园》、马尔俄的《林中的脚步》、冯至的《爱与

---

① 易彬:《"他非常渴望安定的生活":同学四人谈穆旦》。
② 江弱水:《伪奥登风与非中国性:重估穆旦》,《外国文学评论》2002 年第 3 期。

死》、魏荒弩译《略莲与敏卡的故事》(苏联左琴科著)、杜运燮的《恒河》《欢迎雨季》、袁水拍译《几首英国歌谣》、朱自清的《常识的诗》、程鹤西的《旅途存稿》等作品。

又，诗集《探险队》出版的广告信息可见于封二的"最近出版文聚丛书"(内容同第2卷第2期)，诗歌《被围者》亦可见于封二所载《诗文学》第2辑目录。

本年6月至1946年1月[①]

在云南曲靖青年军207师。

后有自述(1955年10月)："由重庆到昆明，未去杜聿明处，因见到罗又伦，他邀我到他那里(曲靖二〇七师)，于是我到他那里任中校英文秘书，当时觉得和罗熟识，他又答应有机会和我去美国，在他那里也可以自如地读书和写诗。"另有自述(1956年4月22日)称："作这个事已谈不到什么积极的动机，只是因为必须作事才得以谋生，而这个事是没有谋求就得到的。""工作为：口头翻译及教罗又伦英文。二〇七师当时有美军小组训练二〇七师官兵，有很多外事局译员担任翻译，我在美军官来找罗又伦时，才口译一下，这工作是很少的。内容是关于训练上的技术问题及一般事务。"

7月

本月 作诗《野外演习》、《一个战士需要温柔的时候》、《七

[①] 《回国留学生工作分配登记表》(1953年2月21日)记为6月至次年2月，内容也较多："昆明杜聿明军部任英文翻译，中校秘书衔。随即由他的前参谋长找去当他个人的英文教师，罗是时任青年军207师师长。"《历史思想自传》(1955年10月)记始于5月，《干部履历表》(1965年9月)则记为5月至次年2月。

七》、《先导》、《农民兵》(收入《穆旦诗集》《旗》,均题作《农民兵(一)》《农民兵(二)》)、《打出去》、《奉献》、《反攻基地》、《通货膨胀》、《良心颂》(收入《穆旦诗集手稿本》,题作《心颂》)、《苦闷的象征》、《轰炸东京》。

9月

本月　以1942年"野人山经历"为背景,作《森林之歌——祭野人山上的白骨》(诗),诗题据初刊本(《文艺复兴》),再刊本(《文学杂志》)亦曾题作《森林之歌——祭野人山死难的兵士》;收入《穆旦诗集》,题作《森林之魅——祭胡康河上的白骨》。

本月　由昆明到重庆,将一些照片和诗信手稿留给曾淑昭。据说当时有言:"放在你这里可靠,将来见面时再给我。"①

11月

18日　所译《奥登论诗语萃》([英]奥登著)、《莎士比亚诗一首》([英]莎士比亚著)、《美味的汤》([英]路易·开著)刊载于贵阳版《大刚报·阵地》第233期"西洋名诗选译"专号,当版另有卞之琳译《里尔克少作四章》、陈敬容译波德莱尔《露台》、魏尔伦《秋歌》等作品。

21日　与207师师长罗又伦同坐一辆吉普车,从昆明出发,开始了为期40多天的北上之旅。随后所作《从昆明到长沙——还乡记》记录了途中情形:"我们一共有五部车子,后两部是卫护车,有冲锋枪十多枝,前后接应而行,一如前赴战地然。"即日歇

---

① 曾淑昭口述,查英传记录,见穆旦:《穆旦诗文集·2》,第387页。

普安。"我们一路尽快走,普安一日而抵贵阳,又两日抵芷江。"在受降的小城芷江住了两天,前一日"先在城区转了一圈",后受中航公司一位处长之约吃饭,后一日曾去后方医院看望从华西大学和同济大学征调来的女医生,"芷江已经给了我一个很活泼的印象"。"以下是安江,宝庆,湘潭三处因公路大桥破坏,一时不能修复,只有用渡船每日过渡百多辆车子。"

  按,据署名麟的《青年远征军——第二〇七师缩,——》(汉口版《大刚报》,1945年12月30日),本月16日,第二〇七师的"大队人马浩浩荡荡"从云南曲靖出发;罗又伦日后的口述也称是"自云南曲靖出发,以汽车运输"。[①] 穆旦跟罗又伦师长是否亦是先从曲靖出发,暂无从得知。

  本月 作《云》(诗)。

12月

  3日 抵达长沙。

  4日 在长沙,作《从昆明到长沙——还乡记》(文),描述了从昆明到长沙沿途所见的饱受战争侵害的场景,也思考了战争的意义:"我不知道战争有什么意义。自然,战争的意义很多,可是等你看到人们不言不语的回来在废墟上盖着芽草房子,而日本兵穿着破旧的衣服,也在街上拉着破碎砖瓦,扫清街道,修桥铺路;等你看到仇敌和朋友都一起来收拾这一场破烂,而大家的情形都更穷,更苦,更可怜,你就会想到既有今日,何必当初?何必大家要把好的破坏,而后再来共享坏的?为什么非要这样才能解决问题?其结果岂不是问题更多?""我们都嚷着对待日本

---

① 朱浤源等访问、记录:《罗友伦先生访问纪录》,第59页。

俘虏太嫌宽大了,到现在我还这么感觉。战争方结束时,我想,既然不能杀了,我一定要踢打几个日本军人。想想我个人所受的迫害,已就是十足的仇恨了!我要报复,即使是一点点泄愤。可是,在长沙,你看见这些日本人,这些矮鬼,有的皮鞋坏了,脚上是用他自己军装缝起的鞋子,全身脏污,有的站在小摊旁吃东西,有的在街上推着大车,在人群中走过,无所表情,有的蹲在墙下晒太阳,和中国士兵谈天,那种无所归依的样子,那种失去了人的体面的样子,你就希望'赶快走吧',最好别再看见他,你希望他们赶快回国去,你不由得可怜,这种感情又似乎不对。因为我们自己的同胞就在沿江搭盖草屋,拼[胼]手砥足,准备忍受过这个严冬。于是你想,那么多不可一世的刽子手,全是日本军阀造出来的。现在你看见他们,你真愿意他们是无辜的。"

21日 上午10时,从长沙出发北上,晚9时,抵达岳阳,"找到一个很脏的店子住下"。

稍后所作《从长沙到武汉——还乡记之二》(文)对当时情形有描述:"我们从长沙就坐着汽车拖的小火车出发,车头由日俘驾驶","车头后面是三辆平车,我们把自己带来的汽车放在平车上,人仍旧坐在汽车里面。十二月廿一日阴雨,平车上汽车的四周站满了人,可是沿站还有人央告着要往车上挤"。"男女老幼,都在雨里风里成了一团,堆了一座人山由汽车慢慢的拖。而举目四望呢,荒凉的农村,这里是垒垒弹痕,那里是打翻的火车,破铜烂铁,断桥残壁,表示这里的热闹一时。那热闹的主角也并没有走开,由衡阳沿长沙而至岳阳,这一小段距离中就驻着十一万日本俘虏,一时都无法送回。"在岳阳,"下了车找到一个很脏的店子住下","店子屋顶炸光,店主用席逢起,四周以木板围住,这风雨不遮的屋子还要我们一千二百元一天"。

从岳阳到武昌的情形:"有大火车可以通行,仍由日俘开车。火车无煤,以木柴代替,不但走得慢,每达一站还得停下,烧柴至半个钟头才能继续开行。因此我们足足走了三十六小时","我们在车中生起炭火,自己烧饭来吃,因为沿途没有什么东西可买吃的。这一天特别寒冷,白雾盖满了山头,我们夜晚都无法睡眠,矇矇眬眬把时间摇了过去。想不到次日白天仍不能到达,又摇到入夜十二时,方被叫醒,说是到了。逃难的苦我没有尝过,这'复员'的苦,我倒愿意大家也能体会"。

24日 《从昆明到长沙——还乡记》刊载于昆明《独立周报》第5期第3版,署"本报特派记者查良铮",当版另有陈序经的《谈美国的家庭》等文。

按,刘希武称:在随军北上的路上,穆旦"写了《还乡记》文章约10篇",1947年,两人"去北平访问沈从文、冯至两位先生时,他们都称赞这些文章"。①"回乡记"应该就是近年来多位学者陆续发现的"还乡记"系列通讯文章,共约10篇。②

31日 在武汉,作《岁暮的武汉》(文)。据文中信息,在武汉期间,曾去刚刚自重庆而来的文化生活出版社、中国航空公司等地看望友人。"到了汉口的第三天,我给一个远地朋友写信",其中有言:"这地方还是老样子,尽管旧日租界是全部炸毁了,沿江码头,旧英租界,也炸坏很多,可是汉口还是老汉口,还是高楼大厦,还是带铃的包月车在柏油路上飞驰,弄堂里二房东三房东的

---

① 刘希武观点,转引自李方:《穆旦(查良铮)年谱》,穆旦:《穆旦诗文集·2》,第390页。
② 见陈越:《再从军路上的〈还乡记〉:查良铮(穆旦)佚文四篇》《〈还乡记〉:查良铮(穆旦)佚文四篇》,《新诗评论(第2辑)》,北京:北京大学出版社,2010年;杨新宇:《穆旦佚文〈从长沙到武汉〉》,《文汇读书周报》2018年5月21日;司真真:《穆旦佚文七篇辑校》。

生活还是在那旧的轨道上转,他们七八年就始终没有离开过抽水马桶和后门的楼梯。我们去了又来了,日本人来了又去了,这在他们也许像是'出将''入相'似的看了一出戏。这其间的血泪,痛苦,斗争,绝望和新生,在他们竟隔了一层,因为他们在'自私'的围墙里始终可以过得'很好'的缘故。"

文章又一次描述了碰到日本俘虏的情形:"一路见到日俘时,总是他们退缩,我们严肃,中间有一种冰冷未曾溶化。"但这次穿着军装走进汉口郊外的一家小饭馆时,三个俘虏非常热情,不仅"起立敬礼",还拿来酒、香烟,"把酒菜通通搬到我的桌上来","这三个日俘出乎意外的热烈,倒使我发生了兴趣"。文章最末表达了"图强"的愿望:"武汉的岁末,隐藏着这些下台的侵略者的悲哀。在中国人民一方面,我们虽然还有着国内的纷争,阴霾四伏,可是我们新来的这个全民族的喜悦,在这个新年中,是没有什么可以遮掩得住的。看看日本人,他们是忽然间遗落在我们后面了,我们还不该赶快图强吗?"

1946年(丙戌,民国三十五年) 28岁

▲1月,政治协商会议在重庆召开。

▲1月,《文艺复兴》杂志在上海创刊,由郑振铎、李健吾主编。

▲7月,昆明发生"李闻血案"。

▲7月31日,国立西南联合大学停止办学。8月,三校陆续复员北返,师范学院留昆明联大旧址,定名国立昆明师范学院(今云南师范大学)。

1月

6日 中午,乘坐飞机抵达已有八年未曾见到的北平。在日军占领北平期间,父母已将天津的房子出售,迁往北平"租房子居住"(据自述,1965年9月)。在北平期间,与母亲、妹妹有合影(可见于陈伯良《穆旦传》等处,查良铃提供)。

据随后所作《从汉口到北平》(文),在汉口时,曾打算先坐船至上海,再由上海到北平。"汉口的旅馆里挤满了人,而且是长住客。下行的轮船半个月不见得有一只,而只等船的接收及公差人员,据统计就有八千多。"但随后幸运地碰上了一架由行政院长来电包用的、但延期一天飞行的飞机有票可售,在无法办理手续之际,又碰到一位担任所长的老朋友,于是得以买到机票。后有自述(1956年4月22日):"抗战胜利后,自己绝不想在军队里了,只想过平安生活,找一个文字工作","在北平,当时情况是难以找事的。自己不能闲居太久,必须养家"。另有自述(1955年10月):"在家中住一月余,原拟离开军队,另觅文职,但在北平只见军人'有办法',罗又约我去东北",便和207师政工队员徐露放"请求以207师复员青年军名义办一民间报纸,得罗同意,我和徐便到锦州筹备报馆"。①

在北平期间因见《大公报》发表的一篇翻译小说,作者用的笔名是"赵照",顺着这个线索,通过报社转信找到了老同学赵清华,邀请其任预备创办的报纸的编辑部主任,并且印好了名片,

---

① 《回国留学生工作分配登记表》(1953年2月21日)、《高等学校教师调查表》(1953年6月)所记均为2—5月;《干部履历表》(1959年4月19日)记为2—3月,并载:3—4月,锦州伪207师师部,任中校英文秘书;《干部履历表》(1965年9月)记为2—4月。

给他看了组来的马凡陀(袁水拍)《山歌》等稿件。赵也"试译了几篇欧·亨利的短篇小说"以示支援,且跟着去了沈阳,但"盘桓了几周时间"之后,最终谢绝了邀请。

按,所称"翻译小说"可能是指1946年1月16日天津版《大公报·综合》第32期所载赵照译《人和女人》。赵清华有回忆:到沈阳之后,经过实地考察,"了解到报纸的实权是操纵在思想反动的'笑面虎'主笔王某手里","预感到他们不可能同事下去的","决定不参与",并对老同学进行了"婉言劝退"。那段时间,老同学"珍惜着重逢","时时驾着东北特有的四轮车嘚声得得地出游,还几次与驻扎在东北的苏联盟军联欢。良铮已自如地操着俄语和他们交谈"。[①] 不过,该回忆有两点可议之处:其一,针对赵清华对王先河的贬斥,邵寄平提出了不同看法。[②] 其二,"自如地操着俄语和他们交谈"的说法或不确。据穆旦后来所写各种自述,在"懂得何国或何族语文"一栏下,会填写"俄文",但都是"只能笔译"一类表述。

9日 《从昆明到长沙——未完的"还乡记"》(文)刊载于重庆《大公晚报·小公园》,署查良铮,此文与《从昆明到长沙——还乡记》一文大体重合,除了标题修改之外,正文也加了三个小标题,分别为"这就是长沙""这还是复员""战争的意义",文字本身也有一定的修改,当版另有甄楚南的《转生判》等作品。

21日 《从长沙到武汉——还乡记之二》刊载于重庆《大公晚报·小公园》,署查良铮。文章开头即写道:"从长沙到武汉七百余里,细雨纷霏,满目疮痍,村舍穷苦荒凉,是这一程来最呈现

[①] 赵清华:《忆良铮》,杜运燮等编:《丰富和丰富的痛苦:穆旦逝世20周年纪念文集》,第195—196页。

[②] 李方:《穆旦主编〈新报〉始末》,《新文学史料》2007年第2期。

战争苦痛的地方。"全文描述了从长沙经岳阳到武昌途中所见情形。

24日 文章《岁暮的武汉》《从汉口到北平》刊载于昆明《独立周报》第7期第3版,署"本报特约记者查良铮",当版另有陈序经的《美国的民主政治》。

2月

1日 《回到北平,正是"冒险家的乐园"》(文)刊载于昆明《独立周报》第8期第3版,署"本报特约记者查良铮",当版另有史微尘的《协商烟幕》等文。

文章描述了在华北上空飞行、降落西苑机场以及在北平住下来以后的感受:"可是有谁想到这严寒的北平正是冒险家的乐园吗?"投机商"来到北平,北平正是怨声载道,洪水,猛兽得意的地方,这正是他们的温床!""对于北平人民,和平不是自由,而是加速死亡。在敌人的统治下,一个小公务员可以养活一家五六口人,虽然他们必须吃混合面,买配给煤。可是八年来他们'过得去',没有日本人使他们面临如今他们面临的这种饥寒的深渊。三个月来的中央统治,已使物价升高了廿倍,而且还在继续飞跳中,北平人每日见面的谈资,不再是'今天天气……',也不再是中央的消息,而是柴米油盐的价格。可怜的北平人,八年来习于安定的生活和正常谋生之道,只知道观望物价上升,怨声不止,由吃配给面而吃棒子面窝头,由吃肉而吃素菜而吃咸菜而吃盐巴。三个月的和平日子对他们是一个不可相信的恶梦,是给他们八年坚强信念的一纪耳光。"

5日 农历新年初四,不顾出城危险的劝告,"和一位也是新自南方归来的老同学L","一同骑车到清华园去"(据稍后所作

《重来清华园》一文。

12日 《回到北平》(文)刊载于重庆《大公晚报·小公园》，署查良铮。此文为《从汉口到北平》《回到北平，正是"冒险家的乐园"》两文的合集，标题右侧另有文字："中产的北平，文化城的北平，眼看就要翻滚在贪官污吏和奸商的手中了！"

16日 与徐露放、王先河、朱叔和、成经远等人在锦州着手筹备办报，先是预备用"东北日报"为名，但被当局阻止而更名为"新报"。

按，1947年4月22日，《新报》创刊一周年之际，有多篇文章追记了当时的情形。徐露放在《回顾与前瞻 本报周年纪念感怀》中写道："我和我的好友查良铮兄等四人在冰天雪地里奔跑，为了房屋跑遍锦州，到处碰壁。为了人才，煞费物色的苦心；为了经济我们夜不能安枕，昼不得进食，为了印刷，向印刷商低头而不可得，半个多月的筹划工作，费尽了心血伤透了脑筋。""不久，沈阳突告接收，随军事政治中心的转移，本报为适应需要来沈筹办。"刘兰溪在《新报的今昔》中称，在锦州筹备一个月后，当局通知《东北日报》应由政府机构来办，遂改名为《新报》。当时，房屋、印刷厂、人才、经费诸方面都困难，"最要紧的还是人才问题"，查良铮、王先河二位托天津《大公报》征聘人才，共招收七人，由王先河于4月初将其领到沈阳，包括一直留下来的邵寄平、徐维华等人。当时，关外天寒地冻，"他们正是为了热心文化工作的毅力所驱使而出来的"，"毅力是新报雄厚的资本"。

所称"征聘"一事，目前可见1946年3月17—19日天津版《大公报》第一版所登启事，《东北某大日报征求工作人员》，内容为："凡在平津曾有编报经验之编辑三人英文收报员二人待遇从优暂定月薪折合法币五万元到七万元供给膳宿有志应征者请详细书明年龄性别学历经历住址等项投函本报第五号信箱合则约期面洽。"

3月

2日 《北京城垃圾堆》（文）刊载于上海《世界晨报》，当版另有《马歇尔将军为国共证婚 军事三人小组会议完成后之签字仪式》等作品。

文章前有"本报北平通讯"、文末有"（二月二十五日。查良铮）"的字样。文章引鲁迅的"我的周身全是灰土，灰土，灰土……"作为题词，谈到沦陷八年的北京城内不仅"垃圾堆积了一百五十万吨，始终没有运出过"，而且"还有人心里的垃圾需要扫除"，那就是打躬作揖的"顺民的态度""主奴的现象"。文末又引述了鲁迅文章的观点："大概是民国十几年吧，鲁迅先生住在北京的时候，就曾写过，'我的周身全是灰土，灰土，灰土……' 廿年已经过去，北京城该到清除的时候了。"

按，所引观点应该是由鲁迅《野草·求乞者》中的"微风起来，四面都是灰土。另外有几个人各自走路。灰土，灰土，……"之语而来。

3日、4日 《重来清华园》刊载于昆明版《中央日报》，署良铮，当版为综合版，先后有王了一的《大学中文系和新文艺的创造》（署"星期论文"）、社论《根绝烟毒》等作品。

《重来清华园》描述了重回已"离别了八年的水木清华"的情形。先是去城内骑河楼清华同学会："开门的一个瘦长工友发怔的向我看了看，脱口问道，'你就是查先生吧！'接着深深的行了一个礼。八年不见了，他正是从前我宿舍里的工友，常常给我送信送电话的，昆明的××知道了这事，很感慨的写信来说，'在那老工友的一大鞠躬里,有着多少时间的流逝!'"

后谈到在旧年的初四和同学一同骑车到清华园的情形:"骑车进门仍要拿木牌,可是校警知道'是从南来的先生,回来看看的'特别表示亲热,到了使我们几乎感觉自己是悲剧主角的程度。""在日本占领的八年中,清华园破坏的程度,也许在表面上看不大出来","可是你若把这梦似的外表扯开,你就看见了八年中的现实,那是一笔难以补偿的感情的债!""日本人破坏了学校,却更破坏了我们黄金时代的联想物,而这是无法恢复的!"

接着写到"走进六院的宿舍"的情形,"我们从前都在这个楼里,L住在三层,我在二层上。二层楼曾经是个有名的地方,因为同时住着两个'神经症'的研究院同学和一个因失恋而卧轨自杀的刘大白之子";"上楼处,电话室和雪白的冲水厕所仍旧有秩序的等待着。我跑上楼,转了一个熟悉的湾,就是八四二号房间。那是我自己的房间"。最后是大礼堂前:"我坐在礼堂前的大旗竿下,做最后几分钟的逗留。日光斜斜的照下来,树影落在园路上成淡灰色。有一架美国运输机从头上飞过,给恬静的园子充满了隆隆之声。我知道这该是清华由死复生的声音。"

9日 《"蝗灾"》(文)刊载于上海《世界晨报》,当版另有方致鼎的《细民随想》等作品。

文章前有"北平通讯"、文末有"查良铮二月二十日"的字样,所谓"蝗灾",指"接收人员的虐政",北平的小公务员、小市民、青年人都受其苦。

10日 《通货膨胀》刊载于昆明《独立周报·文聚》第11期。当版另有冯至的《两个姑母》、陈序经的《纽海芬 游美杂记之一(续完)》等作品。

13日 《北京城垃圾堆》刊载于《成都晚报·成晚副刊》,署查良铮;当版另有风玲的《生的驰骋》等作品。

22 日　率领一批人,自锦州坐了一天的火车,抵达沈阳(沈阳北奉天车站),与 20 日先期到达的徐露放会合。以复员青年军名义接收了一批机器及房子。到 4 月 18 日,《新报》印刷厂在一间破烂的空屋子里建立起来。

据随后发表的通讯《初看沈阳》:"这一天正是阴雨,走出车站就见满街泥水,脏污不堪,难以下足。两边商店林立,却没有一条人行道。载客的马车从街中颠簸而过,泥水就向两边溅开。"

4 月

7 日　《初看沈阳》(文)刊载于上海《世界晨报》,文前有"本报特约东北通信""查良铮三月二十八日寄"字样,记录了"沈阳的灵魂正从死里复活"的景象:"这里十四年来使罪恶生了根,一个初来的人很容易看出了它从过去得来种种触目惊心的现象。""东北人已受够了亡国的痛苦,他们在光复后情绪特别高昂。一般人都见人便讲外国驻军对他们的迫害,和目前变乱的损失。""沈阳充满了痛苦的故事,而痛苦的后面,又全是罪恶。这使你想到人类的愚蠢,和愚蠢的枉然。"

19 日　《新报》试排了第一张报纸。

22 日[①]　在连续试版三天之后,《新报》正式创刊。任总编辑,"主持编辑部,负责编辑方针、社务、人事及资金等事,一度还兼为 207 师翻译电文",指示栏目,"责成其他人执笔";徐露放任

[①] 本日条目的部分内容,参见李方:《穆旦主编〈新报〉始末》;李方:《穆旦(查良铮)年谱》,穆旦:《穆旦诗文集·2》,第 390 页。

总经理兼社长、报纸发行人,主要负责报社的行政事务;主笔为王先河,但并未承担报社的具体工作。营业部设于沈阳市和平区中华大路21号,编辑部和印刷厂设于沈阳市和平区胜利街13号。207师师长罗又伦将军挂名"董事长",不干涉报务,为报纸找房、筹款、供应纸张(这在当时面临着很大的困难,"纸张奇缺,新闻纸依赖进口且运到关外极为困难")等。

按,关于穆旦去沈阳办报一事,除了本人自述所谓"在北平只见军人'有办法'"之外,当事人和研究者也提供了一些观点:刘希武认为,当时北京大学外文系曾邀请穆旦担任讲师,但穆旦太看重与207师师长罗又伦将军的友谊,因此去沈阳办报。李方认为,办报蕴涵了生计考虑,即谋求相对稳定的职业以赡养居住在北平的父母和妹妹。

关于在沈阳时期的情况,亦有零散回忆:邵寄平称,因为俄语讲得很好,并与俄中友协人士有所接触,不少人认为穆旦有左倾倾向,或是"民盟"成员。杨苡回忆称,在办《新报》期间,穆旦曾给她寄过"戴着东北大皮帽"的照片。[①]

又,辽宁省、沈阳市的地方志等部门关于《新报》的较早记载中,均有徐露放的名字,但未出现查良铮、王先河的名字,相关叙述也不尽一致,如"社长徐露放,主笔唐舒。初期为邝安庸负责。改组后,实际由一个东北人孙某负责,主笔是天津人、中统沈阳区文化组组长邵寄萍"[②];主办人徐露放,主笔吴廷贤,隶属关系

---

① 易彬:《"他非常渴望安定的生活":同学四人谈穆旦》。
② 郁其文:《近、现代沈阳报纸简介》,政协沈阳市委员会文史资料研究委员会编:《沈阳文史资料·第四辑》,1983年,第180页。

为国民党军队第二〇七师[1];发行人徐露放,主要编辑为唐舒、邵寄萍,主办单位为二〇七师[2];社长徐露放,主笔先后为唐舒、邵寄萍(中统特务)[3];"徐露放为发行人(社长)。复刊后,主编为吴廷贤,辽阳人孙世琦加入了股份,任经理,原来担任记者的邝安庸任副经理"[4],等等。而在晚近出版的报业通史中,则以"穆旦与《新报》"展开专题叙述。[5]

《新报》创刊初期,印刷条件差,工作经验又普遍缺乏,困难很不小。

按,徐露放在《回顾与前瞻 本报周年纪念感怀》中写道,"这座好像遭了战乱甫告平靖的城市,一切皆显得十分肮脏和破碎";经过两三天接洽,"借用到了三台可以印报而实逾龄了的机器和四百斤铅字,少数材料";后"向商人借一套五号字模子和一台手摇铸字机,费了九牛二虎之力,请几个木工作一付字架子字骰子,一具打版机和一把打板刷子"。印刷的时候,由于缺少各种字体,不得不与益顺兴等三家铅字局商妥,"拿钱去请求帮忙"。而"从发行到广告,从编辑部到排字房",工作人员普遍缺乏经验,"只得采用一面作,一面学,一面教的办法";后高价买了一套六号字字模,自己铸字,直到 1947 年 3 月,才换上新字。

---

[1] 辽宁省地方志办公室主编:《辽宁省地方志资料丛刊·第十二辑》,1990 年,第 60 页。

[2] 辽宁省地方志编纂委员会办公室:《辽宁省志·军事志》,沈阳:辽宁科学技术出版社,1999 年,第 481 页。

[3] 沈阳市文史研究馆:《沈阳历史大事本末》下卷,沈阳:辽宁人民出版社,2002 年,第 979 页。

[4] 辽宁省地方志编纂委员会办公室:《辽宁省志·报业志》,沈阳:辽宁人民出版社,2005 年,第 59—60 页。

[5] 《辽宁报业通史》编纂委员会:《辽宁报业通史(1899—1978)》上册,沈阳:辽宁人民出版社,2016 年,第 335—337 页。

"报纸是在这样苦难的情形下成长,虽然距离理想还远,但困难终可以慢慢减少的。"

《新报》[①]初为四开小报,5月6日,改版为对开大报,其间一度还曾扩版为对开一张半的版面。报纸在沈阳设有编辑部和经理部,创办不久便迅速发展,发行量由三千多份增至一万余份;11月1日,《新报》在长春设立分社,出版四开小报。主要栏目有第2版的社论(也包括部分来论、专论和星期文论),第2、3版的国内外及东北的新闻,其中第3版有时事短评栏目"日日谈""读者来函"栏目,第4版为副刊(按,扩充为6版之后,版式有所不同),副刊先后出版了10余种,包括"新地""语林""医药""欧美风""各地通讯""各地风光""时代妇女""社会服务""边防""文学""星期文艺"等,还出版了多种纪念专刊。

按,"社论"栏目主要针对国内外重要的政治事件以及东北本地政治、军事、社会、经济、文化方面的事件,前者如《从外长会议看世界前途》(1946年5月14日)、《我们需要党政革新》(1946年9月13日)、《论我国的政党政治》(1946年9月22日)、《美国意欲何为?——我国亲美外交不当之评议》(1947年2月8日)、《从美苏关系说到我们对策》(1947年2月11日);后者如《论东北生产经济建设》(1946年7月2日)、《论今日之东北新闻事业》(来论,高嵩,1946年8月10日)、《当前东北工业复员之应有措置》(1946年9月4日)、《应速确立东北粮食政策》(1947年1月5日)、《为阵亡将士家属请命》(1947年1月10日)、《人民需要民主市长》(1947年5月16日)等。

---

① 关于《新报》版面的更多讨论,参见冯昕:《"日日谈"篇目辑录与穆旦〈新报〉经历再探》,李怡、毛迅主编:《现代中国文化与文学》第48辑,成都:巴蜀书社,2024年。

"日日谈"栏目主要为东北特别是沈阳新闻时事的短评,篇幅短小,一事一议,一般仅一二百字,长也不超过三四百字,除了偶有中断外,每天一则,偶尔两则,如《救济失业工人》(1946年5月28日)、《严惩接收贪污》(1946年8月29日)、《何谓言论自由》(1946年9月1日)、《应速平抑物价》(1946年10月9日)、《尊重司法独立与尊严》(1946年12月20日)、《物价指数与调整待遇》(1947年1月5日)等。"读者来函"也是以暴露沈阳以及东北地区的不公平现象为主。据称,这两者因"公开针砭时弊,颇惹了不少麻烦"[①]。

副刊先后有十余种,其中"新地"基本上贯穿始终,总体而言,可算是偏重于文化类副刊,刊载有诗歌、散文以及各种文化类文字,有马凡陀《上海选举参议员趣闻》(1946年6月14日)、杜聿明《悼抗战接收死难将士忠魂》(连载,1946年7月10日开始)、《九一八的意义及其影响》(1946年9月18日),叶圣陶《为己(给青年学生)》(1947年2月4日),《俞平伯释杜诗〈月夜〉》(1947年2月7日),《茅盾对于文坛的又一风气的看法》、叶圣陶《为什么弄文艺?》(1947年2月12日);也有不少译文,如高尔基的《少女》(阿呆译,1946年8月31日)、法国台斯加华的《纪德的生活》(黄绍连译,1946年9月7日)、托尔斯泰的《三隐士》(刘希武译,1946年9月20日)、《莎士比亚十四行诗》(第109首,真勤译,1947年5月7日)等;其他发表较多的作者有张朝、路青、王文、冯冷等,并有连载文章,如王尔晋《万里从军的一个二等兵日记》(1946年5月6日开始)、包天《春风秋雨》(1947年5月21日

---

① 邵寄萍(平)观点,转引自李方:《穆旦(查良铮)年谱》,《穆旦诗文集·2》,第391页。

开始)等。"新地"还发表了不少旧体诗词,作者包括陈次超、庄周、林公度等。

"星期文艺"于1947年2月23日创刊,有《发刊词》,表示"希望能把水准提得较高"。有君培(冯至)《关于诗的几条随想》(1947年3月9日)、《山村的墓碣》(1947年3月23日),方敬《春歌》(1947年4月13日)、《金钱颂》(1947年5月4日),袁可嘉《诗三章》(1947年5月11日),吕德申《山羊胡子的公公》(1947年3月16日)等。

其他副刊,一度坚持较好,具有一定的连续性。纪念专刊则包括"庆祝第七届空军节特刊"(1946年8月14日)、"九一记者节纪念特刊"(1946年9月1日)、"慰劳伤病兵大会特刊"(1946年10月22日)、"新生活运动十三周年纪念特刊"(1947年2月19日)等。

关于《新报》,后有不少自述,稍早的时候谈道(综合1955年10月、1956年4月22日的两种):"罗又伦当时战事匆忙,只简略告诉我们要办一个老百姓的报纸。我和徐露放也是这个意思,不愿意把它办成军报或党报,只要使它成一个社会型的报纸。我觉得在当时东北,关于国家大事的言论自然是不自由的,毋宁多在社会新闻及读者来函上着重发展。""我任总编辑,徐为总经理兼社长,除我两人仍在军中领薪,其余皆报纸自己维持。我愿将这报编为社会性报纸,第一版仍登国内新闻,但坚持把'共匪'名辞改为'共军',并使社论多讨论社会问题,藉以少鼓吹内战,特别注意社会新闻,发展'读者来函',揭露黑暗现象,我则根据地方新闻写'日日谈'(约二三百字),自觉颇受读者欢迎。在新报期间,共写社论两三篇,有一篇是说不要跟美国跑的,大受当局(杜聿明)斥责。又曾登载中长路副局长贪污,并为文攻击。副刊中也曾有反内战的讽刺文字,惹起罗又伦等的制止。""在沈阳办报期间,也许是罗又伦不太喜欢我办报(他曾问过我是否共产党),曾召我去抚顺教他英文,但只教几次便未教了,只闲住在那儿,以后徐露放去找我,我才又去报馆工作。"

又,"我和徐露放的职责并没有很清楚地划分。他起初作夜晚编辑工作,而我反未作过";"我有时也出去采访,但很少次,有鸡尾酒会及记者招待会时则出席"。《新报》在经济上是"自立的","我和徐及其他自二〇七师来的几个人仍领二〇七师(当时改为第七军)的月薪,但报馆其他(大部分)人都是由报纸维持,报纸开办由军中借钱,以后又都偿还。它不受军中政治部或任何其他机关的领导"。"遇有经济困难时,我因和罗又伦的私人关系,又和军需处长赵培尧有来往,往往代为解决。报纸是赔钱的,不易维持,必须兼作生意才行。徐露放曾赴上海作大豆生意,我曾赴天津去买报纸,因所买数量颇大,又须与军中借款,所以就由我去。"当时,同学吕泳在天津做进出口生意,有一个小公司,到天津后和他们"有所接触,并买了一部分报纸",其间还曾与"熟人(董言声家,叔父家)游玩"。《新报》工作期间,"共去平津三四次,除一次买纸,一次考留学外,都是为了个人回家、访友及游玩";见到的人还有"王佐良,周珏良,沈从文,袁可嘉,冯至(以上都在大学任教),周与良,梁再冰(以上为女友),赵清华,黄澄,刘希武,董言清,等"。《新报》被查封后,也曾到过一次天津,"在舞会上见到李之楠同志,他当时作股票行生意"。

按,1968年7月至1969年4月间,穆旦接受了关于《新报》的较多外调,目前可见相关外调文字有18份。从篇幅看,这批文献基本上都比较简短,实际叙述也有大致的模式:一是介绍《新报》的情况,其中除了一般性的介绍外,还有是否有"特务组织或特务活动"等方面的内容;二是叙及与某某的交往情况,某某的政治情况,等等。前者往往有更大的篇幅,后者则往往比较简略。

在这批文献中,一些人物和事实被反复谈到,如《新报》的构成(分经理部、编辑部和印刷厂),穆旦本人的总编辑身份,董事长罗又伦,社长(或总经理)徐露放,主笔王先河,仅徐、王和自己属于 207 师的编制,其他雇用人员都没有军衔和军待遇,等等。其他被较多提及的人物还有编辑部主任邵季平、经理朱叔和等。此外,还有一些要点:

一是,关于所询问的人物的政治活动、"是否反动党团或特务组织的成员"以及《新报》内"有无反动党团及其他组织的活动"等问题。纵览之,不管是对于所调查的个人还是《新报》的反动活动,穆旦一开始均表示不知情,同时也表示自己并没有参加,如"我从未加入国民党或三青团或任何特务组织;我不知新报馆中有任何特务组织或特务活动"(《关于刘兰溪》,1968 年 7 月 16 日)。

二是,关于罗又伦与《新报》的创办、陈诚与《新报》的查封。

三是,关于《新报》的成员。交待文献是根据对方的外调需要所写,故所述名单与《新报》创刊一周年所列《一年来本报主要工作人员题名录》有差异,如廖祖述、陈鏊、姜玉信等人即不在其中,而一些自称或者可能在《新报》工作过的人物,如陈达夫、王敬宇、林开鑑、林宴明、高吉仁、刘耀华、孙跃庭、赵义武等,穆旦或表示"没有任何印象",或表示"完全不记得此人"。其理由有二,一是工作之故,"从未做夜晚编辑工作,和一般编辑人员从不接触,故当时就不熟悉他们"。二是有过较长时间的外出,比如,"曾被调到抚顺教罗又伦英文,约住了两三月,以后又去天津买报纸,离沈阳多日,平日在报馆内不接触下面工作人员,故有许多人都不熟悉。"

四是,关于长春《新报》。①

所称"共写社论两三篇",目前仅能查实一篇,即1947年2月8日的《美国意欲何为?——我国亲美外交不当之评议》,署名"铮"。署名情况和自述所谈能对应。而所谓"根据地方新闻写'日日谈'",目前能查实数十篇,包括署名"金"的38篇和未署名但根据相关线索可以确认的若干作品。

按,有回忆称"日日谈"栏目的文字"大部由穆旦执笔,不署名"②,但实际数量应该只有较少的一部分。纵览该栏目,目前可见文章为425篇,其中217次未出现署名,其余则署一代称于文章结尾处的括号中,有"金""江""庸""维华""平""宜生""华""镜宇""宇""红""庄""周""紫""河""青葵"等,其中,署"红""庄""金""平"的文章更多,分别有55篇、42篇、38篇和30篇。看起来,该栏目文字为报社工作人员轮流执笔。结合报纸所载《一年来本报主要工作人员题名录》(1947年4月22日)以及穆旦本人后来所写个人交待文字、外调文字来看,一些署名所对应的工作人员很可能是:"红"(与"朱"同义)——朱叔和,"平"——邵寄平,"庄"——庄汉,"宜生"——王宜生,"庸"——邝安庸,"华"——徐维华,"宇"或"镜宇"——王镜宇,等等。按说,"金"与"铮"相关,可对应于查良铮,但《新报》中有记者名为"金成铠",增加了不确定性。不过,以1947年4月21日的署名为

---

① 参见易彬:《"自己的历史问题在重新审查中":坊间新见穆旦交待材料评述》,《南方文坛》2019年第4期。

② 邵寄平:《穆旦二三事》,杜运燮等编:《丰富和丰富的痛苦:穆旦逝世20周年纪念文集》,第203页。

"金"的《一年》来看,其中谈到抗战后期昆明的情况,议论的部分明显源于作者本人所见,这应该就是出自查良铮(穆旦)的手笔,也即,可确定"金"对应于查良铮。

署名"金"的 38 篇文章为:《微妙的情势》《摊贩事件》(1946年12月3日)、《房荒之荒谬》(1946年12月4日)、《市容重于民生乎?》(1946年12月5日)、《令人忧虑的东大现况》(1946年12月26日)、《沈市接收一周年》《想到物调会》(1946年12月27日)、《纠正鱼肉乡民的败类》(1946年12月28日)、《取消高利贷》(1946年12月29日)、《重税伤民》《树立不收礼的作风》(1946年12月30日)、《质中长路局》(1946年12月31日)、《严惩汽车肇祸》(1947年1月2日)、《商业凋敝如此》(1947年1月4日)、《枪决东北烟毒》(1947年1月5日)、《警惕日本》(1947年1月6日)、《学阀不会办教育》(1947年2月4日)、《如此贪官!》(1947年2月6日)、《商运大豆困难重重》(1947年2月7日)、《请没收张学良汤玉麟的财产》(1947年2月8日)、《一年》(1947年4月22日)、《粮价飞涨如何得了》《救济工役生活》(1947年5月3日)、《东大风潮应镇定处理》(1947年5月30日)、《大刀阔斧解决粮荒》(1947年5月31日)、《六二前夕告同学 何不向共产党反战反饥饿?》(1947年6月1日)、《谣言惑众,庸人自扰》(1947年6月2日)、《请制止官员逃难》(1947年6月3日)、《援军开到》(1947年6月5日)、《银行界表现不佳》(1947年6月6日)、《认清局势》(1947年6月7日)、《快为援军觅住处》(1947年6月9日)、《勿信谣言》(1947年6月10日)、《从给银行挤汇看流通券存废》(1947年6月11日)、《怠工现象》(1947年6月12日)、《樽节用电》(1947年6月13日)、《岂可纵容不法粮商》(1947年6月14日)、《失学失业青年向何处去?》(1947年6月

16日)。

而那些没有署名的篇目,如1946年6月3日所作《六三有感》,内容以远征军经历,对杜聿明的行为多有描述,可确定出自穆旦之手。其他的,根据对文字风格与所写内容的考察,相对接近穆旦所写的,可能有近30篇。①

30日 《初看沈阳 本报特约通讯》刊载于昆明版《中央日报》,署查良铮;当版另有社论《新发于硎的滇省参议会》等作品。

5月

23—27日 《重来清华园》连载于上海《侨声报·小声》第19—23号,署良铮,文末有"通讯"字样。此一时期"小声"副刊所载多是各类社会性的内容,如《坐监牢是什么滋味?》《蒋主席返籍扫墓的真相》《上海市政府内幕》《新市长巡视市政府》《怎样避免世界大战?》,等等。

6月

9日 《北京城和垃圾堆(北平通信)》刊载于昆明版《中央日报·新天地》第51期,署查良铮。

20日 作《怀念昆明》(文),表示"自从去年十一月间离开昆明,到现在已经过了半年了。和一个住了七八年的城市骤然作别,心中自然不能没有它的影子。在过去三四个月的旅途中,每

---

① 关于"日日谈"栏目的部分,参见冯昕:《"日日谈"篇目辑录与穆旦〈新报〉经历再探》。按,该文提到,国家图书馆所藏《新报》"几乎每月都有不同程度的缺漏。仅1946年9月、1947年2月完整收录,其余月份均不完整;除1947年6月8日后的整体缺漏外,一共有48天空缺"。以此来看,"日日谈"文章至少有近470篇。

到一个新地方,就不由得要把它来和旧识的昆明作比"。"沈阳和昆明是迥乎不同的。在昆明住惯的人,第一先不惯于沈阳的天气","其次,沈阳的街道太宽太长,距离太远"。"在成群的日本侍女舞女的烟雾缭绕中,回想昆明,觉得那真是一片干净,而安闲的地方","在沈阳,你领受到的却是不快意的战争的尾巴。在这里你看到十四年的积弊和一旦亡国的惨状。最大的幻灭应该属于日本人"。文章还记录了购物的情形,最后是对于"昆明的那'独处世外'似的平静的感怀",并祝福:"迢迢万里之外,尤其是在现时的中国,再想回看一下'金马''碧鸡'实在不是容易的事情,我只有向他们遥遥祝福。向担了八年抗战的责的昆明(现在已经退伍了的)祝福。"

7月

1日 "诗四首"(《七七》《先导》《农民兵》《森林之歌——祭野人山上的兵士》)刊载于上海《文艺复兴》第1卷第6期,当期另有"抗战八年死难作家纪念"专辑,包括钱锺书的《围城》(连载)、李广田的《引力》(连载)等作品。

14日 《怀念昆明》刊载于昆明版《中央日报·新天地》第60期,署良铮,当版另有季高的《孟荀思想来源之管见》等作品。

下旬 以复员青年军的名义,在北平参加公自费留学考试。后有自述(1956年4月22日):"因为有复员青年军公费名额机会,自己便由罗又伦写信证明,参加了留学考试。试题内容和普通公自费考生的题目及项目完全一样的,不过因有复员青年军的身份,录取后可得公费。我虽经录取,但青年军公费久不发给。"

按,文献显示,教育部1946年度(即第二届)公费、自费留

学,在南京、上海、北平、重庆等九个城市设立考区。本年度《青年军留学考试办法》为:

  青年军之参加留学考试。抗战期间,国人同仇敌忾,知识青年纷纷请缨杀敌,乃造成空前之知识青年从军运动。胜利之后,政府为奖励成绩优良之从军青年起见,由军事委员会青年军复员管理处商同教育部订定青年军公费留学考试章程,选派优秀分子出国深造。考选办法,由教育部并入三十五年度公费生留学考试考选之。应考资格,限公立或已立案之私立专科以上学校毕业,并在从军受训期间成绩优良证件完全者。考试科目分(1)普通科目:三民主义及本国史地、国文、留学国语文。(如留学国政府采用一种以上之语文者考生可任择一种考试之,如不谙留学国语文者得以英文代之)(2)专选科目三种,依各学门性质规定之(参阅前列三十五年度公费生应考学门)。(3)外国语口试。各科成绩依百分法计算。三民主义及本国史地与国文共占百分之十五,外国文占百分之二十,专门科目占百分之四十,外国语口试占百分之五,受训期间成绩占百分之二十。留学年限为二年,期满后得视需要申请实习或赴各地考察或转学他国。在留学期间得受教育部及驻外管理留学生机构之指导与监督。①

研究指出,和公费、自费留学考试一样,"青年军和翻译官两项留学考试也属于由教育部统考的范畴"。"青年军和翻译官考试的应考者都为已退伍或尚在服役的从军青年,在编制上分别

---

① 教育部教育年鉴编纂委员会:《第二次中国教育年鉴·第六编 学术文化》,上海:商务印书馆,1948年,第99页。

由青年远征军编练总监部、军事委员会复员管理处和外事局等军事机关管理。但战后他们参加的这两项留学考试并非军事留学,主要由教育部主办,出国去向为国外各普通高校,考试科目基本与普通留学考试相同,考选程序也是参照二届公、自费留学考试进行。"1946年3月,《青年军退役就学办法》公布,明确了相关"就学者,完全公费"(见《申报》1946年3月28日),后官方一度表示考试"将缓办",引得从军青年"纷纷提起抗议质询",至6月中旬,"青年军复员管理处终于决定,当年度考选仍与公费考试同时、同地、同卷举行,但成绩、名额单独计算调配"。"与普通公费考试不同的是,青年军留学考试更为注重服务资历,国防部训练管理处对此订有四项标准:'一、自入伍起至规定退伍时止,均在青年军服役者,得优先录取;二、在青年军服役10个月,得上峰批准转入其他军事单位者,得予录取;三、在青年军服役不满3月而转业或不合法退伍者,不予录取;四、士兵与官佐成绩相同,士兵得优先录取。'故该项考试的资格审查更为复杂,结果公布也更晚一些",最终录取仅25人。[①]

又,暂未见北平地区考试的信息,但全国既开设了多个考区,其他考区的信息可供参照,如上海考区,考试报名原是7月5日截止,但"青年军留学报名日期延至十日,与公费生同日考试"(见上海版《大公报》1946年7月6日第5版);重庆考区,为7月21日开考,21日上午考外国文,下午考三民主义;22日—24日,上午考试专门科目,22日下午考国文,23日下午考本国史地。外国文"以报考英文者最多","试题共三则:一为英译汉,约四百

---

① 转引自冉春:《留学教育管理的嬗变》,济南:山东教育出版社,2010年,第74—79页。

字一段之时事英文,一为汉译英,系一段讨论英人性格之散文,另一为作文一篇,限五百字左右,题为:Youth And Age"。"每门考试时间均为三小时,口试已奉令取消。各科试题系由教部派遣专人分送"(见重庆《大公晚报》1946年7月21日第1版、重庆版《大公报》7月22日第3版的报道)。穆旦在北平参加考试的时间和相关科目应该亦同此。

又,据随后公布的教育部三十五年度留学考试录取名单,王佐良、周珏良均可见于自费留学考试录取名单之"英文"组(共79名),周与良见于"生物"组(共14名),且王佐良见于公费录取名单,为中英文教基金董事会留英公费生之"英国文学"组(共2名)。①

青年军留学考试录取25人,名单:查良铮(英文)、周启咸(英文)、姜景贤(兽医)、史纪钧(西洋史)、刘儒林(经济)、李毅仁(西洋史)、桂世初(细菌)、王伯惠(水利)、王传炎(临床麻醉)、朱敬则(经济)、邓善章(经济)、楚崧秋(地方行政)、翟因寿(法律)、朱天覆(机械)、陈万涛(经济)、彭灿(英文)、朱士奎(工商管理)、孙可宗(纺织)、李锡杰(经济)、綦确义(保险)、汤护民(工商管理)、靳铁铮(法律)、王庆芳(工商管理)、熊大植(土木工程)、于人俊(地方行政)。②

因在北平逗留,在清华园认识了同学周珏良的妹妹周与良,当时在周珏良家或清华大学工字厅的周末聚会上多有碰面。

按,周与良的主要经历:祖籍安徽东至,1923年2月1日生

---

① 教育部教育年鉴编纂委员会:《第二次中国教育年鉴·第六编 学术文化》,第88—89、97页。

② 教育部教育年鉴编纂委员会:《第二次中国教育年鉴·第六编 学术文化》,第99页。

于天津。1932年9月至1941年6月,上海私立培成女子中小学;1941年7月至1942年8月,赋闲(生病);1942年9月至1946年6月,北京辅仁大学生物系(生物学系学士);1946年9月至1948年2月,北京燕京大学生物系研究生及半时助教。①

周与良有回忆:1946年夏天,和王佐良、周珏良等人在北师大参加国民党政府官费留学考试,"又遇见良铮"。后来,他由沈阳回北京,常来燕京大学找,有时相约"在米市大街女青年会见面","经常在女青年会客厅聊聊天,王府井大街逛逛",逛书店,逛东安市场,"有时买几本书"送她,"有时也看电影"。寒暑假回天津,他也来看望,参加在家里开的舞会。也会询问阅读方面的情况,或"讲游记或一些趣事",如"穆罕默德(伊斯兰教创始人)的生平",彼此"比较熟了"之后,"他才谈到,他怎样从缅甸野人山九死一生到了印度,又回到昆明"。也曾介绍家庭情况,"感觉他对母亲非常孝顺,对姐妹感情很深,责任心强,只是看上去沉默寡言,不易接近,相处久了,感觉他很热情,能体贴人"。有一次忽然"要一张相片,他说要给母亲看"。去美国以前,送给了他一张。当时对良铮的印象是"一位瘦瘦的青年,讲话有风趣,很文静,谈起文学、写诗很有见解,人也漂亮"。②

8月

5日 致教育部留学生考选委员会,询问青年军公费留学考试的相关受训成绩证件投寄事:

---

① 据周与良填写的《回国留学生分配工作登记表》(1953年2月21日)。
② 周与良:《永恒的思念》,杜运燮等编:《丰富和丰富的痛苦:穆旦逝世20周年纪念文集》,第152—154页。

敬启者

　　报考人　此次于北平区参加青年军公费留学考试以报名仓促尚有部分受训成绩证件未及交验今已自师司令部取得未知应投寄何处交验敬祈示知以便寄缴又,报考人于报名书上填写之临时地址原为长春兹以移动关系应改为"沈阳和平区和平街新报馆转"较为便捷妥靠耑此奉函敬希查照示复为感此上

教育部留学生考选委员会

　　　　　北平区报考人

　　　　　登记号十六　　查良铮　敬启　八月五日

　　　　通信地址：沈阳和平区和平街十三号新报馆

按,该函现存于南京中国第二历史档案馆之南京国民政府教育部档案(全宗号五,案卷号15279),用的是"青年远征军第二零七师司令部"稿纸。①

9月

19日　《良心颂》刊载于上海《侨声报·学诗》第2期,当版另有彭燕郊的《篦底汇编(未完)》、穆木天的《真令人回答不出了》、辛笛的《憔悴的孩子》、安娥的《武训传》、康定的《天安门前》、马凡陀的《致老爷》、李白凤的《大街》等作品。

29日　《旗》刊载于《江西民国日报·文学》第4期,当版另有艾明之的《鼠疫》等作品。

---

① 据杨炀(时为南京大学博士生)提供的信息(2022年12月12日)。

10月

10日 《野外演习》刊载于上海《侨声报·学诗》第5期,当版另有青勃的《牛马(外三章)》、陈敬容译《流浪人之歌》([法]赫其班作)、杜秉正译《诗底实用价值》(伊斯脱曼作)等作品。

11月

1日 长春《新报》开始出版四开小报。

后有自述(《关于长春新报》,1969年3月24日),约在本年夏,社长徐露放找李光尧(207师政治部少校)商议长春《新报》分社事,自己不知其详,分社最初是"代销报纸,并未出版","和徐露放曾到长春去看过一次",见到李光尧和一名孙姓工作人员;此后分社想出版报纸,"派邵寄平(沈阳新报编辑主任)去帮忙做编辑工作"。

21日 《通货膨胀》刊载于上海《侨声报·学诗》第11期,当版另有姚奔的《两只眼睛》、彭燕郊的《到地里去》、安娥的《武训传》、李抟程的《老黄桷》(长诗)、李白凤译《树》(克尔莫作)、陈敬容译《玫瑰颂》([法]罗蔼伊夫人作)、宇菲的《卞之琳·你的圆宝盒》等作品。

12月

18日 《重庆居》刊载于《国民公报·国民副刊》,当版另有李健吾的《戏剧语言》、流涛的《洋婆子的故事》等作品。

1947年(丁亥,民国三十六年)　29岁

▲6月,《文学杂志》复刊,出版第2卷第1期,至次年11月,第3卷第6期之后停刊。

1月

月初　去一个"冰雪荒原"般寒冷的住所,看望《新报》"东北一年来……"主题征文第一名获得者朱磊(笔名朱珍妮、珍妮、亚珍等),表示喜欢其作品《一年来做妻的生活》的"朴实、纯净",写出了"洁身自爱的美好心灵,精神境界"。①

按,1946年12月23—27日间,《新报》连续发布《本报征文启事》:"兹为庆祝三十六年元旦特以'东北一年来……'为题欢迎各阶层读者以其自身在东北一年来所经历的惊险事实苦乐趣事诸如'一年来的教员生活,一年来的公务员生活,一年来的自由幸福生活,一年来的××生活'等等皆有记述价值兹将征文简则例下:一、日期,自即日起至本月二十八日止(外埠以邮戳为凭)。二、名额:最取优者十名,录取文章分期在本报副刊发表。三、奖金,第一名,流通券一万元,赠阅本报三月;第二名,流通券五千元,赠阅本报二月;第三名,流通券二千五百元,赠阅本报二月;第四名,流通券一千元,赠阅本报一月;第五名、第六名赠阅本报一月;第七名至第十名,各赠阅本报半月。四、文体不拘,文

---

①　卢逊生辑录:《时光倒流在我们心上:朱磊日记》,转引自陈伯良:《穆旦传》,第99—100页。

长以三千至四千字为限。"征文共收到70多篇稿子,1947年1月2日,征文结果揭晓,取前10名,朱磊的《一年来做妻的生活》获得第一名,奖励流通券一万元并赠阅《新报》三个月。

1日 《重庆居》刊载于汉口《诗地》第1期,当期有谷风(牛汉)的长诗《太阳底童话》、青勃的《我是来访问春天的》、李一痕的《诗人与诗》(诗散论)等作品。

6日 真珠(朱磊)译美国作家萨洛扬的《遥远之夜》刊载于《新报》。

按,这应该就是朱磊日后回忆所称"第一篇译稿",不久之后,穆旦给她带来一本萨洛扬短篇小说集《四十六篇故事集》,表示看过朱磊的"第一篇译稿",提醒其注意"在翻译的文字上传神,传出原作的语气神态"。朱磊受到鼓励,"认真地开始了文字生活",《新报》连续发表了几篇经过穆旦校正过的译文,朱磊最终将一本厚厚的故事集全部译完。① 又,查阅《新报》,署珍妮的作品有《临湖畔的晚餐》("星期文艺"第4期,1947年3月16日)、《旅途中的诺言》("星期文艺"第5期,1947年3月23日)等。

27日 《良心颂》刊载于福州《正义日报·众生相》,当版另有张罗的《感觉的文艺》等作品。

本月 作《时感四首》(诗)。

2月

1日 《云》刊载于上海《民歌——诗音丛刊第一辑》,当期另

---

① 卢逊生辑录:《时光倒流在我们心上:朱磊日记》,转引自陈伯良:《穆旦传》,第101页。

有郭沫若的《论戏的念词与诗的朗诵》、卞之琳的《惊弦记:论乐》、徐迟的《总要否定暧昧的感情》、臧克家的《叮咛》、艾青的《赠诗二章》、袁水拍的《人造地狱》、辛笛的《夏夜的和平》、杜运燮的《献给"草鞋兵"》、杨刚译《受刑者之歌》(阿拉贡作)、李嘉译《东柯刻》(爱略特作)、任钧的《略谈胡适之的诗》等作品。

8日 《时感四首》刊载于天津版《益世报·文学周刊》第27期,当版另有叶汝琏的《诗三首》、金隄的《剪除》等作品。据称,曾协助沈从文负责《益世报》的文艺副刊。

按,吴小如称"当时京、津、沪报纸的文艺副刊有不少是由北大的老师们主编的",沈从文先生"就是这些副刊的中枢神经","天津益世报的《文艺副刊》由沈先生自己主编,实际由穆旦协助负责"。① 不过,吴小如仅指出事实而未在具体时限上做出说明,目前尚未见到关于这些年轻人协助老师编辑副刊的更多细节,查阅袁可嘉的《四十年代末期的沈从文》《从一本迟出了40年的小书说起》、常风的《留在我心中的记忆》等相关人物回忆沈从文的文章,均未见穆旦参与编辑的相关信息。

本月 作《他们死去了》(诗)。

本月 在《新报》社,有个人照片(可见于《穆旦诗文集·1》等处)。

本月至4月某日 离开沈阳,在抚顺居住。

按,自述之中(《历史思想自传》,1955年10月;《关于刘兰溪》,1968年7月16日)有"(罗又伦)曾号召我去抚顺教他英文""调到抚顺两三个月"等语,本年3月18日从抚顺写给曾淑昭的

---

① 吴小如:《我又见到了沈从文先生》,《书廊信步》,沈阳:辽宁教育出版社,1995年,第134页。按,在该书所录《我和废名师的最后一面》《读萧乾先生〈梦之谷〉》两文中,吴小如也有类似说法。

信确证了这一经历,且其中有"直到月前才离开那紧张的生活住到抚顺来"之语。查"日日谈",2月9日至4月21日间,未见署名"金"的文字,综合来看,穆旦很可能是在2月9日或不久后前往抚顺,在4月22日周年纪念前夕或更早时候返回沈阳。

3月

2日 《报贩》刊载于沈阳《新报·星期文艺》第2期,当版另有藕儿的《暮》等作品。

9日 《诗旧抄(一)(二)》(按,之一为《赠别》第2章"每次相见你闪来的倒影";之二为《寄——》)、《春》、《春天和蜜蜂》刊载于上海版《大公报·星期文艺》第22期,当版另有朱自清的《文学的标准和尺度》、王连平的《废园》、任侠的《钟声》、李瑛的《灯》等作品。

12日 《诗旧抄》《春》《春天和蜜蜂》刊载于天津版《大公报·星期文艺》第22期,当版内容与9日的上海版《大公报·星期文艺》第22期相同,仅排版略有差异。

16日 《成熟》《他们死去了》《海恋》同时刊载于天津版、上海版《大公报·星期文艺》第23期,两报当版内容相同,另有王佐良的《现代文化的荒原(艾里奥脱论第三)》、蒋述亮的《我看陶渊明》等作品,仅上海版《成熟》作《成熟(一)》《成熟(二)》,且排版略有差异。

18日 自抚顺写信给上海的曾淑昭。称"我们有两年不见了,彼此无信,但我对于一个老朋友却不免时时挂念","一直不知你在什么地方",是因为"接到了李希贤兄来信和书",才知道是在上海的中国航空公司。也谈到自己,在沈阳办报一年,"我的命运似乎不是在高级的社会里发出厌烦的声音,而是要在荒凉之中寻找一点高级的抒情。因此我来到东北。东北的荒凉真够使人失望,你到处看不到文化"。信末提到诗集编选事:"我从前抄写给你的几首诗,你也许已经遗失了。如果仍在身边的话,可否寄来《赠别》和《裂纹》,因为我已经遗失了这两诗的大半,而现在正自印一本书,需要它们。"

按,李希贤为此前在中国航空公司任职时的人事科长。根据曾淑昭后来的口述:"1947年曾托中航出差到沈阳的同事亲手将照片、诗信交还查,但因当时查不在沈阳,结果把装有照片、诗信的大信封带回给曾。"[1]这里所称的"同事"应该就是李希贤。"查"即查良铮(由此或可见出曾淑昭称其本名,而不是"穆旦")。

信中提到"李希贤兄来信和书",具体为何书,曾淑昭口述未谈及,已无从察知。所谈"现在正自印一本书",应即稍后出版的《穆旦诗集》。所提到的《赠别》《裂纹》两诗亦有可说明之处。穆旦写有两首《赠别》,且都曾抄送给曾淑昭,这里所提到的是哪一首《赠别》,不详。又,《穆旦诗集》所录尚只有《成熟(一)》《成熟(二)》,写作时间署"一九四四,六月"。到1948年2月所出版的诗集《旗》,两诗合为一首,并改名为《裂纹》,文字上亦有少许改动。以此来看,曾淑昭很可能没有寄来相关诗稿,彼此也很可能没有再通信。

20日 《春天和蜜蜂》刊载于昆明《和平日报》(原名《扫荡报》),当版另有朱自清《文学的标准和尺度》等作品。

22日 个人诗歌写作被北平《平明日报·读书界》第18期所载《杂志,副刊,中国的新写作》一文谈及。

按,文章提及杂志、文艺副刊各两份,即《文艺复兴》《现代文

---

[1] 李方:《穆旦(查良铮)年谱》,穆旦:《穆旦诗文集·2》,第387页。

录》《大公报·星期文艺》《益世报·文艺周刊》。在谈到诗歌时,举郑敏、穆旦为例,认为郑敏作品"很引人注意","但我们有一个更为重要的诗人:穆旦。穆旦更丰富,方面更广。他有一种灵魂上的痛苦,而这使他最普通的观念都得了一种深厚和庄严。这样的诗中国以前还不大多见。最不可企及的,是他的句法"。文章援引本年3月12日《大公报·星期文艺》所载《春》中的诗句,认为:"有谁曾用过这些简单然而美丽得使人不敢逼视的句子?"

30日 个人诗歌写作被天津版、上海版《大公报·星期文艺》第25期所载袁可嘉的《新诗现代化——新传统的寻求》一文谈及。

按,文章称"现代诗歌是一现实,象征,玄学的新的综合传统"。文中全文引述并赞誉了穆旦本年2月8日发表的《时感》之四,认为《时感》所表达的是"最现实不过"的内容,即"有良心良知的今日中国人民的沉痛心情,但作者并未采取痛哭怒号的流行形式,发而为伤感的抒泄;他却很有把握地把思想感觉的糅合为一个诚挚的控诉"。"末句'我们只希望有一个希望当做报复'似是全诗中最好的一行,它不仅含义丰富,且有综合的效果",还有"'结晶'的价值"。"这样的诗不仅使我们有情绪上的感染震动,更刺激思想活力;在文字节奏上的弹性与韧性(Toughness)更不用说是现代诗的一大特色。"

本月 作诗《荒村》、《诞辰有作》(后改题为《三十诞辰有感》),重订《神魔之争》。

春

《新报》同事邵寄平帮忙,去北京将母亲和妹妹接到沈阳住了一段时间。①

又,因为王佐良、周珏良的介绍,在北京清华园林徽因家认识了她的女儿梁再冰。

按,梁再冰称(1955):查良铮"当时是以'诗人'的身份"来家的,此前"已经读过好多首他以'穆旦'为笔名发表的诗","只把他当作一个'诗人'看待"。他当时对自己"表示有好感",可能和自己"谈恋爱的打算",之后曾到北大宿舍来找过"一两次","以后不久他就回东北去了"。②

4月

7日 《新报》的信息见于《申报》第2版的报道:"辽省有报纸二十余家,销数较多者有中央、和平、前进、东北前锋、东北民报、商业日报、中苏日报、新报、沈阳日报、正义报等,日销均在一万份以上。"

按,据此,《新报》的发展态势是不错的。也有观点指出,《新报》与《前进报》(国民党驻东北的新六军主办)、《中苏日报》(系东北行辕机关报,属《中央日报》分支)、《东北民报》(省参议院参议主办),被称为东北四大报纸。③

13日 《甘地》同时刊载于天津版、上海版《大公报·星期文艺》第27期。两报当版内容相同,另有袁可嘉的《综合与混

---

① 邵寄平:《穆旦二三事》,杜运燮等编:《丰富和丰富的痛苦:穆旦逝世20周年纪念文集》,第203页。

② 据查良铮档案之梁再冰所作《关于我所了解的查良铮的一部分历史情况以及查良铮和杜运燮解放后来往的情况》(检举材料,1955年11月26日)。如下所涉梁再冰的相关讯息均出于此,不另说明。

③ 据李方:《穆旦主编〈新报〉始末》。按,该文未标明此说法的出处,在其他论及沈阳《新报》的材料中未见类似说法。

合——真假艺术底分野》、苏夫的《〈金坛子〉李广田作 文化生活出版社出版》、纪琨译《墓园道上》(托马斯·曼作)等作品,仅排版略有差异。

22日 《撰稿和报人的良心——为本报一年言论年总答复》(文)刊载于《新报》特刊第2版,署查良铮。文章既谈到一般性的事情应秉持良心来处理,"在社会上能发生相当的影响的事情"在报纸上"该有其应有的地位",那种"无声无嗅"的"广大的人们的动态,生活,和严肃的工作"是"更应该注意的"。更是将主题意绪拓展到报纸"怎样才算是帮助政府",报纸以一种诚实精神以"督促"政府改进工作,"报纸的言论不能也不必和政府的意见非常一致";政府应该把报纸"看做是和自己并行的一种力量,而不是附存的东西",只有这样,报纸才能发挥"制裁与平衡"的"助力","民主政治才能走上轨道"。总之,"要报人富有良心,明智和勇气,三者不可缺少,然后才可以真有'替老百姓说话'的报纸"。

本日为《新报》出版一周年纪念日,报纸出版了"《新报》周年纪念特刊"。分正刊和周年特刊,刊发了一批名人题词和纪念文章。

按,特刊第2版另有徐露放所作社论《回顾与前瞻 本报周年纪念感怀》,其中还谈道:前半年,"精神多半着重在印刷技术的改良上,报纸的编排和内容的充实是后半年才用了一部分精神去筹谋";"在内容充实上我们的方针是如何多刊载一点适合时间或地域性的有关东北的新闻,因此国内和国外新闻的地盘就被有关东北的新闻材料多占据了一些。在言论方面我们也主张多谈东北问题,尤其着重改良社会风气。总之,我们的新闻和言论,一字一墨,立意都是在一个'好'字上面,无论揭发贪污,暴露官场黑幕,我们绝对未存一点成见,直接或间接都希望能够为东北社会和东北人民及至整个中国有所裨益";"我们把报纸当作一种事业来看待"。翠娟的《当家才知柴米贵》谈道：报纸最初发行3000多份，收入三四万，付出五六万，赔了好几百万的现款；一年了，发行近一万份，收入每天平均约10万，"可是还要感到'入不敷出'"。

又，第2、3版有熊式辉、杜聿明等人的题辞；纪念刊第1版有罗又伦《祝辞》、余纪忠《新报周年纪念感言》、读者评论以及孙立人、廖辉湘、徐箴（辽宁省主席）、董文琦（沈阳市市长）等人题辞。第2版为"我们的话"，即《新报》同人执笔的纪念文章，另有朱叔和《我们为什么穷》、徐维华《夜生活》、邝安庸《探访自白》、刘兰溪《〈新报〉的今昔》等，并有照片多张，包括社长和总编辑的合影、沈阳总社编辑部及工厂、经理部外观与编辑部的工作情形照片等。有《一年来本报主要工作人员题名录》，分经理部和编辑部，共列各类人员27人：经理部有总经理徐露放，经理朱叔和，总务李振铎，发行成经远、浦文显，广告周国钧，出纳伍翠娟，会计吴久选，庶务裘海亭、王振山、赵之汉、庄汉，工厂李同水、王树丰；编辑部有总编辑查良铮，主编邵季平，二版编辑徐维华，三版编辑王宜生，副刊编辑张纪元，记者刘兰溪、邝安庸、刘兴武、汪命亥，资料陈祖文、金成铠，电台张仲英，校对张兴。而结合穆旦日后接受《新报》外调时所谈来看，还有印刷部，被确认的其他人员还有廖祖述、陈祖文、陈鍪、傅琴、张纪元、张金钢、苗苗、姜玉信、李光尧（长春《新报》）等，被问及但未得到确认的有李德怀、褚世昌、陈达夫、林开鑑、林宴明、王敬宇等。此外，于衡回忆称，先是任采访部副主任，后接替刘兴武任采访主任。① 李德纯也称"同查良铮先生邂逅于1946年从锦州开往沈阳的军车上，

---

① 于衡：《烽火十五年》，台北：皇冠出版社，1984年，第75—76页。

其后又在他领导下编《新报》副刊,有所接触,有所感"。[①]

5月

15日　《农民兵》刊载于上海《新诗歌》(《现代文摘》副刊)第4号,当期另有沙鸥的《红花》、袁鹰的《朗诵给上海听》、吕剑的《论新主题》、洁泯的《诗的战斗前程》、薛汕辑《苗瑶诸族的山歌》、徐迟词曲的《三八纪念歌》等作品。

17日　在北京参加堂姐查良铤与清华大学生物系教授沈同的婚礼,与四位堂兄弟查良钊、查良锤、查良铭、查良锐在清华大学工字厅有合影(可见于《穆旦诗文集·1》等处)。

本月　诗集《穆旦诗集(1939—1945)》在沈阳自费印行(无定价),扉页有献辞"献给母亲",正文198页,附录为王佐良《一个中国诗人》(共10页),正误表2页(共标出错误23处),收录诗歌58首,为《合唱》*、《防空洞里的抒情诗》*、《从空虚到充实》*、《不幸的人们》*、《我》*、《智慧的来临》*、《还原作用》*、《五月》*、《潮汐》*、《在寒冷的腊月的夜里》*、《夜晚的告别》*、《我向自己说》*、《哀悼》*、《小镇一日》*、《摇篮歌》、《控诉》、《赞美》、《黄昏》、《洗衣妇》、《报贩》、《春》、《诗八章》、《出发》、《自然底梦》、《幻想底乘客》、《祈神二章》、《诗(一)》、《诗(二)》、《赠别(一)》、《赠别(二)》、《成熟(一)》、《成熟(二)》、《寄》、《活下去》、《线上》、《鼠穴》*、《被围者》、《退伍》、《春天和蜜蜂》、《忆》、《海恋》、《旗》、《流吧,长江的水》、《风沙行》、《甘

[①] 据李德纯致陈伯良的信(2005年3月12日)、陈伯良先生致本谱作者的信(2007年7月5日)。又,笔者的《穆旦年谱》(2010年)出版之后,李德纯先生亦曾来电,简要地说明了当时的情况。

地》、《给战士》、《野外演习》、《七七》、《先导》、《农民兵(一)》、《农民兵(二)》、《打出去》、《奉献》、《反攻基地》、《通货膨胀》、《一个战士需要温柔的时候》、《森林之魅》、《神魔之争》,其中,带*者曾收入《探险队》,共15首。

按,《一个中国诗人》是最早评价穆旦写作的长文,初刊伦敦 Life and Letters(《文学与生活》)杂志1946年6月号,题为 A Chinese Poet;后刊载于1947年7月出版的《文学杂志》第2卷第2期,题为《一个中国新诗人》。

文章既对穆旦生平经历作出了形象化的描述(已见前目),也对其诗歌创作多有评价。其中的"以纯粹的抒情著称""受难的品质""用身体思想""创造了一个上帝"等说法引人注意,关于穆旦身上"真正的谜"的说法则引起了较多争议:"他一方面最善于表达中国知识分子的受折磨而又折磨人的心情,另一方面他的最好的品质却全然是非中国的";"在普遍的单薄之中,他的组织和联想的丰富有点近乎冒犯别人了";"现代中国作家所遭遇的困难主要是表达方式的选择。旧的文体是废弃了,但是它的词藻却逃了过来压在新的作品之上。穆旦的胜利却在他对于古代经典的彻底的无知"。

《穆旦诗集》出版之后,曾题赠给巴金,诗集扉页题有"巴金先生正:良铮敬赠 六月五日"。

按,该赠书现见于中国现代文学馆,从穆旦行迹来看,或为1948年所赠。另,《探险队》也曾送给巴金,因暂未见原书,无从编年。[1]

---

[1] 据陈建功主编:《巴金文库目录(书目卷)》,北京:文化艺术出版社,2008年,第177页。

6月

1日 《荒村》刊载于天津版《大公报·星期文艺》第34期，当版另有一则介绍《穆旦诗集》的广告，以及卞之琳译《西面之歌》(*A Song for Simeon*，艾略特作)、杨周翰译《罗马的倾覆》(奥登作)、姚可崑的《尼采〈历史对于人生之利弊〉译序》、俞铭传的《居里夫人》等作品。

按，《穆旦诗集》广告全文："作者穆旦，选集其抗战时期之诗作共六十首，第一次印成单行本问世。附录有王佐良先生《一个中国诗人》介绍文一篇，原载于英国 *life and letters* 文学杂志上，对作者有深刻之分析。总经售：北平东四牌楼安邦书店，平津各书店皆有代售，定价每册八千元。"

本日 《穆旦诗集(一九三九——一九四五)》刊载于北平《平明日报·读书界》第26期，未具作者姓名，为介绍《穆旦诗集》的短文。

按，介绍全文为："穆旦的诗曾经引起了一场争辩，但他是近来诗人里最令人注意的一个，却是无可推翻的。他的诗一方面不同于艾青田间，一方面又决不是徐志摩或戴望舒的延长。他是一个深刻，苦思，而又热情的心灵，在技巧上泄露艾略脱等英美现代诗派的影响，在文字上完全摒弃中国旧传统。这是他的主要集子，重要作品皆存，包括若干首在印缅和云南军中所作。"

从行文看，很像是出自王佐良之手。其中所谓"穆旦的诗曾经引起了一场争辩"，所指不详。

7日 "抗战诗录"(《旗》《给战士》《野外演习》《一个战士需要温柔的时候》)刊载于天津版《益世报·文学周刊》第44期，当版另有李瑛的《雨前(外一首)》、金隄的《无声的舞曲》、毕基初的

《大城的插曲》、张守常的《平野》、陈梵的《松林》等作品。

21日 《新报》自20日"被罚停刊三天"之事,见于《申报》第1版报道:"[本报沈阳廿日电]行辕顷郑重声明中央对东北之重视,并谓:东北全部必须接收,因此间新报十九日载该报南京讯云,中央某项会议中,有主张缩短战线,撤出东北军队,以待国际处置语,新报廿日被罚停刊三天。"本日出版的重庆版《大公报》、上海版《大公报》等都有类似的消息。

23日 《从战争回来——赠运燮》(诗,后改名《退伍》)刊载于《江西民国日报·文学》"新诗专号"第2辑,当版为"诗人节扩大版",另有本刊的《纪念屈原》、彭燕郊的《倾斜的原野》、林庚的《蓝天小景》、陈敬容的《向明天瞭望》等作品。

29日 《诞辰有作》刊载于天津版《大公报·星期文艺》第38期,当版另有毕基初的《象牙雕花的伞柄》等作品。

7月

1日 《森林之歌——祭野人山死难的兵士》刊载于北平《文学杂志》第2卷第2期,当期另有林庚的《冬的呼唤》、袁可嘉的《号外三章》、朱光潜的《看戏与演戏——两种人生理想》、王佐良的《一个中国新诗人》、S. Spender的《一首诗的形式》(俞铭传译)等作品,废名小说《莫须有先生坐飞机以后》开始连载。

12日 周珏良的《读穆旦的诗 穆旦诗集,穆旦著 一九四七年五月》刊载于天津版《益世报·文学周刊》第48期,为《穆旦诗集》的评介文。

按,据称,当时的评论文字,穆旦最喜欢这一篇和王佐良的那一篇。① 文章开头部分简略提到了艾略特、叶芝、邓（Donne）、马威尔（Andrew Marvell）、奥登对于穆旦的影响；主要篇幅则是讨论属于"穆旦自己的"东西，即"情思的深度，敏感的广度，同表现的饱满的综合"。穆旦诗歌中一种"特别可注意的"成就是：《农民兵》一诗"老妪能解"；《甘地》一诗则是"用极近口语的文字写出了庄严的诗，在白话文已被提倡了二十多年的今日，而每有大制作还是觉得此种文字不够典雅非用文言不可的时候，这种成就是特别可注意的"。

20日 个人诗歌写作被北平《平明日报·星期艺文》第13期所载沈从文的《新废邮存底 二五八》一文谈及。

按，文章将新诗发展分作五个阶段，"到最近，如冯至、杜运燮，穆旦……几个新印诗集，又若为古典现代有所综合，提出一种较复杂的要求"。②

28日 《新报》于27日"奉令停刊"之事，见于《申报》第2版的消息："[本报沈阳廿七日电]新报廿七日起奉令停刊，理由为登记手续不合。"

又，8月17日，上海版《大公报》第7版有更详细的报道《沈阳新报被迫停刊 该报辩正虚构事实未据登记两点》。全文：

[沈阳通信]沈阳新报于七月廿七日奉辽宁省府通知停刊，其停刊理由及经过，该报公开呼吁，原文如下："全国各民意机关、各报馆、各法团公鉴：敝报于七月二十七日被迫停刊，以事出突然，群相惊异，更承各界人士关怀，纷纷垂

---

① 周珏良：《穆旦的诗和译诗》，杜运燮等编：《一个民族已经起来：怀念诗人、翻译家穆旦》，第20页。

② 此文后改题为《谈新诗五个阶段》，收入《沈从文全集·17》，太原：北岳文艺出版社，2002年。

询,铭感之余,谨将本报被命停刊之事实真象公布如下,非敢云抗命呼吁,无非申述原委,敬请公鉴,以澄清本报莫须有之罪名,则幸甚矣。原七月二十七日,本报接奉辽宁省政府秘不录由之通知原文为:'案准内政部(36)安四字第一一二九四号午铣代电内开:"准国防部新闻局函,以五月二十日沈阳新报载长沈间除无线电外;有线电话及车辆,均于十九日午后六时断绝等语。按长沈间车辆及有线电话,该日并未断绝,显系虚构,影响治安甚大。检同该报请查照办理等由。查该报已发刊四百余号,而本部迄未据声请登记;所载上项消息一则,于出版法第二十一条第三款'出版品不得为破坏公共秩序言论或宣传之记载'之规定,亦殊有不合,理应依照出版法第二十六条第一项规定予以停止发行。相应电请查照办理,并希见复,为荷"等由,自应照办。着该报限自七月二十七日起停止发行。除分电暨布告外;特此通告。'并附有同文之布告三张,分别张贴于本报编辑部、印刷厂及经理部门前,勒令当日停刊。至于文中所云本报虚构事实之点,有如下之反证:根据中长路管理局运务处客车调度交换簿记载,'五月十九日公主岭站被攻陷。于十四时左右长春、四平间列车不通'。又据沈阳电信局长途台长途电话线路障碍簿记载,'五月十九日二十时二十分,沈、长间载波线发生故障,通话停止'。又据沈阳电信局中央电报局记事簿第三册记载,'五月十九日沈阳、长春间有线电报于十六时三十分因公主岭发生事变,不良中断'。是以本报之该项消息,并无虚构自明。况且该消息之刊出远在二月以前,沈阳各报该日均有同样之记载,即使有所出入,何以当时当地军政机关未令更正,以安人心,而在时过景迁之今日,单独责罚本报一家？至所谓本报发行四百余号而迄今未登记一事,查本报系于三十五年四月二十一日发刊,在同年四月十二日即奉有本市府沈秘五字第三八二号准予登记备案之指令;至于内政部何以迄未据声请登记,当非本报所能过问。沈阳为东北军政中心,本报未经许可备案而能发行四百余号,其谁能信？由于以上事实证明,政府所持致令本报停刊之理由,殊非洽当。本报现正据理力争,期于短期内复刊,敬请赐于同情之援助,无任感盼之至。沈阳新报馆敬启。"(十一日寄)

关于《新报》遭查封之事,后有自述(1955年10月):"约在1947年8月,陈诚到东北以后,《新报》被封闭,表面理由是《新报》言论'反动'(民盟嫌疑),但我并未因此受到迫害,由此可见被封的真实原因是陈诚把《新报》看成杜聿明的势力而予以排挤的结果。"

按,邵寄萍回忆认为《新报》被封可能有四个方面的原因:"一是该报特辟'读者来函'专栏,'替有冤的申冤','为了摧毁社会的黑暗,曾不客气地揭露社会上许多败类的行动',惹来官方恼怒。二是该报刊登的报导、采访、文章或文摘,多有进步倾向,锋芒直指时弊,如对征兵的采访,就被指责'国军补充兵员太费劲,老查却反对征兵,向外说"征兵都征到了报社"';再如对东北战事的报导,也被视为'《新报》替共军夸大四平战役',其实'消息是转载中央社或上海《文汇报》的电讯';等等。三是该报发表文章揭示战后东北的贫富悬殊,如当时沈阳的'太原街(富人)与南门外(穷人)的对比之景'。四是揭露辽宁省政府主席徐箴的腐败行径,如接受日伪产业时有收受贿赂之嫌,还有沈阳黄寺丢失赤金佛像(清太祖努尔哈赤的马上护身佛)的疑案也涉嫌到徐,《新报》记者披露其中疑点,可能是报纸被封的'导火索'。"①

又,邵寄萍称:"查封的直接起因,是该报披露国民党辽宁省政府主席徐箴'有贪污嫌疑',徐告至东北行辕主任熊式辉处,熊找到 207 师。""当时'封闭《新报》是很突然的,是辽宁省政府下令'《新报》终止发行'。由警备厅执行查封,理由是'该报替共军夸大四平战役'。"穆旦当时没在沈阳,由报社几位记者找到沈阳市政府和省政府交涉,无效。"穆旦赶回报社,与徐露放、邵寄萍等商议人员的安置,并向全国新闻界通电:'《新报》系被无理查封……本报四平战役报道来源为中央社及电台外电稿……'"②

又,当时能火速查封《新报》还有一个重要因素:"当时 207 师驻地恰由沈阳转至抚顺,省政府趁师部换防而鞭长莫及,迫不及待下令'《新报》终止发行',根本未容报社注册的属地沈阳市管理当局插手过问,而是直接派省警备厅将报社查封。"③

又,《沈阳市志》称:"1947 年 7 月 29 日,新报社忽然接到国民党辽宁省政府通知,限令该报即日停刊。原因是'报道虚构,影响治安'和'未向内政部申请登记'。为此,《新报》公开向社会发出呼吁,据理力争,经过反复交涉,半年之后才得以复刊。"④这是最接近当时报纸的说法,只是时间略有误。

本月 《诗创造》丛刊在上海创刊,由诗创造社编辑,星群出版公司刊行。

按,据称,刊物编辑陈敬容曾写信请袁可嘉约北方的青年诗

---

① 李方:《穆旦主编〈新报〉始末》。
② 转引自李方:《穆旦(查良铮)年谱》,穆旦:《穆旦诗文集·2》,第 392 页。
③ 李方:《穆旦主编〈新报〉始末》。按,该观点标注为"据当事人回忆",但未指明,是否邵寄萍观点暂不可知。
④ 沈阳市人民政府地方志编纂办公室编:《沈阳市志·第十三卷》,沈阳:沈阳出版社,1990 年,第 130 页。

人撰稿,与杜运燮、郑敏、马逢华等人在被约之列。① 而从稍后《诗创造》对于穆旦相关资讯的多次报道来看,编辑部应该是熟知穆旦当时的情况。

本月 将《穆旦诗集》送给辛迪,有题签:"辛迪先生:穆旦卅六年七月 沈阳。"综合来看,"辛迪"即诗人辛笛。②

8月

1日 《荒村》刊载于北平《文学杂志》第 2 卷第 3 期,当期另有袁可嘉的《诗二章》、俞铭传的《溜冰者》、闻一多的遗著《端午考》、冯至的《决断》、常风的《新文学与古文学》等作品。

3日 《通货膨胀》刊载于北平《平明日报·星期艺文》第 15 期,当版另有白枫的《别扭》、张白的《唉!这么一个好早晨》等作品。

16日 "抗战诗录"(《退伍》《打出去》《奉献》《反攻基地》)刊载于天津版《益世报·文学周刊》第 53 期"诗专刊",当版另有柯原的《在北中国的土地上》等作品。

本月 作《饥饿的中国》(诗),重订长诗《隐现》。

9月

1日 《三十诞辰有感》刊载于北平《文学杂志》第 2 卷第 4 期,当期另有李长之的《李清照论》、常风的《人物的创造》、冯至译《德国的小说》(Hugo Von Hofmannsthal 原作)、陆志韦的《杂

---

① 袁可嘉:《半个世纪的脚印:袁可嘉诗文选》,北京:人民文学出版社,1994年,第 575 页。
② 见香港《中国学生周报》第 992 期(1971 年 7 月 23 日)第 4 版所登书影。

样的五拍诗》、废名的《莫须有先生坐飞机以后》、沈从文的《摘桔子》、汪曾祺的《牙疼》、叶汝琏的《剧词、对话、独语》等作品。

8日 少若(吴小如)的《〈穆旦诗集〉 一九四七年五月出版 作者自发行》(作于本年8月21日)刊载于《天津民国日报·文艺》第93期,为《穆旦诗集》的评介文。

按,作者先提及"一个春夏之交的下午",在北大教授宿舍里匆匆见过穆旦,得沈从文举荐("青年写诗最有希望的,两个人,郑敏和穆旦"),半月后又从梁诚瑞处借得《穆旦诗集》;在读了周珏良、王佐良二人的评论之后写成此文,其中认为穆旦诗歌有一些缺点,如形式("O"字诗句)与内容"太欠和谐",有些诗篇"锤炼得不够"。但好处在于:"作者的说理诗,真是远迈前人,是那么自然而警策,而且丝毫不露'载道'气息,'说教'声口。这是技巧,学问,与工力的成绩,单靠天才,不会这么浑厚,扎实"。最末略略比较了穆旦和郑敏的诗歌。

17日 个人诗歌写作被北平《泥土》第4辑所载初犊的《文艺骗子沈从文和他的集团》(作于本年4月9日)一文谈及。

按,文章在"由同行估价"一节中提及袁可嘉《新诗现代化》对于穆旦《时感》的评析,认为袁可嘉所谓"'诚挚的''沉痛哀婉'的'控诉'"的评价不仅仅是"无知",更是"分明要存心欺骗读者愚弄读者",因为诗歌里面"不但没有一点真实的人生的活的气息,而那'希望'也微弱得连死人的喘息和呻吟都不如了"。又,本年11月出版的《诗创造》丛刊第5辑《箭在弦上》的《编余小记》对此文做出了回应。

27日 李瑛的《读〈穆旦诗集〉》(作于本年5月30日)刊载于天津版《益世报·文学周刊》第59期,为《穆旦诗集》的评介文。

按，文章强调了穆旦的"军人"身份，认为《穆旦诗集》不但明晰的纪录了穆旦自己多方面的感受，记录了他情绪的波动，生命的发展，而且他足以代表了整个中国小知识分子在苦闷的时代普遍感到伤害，冷酷"；对穆旦诗歌的晦涩风格，作者也提出了看法。

28日 邵燕祥的《失去譬喻的人们》《偶感》，刊载于北平《平明日报·星期艺文》第23期。

按，1933年生于北平的邵燕祥有回忆：当年还是一个中学生，第一次读到穆旦的诗是在天津版《益世报》，《时感四首》对他"影响很大"；《失去譬喻的人们》，"写的就是我们下边的人们，老百姓，都被上边的人在干杯、在觥筹交错之间就决定了我们的命运"；"太受他的影响了"，当时自己"有很多诗受他的影响，这首诗连思想都受他的影响"。①

本月 处理《新报》被封的善后事宜，将部分职工转至207师文印室，部分编辑、记者转至长春《新生报》。总经理徐露放留守沈阳，并于1948年5月再度复刊《新报》。②

此事后有自述（1955年10月）："新报停办，我不想再搞下去了，徐和我原想在北平办一印刷所，我便将报社内一部分旧机器运北平（报社自己曾添购一些机器，故而有多余的不用的），这事曾引起社会非议。"

---

① 据2006年4月9日，南开大学"穆旦诗歌创作学术研讨会"期间笔者与邵燕祥的谈话。《失去譬喻的人们》收入《找灵魂——邵燕祥私人卷宗：1945—1976》（广西师范大学出版社2004年版）时，有注释"指控权力者制造内战，但并无确指"（第44页）。

② 国家图书馆所藏《新报》，1947年6月17日第420号之后缺，1948年5月5日，出版第465号，仅两版，无副刊。由于报纸有较多缺失，查封和重新出版的期数还有待进一步查证。

此一时期 《新报》被查封后,离开沈阳前与朱磊夫妇告别,留下了两摞"封面——白纸红字,正文纸张粗糙"的《穆旦诗集》,共20册。①

10月

1日 《通货膨胀》(诗)刊载于广州《谷雨文艺》10月号,当期另有范泉的《谈实践》《一九一四年八月八日》、毕彦的《关于文学批评》、臧云远的《清道夫和白果树(外一章)》、薛汕的《在桂林的行脚》等作品。

月初或稍早 曾与林徽因、梁再冰等人游颐和园。

按,本年10月4日,林徽因在给费慰梅的信中写道:"我找了个机会同宝宝和她的年轻朋友们去了趟颐和园。(他们中有位才华横溢的诗人,他的诗作王佐良曾在伦敦出版的《生活与书信》一书中加以评论。)"②这里所提到的"宝宝"即梁再冰,从所称王佐良的评论来看,"才华横溢的诗人"即穆旦。

25日 个人诗歌写作被天津版《益世报·文学周刊》第63期所载从文(沈从文)的《新废邮存底 三二四》一文谈及。

按,该信的收信人为柯原,其中写道:"一二读者来信责备我不懂诗,专登载和编者一样宜于入博物院的老腐败诗作!这些读者可想不到在刊物上露面的作者,最年青的还只十六七岁!""即对读者保留一崭新印象的"穆旦,"年纪也还只有二十五六岁","所以读者这种错误责备,对编者言反觉光荣。"

---

① 据卢逊生辑录:《时光倒流在我们心上:朱磊日记》,转引自陈伯良:《穆旦传》,第102页。

② 林徽因著,梁从诫编:《林徽因集:小说·戏剧·翻译·书信》,北京:人民文学出版社,2014年,第250页。

26日　《隐现》刊载于天津版《大公报·星期文艺》第53期。

本月　作诗《我想要走》《暴力》《胜利》《牺牲》《手》《发现》《我歌颂肉体》。

10月至12月下旬①

在北平闲居,同时,准备南下。

后有自述(1955年10月):"我这时又渴望赴美留学。我曾于1946年以复员青年军名义参加青年军公费留学考试(和全国公自费留学一齐举行),此时已知录取,便想到南京去索取外汇。"这一想法有"特殊原因":"我的爱人即将赴美留学了,我更急切想去了。自己也认为到美国学不了什么东西,但想在解放前总要到那里看看才甘心。"在北平期间,曾找过梁再冰"许多次";又,曾与当时任北京大学助教的袁可嘉、金隄"商量组织成立一文艺团体'寻路人社',拟以商务出版的《文学杂志》为发表文章之处。只谈了两三次,即不再有何活动"。

按,所称文艺团体"寻路人社",暂未见其他文献提及,不知其详。

11月

15日　《隐现》被天津版《大公报·游艺》所载尧登佛的《"丽人行"的新和旧》一文谈及。

---

①　南开大学档案馆藏《回国留学生工作分配登记表》(1953年2月21日)笼统记为"1947,10月—1948,5月,在北京及上海闲居";《高等学校教师调查表》(1953年6月)记为"1947,10月—1948,2月,在北京闲居";《干部履历表》(1959年4月19日)记为"1947年10月至1948年3月,在北平闲居并赴上海闲居";《干部履历表》(1965年9月)记为"1947,10月—1947,12月,在北京闲居"。

按,该文分四小点,谈到了马彦祥、狄昂尼萨斯(Dionetheus)、田汉和穆旦的写作,其中第四点为"穆旦的隐现(不是《隐现》的隐现)",呼吁诗人"不要客串而要职业化的进入我们的戏剧领地,为了我们要前进一步,也是为了整个世界的繁荣"。

22日 "穆旦诗"(《我想要走》《暴力》《胜利》《牺牲》《手》《发见》《我歌颂肉体》)刊载于天津版《益世报·文学周刊》第 67 期,当版另有柯原的《窗》《假如》《夏天——给 CF》、亚珍(朱磊)的《送穆旦离沈》等作品。

按,《送穆旦离沈》(作于 10 月 30 日)写道:"两年来,东北不知有多少来的人,有多少走的人,算不了什么,你无非是这万万千千中的一个。两年之前和两年后的现在,你来,你走,这中间,你经历着兴衰样的变化,是你个人的,也是整个东北的,张大的说一说:也是中国的,也是世界的。你办成的报纸,它出现,它蓬勃,它消失,在人们的眼前,更在个人的生命上。"

23日 《发见》《我歌颂肉体》刊载于北平《经世日报·文艺周刊》第 67 期,当版另有俞铭传译《等着我吧》(K.西摩诺夫作)、王维明译《忘了的"我的爱"》(C. Wende 作)等作品。

24日 《隐现》刊载于锦州《新生命报·文艺》,当版另有文静的《村居夜记》等作品。

该版《隐现》与其他各版差异很大,仅"历程""祈神"两部分,异文也比较多。

30日 《手》《发见》《我歌颂肉体》《暴力》《牺牲》《我想要走》刊载于上海版《益世报·文艺周刊》第 6 期,当版另有姚雪垠的《近代小说的起源(续一)》、叶雅的《鹅》等作品。

12 月

3 日　个人行迹为上海版《大公报》第 8 版"文化街头"报道。

按,消息称:"诗人穆旦不日可自沈阳过沪去南京。"

23 日　《暴力》《我想要走》刊载于上海《前线日报·晨风》。

26 日　个人诗歌情况被吴兴华致宋淇的信中谈到。

按,信中写道:"最近杂志上常登一个名叫穆旦的诗作,不知你见到过没有?从许多角度看起来,可以说是最有希望的新诗人。他的语言是百分之百的欧化,这点我在理论上不大赞成的……还有一个小问题就是他的诗只能给一般对英国诗熟悉的人看,特别是现代英国诗,特别是牛津派,特别是 Arden,这种高等知识分子的诗不知在中国走得通否?"[①]Arden 当是 Auden 之误,即奥登。

28 日　个人行迹为上海版《大公报》第 8 版"文化街头"报道。

按,消息称:"诗人穆旦自东北抵沪,将在沪小住,然后去南京。"

结合后来的档案来看,当时不是从东北(沈阳),而是从北平经天津,坐船到上海。当时给梁再冰写信所留通信地址为上海南京西路 612 弄 21 号查宅。"查宅"即其堂兄,时任上海地方法院院长查良鑑的家。

本月　诗集出版的讯息见于《诗创造》丛刊第 6 辑《岁暮的祝福》"诗人与书"栏目。

[①] 吴兴华:《风吹在水上:致宋淇书信集》,桂林:广西师范大学出版社,2017 年,第 187 页。

按,其中写道"《穆旦诗集》已出版,收诗五十余首,为一九三九年以来之作品。"

1948年(戊子,民国三十七年) 30岁

▲1月30日,印度圣雄甘地被暗杀。一时之间,国内报刊颇多报道。

▲8月12日,朱自清病逝。

▲9月之后,三大战役陆续打响。

1月

1日 《饥饿的中国》刊载于北平《文学杂志》第2卷第8期,当期另有盛澄华的《纪德的艺术与思想的演进》、朱光潜的《现代中国文学》、废名的《莫须有先生坐飞机以后(连载)》、林蒲的《木鹤宴》、李瑛的《路》、少若的《陶渊明批评》等作品。

按,朱光潜文章是应张晓峰(张其昀)之约为《现代中国文化》一书所写的一章,其中谈到:西方文学对新诗影响"最为显著","近来下之琳穆旦诸人转了方向学法国象征派和英美近代派,用心最苦而不免僻窄"。

本日 《春》《春天和蜜蜂》刊载于福建龙岩《闽西日报·新洲》第128号,当版另有墨晨的《春将不远》等作品。

3日 个人行迹为重庆《大公晚报》第1版"文化圈"报道。

按,消息与此前的上海版《大公报》基本相同:"诗人穆旦近自东北抵沪,将在沪小住,然后去南京。"

10日 《诗四首》(即《饥饿的中国》前四章)刊载于天津版

《益世报·文学周刊》第 73 期,当版另有王运通的《苏格拉底谈北平所需》等作品。

12 日　《胜利》刊载于上海版《益世报·益世副刊》,当版另有许士骐的《丹青世家》、文光的《山鸣谷应》、华娜的《街头的平民画展》等作品。

本月　个人行迹以及诗集出版的讯息被上海《诗创造》丛刊第 7 辑《黎明的企望》提及。

按,《诗创造》第 7 辑"诗人与书"栏目有消息:"穆旦已南下,暂住南京。""全国诗读物汇目"的"诗集"部分,有一栏为"穆旦诗集　穆旦著　文生　4.0"。这里的"文生"应即文化生活出版社,则《穆旦诗集》当是《旗》之误。

年初

致梁再冰,表示"曾从上海到南京一次"。

1—3 月①

在上海及南京,办理留学外汇一事,未成。

后有自述(1956 年 4 月 22 日):初到上海,"住查良鑑(上海地方法院院长)家。以后几次去南京通过个人及团体(考取复员青年军公费留学的人)方式请求外汇,并托陈雪屏(青年部部长,曾在联大任教,故此认识)写介绍信,但都无效"。

按,据杨苡、江瑞熙回忆:当时一起聊天的时候,"朋友开玩

---

①　南开大学档案馆藏《回国留学生工作分配登记表》(1953 年 2 月 21 日)记为 2—5 月;《干部履历表》(1959 年 4 月 19 日)记为"1947 年 10 月至 1948 年 3 月,在北平闲居并赴上海闲居";《干部履历表》(1965 年 9 月)记为 1—2 月。

笑说,你给国民党做过事会倒霉,但他对于自己的处境不那么以为然,说,大不了进集中营。在南京解放的时候,他愿意等着解放。他觉得只有新中国才有希望。他总觉得自己没希望了,别人还有希望。当时南京有人想去解放区,他认为这条路对了。他劝年轻人去,年轻人应该去革命。而他认为自己已30岁,不再年轻了,不行了,没有条件去,也没钱去,他还有老母亲在北京"①。

又,周与良回忆:当时政府公费留学名额很少,大多数考生都改为自费留学,可向政府购买官价外汇,比黑市便宜很多。本来良铮打算和她"一同赴美留学",但因为"父母和妹妹都需要他赡养帮助","不仅要筹款购买外汇,还必须留一笔安家费,因而他在1947年冬去上海、南京找工作"。②

2月

1日 《我想要走》刊载于北平《文学杂志》第2卷第9期,当期另有陆志韦的《从翻译说到批评(续)》、林庚的《诗的活力与新原质》、罗大刚的《骨灰》、废名的《莫须有先生坐飞机以后(连载)》等作品。

4日 作《甘地之死》(诗)。

6日 个人行迹为上海版《大公报》第8版"文化街头"报道。

按,消息称:"诗人穆旦去南京住了廿天,前天又回到上海,将在沪埋头写作。"

---

① 见易彬:《"他非常渴望安定的生活":同学四人谈穆旦》。
② 周与良:《永恒的思念》,杜运燮等编:《丰富和丰富的痛苦:穆旦逝世20周年纪念文集》,第154页。

16日 诗集《旗》即将出版的讯息为上海版《大公报》第5版"文化街头"报道。

按,其中写道"本市巨鹿路一弄八号文化生活出版社正在印刷中的书有五本",所谈第四种为《旗》,穆旦,诗集"。

19日 个人诗歌写作被天津《民国日报·文艺》第111期所载莎生(吴小如)的《〈文学杂志〉的去来今》(作于本年1月4日)一文谈及。

按,文章提到,《文学杂志》上所刊登的诗歌,"丰满遒劲的穆旦已代替了神清倜傥的卞之琳"。

本日 《发见》刊载于重庆《大同晚报(大同报晚刊)·夜未央》,当版另有李一痕的《召唤》(诗)、于辛的《田汉多才》等作品。

22日 《甘地之死》刊载于天津版《大公报·星期文艺》第69期,当版另有盛澄华译《意想访问(之三)》(纪德作)、苏夫的《难民》等作品。

本日 个人诗歌写作被上海《诗创造》丛刊第8辑《祝寿歌》所载唐湜的《诗的新生代》一文谈及。

按,文章写道:"一个光辉的诗的新生代在涌现着,两个高高的浪峰高突起来了","一个浪峰该是由穆旦杜运燮们的辛勤工作组成的,一群自觉的现代主义者,T.S.艾略脱与奥登,史班德们该是他们的私淑者。他们的气质是内敛又凝重的","他们多多少少是现代的哈孟雷特,永远在自我与世界的平衡的寻求与破毁中熬煮","另一个浪峰该是由绿原他们的果敢的进击组成的。不自觉地走向了诗的现代化的道路,由生活到诗,一种自然的升华,他们私淑着鲁迅先生的尼采主义的精神风格,崇高、勇敢、孤傲,在生活里自觉地走向了战斗"。

24日 《发见》刊载于《民国日报(中山版)·文艺》。

25日 《甘地》刊载于重庆《大公晚报·半月文艺》第31期，当版另有方敬的《母亲》、绀弩的《萤》、陈敬容的《诗二首》、唐祈的《浮尸及其他》等作品。

29日 《春天和蜜蜂》刊载于《新疆日报·文艺》第5期，当版另有朱自清的《文学的标准和尺度》、丛硕武的《我所知道的朱自清先生》等作品。

本月 诗集《旗》列入巴金主编的"文学丛刊"第9集，由文化生活出版社出版，定价3元6角。诗集正文86页，收入1941—1945年间的诗歌25首，按年排定，目录：一九四一年 《赞美》《控诉》；一九四二年 《诗八首》《出发》；一九四三年 《诗》；一九四四年 《裂纹》；一九四五年 《线上》《被围者》《退伍》《给战士》《旗》《野外演习》《农民兵（一）》《农民兵（二）》《七七》《良心颂》《反攻基地》《打出去》《通货膨胀》《轰炸东京》《苦闷的象征》《奉献》《先导》《甘地》《森林之魅》。其中，仅《良心颂》《轰炸东京》《苦闷的象征》为新入集的作品，其他22首都曾收入《穆旦诗集(1939—1945)》。

按，"文学丛刊"第9集先后共出版16种，包括巴金、冯至、李广田、靳以、李健吾等人作品集。发行人为吴文林，发行所包括上海、重庆、汉口、成都四地（见该书封底介绍）。

3月

1日 "诗二首"(《胜利》《牺牲》)刊载于北平《文学杂志》第2卷第10期，当期另有朱光潜的《诗的意像与情趣》、林庚的《天问注解的困难及其整理的线索》、袁可嘉的《走近你》、废名的《莫须有先生坐飞机以后》、汪曾祺的《异秉》、刘荣恩的《第一封信》、少若的《〈咀华集〉与〈咀华二集〉》等作品。

本月　从南京赶来上海,为乘坐"高登将军号"邮轮先行赴美留学的周与良送行,一直送至上船,并送给她几本书和一张照片,照片背面写有四行诗,为《诗八首》的第 7 章第 1 节:

　　风暴,远路,寂寞的夜晚,
　　丢失,记忆,永续的时间,
　　所有科学不能祛除的恐惧
　　让我在你的怀中得到安憩——①

本月　个人诗集《旗》的出版讯息被上海《诗创造》丛刊第 9 辑《丰饶的平原》的"诗人与书"栏目提及。

　　按,该报道提到"这几月出版的诗读物颇多",诗集方面,所介绍的第一种为"穆旦的《旗》(文生出版,定价三元六角)"。

4 月

5 日　自上海致梁再冰,表示"将要在中央社英文部中做点事情,每天将工作四小时(下午二至六时)"。

　　按,综合后来的自述材料,中央社应为上海中央通讯社。自述(1953 年 2 月 21 日)记为"一九四八年四月②曾在上海中央社英文部代人做了一个月的英文编辑,随即离开。并办理出国留学手续未果"。自述(1956 年 4 月 22 日)记为:"(工作内容为校正南京中央社拍来的英文稿件,校正其文字上的错误及遗漏,然后发外文报纸),一个月后即退出。"

　　据称,中央通讯社是一个政治性的机构,此一工作可能是经

---

　　①　周与良:《永恒的思念》,杜运燮等编:《丰富和丰富的痛苦:穆旦逝世 20 周年纪念文集》,第 154 页。
　　②　《干部履历表》(1965 年 9 月)记为 3—4 月。

友人杨苡的哥哥杨宪益或者是堂兄查良鑑介绍的。①

28日 致梁再冰,称曾去南京一趟,"想去就一个使馆的事,很不巧的没有成"。

按,杨苡回忆:穆旦曾托她在南京找工作,有一次,她哥哥杨宪益在某大使馆找到一个空缺。穆旦急忙从上海赶来,但还是没有来得及,他下午到,空缺在上午就有人占去。"这可见当时找事非常不容易,穆旦当时找事的心情很急。"②

29日 由方应旸翻译的诗9首编入英译中国新诗集、"将在英国出版"以及"自译了数首诗"、交给中央大学艾礼教授"选用"等讯息见于上海版《大公报》第7版的报道《英译中国新诗将在英国出版》。

按,报道称"一百五十多首新诗,已由中央大学外文系助教方应旸君花了两个多月时间,于三月底全部译成英文,将由该校艾礼教授(Almed Ali, *Twilight in Delhi* 一书作者,巴勒斯坦人,最近已离华)润饰并作序,然后在英国印行。序言论及中国新诗的发展史料",所选诗人包括戴望舒(15首)、金克木(7首)、胡风(1首)、臧克家(17首)、卞之琳(8首)、何其芳(17首)、冯至(10首)、艾青(6首)、田间(10首)、陈敬容(17首)、杜运燮(7首)、穆旦(9首)、王辛笛(8首)、丁耶(2首)、绿原(5首)、郑敏(6首)、方宇晨(方应旸笔名,数首)。所选作品均注明来源,其中,穆旦诗歌的来源为:"分别选自《穆旦诗集》与《旗》,另外穆旦自译了数首诗,亦交艾礼教授选用。"

本月 作诗《世界》《城市的舞》。

---

① 据杨苡的回忆,见易彬:《"他非常渴望安定的生活":同学四人谈穆旦》;杨苡致陈伯良的信(2005年1月28日,陈伯良先生提供)。

② 见易彬:《"他非常渴望安定的生活":同学四人谈穆旦》。

4—5月

在南京找工作并患病。①

按,友人回忆称其有段时间曾到航空公司工作,"但因生病,肺炎,后转化为结核,以致失业"②,可能就是此一时段。

5月

1日 《隐现》刊载于北平《文学杂志》第2卷第12期,当期为"诗歌特号",另有游国恩的《屈原文艺论》、林庚的《屈原的人格美与离骚民字解》、冯至的《安史之乱中的杜甫》、罗大刚的《街与提琴——漫谈现代诗的荣辱》、袁可嘉的《现代英诗的特质》、林徽因的《病中杂诗九首》、废名的《诗三首》、俞铭传的《最后的一代》等作品。

本日 诗歌9首由方应旸英译、将在英国出版的讯息,见于香港版《大公报·大公园》,相关内容与此前上海版《大公报》相同。

7日 致梁再冰,告知"后天去南京,大家向总统请愿出国"。

按,信中未说明"大家"是什么人,从前面材料看,应是和穆旦一样考取复员青年军公费留学的人。

10日 《海恋》刊载于杭州《正报·生活》第487期,当版另有牧群的《路——人生素描之一》、羊羽的《窝居诗抄》《夜的门

---

① 《回国留学生工作分配登记表》(1953年2月21日)、《高等学校教师调查表》(1953年6月)的记载都很笼统;《干部履历表》(1959年4月19日)记为5—6月,在南京"闲居";《干部履历表》(1965年9月)记为5—6月,"在南京闲居并找工作"。

② 杨苡、江瑞熙的观点,见易彬:《"他非常渴望安定的生活":同学四人谈穆旦》。

槛》等诗歌作品。

13日 农林部政务次长谢澄平致函中国救济代表团(Chinese Relief Mission)团长 Donald S. Gilpatric 先生,推荐查良铮前去工作。

按,该英文信函见于南京中国第二历史档案馆的南京国民政府农林部档案之《左舜生致外国人函稿》(全宗号廿三,案卷号1432)。左舜生(1893—1969)时任国民政府行政院农林部长。该函原件系打字信件(有一处用钢笔改动),翻译如下:

亲爱的 Gilpatric 先生:

如果代表团需要更多的人员来满足它增长的业务需要,我很乐意向你推荐查良铮先生。他会成为你的一位有用能干的职员。

查先生,系国立清华大学英语系毕业生,新闻学研究所研究生,曾经担任一家英文报章的记者,主编,军队译员和英语教师。他所工作过的所有职位都证明了他英语娴熟,人品良好。

如蒙考虑上述事项吾将非常感谢。①

14日 《牺牲》刊载于上海《东南日报·长春》,当版另有周冷的《赔偿机器锈坏了》等作品。

15日 《我想要走》刊载于南通《通报·中公园》第434期,当版另有余素梅的《从军杂记(二)》等作品。

18日 自上海致梁再冰,称"每天除办公外不出门"。

本月 诗歌翻译成英文的消息以及为新创的诗刊《中国新诗》写稿的情况,见于上海《诗创造》丛刊第11辑《灯市》"诗人与

---

① 叶公平:《新发现的穆旦史料》,《中华读书报》2009年8月12日。

书"栏目。

按，前者与4月29日上海版《大公报》的报道大致相同。后者写道："方敬、辛笛、杭约赫、陈敬容、唐祈、唐湜等近在筹办一诗丛刊，刊名《中国新诗》，第一辑已着手集稿，南北各方诗友来稿者颇多，闻已收到穆旦、杜运燮、郑敏、袁可嘉、袁水拍、刘西渭、蒋天佐、戈宝权等译作，它的诞生，将使中国诗坛放一异彩。第一辑约六七月间问世，由星群出版社总经售。"

6月

26日 个人作品发表讯息被上海版《大公报》第4版"文化街头"报道。

按，消息称："《中国新诗》第一集《时间与旗》已出版，有郑敏、穆旦诸人作品。"

本月 《世界（外二章）》（即《我想要走》《手》）刊载于上海《中国新诗》丛刊第一集《时间与旗》，当期另有郑敏的《最后的晚祷》《Renoir少女的画像》、唐祈的《时间与旗》（长诗）、陈敬容的《个体的完全》、唐湜的《论风格》等作品。

按，郑敏回忆：创办《中国新诗》时，唐祈觉得联大的四个诗人的诗风"和他们所要追求的类似"，就说大家"南北合起来算一个现代诗派"，"就和袁可嘉联系"，要求"每个人至少在《中国新诗》上发表一首"；但她和唐祈、辛笛、陈敬容到1980年编选《九叶集》时才认识。①

---

① 参见徐丽松整理：《读郑敏的组诗〈诗人与死〉》，《诗探索（第3辑）》，北京：中国社会科学出版社，1996年，第72页；郑敏：《辛之与〈九叶集〉》，《艺术之子曹辛之：曹辛之(杭约赫)纪念文集》，天津：天津教育出版社，1998年，第284页。

本月 　个人诗歌写作被上海《诗创造》丛刊第 12 辑《严肃的星辰们》（诗论专号）所载默弓（陈敬容）的《真诚的声音——略论郑敏、穆旦、杜运燮》以及杭约赫（曹辛之）所作《编余小记》谈及。

按，陈敬容的文章批评了中国新诗的"两个传统"，即"尽唱的是'梦呀，玫瑰呀，眼泪呀'"与"尽吼的是'愤怒呀，热血呀，光明呀'"的传统；强调"现代是一个复杂的时代"，诗应"将人生和艺术综合交错起来"。现代诗所要求的是"一切的综合"，"所谓诗的现代性"，"是强调对于现代诸般现象的深刻而实在的感受：无论是诉诸听觉的，视觉的，内在和外在生活的"。具体到穆旦，"有一本《旗》（文学丛刊第九集），最近在友人处看到他在东北自印的《穆且诗集》"，"穆旦的诗比较强烈，凸出，读他的诗往往使人顿时感到紧迫，仿佛有一种什么力压缩在字里行间，把你吸住。他用深入——深入到剥皮见血的笔法，处理着他随处碰到的现实题材。无论写报贩，洗衣妇，战士，神或魔鬼，他都能掘出那灵魂深处的痛苦或欢欣"。

杭约赫指出，陈敬容所论三人"是战时西南联大的诗人中的三星"，"穆的《旗》，杜的《诗四十首》与郑的散见于战时《明日文艺》与战后大公报《星期文艺》上的诗作在艺术造诣上是超过一般水准的。穆正在沪候轮出国深造"。按，"联大三星"说法的最早出处应该是这里。稍后，唐湜在《郑敏的静夜里的祈祷》（收入《意度集》，1950 年）中，将穆旦、杜运燮和郑敏称为"昆明湖畔的一组 trio"。trio 可译为"三重唱（或三重奏）的乐曲"，袭用了"联大三星"的说法。

6—11月

任联合国粮农组织(Food and Agriculture Organization of the United Nations,简称FAO)驻南京办事处译员。

后有自述(1956年4月22日):去中央社工作是"因生活所迫",但因"待遇既不好,又无前途"而"不愿在蒋政府的机关里工作"。"当时友人何怀德在农林部作秘书,告我联合国粮农组织南京办事处即成立,或可在其中找到工作。因此我即赴南京,在那里病了将近一个月,以后经何怀德介绍其中的新闻官美国人Coltman,得到译员职位。""工作为翻译关于农业组织的英文新闻,发寄国内报馆及新闻社。写过一本小册子,介绍联合国粮农组织的整个情况,曾寄国内各文化机关。粮农组织印有不少技术性及科学性的书,南京办事处也寄赠各地。我还有时作一些办事处内的事务性口译工作。"

上半年

交游情况,见于自述(1956年4月22日):"在这半年往返于上海及南京期间,接触的人有巴金夫妇,刘北汜,陈敬容,袁水拍(以上是文学界人),江瑞熙,何怀德,杨静如,赵瑞霭,方应旸,刘师慕,黄澄(在青年部工作),郑敏,王勉等。""当时在上海曾由陈敬容主编《中国新诗》,自己常发表诗。刘北汜主编大公报文艺,曾投寄他一篇《甘地之死》诗,内中有一句说到克里姆林宫,曾有暗示不自由之意,未被刊载";也曾和陈敬容、郑敏谈过政治、宗教、个人自由等方面的话题。按,此处所谈"刘北汜主编大公报文艺"应是上海版《大公报》,《甘地之死》本年2月刊载于天津版

《大公报》。

又,自述(《关于方应旸》,1968年12月28日)谈及方应旸(阳),其中写道:"我是1948年春到南京找工作,通过杨静如的介绍而认识了方应阳。那时他在伪中央大学外文系作助教,我因一时无住处,在方应阳的宿舍中住了一个短时期。"

又,自述(《关于何怀德》,1968年12月7日)谈到当年"有时"到何怀德家去。

按,郑敏在回忆中表示,在西南联大期间与穆旦缘悭一面,出校后也仅在南京见过一面:穆旦到她家里看望,并请她"去新街口喝咖啡","谈到晚上,聊了很多对教育和诗歌的看法"。[①] 回忆中的时间为1947年,有误,当为1948年。

又,江瑞熙有回忆,且与穆旦自述有差异,穆旦在述及昆明时期的生活时,多次出现江瑞熙的名字,但江瑞熙表示当时"和穆旦并不熟,关系一般。熟起来是出了学校进入社会后,特别是1947—1948年间。当时大家都没有固定工作,都在为'饭碗'问题而忙碌","和穆旦的联系较多,大家是同学,又在文艺方面有共同兴趣爱好,又都在美国、联合国这样的类似机构工作"。在南京时,"曾和穆旦合住,在厚载巷2号,5号也住过(5号是一使馆参赞住处),但时间都不是很长。很多时候是四处寄居生活,随时处于失业状态。当时大家的相互见面,是碰球式的,谁也顾不上谁"。[②]

又,杨苡多次忆及穆旦,"穆旦在南京那段时间真是居无定所的",在方应旸、江瑞熙、刘世沐家都住过。清华外文系毕业、

[①] 郑敏:《再读穆旦》,吴思敬主编:《诗探索(理论卷)》2006年第3辑,长春:时代文艺出版社,2006年,第42页。

[②] 见易彬:《"他非常渴望安定的生活":同学四人谈穆旦》(2002年)。

比穆旦高几级的刘世沐当时在中央大学外文系任教,与赵瑞蕻是同事,"都住中大教工宿舍",在文昌桥、丁家桥两处宿舍,穆旦都借住过,因此穆旦当时在南京住处离她家"都不算远,一度就住在同一个院子里,来往就像串门,不像在重庆,见一面得坐长途汽车,跋山涉水似的。接触自然也就多起来"。住在丁家桥的中大宿舍期间,穆旦曾大病一场(按,可对应于前述4—5月间患病的条目),穆旦跟她说,"觉得简直像要死了一样",是她急忙坐校车去文昌桥的中大医院找来丁荣施医生"救命",丁医生先开了磺胺药,让先吃药,尔后就去住院。第二天,她"出去卖了个金戒指,到医院把住院费付了","又用余下的钱找药房买鱼肝油"。

又以"不成功的撮合"为题谈及郑敏,"大概是穆旦住在刘世沐处的那段时间",刘世沐曾经想把郑敏和穆旦"撮合到一起","是在中山东路上的一处挺高级的酒家见的面","晚餐时间以后,大家坐在大厅喝咖啡",除了穆旦、郑敏之外,还有她和刘世沐、左登金、赵瑞蕻。"聊天聊到九十点钟散了",后由穆旦送郑敏回家(在新街口一带)。第二天见面,穆旦表示"郑敏说得很明白,他们之间是不可能的"。[1]

约在此一时期

一度成为上海霞飞坊(今为淮海坊)59号巴金家的常客,与巴金夫妇、靳以、汪曾祺、黄裳、王道乾等人有较多交往。

日后在致杨苡的信中(1973年10月15日)谈及:"那时是多么热闹呵。靳以和蕴珍,经常是相互逗笑,那时屋中很不讲究,厨

---

[1] 杨苡口述,余斌撰文:《穆旦在南京,1948》,《南方周末》2024年9月5日第C21版。

房是进口,又黑又烟重,进到客厅也是够旧的,可是由于有人们的青春,便觉得充满生命和快乐。汪曾祺,黄裳,王道乾,都到那里去。每天下午好像成了一个沙龙。我还记得巷口卖馄饨,卖到夜里12点;下午还有卖油炸臭豆腐,我就曾买上楼,大家一吃。"①

7月

1日 致梁再冰,表示"已换了工作,在'联合国粮农组织(FAO)'中做新闻工作"。

7日 诗歌《手》被香港版《大公报·文艺》第10期所载章存的《简评〈中国新诗〉》一文谈及。

按,文章指出《手》"题材很现实",但对于"我们从那里走进这个国度"一类诗句,表示"不明白"。

10日 与杜运燮、郑敏等来自西南联大的诗人的写作被上海《华美晚报·夜谈》所载邓艾华的《〈中国新诗〉读后——寄一位朋友》一文谈及。

按,文章指出,穆旦的《世界》、杜运燮的《闪电》、马逢华的《春》等作品"在表现的能力上说,都是独到的","就所表现的(对现实所表现的)说",穆旦的诗是"对于抽象事物的捕捉演绎",《我想要走》是"以不走为愤懑的反抗"。

15日 个人写作情况被夏济安在致夏志清的信中谈及。

按,夏济安写道:"哲学系的方书春在中国南方也算个新诗人,力捧穆旦。"②

---

① 穆旦:《穆旦诗文集·2》,第168页。
② 王洞主编,季进编注:《夏志清夏济安书信集·卷一》,香港:香港中文大学出版社,2015年,第131页。

24日　《黄昏》刊载于北平《平明日报·风雨》第266期。

26日　个人诗歌写作被北平《燕京新闻》第15卷第8期所载马其《读〈中国新诗〉后记》一文谈及。

按，文章表示读了《中国新诗》第1集《时间与旗》之后"非常失望"，"里边有些诗篇太深沉了，太费解了！除部分诗篇外，不论在格式上，在内容的晦涩上，在技巧上，无疑地，我们的诗人都是受了西洋近代诗人的影响。如像穆旦诗里所用的自由联想(Free Association)和浸渗的'哲学'气氛，如'永恒'和'短暂'一类观念。也许诗人是在用自己经验中的联想罢，如在《手》一篇中"。

27日　"青年军留学"事宜为上海版《大公报》第2版报道。

按，报道题作《青年军留学请当局早日资送出国》，主要内容为："卅五年度青年军公费留学考取生二十五名，以同年度考取的教部公费生，和该项公费未取而合自费标准的考取生二千余人早经结汇出国，他们根据政府从前公布优待智识青年从军办法第九项规定：'复员青年军得优先出国'，在京、沪、杭一带的青年军留学生代表查良铮等十余人，廿六日具函呈请国防部何部长、教育部和行政院等有关当局，请求即拨给外汇资送出国。"暂不清楚当时的"留学生代表""十余人"另有哪些人物。

又，研究指出，基于当时的战争局势和经济状况，"留学教育经费全然无法得到保障"，"青年军留学考试录取者，也被行政院'以格于经济紧急措施令及库存外汇短绌结果，已令教部婉劝该员等暂缓出国'"。[①]

[①] 余子侠、冉春：《抗日战争时期中国教育研究》，北京：团结出版社，2015年，第435—436页。

本月 个人诗歌写作被上海《新诗潮》丛刊第 3 辑《新诗底方向问题》所载张羽的《南北方才子才女的大会串——评〈中国新诗〉》一文谈及。

按，文章称《中国新诗》"是沈从文和陈敬容的私生子，从南到北的才子才女的大会串"，"集中国新诗中一种歪曲倾向的大成"。《中国新诗》作者"神经错乱"，对生活"感到惶惑"，而"只能向上帝作'最后的晚祷'（郑敏）"，"向甘地的在天之灵求救，向那梦寐中的天国招手"。穆旦的《我想要走》是他们感到"绝望"，"简直想离开这个世界"的象征，从诗中"可以看出这一个悲哀彷徨游疑贪婪自私的嘴脸，和一个为旧社会豢养的和有毒的血液所滋育的腐烂的知识分子的消极堕落悲观失望动摇不定的可怜相"。

8 月

16 日、19 日、23 日 个人写作被上海《华美晚报·新写作》连载的唐湜《论乡愿式的诗人与批评家》一文谈及。

按，文章旨在反驳《泥土》《新诗潮》等杂志的批评，其中引述《我想要走》等诗作，认为"穆旦所要走出的就是这个机械的缺乏深原的人性的世界，这个生命力过于贫弱，充满着张羽之类常识病患者的世界"（见于 19 日所载）。

本月 将在南京的照片送给周与良（很可能是当时寄到美国去的），有题词："给与良／看看在南京／我照的一张像／像吗？良铮一九四八、八月。"（可见于《穆旦诗文集·1》等处）

本月 作诗《诗》《绅士与淑女》。

《诗》《绅士与淑女》和《城市的舞》后同期发表于《中国新诗》丛刊第 4 集，发表本未署写作日期，后出的诗集本所署时间又并不统一。《穆旦诗文集》一律署1948年4月;《穆旦诗集手稿本》,前两首署"一九四八,八月",后一首署"一九四八,四月",现从《穆旦诗集手稿本》。

本月 《暴力》刊载于上海《中国新诗》丛刊第3集《收获期》,当期另有诗集《旗》的出版信息以及唐湜的《穆旦论》(下一期续完)、陈敬容的《珠和觅珠人》、杭约赫的《跨出门去的——写在李公朴先生殉难的第二周年》、唐祈的《女犯监狱》等作品。

按,《穆旦论》据《穆旦诗集》《旗》写成,将穆旦诗歌与希腊悲剧、哈代小说、歌德《浮士德》、老庄的文字等并列,认为能激起同样的阅读感受,其诗歌文字与他们相比"也不会太逊色"。文章后半段讨论了穆旦诗歌精神:穆旦的诗,给人"一种无比的丰富,丰富到痛苦的印象","诗人是经历了一番内心的焦灼后不得不下笔写的,甚至在笔下还有一些挣扎的痛苦的印记,他有一份不平衡的心,一份思想家的坚忍不拔的人的风格,集中的固持,在别人懦弱的不敢正视的地方他却有足够的勇敢要去突破","去探索"。

本月 作《诗四首》("迎接新的世纪来临"),为目前所见在新中国成立前写下的最后一首诗。

本月 《诗八首》《出发》《还原作用》《幻想底乘客》被收入开明书店版《闻一多全集》之《现代诗钞》。该版《诗八首》与其他各版有较大差异,最突出之处即第二、三两章位置对调。

按,这是《现代诗钞》的首次公开面世。受西南联大英籍教授罗伯特·白英(Robert Payne)委托,闻一多约自1943年9月起,开始编选这部"作为二千五百年全部文学名著选中一部分"的新诗选。其工作至1945年前段应大致已结束(不过,没有材料能说明确切的时间)。1940年代后期,白英编译出版了两种英文版中国诗歌选,即历代中国诗选《白驹集》(*The White Pony*)

和《当代中国诗选》(Contemporary Chinese Poetry)，但其中的新诗篇目，与闻一多所编有较大出入。

据记载，在编选过程中，闻一多曾请臧克家等人提供资料，穆旦是否也给闻一多提供过手稿，目前无从察知。《诗八首》目前仅见一个发表本，即1942年《文聚》，比照异文，可确定并非依据该版本，因此，该诗选到底依据何种版本，是否还有尚未被学界找到的其他发表本，目前还只能存疑。又，依惯例，《诗八首》被视为8首，故《现代诗钞》目录在穆旦名下标识为11首。[1]

本月 个人诗歌写作被贵阳《离骚》丛刊第6、7期合刊所载默弓(陈敬容)的《真诚的声音——略论郑敏、穆旦、杜运燮》一文谈及(按，此文为再次发表，初刊于《诗创造》丛刊第12辑)。

9月

1日 《世界》等三首诗被上海《求是》第1卷第4期所载卓人的《不止是严肃的游戏：评〈中国新诗〉第一集〈时间与旗〉》(1948年7月7日于南京)一文提及。

按，文章认为"面对着血淋淋的现实，在如此艰难困苦、血肉横飞、新生与死亡作着殊死搏斗的最紧急关头"，在《中国新诗》的诗人们的心目中，"人生斗争武器之一的诗，已经是一种游戏的工具"，"所有的所谓'庄严的努力'、'严肃的工作'，都不过是与别人无涉的们人〔人们〕的游戏，而且，也并不精彩的游戏罢了"。

13日 个人写作被《华美晚报·新写作》第15期所载唐湜

---

[1] 相关讨论参见易彬：《政治理性与美学理念的矛盾交织：对于闻一多编选〈现代诗钞〉的辩诘》，《人文杂志》2011年第2期。

《论〈中国新诗〉——给我们的友人与我们自己》一文谈及。

按,该文评述了《中国新诗》的总体情况,在谈及第一集的时候,认为其中"有着一些结实的诗",如"穆旦的灼热的领土,《手》的《世界》",也提到自己所作《穆旦论》,原名《悲壮的搏求者》。又,当版副刊另有方平的《关于〈中国新诗〉》和陈侣白的《一封公开信——给〈中国新诗〉的编者》,均为书信。

15日 个人写作被北平《新路》周刊第17期所载袁可嘉的《诗的新方向》一文谈及。

按,该文是对新出的《中国新诗》第1、2集的评价,回应了张羽的批判文章,其中又一次赞誉了穆旦的写作:"穆旦的搏斗的雄姿,拼命地思索,拼命地感觉,而又不顾一切要诉之表现的镜头是北方读者所熟悉的,他的《世界》《手》《我想要走》仍保有一贯的 dynamic 的特质","他是这一代的诗人中最有动量的可能走得最远的才人之一"。而写《时间与旗》的唐祈"在气质上""很与穆旦很近"。

28日 致梁再冰,称和一个美国老教授、农业专家坐飞机去成都待了一个星期。

此事后有自述(1956年4月22日):在FAO南京办事处工作期间"还有时作一些办事处内的事务性口译工作",该办事处"是由一些农业技术家(主要为美国人,也有澳洲及加拿大人)组成,流动性较大,人数十余上下,有一个美国教授(是农业推广站专家)来中国两个月,曾去成都一星期,我随他同行作口译。在成都去访问的,有一个农林局的农业改进所,两个大学的农学院,他和各该机构的科学工作者交换了意见,并曾被省府当作客人款待";"他曾对学生公开讲演一次,内容也是平常的,鼓励同学学习而已"。

本月 《城市的舞》《诗》《绅士与淑女》刊载于上海《中国新诗》丛刊第 4 集《生命被审判》,当期有"纪念朱自清先生"专辑,包括方敬的《挽诗》、迪文的《手——敬悼朱自清先生》、雪峰的《损失和更重要的损失》、陈洛的《佩弦先生的〈新诗杂话〉》,另有辛笛的《风景(外二章)》、方宇晨的《微末(外一章)》、莫洛的《生命被审判(散文诗)》、袁水拍译《菲列宾的圣诞节》(巴董布赫作)、唐湜的《穆旦论(续完)》等作品。

按,朱自清于本年 8 月 12 日病逝。迪文(唐湜)的《手》一诗应是受到了穆旦诗歌的影响:其一,标题《手》与稍早之前穆旦在该刊发表的《手》相同;其二,该诗不仅结句"因为人们已经醒来/因为人们已经起来……",明显有《赞美》中"因为一个民族已经起来"的痕迹,其中的词汇、意象也多受《赞美》影响。

本月 诗集《旗》被青岛《文艺》第 5 号所载诸葛疯的《从〈旗〉看穆旦和一些穆旦们》(本年 7 月 26 日作于天津)一文谈及。

按,文章旨在"揭穿那种伪装为友人姿态的敌人们的本来面目",援引晋军的《踢去这些绊脚石》[①],将"上海《诗创造》和《中国新诗》里的一些诗人和诗论家诗评家们"称为"奸细们",穆旦的文化生活版《旗》,被"他们互吹互捧的小集团"中的默弓称为"真诚的声音","但是,当我们拆卸开穆旦由西洋贩卖来的希奇怪癖洋形式以后,所余的便只是一些表现着资产阶级知识份子的优越感及崇拜个人英雄的思想和对现实社会的错觉以及对人民的有意的曲解或污蔑"。

---

① 根据文中信息,此文刊载于天津《新生晚报·文艺大地》第 71 期,笔者未查到该报,暂以《新诗歌》所载,来评述晋军的此篇文章。

10 月

1 日 《诗两首》(即本年 8 月所作《诗四首》的前两章)刊载于南京《诗星火》丛刊第 1 辑《魔术师的自白》,当期另有汪铭竹的《停电夜》、方宇晨的《墙(外二章)》、孙用译《裴多菲诗五首》、吕叔湘译《关于战争》、周煦良的《西洛泼州少年选译》、施蛰存译《吉檀耶黎》、商章孙的《十二世纪之德国抒情诗人华尔德》等作品。

3 日 个人诗歌写作被天津版《大公报·星期文艺》第 101 期所载袁可嘉的《诗与民主——五论新诗现代化》一文谈及。

按,文章通过比较来彰显诗歌"如何从原始走向现代",分论之一是"从抒情底'运动'到戏剧底'行动'",徐志摩的抒情诗"是浪漫的好诗","明朗而不免单薄";穆旦的戏剧诗是"现代化了诗","晦涩而异常丰富",这是"二个先后时代诗底本质底不同","不同时代的诗虽然都有相对的价值",但作为现代人,"也自然不无理由对穆旦底诗表示一点偏爱"。

10 日 《诗四首》("迎接新的世纪来临")刊载于天津版《大公报·星期文艺》第 102 期,当版另有叶汝琏的《清晨的思想》、李瑛的《死和变》等作品。

31 日 《X 光》刊载于北平《平明日报·星期艺文》第 80 期"诗选",署良铮,当期另有金克木的《诗二首》、林庚的《在海上》、刘北汜的《旷地》、王道乾的《诗抄存》等作品。

11 月

2 日 《诗四首》("迎接新的世纪来临")刊载于重庆《大公晚

报》,当版另有马逢华《哭泣(外一章)》(诗)等作品。

17日 致梁再冰,称由于形势紧张,FAO要关门,外国人已陆续跑掉,已决定到南京美国新闻处工作。

11—12月[①]

在南京的美国新闻处任编辑。

后有自述(1956年4月22日):"南京办事处结束后,因为失了业,又找工作,经杨宪益介绍,在南京美国新闻处任编辑约一个月,工作为校正上海美新闻处拍来的英文新闻稿的字误及遗漏(在此处同事有方应旸)。"

又有自述(《关于方应阳》,1968年12月28日):"可能听方应阳说,美国新闻处需要编辑,所以便想到那里去工作","杨宪益和南京美国新闻处处长是认识的",通过他的介绍而成功,"参加工作时,曾到该处长的室中见了见面,短短谈了几句话";"那时方应阳也在南京美国新闻处作编辑,所以又和他共事一个月"。"我知道方应阳是写诗的,也看过他的诗,总印象是他写了些个人灰色情调的东西,偏于为艺术而艺术"。

按,关于穆旦当时换工作之事,江瑞熙有回忆:"穆旦在当时频繁换工作,既有社会原因,社会不能提供稳定而安适的工作,也有他自己的原因。除了饭碗问题外,他也要找自己比较合适的。不少工作他觉得不适应,觉得没意思。美新处是一个政治机构,FAO是一个技术机构。FAO的待遇不错,可以多赚美元,将来好出去留学。他是不可能自费留学的。"

---

① 时间据《历史思想自传》(1955年10月)。按,《回国留学生工作分配登记表》(1953年2月21日)记为11月,《干部履历表》(1959年4月19日)记为12月。

杨苡较早时候的回忆谈道：进入美新处需要看政治情况，杨宪益担保穆旦"很可靠"（方应阳也是在其介绍下加入该机构），且称，穆旦本人"是极希望安定，但实际上很难安定。累，生活艰苦"；又称，"穆旦并不想离开祖国。当时他的心态非常矛盾。跟国民党不愿意跟，跟美国人赚美金想来真没意思，就是为了生活。他非常渴望有安定的生活，把母亲和妹妹接出来，接到南京过也好，北京的生活是很苦的。母亲是最重要的，奉养母亲，在他的生活中一直是一件最重要的事。后来回来也和他母亲很有关系。穆旦很多时候都考虑着他母亲"[1]。

　　后又有谈及，美新处的负责人为班纳特，跟杨宪益、戴乃迭夫妇是好朋友。自己当时和穆旦来往比较多，有通信，曾一起到玄武湖等地游玩，也一起看过电影。有次邀穆旦到大华电影院看好莱坞片《摁了两次的门铃》，但他爽约了，唯一的一次是在新都电影院，片名已忘记，出来碰到了穆旦在新闻处的同事吴佩珠。[2] 而"穆旦在美国新闻处只待了很短一段时间就离开了"，"也和杨宪益有关"，"不过说到底他要求穆旦走人"，还是因为赵瑞蕻和她的关系，即赵瑞蕻对她和穆旦来往"一直不悦"，赵会翻看她的日记、书信，曾因日记中的"C来过了"记载而大闹一场，去了哥哥杨宪益所在的编译馆（按，杨苡也曾在编译馆工作，离开时让廉士聪帮忙收着穆旦、黄裳给她的信）。她曾托刘世沐带去纸条，又托哥哥杨宪益给穆旦带去信，但杨宪益未转交，且觉得这样对于妹妹一家"不是个了局"，后来就找到穆旦，让他不要

---

　　[1] 见易彬：《"他非常渴望安定的生活"：同学四人谈穆旦》。
　　[2] 资料显示，吴佩珠曾在联合国粮农组织驻南京的一个办事处工作，不知杨苡的记忆是否有误。

再和她来往,穆旦"就从美国新闻处辞职了"。①

12月

15日 致梁再冰,称"信寄南京中山路美新处即可"。

按,梁再冰称,这是当时她所保存的穆旦的最后一封信,之后的信件"已遗失"。

19日 在赵瑞蕻、杨苡夫妇家吃晚饭,同座者还有方应旸、张健、左登金和刘世沫。据称,当时在南京,虽然生活很艰苦,但朋友们常常有小聚会,每个人带一个菜一块儿吃。②

本月 个人写作被《新诗潮》丛刊第4辑《理论与批评》所载舒波的《评〈中国新诗〉》和晋军的《踢去这些绊脚石》谈及。

按,前者认为上海诗坛存在着五宗罪,在战后《大公报·文艺》《文汇报》《诗创造》《中国新诗》等刊物以及袁可嘉、穆旦、郑敏、辛笛、陈敬容、唐湜、唐祈、杭约赫、方平等"白相诗人"身上体现。

后者批判之辞兼及《诗创造》和《中国新诗》,《诗创造》"有着'大的目标一致'的旗帜","欺骗"了许多人,实际上是"一些自由主义,第三条路线的诗作品","充分的表现了小资产阶级在这个暴风雨的时代里的彷徨和苦闷"。穆旦是"比较觉醒的","然而他越是觉醒就越是恐惧",诗集《旗》中的《赞美》《控诉》等诗,表明穆旦"对人们的了解却仍旧停留在否认人民的立场,只是看见了人民的盲目,驯服,愚昧,而抹杀了人民的革命可能性,而抹杀了人民背后隐藏着的革命价值","在广大的人民已经觉醒了时

---

① 杨苡口述,余斌撰文:《穆旦在南京,1948》,《南方周末》2024年9月5日第C21版、C24版。

② 杨苡观点,见易彬:《"他非常渴望安定的生活":同学四人谈穆旦》。

代里",这样的所谓"到人民的搏斗里去"的诗人是不允许"存在"的。"诗创造派"和"中国新诗派""有意的阻碍了大众的前进,有意的浑乱了诗的阵营","以人民之友自居,而实在却是人民之敌",这样的"绊脚石"应该"踢了开去"。

年底前后

自行编订一部《穆旦诗集》,共拟收入1937—1948年间的诗歌80首,有《序》,诗歌被编为四部分,具体目录如下。

第一部:探险队(一九三七——一九四一)　《野兽》、《合唱》、《防空洞里的抒情诗》、《劝友人》、《童年》、《蛇的诱惑》、《梦幻之歌》(按,即《玫瑰之歌》)、《从空虚到充实》、《不幸的人们》、《我》、《智慧的来临》、《还原作用》、《五月》、《潮汐》、《在寒冷的腊月的夜里》、《夜晚的告别》、《鼠穴》、《我向自己说》、《神魔之争》、《哀悼》、《小镇一日》

第二部:隐现(一九四一——一九四五)　《摇篮歌》《黄昏》《洗衣妇》《报贩》《春》《诗八章》《自然底梦》《幻想底乘客》《诗》《赠别》《成熟》《寄》《线上》《被围者》《春天和蜜蜂》《忆》《海恋》《流吧,长江的水》《风沙行》《甘地》《隐现》

第三部:旗(一九四一——一九四五)　《赞美》、《控诉》、《出发》、《活下去》、《退伍》、《旗》、《给战士》、《野外演习》、《七七》、《先导》、《农民兵》、《打出去》、《轰炸东京》、《奉献》、《反攻基地》、《通货膨胀》、《心颂》(按,即《良心颂》)、《一个战士需要温柔的时候》、《森林之魅》、《云》

第四部:苦果(一九四七——一九四八)　《时感》《苦闷的象征》《他们死去了》《诞辰有作》《荒村》《饥饿的中国》《发现》《我歌颂肉体》《手》《我想要走》《暴力》《胜利》《牺牲》《甘地之死》《世

界》《城市的舞》《绅士和淑女》《诗二首》

按,关于这部诗集,周与良后来有过"几点说明":

1. 这是穆旦 1948 年离开北京随联合国粮农组织去泰国自编的一本诗集。

2. 原稿目录中有序,但没有找到,可能没写序。

3. 这本《穆旦诗集》一直沉睡在穆旦父母家中,直到 1980 年(当时他父母均已去世)由查良铃(穆旦妹妹)才把一本纸张又黄又脆的《穆旦诗集》手稿交给我,我一直珍藏着,总希望有机会出版.[。]

4. 这本诗集共分四部分:第一部探险队和第二部旗在四十年(代)已出版单行本,但和单行本中的诗篇略有增减。第三部隐现,第四部苦果(。)

5. ~~如能出版,请写一个序~~[①]

穆旦此前的 3 部诗集均没有《序》,此集既有《序》,篇目涵盖了前 3 部诗集的几乎全部内容,并增加了至 1948 年下半年为止的一批作品,对诗歌文本也进行了较多修改,这应是包含了总结写作的意图。所列诗歌均有具体内容,这似可表明 1940 年代穆旦诗歌散佚较少。[②] 和此前 3 部诗集一样,1937 年之前的诗歌未被收录,此前收入集的《我看》《园》(1938 年)等作品也未列入。

又,诗集目录首见于初版《穆旦诗文集·1》(2006 年),先后以《穆旦自选诗集:1937—1948》(2010 年)、《穆旦诗集手稿本》

---

① 原文或是未定稿,第 1 点中"离开北京"的说法有误;第 3、4 点的标点、文字有误;第 5 点的删除线为原有,而从这一点来看,此段文字应该是写给穆旦作品整理者的(很可能是杜运燮)。

② 杨苡认为,1940 年代中前期在重庆期间,"穆旦的实际写作并不止那么多","多散失"。见易彬:《"他非常渴望安定的生活":同学四人谈穆旦》。

(2022年)为名出版。前者为整理本(有若干注释),后者是将原稿(部分为原始手稿,部分为剪报,上有修改痕迹)与整理稿逐页对应而印制。

1949年(己丑,民国三十八年)　31岁

▲4—5月,中国人民解放军陆续攻占南京、上海,国内形势发生了根本性的转变。

▲7月,中华全国文学艺术工作者代表大会(简称第一次文代会)在北平(京)召开。

▲9月25日,全国文联的机关刊物《文艺报》正式创刊。

▲10月1日,中华人民共和国成立,北京数十万人在天安门集会,隆重举行开国大典。

▲10月25日,全国"文协"机关刊物《人民文学》创刊,茅盾主编,创刊号发表了毛泽东为该刊的题词:"希望有更多好作品出世。"

1月

月初　在南京的寓所,与唐湜有过会面,"畅谈了一夕",其中谈到与"七月派"的美学家吕荧"在西南联大是同一年级,一起学的俄语"。[1]

---

[1]　唐湜:《忆诗人穆旦》,杜运燮等编:《一个民族已经起来:怀念诗人、翻译家穆旦》,第154—155页。

2月

2日 离开上海去泰国前夕,有个人照片(可见于《穆旦译文集·2》等处)。

本月 在广州领取赴美护照,护照号为"京字17798"。

本月 在广州期间,与老朋友赵清华有过会面。

按,赵清华回忆,当时在一家粤式餐馆"依依话别",穆旦告知"转港去美留学的打算",并表示"几年后,那时的中国局面必然是澄清的了","还是要回到祖国",从事"文学事业"。[①]

2—7月

重回FAO,随该机构到设在泰国曼谷的东南亚办事处,任职员半年。

后有自述(1956年4月22日),在FAO南京办事处结束前,"粮农组织即已筹组东南亚办事处,设在曼谷,由南京办事处的负责人去搞的。我曾表示愿到那里工作。""十二月底突接粮农组织自暹罗来电,任我为译员半年。这时我便辞去美新闻处职务,办理出国赴暹罗手续。""工作仍为译一些粮农组织的新闻稿,发给曼谷的中文报纸。并校对了两三本英译中的科学技术书籍。我还管理粮农组织内的一个小图书馆。"另有自述(1955年10月)称,"我所以要去曼谷,也是为的可以积蓄美金,由那里可迳赴美读书。在曼谷有不少中文报纸"。

据称,到了曼谷之后,"生活很容易,不用太累就可以生活得

[①] 赵清华:《忆良铮》,杜运燮等编:《丰富和丰富的痛苦:穆旦逝世20周年纪念文集》,第196—197页。

很好,只是天气太热",每周都会给周与良写信,"有的描写泰国的风土人情,有时也谈泰国的经济",并寄去很多"在泰国各地照的照片",表示"待路费赚够,就去美国"。①

又,在广州和曼谷期间,都曾给梁再冰写信。

按,梁再冰称,穆旦这一时期"和外国人的关系是很密切的"。来信除了提到美国的农业老教授外,还提到一位"森林专家","这个美国人'原该休假返美了,可是走前的一两天,他知道时局已紧,便问我们:要是我走开一个多月,还能回来吗?我们说:多半不容易了。他说:那么我就不走了。因此他把假也取消了,专心一意留下来。你看这人有意思没有?大家都无心工作之时,他还是照常去南京附近的山头去看森林情况去,去和农民们去搞'"。

又称,本年八月间,穆旦提到他的诗,"最近在向国外兜售去了";还谈到对于当时一些骂他的话的看法,"只要他们有一天得势,我是一定要受他们'训练'的。我实在想写一些鲁迅杂文式的诗,把他们也反扫荡一下,我实在看不惯这种'文化法西斯'的逐渐兴起"。而自己当时未给穆旦回信,且已参加南下工作团,是从父母来信得知穆旦已去了美国。

所提到的"最近在向国外兜售"诗歌之事,或是指穆旦在曼谷期间,曾将一些诗歌自译为英文,寄给在美国的周珏良(详见1950年的相关条目)。

在曼谷期间,曾给方应旸"写了一封短信,还附了一张照片"。

---

① 周与良:《永恒的思念》,杜运燮等编:《丰富和丰富的痛苦:穆旦逝世20周年纪念文集》,第154页。

按,杨苡回忆,方应旸觉得"穆旦实际上是想通过他"把东西交给她,照片上的穆旦"笑嘻嘻的,看上去心情不错,不像在南京时有点忧郁"。①

3月

本月 在泰国曼谷及朱拉博功大学,有个人照片(目前可见两张,分别见于《穆旦译文集·4》和《穆旦诗文集·1》)。

8月

本月 从曼谷经香港乘船赴美留学。在轮船上,有个人照片(可见于《穆旦诗文集·2》等处)。

在曼谷时期的工作、生活情况,后有自述(1956年4月22日):"社会关系,除粮农组织内的人而外,有我住处(青年会)的一些暹罗青年及学生,此外有中央社驻暹罗记者吴某(英文 alex wu),有在联合国东南亚经济组织管图书的俞娴令(?),有当地的华侨商人(名字已忘却),当地蒋府领事也见过几面。总的说来,都是临时见到认识的,没有特殊关系。"在去美国的船上,"遇见高志达(老同学)和余启忠(联大助教)"以及其他一些去美国的教授和学生。

另有自述(1955年10月)称:在曼谷实际住了不到六个月,"得爱人自美寄来一笔钱,加上自己的储蓄,可以申请留美的签证了,于是便辞职并办理去美手续,由曼谷赴香港,1949年八月乃自港乘船赴美。在香港时,首次读到毛主席的《反党八股》和

---

① 杨苡口述,余斌撰文:《穆旦在南京,1948》,《南方周末》2024年9月5日第C21、C24版。

另一册似乎名为《论青年修养》的书"。

月底 周与良获得芝加哥大学植物学硕士学位,有合影(可见于《穆旦诗文集·2》等处)。

9月

月初 在美国旧金山,遇到周珏良,托他把身上的几十美元带回给北京的母亲,有合影(可见于《穆旦诗文集·2》等处)。

又,自述(1956年4月22日)称:"因所带费用不足,九月初曾去纽约拟请求罗氏基金的奖学金,但未获得。"又据自述(《关于周珏良》,1969年2月9日),由于自己"钱不多",周珏良"写了一封简短的介绍信",介绍"向洛克菲勒基金会(在纽约)的某一负责奖学金的美国人去声请奖学金","故我抵美后,尚未入学,即赴纽约去见这人,他和我略谈一下后,即告我须在我入学后经教授写信推荐才能声请奖学金。这样,我便走了。此后,这奖学金我未声请到"。

27日 进入芝加哥大学英文系,攻读硕士学位。

按,周与良回忆称,穆旦因更喜欢哥伦比亚大学英文系,本打算去那边就读,并动员她换学校,"在芝加哥停留一周,就去了纽约",因她"刚读完硕士学位,准备博士生的资格考试,不愿意换学校",因此,"去纽约只呆了三天,又回到芝加哥,在芝大英国文学系就读"。当时"住在靠地铁附近的一家小旅店,房间很小,共用卫生设备,房租很便宜","每天吃炼乳,面包,花生酱,有时也买碎牛肉罐头,水果吃最便宜的桔子、葡萄等"。[①]

[①] 周与良:《永恒的思念》,杜运燮等编:《丰富和丰富的痛苦:穆旦逝世20周年纪念文集》,第154—155页。

在芝加哥大学读书的时间,个人履历表一类材料均填为1949年8月—1952年12月。具体入学时间据成绩单。[①] 大致学习情况为"研究文学批评,俄文及俄国文学"。

有自述(1956年4月22日):"在芝加哥大学共读书三年,第一年靠自费及暑假做工以维持,第二年获美国国务院中国学生救济金,第三年又是半工半读。在美国所作的工作为:给医学院养动物,在邮局运邮包,给函数学校改卷子等,都是为了维持读书而作的半时工作,为期都很短。在美国主要则是读书,第一年读英文系,次年即专攻俄文,俄国文学;第三年除参加硕士考试外","自修苏联文艺理论"。另有自述(1955年10月)谈到"第三年没有助学金,无力注册"。

10月

31日 《荒村》刊载于重庆版《大公报·文艺》新第8号,当版另有赵照译《人和女人》等作品。

12月

23日 与周与良在佛罗里达州的杰史逊维尔(Jacksonville)结婚(结婚照现有留存,可见于《穆旦诗文集·2》等处)。

周与良回忆:"结婚仪式很简单。在市政厅登记,证婚人是呆良和另一位心理学教授。"婚礼这种"正式场合"原本都要穿藏青西装,穆旦因"不肯花钱买","穿的是一套棕色西装",自己"穿的是中国带去的旗袍"。"呆良订了一个结婚蛋糕。参加仪式的

[①] 张新颖:《穆旦在芝加哥大学:成绩单隐含的信息及其他》,《书城》2007年第3期。按,以下关于穆旦的课程、成绩、学位等方面的信息,均出于此。

还有几位他的同事。"两人"住在大西洋岸边的一个小旅馆一周,然后返回芝城"①。周杲良为周与良的五哥,当时在那里一个研究所做博士后。

回芝加哥大学后,夫妇俩先是租住 6115 Greenwood Ave;没多久,搬到 5634 1/2 Maryland Ave。后一处为与同学一起合租。合住同学先后有李志伟、巫宁坤;邻居则有卢懿庄与邹谠夫妇、王伊同与娄安吉夫妇等人。②

按,周与良回忆:"来往的朋友很多,每周末都有聚会,打桥牌、舞会等",常去芝大数学系教授陈省身家,"陪他打桥牌,然后吃一顿美餐"。那时候,自己"很爱玩,良铮从不干涉",几十年共同生活,"各自干自己喜爱的事,各自有自己的朋友";当时生活"并不富裕",但如果同学有困难,良铮"总竭力帮助","他待人以诚,大家都喜欢他"。③

又,巫宁坤回忆谈到当时"在一起住了一年之久":"穷学生在一起,虽然生活清苦一些,但茶余饭后,谈诗论文,兼及天下大事,自有一番情趣。"④

---

① 周与良:《永恒的思念》,杜运燮等编:《丰富和丰富的痛苦:穆旦逝世20周年纪念文集》,第155页。

② 参见陈伯良:《穆旦传》,第116页;本谱作者与查英传、查明传的谈话(2006年4月10—12日,天津)。

③ 周与良:《永恒的思念》,杜运燮等编:《丰富和丰富的痛苦:穆旦逝世20周年纪念文集》,第155页。

④ 巫宁坤:《旗:忆良铮》,杜运燮等编:《一个民族已经起来:怀念诗人、翻译家穆旦》,第148页。

1950年(庚寅)　32岁

1月或稍早

在美国留学的讯息为朋友们知晓。

按,本月5日,夏志清在致夏济安的信中写道:"诗人穆旦(李赋宁的同学)现在芝加哥。"①

3月

本月　与来芝加哥访问的罗又伦夫妇会面,并一起参观了芝大校园、芝加哥博物馆和美术馆等处,有合影(可见于《穆旦诗文集·2》等处)。后有自述(1956年4月22日):"和他除谈生活近况外,并劝他返回中国大陆",他说大陆不自由,"不会被重用"。罗又伦后来曾自台湾寄来贺年片。

按,周与良回忆"那时和良铮"非常喜欢印象派画,芝加哥美术馆有很多印象派画家的画。良铮最喜欢荷兰画家梵高的画";"还去参观了芝加哥一个屠宰场(全美最大的),在中国餐馆共进午餐。良铮和罗佑伦谈得最多的是中外诗歌,并建议他多看些古诗,如陶渊明、李白、杜甫等。罗的情绪不高,正在美国旅游,准备回台湾,罗只说了一句'欢迎你们随时回台湾'","以后再也

---

① 王洞主编,季进编注:《夏志清夏济安书信集:卷一》,第343页。

没有罗的消息了"。①

本月 唐湜的评论集《意度集》由平原社出版,收录《穆旦论》《郑敏的静夜里的祈祷》等十篇文章。

4月

本月 与芝加哥大学 Green Wood 公寓的邻居好友李志伟、卢懿庄与邹谠夫妇、王伊同与娄安吉夫妇及女儿王华陵等人同游 Jackson 公园,有合影(集体合影可见于陈伯良《穆旦传》等处,与妻子的单独合影可见于《穆旦译文集·5》等处)。

按,对照夫妇俩的着装,可判断收录在两处的照片为同一次所拍。

4月底或5月初

与李赋宁相见。李赋宁留学于耶鲁大学,当时是在归国途中,途经芝加哥时,来芝加哥大学参观、拜访。②

冬

在芝加哥市中心,有个人照片(可见于《穆旦译文集·4》等处)。

本年 与妻子到美国印第安纳州北部密执安湖游玩,在湖

---

① 周与良:《永恒的思念》,杜运燮等编:《丰富和丰富的痛苦:穆旦逝世20周年纪念文集》,第155—156页。

② 李赋宁:《我的英语人生:从清华到北大》,北京:商务印书馆,2022年,第150页。

边沙滩,与妻子有合影,并有个人照(前者可见于初版《穆旦译文集·5》,后者可见于第 2 版《穆旦译文集·5》)。

本年 《饥饿的中国》的第 2 章、第 5 章(*from HUNGRY CHINA*)和《诗八首》的第 8 章(*THERE IS NO NEARER NEARNESS*),收入美国赫伯特·克里可摩尔(Hubert Creekmore)编选的《世界诗歌小库》(*A Little Treasury of World Poetry*),该书由纽约查尔斯斯库里内尔之子出版公司出版。诗歌署 Cha Liang－cheng,由本人自译,且知晓出版情况,回国后所填写的《回国留学生工作分配登记表》(1953 年 2 月 21 日)中"著作"一栏填有这部诗集,且标注"内有自己的英译诗二首"。

按,《世界诗歌小库》有副标题"译自公元前 2600 年到公元后 1950 年间其他语言的伟大诗篇",包括 32 种语言、461 位诗人的 854 首诗,其中有 6 位中国现代诗人的 12 首诗,为闻一多 3 首、冯至 3 首、李广田 1 首、卞之琳 2 首、何其芳 1 首、查良铮 2 首。其他 5 位诗人的作品取自哈罗德·爱克顿(Harold Acton)与陈世骧 1936 年所编《现代中国诗选》(*Modern Chinese Poetry*, London: Duckworth, 1936)、罗伯特·白英(Robert Payne) 1947 年的《当代中国诗选》(*Contemporary Chinese Poetry*, London: George Routledge and sons, 1947)与《白驹集:从古至今中国诗》(*The White Pony: An Anthology of Chinese Poetry*, New York: The John Day Company, 1947),唯有穆旦直接入选。关于这部英文诗选,此前的回忆文与年谱材料之中,有《世界名诗选》《世界诗选》《世界名诗库》等不同书名,且所涉内容有较大出入。①

现行《穆旦诗文集》共录穆旦自译诗12首,署"英文自译诗作(1948—1951)",即《我》、《春》、《诗八首》、《出发》(1942年)、《诗》(1943年)、《成熟》、《旗》、《饥饿的中国》、《隐现》、《暴力》、《我歌颂肉体》、《甘地之死》,均为1940年代的作品。"编者说明"转录了杜运燮所记周珏良观点:被《世界诗歌小库》收录的两首诗为穆旦"在曼谷工作时翻译出来",由周珏良转给Creekmore的。"在此之前,美著名作家Oscar Williams从珏良处看到一些良铮的诗,觉得写得好,因而他介绍给Creekmore"。目前所见12首为家属整理穆旦遗物时发现的,经巫宁坤确认后,家属认为它们与前两首是"同一时期弄出来的,为在美国发表",其中,"《诗八首》英文章节与中文不同",译成英文当在《世界诗歌小库》出版之前。②

又,周与良回忆:当时良铮的诗作"在美国已小有名气,已发表过数篇,他很可以多写诗,靠写作过更好的生活,可是他总说在异国他乡,是写不出好诗,不可能有成就的"③。又称,有位外国友人曾和她说道:"你丈夫的诗写得非常好,他会成为大诗人。"④周珏良称:1940年代末期,穆旦"曾把自己的诗若干首译成英文。当时一位美国诗人看到了,说其中有几首风格像艾略

---

① 王天红:《穆旦诗歌英译述评(1946—2016)》,《新文学史料》2018年第4期。按,此文还详细讨论了此后穆旦诗歌被翻译成英文的情况,相关信息,本书不再一一举出。

② 见穆旦:《穆旦诗文集·1》,第366页。

③ 周与良:《怀念良铮》,杜运燮等编:《一个民族已经起来:怀念诗人、翻译家穆旦》,第131页。

④ 周与良:《永恒的思念》,杜运燮等编:《丰富和丰富的痛苦:穆旦逝世20周年纪念文集》,第156页。

特,这很可说明他给我国新诗引进了新风格"[①]。

综合来看,《穆旦诗文集》所录12首应该就是现存穆旦自译诗的全部,但当时是否都给了周珏良,或周珏良将全部诗作或其中的"若干首"给了Creekmore,已无从察知,总之,对方只选择了两首。而穆旦当年在美国期间的发表情况,以及是否有直接用英文写成的诗,目前也不得而知。

1951年(辛卯)　33岁

▲2月23日,教育家、南开学校创办人张伯苓逝世。

▲11月30日,中共中央发出《关于在学校中进行思想改造和组织处理工作的指示》。

11月

本月　个人诗歌写作被亦门(阿垅)著作《诗与现实(第三分册 论现象)》(五十年代出版社)中的《〈旗〉片论》(作于1948年3月23日)一文谈及。

按,文章结合了穆旦的远征军经历,以及王佐良、唐湜等人的评论材料,认为既然穆旦这本诗集所录"主题和题材多半从这次战争中汲取而来",那么,可以"通过战争的理解来理解穆旦和他底《旗》"。与孙钿的同名诗集《旗》"对比起来","他是根本缺乏孙钿底那种坚实的行动性和强毅的乐观主义的",他的诗"使

[①] 周珏良:《序言》,查良铮译:《英国现代诗选》,长沙:湖南人民出版社,1985年,第2页。

我们感到了无可奈何的悲观主义,甚而至于那基调竟是冰冷的虚无主义的";"这是叶赛宁式的痛苦,入骨的毒性,灵魂底绝望。而真正的'内在的情感',是并不正面地、肯定地存在的;而'人性的抒情',也限于毁坏人类底心灵底健康因素的热病的状态"。

本年　在芝加哥,有个人照片(可见于《穆旦译文集·3》等处)。

本年　作诗《美国怎样教育下一代》《感恩节——可耻的债》。后一首发表时有注释:"美国习俗,每年十一月的最后一个星期四为感恩节,家家吃火鸡来度过欢乐的节日。这节日源起于一六四二年,最初从欧洲到普来茅斯的移民们,生活极困苦,幸得当地红种人的帮助,得以安居并学得耕作的方法,因而感谢上帝。但此后的历史,成了白种人屠杀红种'土人'的历史,以致今日,红种人快要绝灭了。美国资产阶级的这一套办法,现在岂非也在向世界的各民族开刀?"

按,此注释是作于当时,还是1957年发表时特意添加的,不得而知。1957年穆旦共发表9首诗,但仅有这两首诗署了写作时间,均为1951年,学界对它们的写作时间以及诗中所表现出的"觉悟"有所质疑。[①]

---

① 参见[韩]金素贤:《智者的悲歌:穆旦后期诗歌研究》,《现代中国文化与文学》2005年;胡续冬:《1957年穆旦的短暂"重现"》,《新诗评论(第1辑)》,北京:北京大学出版社,2006年。

1952年(壬辰)　34岁

▲6月,全国高等学校开始进行院系调整。

1月

13日　申请参加硕士学位考试(Final Exam for the Master's Degree)。根据成绩单标注的信息,"Degree of A. M. conferred Jun 13,1952,without Thesis."不是选择以论文的形式,而是通过考试获得硕士学位。

2月

20—22日　参加硕士学位考试,未能通过。

3月

本月　妻子周与良获得美国芝加哥大学植物学系博士学位。

按,获得学位之时,有合影(可见于《穆旦诗文集·2》等处)。又,本年,4月至10月,周与良任美国芝加哥大学Institute of Radiobiology(光合作用研究组)助教。

春

在芝加哥,有个人照片(可见于《穆旦译文集·6》等处)。

5 月

21—23 日 再次参加硕士学位考试,通过。

后有自述(1955 年 10 月):"这一学位本应在一年前即获得,但因看不起美国学位,还是经爱人督促,最后才参加考试,拿到学位。"

6 月

13 日 在芝加哥大学洛克菲勒纪念堂参加毕业典礼,被授予硕士学位。

在芝加哥大学读书期间的课程与成绩情况如下(按,课程名和成绩等内容保留原样,其他内容结合张新颖的研究进行了处理):

时间	课程	成绩
一九四九年秋季学期	T. S. EILOT(T. S. 艾略特)	B
	SOCA. TH. & ANAL. OF LITERARY FORMS(社会理论与文学形式分析)	B
一九五〇年冬季学期	THE HIST. OF LITERARY CRIT'M(文学批评史)	A
	"THE CANTERBURY TALES"(《坎雷伯故事集》)	B
	ENGLISH DEFICIENCY(W)(不详)	B
一九五〇年春季学期	ENG. GARMMAR, ANAL. & HIST'L(英语语法,分析与历史)	B
	ALEXANDER POPE(亚历山大·波普)	B
	BIBLIDG. & LIT'Y HISTORIOG'Y(文献与文学史)	B
一九五〇年秋季学期	FRENCH FOR READ. REQ'TS(法语阅读要求)	R
	INTERMED. RUSSIAN(中级俄语)	B
	INTR. TO RUSSIAN LIT.(俄国文学导论)	A

续表

时间	课程	成绩
一九五一年冬季学期	HIST. OF AMERICAN LIT.（美国文学史）	C
	PREP. FOR EXAMS.（考试预备）	P
	INTERMED. RUSSIAN（中级俄语）	A
	又，一九五一年一月二十九日通过了法语考试	
一九五一年春季学期	CONTEMPORARY POETRY（当代诗歌）	B
	LIFE& WORKA OF SHAKESPEARE（莎士比亚的生平与创作）	B
	INTERMED. RUSSIAN（中级俄语）	A
一九五一年夏季学期	RESTORTION DRAMA（复辟时期的戏剧）	B
	INFORMAL COURSE（非正式课程）	A

成绩单显示：英文名字为 Conway Liang-Cheng Cha；家庭地址为 A21, PemSzeHutung, East City, Peiping, China；学位证书号为 255074；出生日期为 2-24-19（按，此处年份有误，应为 2-24-18，即 1918 年）。

通过了法语考试，但未见使用。日后一些自述材料也偶有提及法文的，如《干部履历表》（1965 年 6 月）"有何专长，懂何种外国语文、熟练程度如何"一栏，填有"法文（读，不够熟练）"；《外语人员调查表》（1973 年 7 月 20 日）"语种及翻译能力"一栏填为"法文（读）"。

按，妻子以及友人有回忆谈及穆旦在芝加哥大学时期的学习情况，多是涉及俄语方面的情况，英文方面的情况则少有谈到。

周与良称：良铮为翻译《文学原理》"作了不少翻译笔记"；且

有意识地关注新中国的现实,"就是在撰写学位论文的紧张阶段,还一次次阅读毛泽东的《新民主主义论》等文章"。① 又称,和当年学习英文一样,良铮背过一本俄文词典。②

又,联大校友、芝加哥大学同窗傅乐淑称他们共同选修 Intensive Russian(按,应即是成绩单上的 INTERMED. RUSSIAN),"每天6小时,天天有课,从字母学起,到能读俄国文学的作品、报纸新闻、政府公文为止,选此一门课等于平日上三年俄文的课";"穆旦选此课温习俄文。每逢作练习时,他常得俄文教授的美评";"在芝大选读这门课程的20来人中,穆旦是班上的冠军"。当时穆旦"正在翻译普希金的诗",曾表示"选此课可向俄文老师请教自己读不通的字句,译诗将是他贡献给中国的礼物"。③

巫宁坤认为穆旦当时"对学院式的研究并不重视,却花了很多时间搞俄语和俄国文学"。④

在芝加哥大学读书和生活的情况,有自述(综合1953年2月21日、1955年10月两份材料所记):1949年下半年初到芝加哥大学时,国内已经解放,"时常接到国内的信和报纸,对于国内情况逐渐了解一些"。常在芝加哥大学的一个国际公寓与留学生聊天,"总是和一些同学在回国问题上争论"。曾参加芝加哥中国同学学术讨论会(1950年6月—1951年9月),"该会是将

---

① 转引自李方:《穆旦(查良铮)年谱》,穆旦:《穆旦诗文集·2》,第395页。
② 周与良:《怀念良铮》,杜运燮等编:《一个民族已经起来:怀念诗人、翻译家穆旦》,第130页。
③ 傅乐淑:《忆穆旦好学不倦的精神》,杜运燮等编:《丰富和丰富的痛苦:穆旦逝世20周年纪念文集》,第221—222页。
④ 巫宁坤:《旗:忆良铮》,杜运燮等编:《一个民族已经起来:怀念诗人、翻译家穆旦》,第147—148页。

每人的研究心得,轮流作专题报告","主要负责人为芝加哥大学一些中国同学,轮流主席"。主要参加者有王一同、李志伟、徐贤修、王熙、邹谠、吴景桢、钱存训等人。"由于我的言谈'激烈',引起了在芝加哥监视中国学生的美国女特务 Studley 的注意和敌视,在我离美前,她曾送我一根类似绞绳的东西。"

按,周与良回忆:婚前曾在国际公寓住过,婚后住私人公寓,周末"许多中国同学去那儿聊天。良铮总是和一些同学在回国问题上争论"。其时,"有些同学认为他是共产党员",她表示,"如果真是共产党员,他就不这么直率了";"他什么也不是,只是热爱祖国,热爱人民"。婚后,"良铮就准备回国",并动员她"不必读了,回去算了",她不同意。等到"在办理回祖国的手续时","许多好心的朋友"劝告"最好等一等,看一看"。当时,"许多同学都持观望态度","学理科的同学主要顾虑国内的实验条件不够好,怕无法继续工作;学文科的同学更是顾虑重重"。而她"已经工作",良铮的二哥查良钊可"安排去印度德里大学教书",且"美国南部一些州的大学经常去芝大聘请教授",如果"想去南方一些大学教书,很容易";也有朋友邀请去台湾任教。但是,"良铮不找任何工作,一心要回国"。

又谈到当时的生活情形:"十分艰苦,必须半工半读。每个中国学生都要做临时工。良铮为了少费时间多挣钱,不愿在大学里干活",而"选择了在邮局运送邮包的重体力活,每小时可拿2美元多。一般都是夜里工作。他说这样可节省时间,不影响白天上课。晚上去干活,总要到清晨三四点才回家";"上下班都路过黑人区","非常同情黑人的处境","常买每个5美分的'热狗'带回家吃。这是当时最便宜的食品";"由于在邮局工作,他有机会接触美国下层社会的人,许多都是黑人。他和他们交了朋友"。①

又,杨苡、江瑞熙认为:当时杨振宁、李政道等人主张"观望",过几年再回国;巫宁坤和穆旦主张回来。巫宁坤较穆旦早回国,认为国内很不错;穆旦岳父周叔弢是著名的民主人士,当时是天津市的副市长,形势大好;再加上穆旦舍不得母亲,就回来了。②

又,当时主持过"国事讨论会"并作为"芝加哥地区中国同学会"顾问的钱存训亦有回忆,其中没有提到穆旦以及他的回忆中出现过的多位友人,但另有杨西孟、林永娱、叶笃正、郭晓岚等人,留学同学"不时开会座谈国内政局的发展"。后来,中国留学生"各人自动选择去留,美国国务院对回国的人补助旅费,不能回国的同学由美国政府供应学费和生活费,因此许多人以读书为生,在美居留"。③

在美国期间的社会关系亦有自述(1956年4月22日):"经常接触的,是在芝大读书的中国同学。如巫宁坤,卢飞白,萧济安,周华章,邹谠夫妇,蔡叔德,吴景桢,李树卿,等。美国人则有巫宁坤的两个朋友,Chailes 及另一小作家,及周与良的两个要好的同学。自己除和校中教师同学有普通接触外,没有私人来往的美国人。""只有在芝加哥的一个共产党小书店,自己因有时去看看,认识一个名 Chak 的美国人,比较谈得来。""一九五二年旅行经过纽约时,看到查良鑑,和他在友人处不意碰到一次,第二天他请我和周与良吃晚饭又见一次。""见到吴讷荪,他路过芝

---

① 周与良:《怀念良铮》,杜运燮等编:《一个民族已经起来:怀念诗人、翻译家穆旦》,第130—131页;《永恒的思念》,杜运燮等编:《丰富和丰富的痛苦:穆旦逝世20周年纪念文集》,第156页。
② 见易彬:《"他非常渴望安定的生活":同学四人谈穆旦》。
③ 钱存训:《留美杂忆:六十年来美国生活的回顾》,合肥:黄山书社,2008年,第36—37页。

223

加哥,我陪他游玩了一日。""他的甥女陈曼宜,在美国和我很熟,也在芝加哥大学读书,并且也亟望返国,因此和我谈得来。""还见到李博高一次,是我初到纽约时,去看望他的","他在联合国作翻译"。

回国经历亦可见于自述(1953年2月21日):"我和爱人同在美国读书,她读植物,我读文学。我是要早些回来的,不过为了等爱人毕业,直到一九五二年三月她毕业了,才办理返国手续。那时美帝已不准理工同学返国,这情形使我们焦急万分,不敢到移民局去申请,因为一旦被批驳,便有永远不能离美的危险。和朋友们经常打听消息和研究办法的结果,决定最好是绕道别国,假充到别国去居留。因此,我便替爱人发了不下二三十封求职信到各国,如果她能找到事去,我便先行返国。但是经历了四五个月的求职,只有印度肯考虑,有希望,但终以路费问题而不果。此路既不通,我们便想第二个办法,就是找人向移民局暗中疏通。好容易得知一位犹太律师[①],和他们很熟,通过他得知如有学校证明信,证明她所学的无实际用途而且美国不需要的,便有希望。以前教授是不肯写这种信的,因为他根本不同情我们返国。以后看到我们归意坚决,便写了信。于是通过这信和律师的人情,我们便于十月初获得移民局的批准返国。但香港过境,又有问题,必须有卅人以上才能团体押送过境,因是我们又由十月初等到十二月底,才得以搭船离美。这等待是令人焦急的,因为恐怕艾森豪威尔上台后,办法加紧,我们或许走不成的。"

[①] "犹太律师事务所",也可见于何国柱口述:《给联合国秘书长写公开信》,侯祥麟、罗沛霖、师昌绪等:《1950年代归国留美科学家访谈录》,长沙:湖南教育出版社,2013年,第296页。

按，回国经历，穆旦后来的多种交待材料都曾叙及，比照周与良后来的回忆，情形并不尽相同。周与良回忆称，回国申请1950年就已提交，但香港美国移民局一直到1952年才批准。①而如前所述，周与良最初的回忆提到了去台湾、印度以及美国南方的一些大学工作的可能性，其中这样谈到印度方面的情况："良铮的二哥在印度"，欢迎我们去印度工作，"印度德里大学并聘请我们二人去任教"。后来回忆的措辞有所改变，"良铮的二哥良钊为我们安排去印度德里大学教书"。

12 月

月底 先坐火车再坐船离开美国，两人旅费800多美元，为美国国务院在救济中国学生的拨款项下发给的（据自述，1956年4月22日）。同行人员包括周华章等。

当时夫妇俩有合影（可见于陈伯良《穆旦传》），与前来火车站送别的朋友们亦有合影（可见于《穆旦诗文集·2》等处）。后一合影中的人物有：蔡树德、李宗明、徐贤修、夏一仁夫妇和小女儿Jenny、钱存训、许文锦夫妇，何国柱、刘预其夫妇，萧济安、黄德声，以及数位男、女同学。

本年 在芝加哥大学校园，夫妇俩以及两人与周杲良有合影（可见于《穆旦诗文集·2》等处）。

---

① 周与良：《永恒的思念》，杜运燮等编：《丰富和丰富的痛苦：穆旦逝世20周年纪念文集》，第156—157页。

1953年(癸巳)　35岁

▲7月,《译文》创刊,茅盾任主编。

1月

13日或14日　几经辗转,经香港、九龙、深圳,抵达广州。

按,到广州的时间,穆旦在《回国留学生登记表》所填为14日,妻子所填为13日。

周与良回忆称:国内亲戚替两人办了从香港入境的手续,但香港只允许回大陆的旅客过境。当邮轮到达香港附近,就被中国旅行社用小船"送到九龙火车站附近,上岸后就有香港警察押送到九龙车站。在车站检查很严,然后关在车站的一间小屋里,门口有警察,不准出屋,停留了几个小时,由香港警察押送上火车。火车开了一小段,又都下车,因这段车轨不相接,走了一小段,再上火车,在深圳停留了一天,等待审查。然后去广州,住在留学人员招待所,填写了各种表格,住了一周审查完毕,才离开广州"①。

有研究指出,"在美国政府对留美学人归国设置重重障碍的情况下",众多留美人员不得不"通过各种渠道想法设法离美归国","设法取道香港"即其中的一条路径,"当时从美国回国的轮船只能到达香港,因此拿不到香港的过境签证就无法途经香港回国"②。

16日　填写《回国留学生登记表》(亦可见妻子周与良15日

---

①　周与良:《永恒的思念》,杜运燮等编:《丰富和丰富的痛苦:穆旦逝世20周年纪念文集》,第157页。
②　陈丹:《20世纪50年代归国留美学人:困境、组织与贡献》,北京:中央编译出版社,2022年,第177、180—182页。

所填写的同一登记表）。表格上盖有"广东省人民政府文教厅"公章，主要内容如下（按，表格形式略有调整，个人填写的内容用楷体，下同）：

<table>
<tr><td colspan="10" align="center">回国留学生登记表　1953年一月十六日填</td></tr>
<tr><td>姓名</td><td>查良铮</td><td rowspan="2">年龄</td><td rowspan="2">34</td><td rowspan="2">性别</td><td rowspan="2">男</td><td rowspan="2">籍贯</td><td rowspan="2">浙江海宁</td><td rowspan="2">留学期间</td><td rowspan="2">自一九四九年八月起至一九五二年十二月止共三年四月</td><td rowspan="2">留学地点（中外文）</td><td rowspan="2">美国芝加哥大学</td><td rowspan="2">自费或公费</td><td rowspan="2">自费</td></tr>
<tr><td>外文名</td><td>Liang-chang Cha</td></tr>
<tr><td colspan="2">国内学历及专长学科</td><td colspan="12">清华大学外文系毕业，专长于诗的创作及批评，在国内文化生活出版社（巴金主编）印有诗集一册。</td></tr>
<tr><td colspan="2">国外学历及专长学科（中外文）</td><td colspan="12">芝加哥大学英文系硕士，专攻英诗，戏剧，创作方法，及俄文。</td></tr>
<tr><td colspan="2">国内工作经历</td><td colspan="12">西南联合大学外文系助教。缅印远征军翻译官及英文秘书。中国航空公司职员。沈阳新报编辑（此报后被蒋政府查封）。联合国粮农组织编译。</td></tr>
<tr><td colspan="2">国外工作经历（中外文）</td><td colspan="12">联合国粮农组织驻东南亚分处（设在泰国）编译。美国函授学校英文教员。</td></tr>
<tr><td colspan="2">已定工作之地点机关及职务</td><td colspan="12"></td></tr>
<tr><td colspan="2">工作志愿</td><td colspan="12">教学或编著工作</td></tr>
<tr><td rowspan="8">家庭情况</td><td rowspan="2">家长</td><td>姓名</td><td colspan="2">年龄</td><td colspan="2">性别</td><td colspan="2">关系</td><td colspan="2">政治面目</td><td>现在何处何部</td><td colspan="2">作何工作（职业）</td></tr>
<tr><td>查厚埗</td><td colspan="2">六十</td><td colspan="2">男</td><td colspan="2">父</td><td colspan="2">在法院里做小公务员</td><td>北京北新桥小菊胡同4号</td><td colspan="2">赋闲</td></tr>
<tr><td rowspan="2">爱人</td><td>姓名</td><td colspan="2">年龄</td><td colspan="2">籍贯</td><td colspan="2">是否结婚</td><td colspan="2">政治面目</td><td>现在何处何部</td><td colspan="2">作何工作</td></tr>
<tr><td>周与良</td><td colspan="2">三十</td><td colspan="2">安徽</td><td colspan="2">已</td><td colspan="2"></td><td>一同和我自美国返国</td><td colspan="2">工作未定，多半在教育界</td></tr>
<tr><td rowspan="3">其他主要成员</td><td>姓名</td><td colspan="2">年龄</td><td colspan="2">性别</td><td colspan="2">关系</td><td colspan="2">政治面目</td><td>现在何处何部</td><td colspan="2">作何工作</td></tr>
<tr><td>李玉书</td><td colspan="2">六十</td><td colspan="2">女</td><td colspan="2">母</td><td colspan="2">家庭妇女</td><td>北京北新桥小菊胡同4号</td><td colspan="2">无事</td></tr>
<tr><td></td><td colspan="2"></td><td colspan="2"></td><td colspan="2"></td><td colspan="2"></td><td></td><td colspan="2"></td></tr>
<tr><td colspan="2">经济情况</td><td colspan="11">仅足糊口</td></tr>
</table>

227

续表

	姓名	职务	与本人关系	政治面目	现在住址	备考
国内重要社会关系	巴金	作家	友人，并曾代出版创作诗集		上海（详细地址不详）	
	冯至	教授及作家	师友，因为都写诗，所以很熟		北京大学	
	王佐良	外国语学校教授	同学加好友		北京外国语学校	
	杜聿明	国民党反动派军人	曾在他部下做翻译及秘书			
国外重要社会关系（中外文）	姓名	职务	与本人关系	政治面目	现在住址	备考
	陈时侃	学生	同学		想回祖国却一时回不来	
到穗及离招待所日期	一月十四日到　月　日离		通讯处	离招待所后	北京北新桥小菊胡同4号	
				永久	天津桂林路20号转	
领取护照之时间地点及字号	一九四九年二月在广州领取护照号 京字17798		备考			

17日　广东省人民政府文教厅为夫妇俩填写介绍函两封，送达机关不详，函件款式相同，但两人信息分别填写。函件内容如下（按，原件为竖排书写）：

---

　　　　　　　　　　　　(53)财留内字第六号
广东省人民政府文教厅函
　　　　　　　　　　　　公元一九五三年一月十七日①
　兹有回国 留 美 学生 查良铮 携家属　人由广州　经 上 海 赴 天津　特介绍前来请予接见指导并签发证明以便该生依法办理居留手续为荷。
　　　　　　　　　　厅　长　杜国庠
　　　　　　　　　　副厅长　萧隽英
　　　　　　　　　　　　　　秦元邦

---

　① 可说明的是，周与良的那一份表格，日期误为"一九五一年"；另外，两份文献中，"财留"二字均不够清晰。

在广州期间,见到清华大学和联大时期的同学王正宪。

据自述(《关于王正宪》,1969年3月29日),"1952年底,我在美国办理回国手续,需要回国的入境许可",经当时在美国的同学周华章告知,"可以托王正宪办理,因王在广州。于是我便写信给王正宪,请他代我声请了入境许可寄至美国。王知我回国,也托我代他买了一架自动换片的留声机。我回国后到广州,和王正宪见到两三次。他还领我去见过岭南大学校长陈序经"。

下旬 经上海,抵达北京。在上海期间,与周与良的姑母相见,并与友人萧珊、王勉(笔名鲲西)等人会面。

按,周与良回忆:在上海期间受到萧珊"热情地接待",她"非常高兴",欢迎"回到新中国,愿良铮为祖国的文化繁荣做贡献"。良铮告诉她"在美国学习时,也学了俄语和俄国文学的课程,准备回国后,介绍俄国文学作品给中国读者"。萧珊"很惊奇"这一转向,"鼓励他尽快地多搞翻译"。①

到达北京,在教育部招待所学习并等待分配工作。据称,在分配到南开之前,"基本上住在北京家中","日以继夜翻译季摩菲耶夫著的《文学原理》"。②

按,《文学原理》是苏联最早的具有大学教材性质的文艺理论著作,从1934年到1970年代,一直在苏联出版,影响很大。有研究认为,该著和毕达科夫的《文艺学引论》,"作为苏联主流的文学理论教材,曾经长期影响我国文学理论界。事实上,在我

---

① 周与良:《怀念良铮》,杜运燮等编:《一个民族已经起来:怀念诗人、翻译家穆旦》,第132页。

② 周与良:《永恒思念》,杜运燮等编:《丰富和丰富的痛苦:穆旦逝世20周年纪念文集》,第157页。

国,作为一门学科的文艺学,正是从季摩菲耶夫著作的引进开始的。上述两部文学理论教材,尤其是季氏的《文学原理》,对我国几十年来文学理论教材的框架、体系和观点都有深刻的影响,这种影响直到今天也没有完全消失"①。

查良铮之女刘慧回忆:良铮舅舅从美国带回来的一个大铁皮箱子搁在外公屋里,里边装的书放在书柜里。后来舅舅到北京的时候,有时候带回去几本。"文化大革命"的时候,书全被抄走。②

此一时期,与杜运燮、江瑞熙等人多有来往,曾和他们谈及"今后的职叶[业]问题"。

按,梁再冰谈到:穆旦在回国前就和杜运燮有通信往来,在香港期间曾致信杜运燮,在北京期间曾打电话给江瑞熙告知情况。自己与穆旦见过两次面,"都是他到新华社来",一次是来找她和江瑞熙,一次是来找江瑞熙、杜运燮、雷君嫦和她。"在谈到他今后的职叶[业]问题时",表示"不愿到学校去教书,或作机关工作,只想作一个'个人'职叶[业]文学翻译,翻点东西拿稿费"。朋友们知道"他在美国时把俄文学得很好","都反对他搞'个人'翻译,劝他到学校教书,以便更快地改造自己"。之后,从江瑞熙处知道穆旦去了南开,"但是对于学校给他的薪金待遇,非常不满意"。

2月

20日 中央人民政府高等教育部学校人事司来函,并转来广东省人民政府文教厅来信一封。从中可知,在离开广州一个

---

① 金永兵:《后理论时代的中国文论》,北京:文化艺术出版社,2014年,第33页。
② 据本谱作者与刘慧的谈话(2006年4月14日,北京)。

月之后,广东省人民政府文教厅曾有信寄到北京。函如下:

  查良铮、周与良同学:

    兹将广东省人民政府文教厅给你们的信件一封转去。因该信寄到时信封已破裂,故特加封寄去,希查收。

    又你们前次离京时,事前未曾与我们联系,不知你们的计划如何?是否仍拟回北京?你们进行工作的计划如何?希来信报告我们。

              司章

               二.廿

  按,目前所见短函写有"存底"字样,所谓"司章"亦为手写体,而非公章。据此后一些函件来看,所称"司"应该是中央人民政府高等教育部学校人事司。

21日 填写了《回国留学生登记表》《回国留学生工作分配登记表》。两份表格均是中央人民政府人事部制,编号为"回字第938号"。前者较简略,为A3纸大小的油印件(中缝对折),后者为正式的打印件,胶装成册,内页共有5版,包括"社会关系""在国内外参加过何种社会活动""回国经历情形""在国外对新中国的认识及回国动机""你在回国后有何感想"等方面的信息。

  按,对照先前的表格,《回国留学生工作分配登记表》中的"回国日期及经过情形""详细学历及履历""参加过什么党派或社会活动"等版块为新增,"专长""工作志愿""著作""社会关系"等版块的填写则已有微妙的变化。而对照同一日所填写的两份表格,又可发现一些相同版块的填写有着差异,比如回国时间由1952年12月变为1953年1月,综合来看,后者是准确的。更引人注意的是内容版块的变化。其中,"国内外社会关系"一栏,分"进步的"和"反动的"两格;"在国内外参加过何种社会活动""国内外详细学历及经历"两栏,增加了"证明人"版块。更大的变化是新增了"回国经历情形""在国外对新中国的认识及回国动机""你在回国后有何感想"等版块,且均是预留了大版的篇幅。

又,还需提及的是,《回国留学生工作分配登记表》既可见于南开大学档案馆,亦有坊间新传的版本。两者内容相同,比照手迹,可认定南开大学所藏为穆旦本人填写,坊间所传为当时的抄件。可以明显见出,因内容较多,该抄件的后几页字迹较草,个别文字与原件也有出入。至于出自何人之手则暂不可知。

3月

6日 据中央人民政府高等教育部本日致中央人事部函,已经决定与妻子同去南开大学任教。函如下:

事由:请调新从美国归国之留学生查良铮与周与良去南开大学任教

发往机关:中央人事部

发文日期:一九五三年三月六日

字号:(53)人干周 字第一七五 号

函文:

中央人民政府人事部:

兹接南开大学二月二十一日(53)津南字第一四一号来文略称:该校外国语文系英文组及生物系植物组均需增聘教师一名,尤以"植物病理"一课一直无人担任。近悉新从美国留学归来之查良铮与周与良二人能分担以上两门课程,请予洽调。等语。特转请你部考虑调给,并希见覆。

按,这份函件上有多处签字,如3月12日,签有"转二科";4月7日,有"已介绍去南开大学任教 佟存德";4月17日,有"拟予同意,请丁★★局长批示　★★",等等。

4月

6日　夫妇两人的《回国留学生分配工作意见签》(编号分别为133、132号)由中央人民政府人事部第三局签发。

按,关于查良铮(穆旦)的"处理意见"有三条:

(一)1940.7西南联合大学(原清华大学)外文系毕业。毕业后曾在昆明西南联大外文系任助教一年半,1942.2投入缅甸远征军……(按,以下为具体经历,从略)

(二)查的家庭关系较简单,但社会关系很复杂,认识一些政府负责人及教授,如杨刚、袁水拍、周叔弢、李广田等,亦认识一些极反动的伪国民党匪帮,如其堂兄查良鑑(国民党员)台湾蒋匪司法行政部次长,堂兄查良钊(国民党员)在印度德里大学教书;杜聿明(国民党员)反动军人,已被俘,查曾在他部下任英文翻译;罗又伦(国民党员)现在台湾,查曾任其个人教师达二年之久。

(三)中央高等教育部来文调查良铮及周与良去天津南开大学任教。本人亦同意去该校任教。

又,关于周与良的《分配工作意见签》的"处理意见"部分亦是三条,行文也是个人经历、家庭及社会关系、工作单位去向。

两份材料的审核人均为董★★,其在穆旦材料上签有:"此人关系经历复杂,任教较为妥当。"在周与良的材料上则签有:"此人系干部子女,虽其爱人关系经历复杂,任教尚可。"局长批示栏有签名和日期:"宋诚 4.17"。

10日　南开大学收到高教部学校人事司函(高人发446号),内容为"介绍查良铮、周与良到你校任教",附件栏填有"工作登记表二份"。

14 日　夫妇俩致函中央人事部的佟存德,内容:"约于两星期前我们曾寄部一函,告知我们经考虑后已做的决定,请部中寄我们对南开大学的介绍工作函一封,惟迄今未得答覆。不知是否该信遗失,或有其他缘故,因特再函询问,请予告知为感。"落款署"周与良　查良铮 同启",所留通信地址:天津五区桂林路廿号。

按,综合来看,可能是因为人事部相关领导未及时签署意见,两人的工作一时之间无法落实,故有此信。所称"部"即中央人民政府人事部。

22 日　中央人民政府人事部第三局二科签发文件(发文乙字 2516 号):

收文机关:周与良、查良铮同志

事由:函告已同意他俩去南开大学任教

撰稿:佟存德 18/4

函文:

关于你俩去南开大学任教事,已经批准。将我部的介绍信已送中央高教育部,并已由中央高等教育部转南开大学,南开大学接此信后,即可通知你们上班。特此函覆。

此致

敬礼!

中央人事部 三局(公章)

四月廿二日

本日　南开大学人事科有记录:"材料转来,本人尚未到校,拟通知本人即来校工作。"并有"材料存人事科"的批语。

23 日　南开大学在函件上批示:"通知本人到校并通知外文

与生物系速与本人安排工作。"

25日 南开大学来函:"兹接中央高教部人发字第四四六号函介绍同志来校任教,至表欢迎,并已预为安排住处,特函奉达,希即来校报到,让我们携起手来共同为祖国的教育建设事业而奋斗。"

5月

中旬 正式到南开大学,在外文系英文组任教,妻子周与良被分配到生物系微生物教研室。

后有自述(1955年10月):返国到北京后,"即向高教部报到,结果派我到南开大学英文系。我在答应此事时心中有矛盾。自觉写作和研究最适于自己,而教书,过去十多年前教过,颇为不佳,现在口才及能力是否胜任,毫无把握。但不教书似又无他项工作,而且南开大学又可和爱人一起工作,因此便答应了"。

初到南开大学,夫妇俩暂借住在周与良父亲周叔弢家里,一说是住在南开大学西村公益楼。①

按,此前,友人巫宁坤已于1951年7月返回中国,任教于燕京大学,1952年10月分配到南开大学外文系,其自传《一滴泪》称,穆旦夫妇是在他的"怂恿"下接受南开大学聘书的。当时南开大学师资紧缺,他也私心"希望有老朋友来作伴"。该自传提到当时南开大学的思想学习情况、个人遭遇以及穆旦对他的态度。这些均可看作是穆旦当时生活、思想的背景性材料。其中写道:"生活中最头痛的事是硬性规定的政治学习,每周两三个

---

① 查明传观点,据本谱作者与查英传、查明传的谈话(2006年4月10—12日,天津)。

下午。规定的学习材料包括毛主席著作、党报社论、党中央文件等等。每次开小组会,首先洗耳恭听一名积极分子朗读文件","接着进行讨论,人人都得发言,暴露思想,联系实际,说明学习文件如何帮助自己认识错误,提高觉悟"。"大家发言都小心翼翼,听上去都很真挚。小组长认真记录,散会后向负责政治学习的党员干部汇报。""晚上全校教师还得上'马列主义夜大学'。一位年轻的男教师每周两次从北京来,朗读他在新建的人民大学听苏联专家讲授马列主义的笔记,一字一句,照本宣科","得做笔记,因为期终还有考试"。自己"越来越公开地对缺少思想言论自由表示不满",只有良铮和天生"有同感"。[1] 所提到的"天生"为李天生,是巫宁坤在燕京大学教过的一位男学生,1953年8月被巫宁坤推荐到南开大学外文系任助教。[2]

6月

17日 所译美国诗人勃特·麦耶斯的《一九五三·朝鲜》,刊载于《大公报》,署良铮。

本月 填写《高等学校教师调查表》。此表由中央人民政府教育部制定,目的是"了解全国高等学校教师情况,以便有计划地培养,提高和充实高等学校的师资","助教以上的教师,每人填写一份","此表均报送中央教育部一份"。所填主要信息如下(按,表格形式略有调整,部分条目和内容有缩减):

---

[1] 巫宁坤:《一滴泪》,台北:远景出版事业有限公司,2002年,第30—31页。

[2] 2002年6月中旬,本谱作者到北京采访穆旦的友人。其时,杨苡先生帮忙联系了李天生,但被拒绝,据杨苡所述,他不想谈过去的事,"没有什么好谈的",他只想说,"穆旦是一个好人"。

姓名	现名	查良铮	系别及职别		外文系英文组副教授		月薪	
	原名	同上	性别	男	出生年月	1918年2月	实足年龄	34	家庭出身	小资产阶级
	曾用名	同上	民族	汉	宗教	无		个人成分	群众

籍贯	浙江海宁	健康状况	
通讯处(现在)	南开大学外文系	(永久)	
现属何党派团体,任何职务,在人民政府任何职务(时间)		无党派	
解放后曾参加何种政治学习(包括校内的,校外的,经常的,特别的)		经常性的政治学习	

担任课程	现在担任学科(包括两学期并注明每周讲课即指导实习讨论课程)	可能担任课程	过去曾担任的课程(注明年限)
	词汇、翻译	文学理论,诗	

何种专长与技能(此项请详细填写)	十余年前在大学读书时,即专学俄文两年。因此,除英国文学外,亦精读过俄国文学。在国外时并以一年余在学时间攻读苏联文学理论,等。
通晓何种外国文字,能否笔译(注明外文译中文还是中文译外文)、口译(有无实际经验)?阅读能力如何?现在学习何种外语,学了多久,程度如何?	英文及俄文,可自由阅读文学作品。英文有翻译能力(中译)。中文——有创作经验,曾出诗集数种,亦曾翻译。(俄文英文翻成中文)。
曾从事何种研究工作,曾有何种著作、译述	旗(诗集)　文化生活社出版 穆旦诗集　自印 苏联季摩菲耶夫教授所著大学文学理论教本《文学原理》,在译出中,即由上海平明出版社印出。 按:本书已印出。

业务情况
现从事何种研究工作?今后拟研究什么?对今后工作的志愿?	拟从事文学研究及介绍工作,其方面如下: (一)介绍俄国文学 (二)研究英国美国文学,用马列主义观点予以重新评定 (三)广泛的文学理论问题

续表

家庭情况
家庭经济情况(包括所有动产、不动产及收支情况)的变化与原因和目前经济情况
家庭经济来源,全靠薪给。原为封建家庭,至长一辈的人手里,便没落了。父母俱在,需要供应生活。原有的一些些物资,在抗战期间及解放前,已卖完吃完。现在则无存款,无不动产。

简历
按,该部分为表格形式,录1929年—1952年12月的事迹,共分14个小段。因相关事迹已分列到各年度具体条目中,从略,兹录所列证明人如下: 周珏良,外国语学校教授;王佐良,外国语学校教授;杨刚,政务院总理办公室;徐露放,中国茶叶公司;李舜英,中国人民银行;江瑞熙,北京新华社编辑;周与良,本校生物系副教授。
何时何地参加过何种政治党派、社会团体组织,何人介绍,任何工作,现在关系如何?证明人(在何地)?
未曾加入任何党派

主要社会关系(包括家庭成员)

姓名	在何地、何部门任何职务	政治面目(过去和现在)	与你的关系(政治上,经济上及其他方面)
查厚坤	年老闲居	群众	父,需供养
李玉书	家庭妇女	群众	母,需供养
王佐良	外国语学校教授	群众	同学,朋友
杜运燮	北京新华社编辑	群众	同学,朋友
罗又伦	现在台湾,职位不详	反动派	过去在军中任职相识,颇熟
查良鑑	现在台湾,司法界	反动派	堂兄
查良钊	现在印度大学任教	不详	堂兄

自己有哪些特长?优点缺点(自我批评)适合什么业务工作(不一定是教学上的,包括其他工作)
小资产阶级的习性很重,过去一直是好奇,对事物有五分钟热度,好空想,不务实际,被目为"诗人""理想主义者",加以受了西洋资本主义文化的毒,(特别爱好爱略特等近代派的西洋诗,其中散播着不少的悲观厌世的毒),这都是极应自我纠正的。过去自认为读了不少书(文学作品),但应重新掌握观点,对英、俄、及中文,有相当熟谙,自己的特长,现只能说在工具的使用方面,至于一切上层建筑,有待重新研究及学习。

暑期

有辞去教职之意。

自述材料(1955年10月)写道:因自觉"实在无教书才能"而"情绪消沉","上课一二次,即对自己教书能力异常灰心,无英文口才。一星期后改换课程,为重点课,又无教学法,更无法应付。一月后即暑假,决意辞去教书职,屡与系领导表示,未获准。领导责备我不努力,我则认为领导不理解我实在无教书才能,因此情绪消沉。在美国时的一腔热情,回国后反而低落了"。

8月

约在此时 与巫宁坤就莎士比亚的《哈姆雷特》等戏剧翻译有过交流。

按,8月15日,巫宁坤在致萧珊的信中写道:"Hamlet 我给你说动了心","你打算逐一介绍我当然赞成,但你所说偏重'学术研究'方面不知作何解?如果指《捕风捉影》后面那一套东西,我不大赞成,良铮劝我写一篇长序,偏重分析,但我害怕"[①]。Hamlet 即《哈姆雷特》,《捕风捉影》的译文可能是出自方平之手,1953年10月平明出版社出版。

9月

在此前后,译好普希金的长诗《波尔塔瓦》,交给萧珊处理。

---

① 陈思和、李存光主编:《一双美丽的眼睛:巴金研究集刊卷三》,上海:上海三联书店,2008年,第67页。

按,相关话题,萧珊在此一时期给巴金的信中多次提到。9月8日,萧珊写道:"我已开始为'平明'拉稿","我把平明的出版方针给他们谈过一下",拉稿对象包括王佐良、姜桂侬以及杨周翰、王还夫妇等人。9月20日,又写道:"我们普希金的好本子有没有?查良铮已译好一部,但没有插图。"10月5日,又写道:请卞之琳"把查译《波尔塔瓦》看了一遍,他觉得比得过一般译诗,那末就够了,我想再寄回去给查改一下"。10月23日,再次提到"查良铮一部普希金诗篇"要看。①

10 月

18 日 较早时候有信给萧珊,后又收到萧珊来信,再次作复,谈到自己的心情以及与萧珊的友谊:"我的好朋友,你知道不知道,现在唯一和我通信的人,在这世界上,只有你一个人。""我觉得我们有一种共感,心的互通。有些过去的朋友,好像在这条线上切断了。我们虽然表面上这条线也在若有若无,但是你别在意,在心里我却是觉到互通的。尤其在我感到外界整个很寂寞的时候,但也许是因为我太受到寂寞,于是连对'朋友',也竟仿佛那么枯索无味。""我们的忧郁感许是太浓厚了一点。忧郁或可,但是不要自伤身体。"

前一封信应是谈到"译什么"的问题(按,原信暂未见到),此信继续谈道:"关于《文学原理》一书,不必提了,我觉得很惭愧。译诗,我或许把握多一点,但能否合乎理想,很难说","我对于诗的翻译,有些'偏执',不愿编辑先生们加以修改","如果我不在

---

① 李小林编:《家书:巴金、萧珊书信集》,杭州:浙江文艺出版社,1994年,第133、137、140、145页。

这方面'显出本事',那就完了"。还谈到当时所译普希金诗拟取的书名和拟译的情况。

按,周与良回忆:当时萧珊与良铮"书信频繁(可惜这些信在'文化大革命'中全部丢失),讨论一些文学问题,并赠送良铮一本英文《拜伦全集》。良铮得到这本书,如获至宝",表示"本来就打算介绍拜伦的诗给中国读者,有了这本全集,就可以挑选拜伦最优秀的诗篇来介绍了"。① "在 1958 年前,良铮的翻译能出版得这么多,是与萧珊同志给予的极大支持和帮助分不开的。"②据 1954 年 9 月 15 日萧珊致巴金的信,该《拜伦全集》"版子很好,有T. Moore 等人注解,只是旧了一点"③。

本月 为所译季摩菲耶夫《怎样分析文学作品》(《文学原理》第二部)作《译者的话》。

11 月

2 日 巫宁坤将所译《莎士比亚在苏联》([苏联]莫洛佐夫著,平明出版社 1953 年 10 月版)相赠,扉页题有"给良铮　与良,　宁坤,十一,二"。④

本月 南开大学印制《教职员名册》,为外文系英文组副教授。

按,据此可知,外文系分英文组和俄文组。英文组有教授李霁野(兼系主任)、冯文潜(兼图书馆馆长)、司徒月兰、杨善荃、高

---

① 周与良:《怀念良铮》,杜运燮等编:《一个民族已经起来:怀念诗人、翻译家穆旦》,第 133 页。
② 转引自李方:《穆旦(查良铮)年谱》,穆旦:《穆旦诗文集·2》,第 400 页。
③ 李小林编:《家书:巴金、萧珊书信集》,第 192 页。
④ 相关赠书的信息,除特别说明外,均据穆旦遗留下来的藏书。

殿森、颜毓衡、李宜燮、陈逵,副教授另有张镜潭(兼图书馆馆长)、张万里、巫宁坤、张秉礼,讲师张涛(兼副总务长)、李景岳,助教李天生、廖克昌、钟月;俄文组有教授李绍鹏、毕慎夫,副教授杨寿钧、石波高夫、俞晋铎,讲师维诺格拉道夫、维诺格拉道娃、路绍楹、周基堃,助教翟琏、戴黄戎、徐克雄、王友苂、陈本和、蒋瑞琪,助理赵津华。

又,现存档案中可见各年的《南开大学教职员名册》,人员有变化,后文不再一一列出。

12月

8日 长子查英传出生。

本月 所译苏联季摩菲耶夫《文学概论》(《文学原理》第一部)、《怎样分析文学作品》(《文学原理》第二部)由(上海)平明出版社出版,署查良铮译,列入巴金主持的"近代文学译丛",为竖排繁体本,翻译底本为"苏联高等教育部准用为大学语文系及师范学院语言及文学系教本。莫斯科教育——教学书籍出版局一九四八年版"。

《文学概论》字数为107000字,初印10000册;1954年1月,三印至19000册;2月,四印至24000册;4月,五印至34000册;10月,七印至44000册;12月,八印至54000册。[①] 书前有《内容介绍》、《译者的话》(本月所作),内容包括第一章文学的思维性、第二章形象性、第三章形象的概念底历史的内容、第四章艺术

[①] 需说明的是,由于所见文献的限制(主要是难以搜齐不同的版次,也难以确定哪一版是最后的版本),穆旦译著的印数很难一一查实,这里也无法准确标出各书的全部版次和印数。

性。《内容介绍》称:"主要是论文学的本质,特性及法则,对更进一步的文学史和文学批评的研究提供了科学的理论的基础";"确定了文学的思维性,形象性,艺术性及党性;识别了文学的不同的类型及其内在的原因;阐明了现代以及过去文学对于我们所具有的社会的,政治的和美学的意义"。《译者的话》称:"作者想从文学的复杂的现象中,抽出文学作品和文学发展的规律,使文学的研究,可以和自然科学的研究一样的精确化。"但本书在苏联面世五年来,"曾经一再受到批评",在苏联文艺界引起了"热烈讨论"。尽管如此,"译者认为仍然有介绍的价值",即书中珍贵的意见可以为中国文艺界提供参考,而它的缺陷一经指出,"也可以帮助我们少走许多弯路"。

《怎样分析文学作品》字数为62000字,初印30000册;1954年1月,二印至35000册;4月,三印至45000册;8月,四印至56000册;10月,五印至59000册;12月,六印至72000册;1955年3月,七印至75000册。书前有《内容介绍》《译者的话》,内容包括第一章文学创作中内容和形式的统一;第二章思想,主题("思想——主题"基础),个性;第三章结构及情节;第四章文学作品的语言。《内容介绍》称:"本书对于从事文学研究的人提供了科学的基础和理论的出发点;它指出研究文学作品并不就是单独地研究它的思想,或个性,或语言,而是要在作品各部分的有机的关联中去透视这一切。"

按,在出版社"公私合营"之前,所译著作基本上是由平明出版社出版。从当时一直到1958年,共出版译著约25种(包括出版改制之后新印的),妻子认为是其"译诗的黄金时代"。

周与良回忆:良铮常常"全身心地投入到译诗的境界,平时少言寡语,实际是沉浸在译文的构思之中了";他"在物质上无所求,饮食极简单,穿着极朴素,翻译中忘记吃饭,仅吃些花生米之类";"当时他年富力强,精力过人,早起晚睡,白天上课,参加各种会议,晚上和所有业余时间都用于埋头译诗","从没有夜晚两点以前睡觉"。"他常说,拜伦和普希金的诗,如果没有注释,读者不容易看明白。他的每本译诗都有完整的注释。"良铮偶尔也对她说:"这句诗的注释就是找不到。""为了诗的注释,他跑遍各大学图书馆和北京图书馆等处去查阅有关资料。他跌伤腿以后,还挂着拐杖去南大图书馆找注释。尤其《唐璜》的注释,他花费了大量的精力和时间,查阅了大量文献。"①

杨苡认为,穆旦归国之后有很多雄心壮志,以极大的热情投入工作之中,"他想证明给没回来的人看,回来了是多么好"。②

回国后一段时间之内的社会交往情况,有自述(1956年4月22日):"在天津,常与爱人的家:周家人们来往,以及南开大学内的教师如巫宁坤等来往。此外有董言声(他来津时),查良钟(在天津医学院)等。(与吕泳无往来,但听说他在天津)。""因常去北京,来往者有:卞之琳,李赋宁,王佐良,周珏良(以上都在大学中),杜运燮,江瑞熙(在新华社),唐湜(见过几面),王运成(时代社)等。与袁水拍也见过两面,并曾通信。总之,全是因为过去是熟人,及友人而来往的。"

按,所提及的友人之中,1954年到中国戏剧家协会工作、任《戏剧报》编辑的唐湜谈道:穆旦当时所译普希金、拜伦、雪莱、济

---

① 周与良:《怀念良铮》,杜运燮等编:《一个民族已经起来:怀念诗人、翻译家穆旦》,第132—133页;《永恒的思念》,杜运燮等编:《丰富和丰富的痛苦:穆旦逝世20周年纪念文集》,第161页;李方:《穆旦(查良铮)年谱》,《穆旦诗文集·2》,第400页。
② 见易彬:《"他非常渴望安定的生活":同学四人谈穆旦》。

慈等人的诗歌,"每出来一本"就给他寄去。① 又,"唐湜引穆旦去见唐祈与曹辛之","穆旦请诗友们到王府井大街上的萃华楼吃烤鸭","有一次还带来同族叔伯兄弟查良镛,与唐湜等诗友一起吃饭"。②

又,唐湜同事屠岸回忆:当时大家是在《戏剧报》办公室会面,穆旦"没有畅谈,只谈了当时诗歌界的情况";"他有点郁闷",说"现在没有写东西,难于下笔"。③

又,对于查、周两家地位及夫妇俩的关系,周与良的大哥周一良,友人杜运燮、杨苡、郑敏等人后来都有回忆。

周一良回忆:周家"大多数人对他过去的情况都不够了解",因此穆旦每次到家里,"当大家(兄弟姐妹十人中六个党员,两个民主党派)欢聚在父母身边,兴高采烈,高谈阔论时,他常常是向隅独坐,落落寡欢";而许多年中,自己去天津,"记得只上他家去过一次","回想起来",那时"对他的态度是非常不公正的"。④

杜运燮回忆:"穆旦是学文的,周与良是学生物的,两个人的生活圈子不一样。家族也不一样。周家是望族,是红色资本家。"杨苡回忆:"周家是大家,而穆旦是小人物",朋友们当时"曾玩笑说穆旦是'豪门贵婿'";后来在苦难中,"两人从来没有出现

---

① 唐湜:《忆诗人穆旦:怀念穆旦逝世十周年》,杜运燮等编:《一个民族已经起来:怀念诗人、翻译家穆旦》,第155—156页。
② 曹凌云:《生为赤子:唐湜与他的文友们》,沈阳:春风文艺出版社,2022年,第178页。按,查《金庸年谱简编》(严晓星,四川文艺出版社2021年版),未见金庸此一时期到北京的记载。
③ 屠岸口述,何启治、李晋西编撰:《生正逢时:屠岸自述》,北京:生活·读书·新知三联书店,2010年,第263—264页。
④ 周一良:《钻石婚杂忆》,北京:生活·读书·新知三联书店,2002年,第126页。

过要划清界限,不像当时很多干部动不动就划清界限"。郑敏认为:"穆旦的妻子周与良和他非常配,是那种阴阳配合,周与良的理性思维能力很强,性格稳重、温和、宽容。要是两个人性格一样,那就会不得了。"①

约在本年　与方纪、周良沛等人交往。

按,方纪当时主管天津的文艺,周良沛是因为其介绍而与穆旦"认识、谈诗、聊天、喝咖啡的"。

周良沛回忆谈道:"方纪,也是以他在那个位置的身份,除了对穆旦为自己有些作品是奥登的仿制品和距离读者太远的欧化语言所作的自我批评,是热忱地欢迎外,对他艺术探索的精神又是充分肯定的";"他对穆旦40年代诗创作总体情况的把握,说得穆旦都有些吃惊。穆旦首先是把他看作新中国的文化官员,说他是作家,并没有读过他的作品,由此,穆旦又拿起了本来打算并不这么急于要挥动的诗笔"。②

又,刚回国的穆旦"看什么都很新鲜,也太陌生,议论诗时,静心地听,很少开腔","是有学养的文静、深沉,偶尔说诗,语惊四座,洋溢着他对生活的热情,对诗的真诚"。"不止一次听他亲口当着好几个人讲:他拿着自己过去的诗,请他在'南开'的学生看,这些学生和他写这些诗时的年龄不相上下,也是学外语,且喜爱文学、爱读诗的,都坦率得可爱的对他讲:他们读得头疼,读不懂,不知所云。他们表示自己喜爱的,恰恰是现在有的评家用以和穆旦相比而看作不入流的作品。这对穆旦的震动太大了。

---

① 见易彬:《"他非常渴望安定的生活":同学四人谈穆旦》。
② 周良沛:《近思方纪:极不规范的悼念之文》,《神鬼之间》,济南:山东画报出版社,1999年,第42页。

他不是怪自己学生水平太低,而是反思自己对奥登等的模仿太过了。怨自己对人民群众的不了解。相信一个时代有一个时代的诗。他愿多读点当时的年轻朋友反映新生活的作品,由此思考些问题再动笔"①。按,何谓"有的评家用以和穆旦相比而看作不入流的作品",文中并没有做出具体解释。

1954年(甲午)　36岁

▲9月,政务院通过《公私合营工业企业暂行条例》。

▲10月,毛泽东给中央政治局委员和其他人写了《关于'红楼梦研究'问题的一封信》。随后,全国展开了对《红楼梦》研究中的资产阶级立场、观点、方法的批判,同时展开了对胡适思想的批判。

▲11月,南开大学发生"外文系事件"。

1月

本月　将译著《文学概论》《怎样分析文学作品》题赠给萧珊,题词分别为"给蕴珍:这是你胜利的标记。良铮　一九五四,一月天津";"萧珊:良铮,一九五四、一月"。

按,译著出版后,多马上送给巴金、萧珊夫妇,并有题词。有明确时间信息的将编入后面的谱文,其他的则还包括《怎样分析文学作品》(平明出版社1953年第1版)、《文学发展过程》(平明出版社1954年第1版)、《文学概论》(平明出版社1954年第2

---

①　周良沛:《穆旦漫议》,《文艺理论与批评》2001年第1期。

版)、《布莱克诗选》、《普希金抒情诗二集》(新文艺出版社1957年新1版)、《欧根·奥涅金》(新文艺出版社1957年新1版)等。①

2月

本月 所译季摩菲耶夫的《文学发展过程》(《文学原理》第三部)由平明出版社出版,署查良铮译,列入"近代文学译丛",繁体竖排本。内容为第一章风格,潮流,方法;第二章文学的类别(类和型)。全书106000字,初印14000册,本年3月,二印至19000册;4月,三印至29000册;8月,四印至35000册;10月,五印至38000册;12月,六印至47000册;1955年3月,七印至50000册。

有《译者的话》,内容同前两部。有《内容提要》,称本书"建立分析文学发展过程所应依归的原则和方法。作者根据马克思、列宁主义的原则,以社会主义现实主义的文学经验为出发点,指出文学在人类社会发展过程中所体现的一系列具体的、概括的形式。本书的特点:一方面能不违背历史的具体性,一方面能在统一的原则下,帮助从事文学工作的人更深刻地、更正确地去了解、研究、批评各时代不同的作品"。

3月

22日 袁水拍将所译《五十朵蕃红花》(拿·希克梅特等著,平明出版社1954年1月版)相赠,扉页题词:"良铮同志指正,袁

---

① 部分信息据陈伯良:《穆旦传》,第131—132页。

水拍,1954,3,22。"

袁水拍当时或稍后所赠作品集还有诗集《华沙,北京,维也纳》(人民文学出版社1953年11月版,扉页题词:"良铮同志指正,袁水拍,1954年春,北京")、《诗四十首》(新文艺出版社1954年2月版,扉页题词:"穆旦同志指正,袁水拍,1954年春,北京")、译著《论诗歌源流》(乔治·汤姆逊著,作家出版社1955年3月版)等。

本月 所译普希金长诗《波尔塔瓦》由平明出版社出版,署查良铮译,列入"新译文丛刊",横排本,收录《波尔塔瓦》、注释以及附录二则(《别林斯基论波尔塔瓦》《苏联教科书俄国文学史摘要》)。全书77000字,初印10000册;本年6月,二印至12000册;11月,三印至15000册;1955年5月,四印至17500册;10月,五印至19000册。

翻译底本为"苏联科学院俄国文学研究所一九五〇年出版的普希金全集",此后所译普希金著作基本上也是据此底本。有《内容介绍》,称"本诗是普希金的杰作之一。诗人以俄国历史上著名的波尔塔瓦战役为背景,有力的刻画出这一场战役,歌颂了它的英雄人物——彼得大帝,并且叙述了一个凄丽的爱情故事。关于这故事,诗人自己说:'蛊惑,敌意,背叛,狡狯,小气,狠毒……强烈的个性,深刻的悲剧的阴影笼罩着这恐怖的一切——是这些引起了我的兴趣。'从普希金诗艺的发展上来看,本诗的特点是:字句简洁锤炼,叙述客观,富有民歌风味"。

本月 将译著《波尔塔瓦》《文学概论》《文学发展过程》题赠给巴金。前者题词为:"巴金先生:谢谢看稿和指正! 良铮 一九五四、三月天津";后两者题词均为:"巴金先生正:良铮 一九五四、三月、天津"。

本月 将译著《波尔塔瓦》《文学发展过程》题赠给萧珊,题词分别为:"蕴珍:你在这本书上的劳苦也许不是白费的。因为这里不只是一个老朋友的谢意,第三章中有几段也许值得为你慰解。良铮　一九五四,三月。天津";"给蕴珍:这里是无休止的争论。良铮　一九五四、三月　天津"。

春

南开大学校园的政治风声急促,对巫宁坤受批判之事表示同情。

按,巫宁坤回忆称,很多教授"出马",只有司徒月兰、查良铮和李天生"没有参加大合唱",查良铮和李天生对他的遭遇"非常同情"。①

4月

本月 所译普希金长诗《青铜骑士》由平明出版社出版,署查良铮译,列入"新译文丛刊",横排本。收录长诗三首《青铜骑士》、《努林伯爵》、《强盗弟兄》、注释以及附录四则(《别林斯基论青铜骑士》《论青铜骑士》《别林斯基论努林伯爵》《别林斯基论强盗弟兄》)。全书49000字,初印13000册;8月,二印至15000册;10月,三印至20000册;1955年5月,四印至22500册,10月,五印至23500册。

有《内容提要》,称"《青铜骑士》是普希金最伟大、最成熟的作品之一。它的内容曾使许多人迷惑不解。诗人通过彼得堡洪

---

① 巫宁坤:《一滴泪》,第30—33页。

水期间一个小公务员所受到的灾难,生动地刻画出了农奴地主制度下的俄罗斯的最尖锐的矛盾。苏联季摩菲耶夫教授说:诗人的伟大在于他提出了一个巨大的问题";"《努林伯爵》是诗人对于当时生活的轻松的讽刺,是一篇异常可爱的喜剧生活的描绘。《强盗弟兄》描写一群反抗社会的亡命者,从他们的血腥的生活中烘托出对和平的渴望"。

本月 夫妇两人的信息(包括住房"东平房 70 号"等)列入《南开大学关于归国教师情况的报告及国外留学生登记表》(南开大学档案馆所藏人事处档案,共 39 页,时间"自 55 年 3 月至 55 年 4 月")。

5月

本月 将所译《青铜骑士》题赠给巴金夫妇,题词为"巴先生 蕴珍:良铮 一九五四、五月"。

6月

19 日 接萧珊来信并作复,称"这是一个沉闷的时期","朋友们都这么彼此多疑"。"我这几天闷是由于同学乱提意见,开会又要检讨个人主义,一个礼拜要开三四个下午的会。每到学期之末,反倒是特别难受的时候,很没有意思,心在想:人生如此,快快结束算了。"对私营出版社要归并到公营一事谈了看法,"这自然不是一件很愉快的事,对你,对我。至少由于你的力量,我得到了不小的帮助和便利,一变为公营,这些就要全没有了,令人惋惜";"好在我们并不是没有工作能力,也有了些表现,总算比别人沾了些光,就在这样的基础上往下走,也是走得通的,并不是没有路"。有附言,认为卞之琳翻译的拜伦诗歌"太没有感情,不流畅,不如他所译的莎氏十四行。大概是他的笔调不合之故"。

按,所称卞译莎士比亚、拜伦,是指《译文》1954年6月号和4月号所载译文。

7月

本月 所译普希金长诗《高加索的俘虏》由平明出版社出版,署查良铮译,列入"新译文丛刊",横排本。收录两篇长诗《高加索的俘虏》《巴奇萨拉的喷泉》,以及注释、关于译文韵脚的说明、附录三则(《别林斯基论高加索的俘虏》《论高加索的俘虏(摘自布拉戈依著普希金的创作道路)》《别林斯基论巴奇萨拉的喷泉》)。全书62000字,初印13000册;本年12月,二印至16500册;1955年5月,三印至19000册;10月,四印至20300册。

有《内容提要》:"高加索的俘虏和巴奇萨拉的喷泉是普希金早期成名的杰作,两篇诗都以异方风物为背景,以美丽铿锵的写景状物的诗句见称。高加索的俘虏叙述在高加索山中一个俄罗斯俘虏和一个山野民族的少女的浪漫故事;俘虏的塑像,可以说是十九世纪俄国小说中最常见的男主人公的类型的肇始。巴奇萨拉的喷泉追述鞑靼的可汗如何为了一缕情丝建立一个著名的喷泉。两篇诗都是既有写实的笔触,又富于浪漫的抒情意味,在诗人创作的发展中形成独特的风格。"

本月 为所译普希金的诗体长篇小说《欧根·奥涅金》作《译后记》。

8月

月初或稍早　到过上海,"见到陈蕴珍,李来运,周华章,王勉,王道乾,王辛笛,巴金,靳以等"(据自述,1956年4月22日)。其间,还常去萧珊(陈蕴珍)家里,当时"吴学夷也还在",萧珊招待了"几次"。①

又,可能是在此期间,到过平明出版社,与吴钧陶见过一面。②

9月

在此前后　与巴金有过通信。

按,本月10日巴金致萧珊的信谈道:"我给查良铮去过一信,谈《阿涅金》事。他有一信来,说起要送唱机来。"③所谈《阿涅金》,应该是穆旦当时正在翻译的普希金作品《奥涅金》;"送唱机来"之事,暂不知其详。

10月

16日　中央人民政府高等教育部学校人事司致函中央人事部三局(高人发字 3145 号),内容:"兹接南开大学人事科来函,五三年由美返国留学生查良铮现在该校任教,为对其进行审查,

---

①　据1954年8月5日萧珊致巴金的信,见李小林编:《家书:巴金、萧珊书信集》,第184页。

②　吴钧陶:《答诗人唐湜先生》,《云影》,上海:上海辞书出版社,2016年,第144页。

③　李小林编:《家书:巴金、萧珊书信集》,第191页。

请将其所填留学生归国登记表等有关人事材料一并寄来等语。即将查处,并迳转该校为盼。"

30日 中央人民政府人事部第三局致函天津南开大学人事科(留字 635 号),函件上端有手书"机密件"字样,撰稿栏签有"张磊 28/10",签发栏签有"谭继震 10.30",事由为"送去从美回国留学生查良铮之工作分配登记表 2 份",函文:"十月中旬接高级部学校人事司来问。据称你校索要一九五三年由美归国留学生查良铮之人事材料。兹将查之工作分配登记表转去。请查收。"

本月 所译普希金的《欧根·奥涅金》由平明出版社出版,署查良铮译。内容包括《欧根·奥涅金》、《关于〈欧根·奥涅金〉》(斯罗尼姆斯基)、《译后记》。全书 198000 字,初印 5000 册;1955 年 5 月,二印至 8000 册;10 月,三印至 11000 册;12 月,四印至 14000 册。

有《内容提要》,其中写道:"《欧根·奥涅金》是世界文学中最珍贵的遗产,俄国古典作家无一不受到它深刻的影响。""从故事的叙述中,我们可以看到诗人的鼎盛的生命力和浑圆的艺术,处处予人以惊奇、赞美、和美不胜收之快感。附有插图二十六幅。"翻译底本除前述外,并参照了其他俄文本,以及英译本和德译本。

《译后记》称:该书是"俄罗斯的伟大诗人的一部最辉煌的巨著","译者对它的崇敬和热爱是无限的","曾经反复地细读过它",翻译过程中,一方面是害怕不能保证译文质量,"悬着一颗心",有一种"沉重的感觉";另一方面,"又给了译者以多大的激动和快感!"有"一种创造性的喜悦!""译者在不知不觉中,是朝向马尔夏克所明确的方向去作的",即"把原诗的主要实质传达出来";"为了保留主要的东西,在细节上就可以自由些"。"这里要求大胆……常常这样:最大胆的,往往就是最真实的。""好的译诗中,应该是既看得见原诗人的风格,也看得出译者的特点。"[①]《欧根·奥涅金》既是"很严谨的格律诗",又是"异常相当流畅、富于旋律、和'恰到好处'的语言",译文为了两面兼顾,决定"不要被韵脚捆得太紧",采用"相当稀疏而整齐的韵脚,不必像原诗似地行行都押韵"。

本月 为所译《普希金抒情诗集》作《译后记》。

11月

8日 儿子查英传一周岁生日,全家有合影(可见于《穆旦诗文集·2》等处)。

本月 南开大学外文系发生了部分教师联合挽留陈逵教授和反对系主任的事件,称"外文系事件",为主要参与者之一。

综合多种材料来看,南开大学外文系的问题由来已久,外文系领导和部分教师之间关系较为紧张,部分教师感觉到领导的工作作风有问题,感觉到自己不被重视或受到排挤。该事件发生的契机则是因为陈逵在一个被认为是不恰当的时候被要求调职,巫宁坤、查良铮、张万里、钟作猷、司徒月兰五人曾联名上书校长做出挽留,部分教师的情绪和态度在一些场合特别是"红楼梦问题研究"座谈会上多次表现出来。校方后采取一系列措施,将以巫宁坤为首的周基堃、查良铮等积极参与的部分教师定性为反对领导的"小集团",对主要人员进行了行政处分。此事引起的波动较大,持续时间较长,中共中央办公厅责成高等教育部

---

① 此处原有注:"马尔夏克的观点见于《文艺报》1954年第8号刘宾雁的《马尔夏克谈诗》。"

党组来了解处理此事;后,外文系被停办一年,部分教师因此被调动工作。

按,目前关于此事的材料有三种:一是南开大学档案馆馆藏相关档案,其中包括校方的总结性文字,相关会议记录,相关人士的说明或检讨材料,相关揭发材料,以及一位教师据此事写给《人民日报》社的一封长信等。一是当时南开大学校报《人民南开》的一些记载。一是当事人后来的追忆材料,包括周与良、巫宁坤、魏宏运、王端菁等(按,部分材料并未形成文字,而是在接受笔者的采访时所谈)。综合多种材料,可以勾勒出此一事件的大致轮廓。如下所节录的部分材料,其文风与立场带有较强的倾向性,望读者辨明。

据《巫宁坤、周基堃等人组织小集团进行反对领导的具体活动》(为手写体,未署作者和日期):"干部科简正方同志11月11日向外文系征求关于调陈逵事的意见。11月12日,简正方将此事转告陈逵先生并征求意见。简走后,陈逵先生即到周基堃家,将此事告诉周。当日晚上巫等即拉拢查良铮、张万里先生签名。以后,并蒙蔽钟作猷、司徒月兰先生签名。12日晚巫宁坤等在周基堃家里商量此事,并请周签名。""当天晚上将签名书送到系助理马文恭同志手里,并转交给校长。13日上午马文恭同志有事到查良铮家去,正遇巫宁坤、张万里在查家商量事情。11月15日上午杨副校长刘副校长找查谈话,听取意见,并表示以开会的办法解决外文系的问题。并找巫谈话。""这时正值文科三系将召开'红楼梦研究'问题座谈会之际","19日在'红楼梦研究'座谈会上,查第三人发言","后经其他同志制止。至散会上周基堃发言:'……我对主席制止查先生发言不满,我保留意见。'""以上尽是些明显的活动情况,至于别人不知道的接触情况肯定还有很多。这完全证明巫宁坤、周基堃等是有小组织的有计划的有准备的进行反对领导的活动。"

11月20日出版的南开大学校报《人民南开》周刊新第66期对"《红楼梦》座谈会"有报道：11月19日下午二时，南开大学中文系、历史系、外文系三系会同民盟南开大学区分部，工会南开大学中文、历史、外文部门委员会在第4教学大楼301教室召开了"红楼梦研究"座谈会，批判资产阶级的学术思想。出席座谈会的除了文科三系的全体教师外，还有杨石先、刘批云副校长等近百人。"会上，对《红楼梦》的人民性与'红楼梦研究'的资产阶级思想等问题作了讨论。"

又，周与良回忆：在"红楼梦研究"批判会上，"良铮刚发言，只说了一句话，就被召集人阻止，良铮立刻离开了会场，在场的另一位教授说，这样做不对，要让大家把话说完。当场召集人却大发雷霆"。① 按，综合多种材料看，主席或称会议召集人为中文系教授李何林。

11月25日，中共南开大学总支委员会所作《南开大学总支委员会关于外文系事件的报告》（手写体，提交给市委）：外文系"过去教师间不团结现象长期存在，学校行政和党的组织在这方面曾作了不少工作，但问题仍未解决。本学期因工作需要中央决定调陈逵教授到人民文学出版社工作（上学期曾来文调动一次），系内教授巫宁坤、查良铮、张万里等人借机活动，大肆攻击

---

① 周与良：《永恒的思念》，杜运燮等编：《丰富和丰富的痛苦：穆旦逝世20周年纪念文集》，第157页。

系主任李霁野(同情组员①),并曾联名上书校长(除此三人外尚有钟作猷、司徒月兰共五人,目前钟已有认识,口头向校长表示要撤回其签字,据李霁野谈司徒月兰亦有此表示),以挽留陈逵为名来反对系的领导"。"在这一系列的过程中,党的组织曾进行调查研究,搜集反映,对他们进行个别谈话,党内统一思想等工作,但目前巫、查,张等的活动情况还在扩大,而且更采取了多样的斗争形式和我们进行对抗。"

之后,校方展开了一系列的"教育"工作,现存档案中有不少检讨材料、提意见的材料(有一份《对于外文系的一些意见(英文组)》,内容包括对系行政领导、教学工作和课程内容的意见,关于各别先生的意见,涉及杨善荃、巫宁坤、查良铮等。其中,对查良铮的"意见"共12条)、检举材料以及相关座谈会(又名"谈心会")的记载。

其他的材料,有一份未标明日期的手写材料,标为"问题摘要",从中也可见出当时"问题"所涉及的几个主要方面:"陈逵调动问题""红楼梦研究座谈会问题""李霁野是否打击排挤的问题""学校的批评风气与不良倾向发生的责任问题""对李是否偏袒"等。

1955年4月20日油印《关于外文系事件的总结报告》(按,很可能就是1955年3月底刘披云副校长就外文系事件所作的

---

① 据1951年参加同情组的张家林回忆(张家林:《"同情组"和它的第一个小组纪实》,《南开校友通讯》2002年),"同情组"全称"中国共产主义同情者小组",是1951年初,在中共天津市委领导下,南开大学党总支所组建的一个培养进步人士的组织,周基堃、张镜潭等人为第一个"同情组"的成员,他们"都有不凡履历,在外文系群众中口碑甚佳"。张家林提到了"外文系事件"牵涉到的多位教师,称"这些人都有些恃才傲物"。相关情况,亦可参见魏宏运:《忆南开的中国共产主义者同情小组》,《南开校友通讯》2000年。

总结报告)：1954年11月下旬，学校"向全体教师作过初步报告"，并"决定由教务处、政治辅导处、人事处负责召集外文系全体教师举行座谈会"。"座谈会从十二月二日起十四日止，连续开了六次，参加会议的除外文系全体教师外有普通俄语组全体教师，有党总支、民主党派、工会和青年团的代表，以及高教部检查组同志，发言相当踊跃，揭发出不少的事实，展开了批评与自我批评，问题基本上得到了澄清，有关人员作了初步检讨。"总结包括四个部分：一、问题的性质，二、对若干问题的看法（即对巫先生等所提理由主要点的分析），三、处理意见，四、从外文系事件中应该吸取的教训。

处理意见："给巫宁坤、周基堃先生以口头警告处分。"巫宁坤是"外文系事件的倡导者"，周基堃是"外文系事件的暗中积极支持者"，"这些作风和行动的性质是严重的，但巫、周二先生平常对教学工作一般是负责的，巫先生有较深刻的自我检讨（问题还要看行动），周先生仅在党的同情组会议上有过应付式地极不深刻的检讨，这就是我们决定给予口头警告处分的根据"。查良铮先生"在这次事件中表现是粗暴的，受人怂恿的，缺点也是不少的，惟因回国不久，未参加思想改造运动，而查先生本人在若干场合又有较老实的初步检讨，故不予论处。希望查先生要从这次事件吸取教训，努力提高思想政治水平，并应与一切'影响工作，破坏团结'的行为断绝关系"。

"从外文系事件中应该吸取的教训"："外文系的问题是严重，但它的发生不是偶然的，这是过渡时期日益尖锐、复杂的阶级斗争在学校中的反映"。教训有三：一是"拨弄是非破坏团结的言行必需严格制止，严重的个人主义与自由主义必须反对，团结互助，个人利益服从集体利益的集体主义必需提倡"；二是"对待批评的态度必需端正,正确的批评与自我批评必需展开";三是"马克思列宁主义的学习必须加强,政治思想水平必需提高,思想改造必须深入"。

在南开大学校园之外,"外文系事件"已引发更大的风波。1955年1月3日,中华人民共和国高等教育部(以下简称高教部)综合大学教育司致函南开大学,要求告知"外文系教师的团结问题将于何时作出结论"。4月21日,南开大学校长办公室致函高教部,并抄送天津市委文教部([55]津南字第2974号):

本校外文系事件,已于三月卅日向全体教职员作了总结报告。现将此项报告整理出来,呈送你部二份。其中关于给予巫宁坤、周基堃二先生警告处分(处分问题,在总结报告时来宣布)。是否合适,请审查并批示。

此外,外文系主任李霁野先生认为查良铮先生应给予警告处分,我们未同意,是否恰当,尚希并予指示!

6月28日,学校收到高教部机综(55)字第七五四函(批复函)。6月29日,刘披云校长签字:"送请市委文教部指示决定。"此外,1955年4月7日,俄语组助教蒋瑞琪给《人民日报》的信(长达10页)认为"外文系事件"处理不妥,学校领导对李霁野"有偏护"。1955年4月19日,《人民日报》读者来信部将信转给中共中央办公厅。5月21日,中共中央办公厅秘书室致函中央高等教育部,"请高等教育部党组了解处理,并告结果"。

受"外文系事件"影响,英语专业停办一年,学生调整的情况亦可见于相关文件:

1955年3月18日,高教部发文,通知南开大学西语系俄文专业调整至哈尔滨外国语专科学校,学生"按其实际程度安插至该校适当年级学习","现有该专业俄文教师仍留原校担任其他各系俄文课程的教学工作"。

6月11日,高教部向南开大学发文:"兹决定你校英文专业自一九五五——一九五六学年起停办,现在校三、四年级学生(三年级学生提前毕业)可与天津市有关部门联系,调往天津市教师进修学院,一年级学生原则上转入本校其他专业学习,其必须继续学习外语者,请连同教师调配方案,一并报部。"

5月27日,学校致函高教部,6月20日,高教部批复"关于你校俄文专业师资调整的问题",其中涉及杨寿钧、毕慎夫以及"两位苏联籍教师"的情况。

8月20日,高教部来函,事由为"关于南开大学英语专业停办一年级中十二名学生调整至哈尔滨外专事"。内容:"该专业一年级十九名学生,除七名学生已决定转入北京大学西语系继续学习英语外,其余十二名学生调整至哈尔滨外国语专科学校学习。"

年底

将译著《欧根·奥涅金》题赠给巴金:"巴金先生:谢谢你使这本书在这种译法中得以出版。虽然,此刻,我对自己的能力不免感到惭愧。良铮 一九五四年底。"

本年　搬进东村70号新居,与巫宁坤的住处仅隔咫尺,过从甚多。

按,巫宁坤回忆:"良铮爱喝一杯,但从不过量,有时他特地骑车从官银号一家老店去买一些酱牛肉之类的酒菜",捎来家里小饮,"三杯两盏下肚,海阔天空,'知无不言,言无不尽'";"我们住的宿舍靠得很近,随时可以互相串门儿聊天。为了调剂单调的生活,周末往往相聚小饮,放言无忌。良铮常领我们一道骑自行车去逛旧城的南市,欣赏与当前政治宣传无关的民间艺人表演,那是他当年上南开中学时的旧游之地"。①

又据记载,东村住房是南开大学最早的教师宿舍。当年张伯苓校长即住在东村。抗战时期,东村的房屋被毁,"战后重建,屋前有小花园,屋内地板木质很好,比较讲究"。后来,房屋又"修葺多次,高级设备已拆改殆尽"。②

1955年(乙未)　37岁

▲1月,中共中央批转中央宣传部《关于开展批判胡风思想的报告》。

▲2月,全国开始开展"肃反运动"。

1月

本月　萧珊赠所译普希金的《别尔金小说集》(平明出版社1954年12月版),扉页题有"良铮,珊,五五,元月"。在此前后,萧珊所赠译著还有屠格涅夫的《奇怪的故事》(平明出版社1954年版)、《阿细亚》(平明出版社1953年版)等。

---

① 巫宁坤:《一滴泪》,第29—31页;《旗·忆良铮》,杜运燮等编:《一个民族已经起来:怀念诗人、翻译家穆旦》,第148页。
② 魏宏运:《魏宏运自订年谱》,北京:商务印书馆,2015年,第118页。

春

个人境遇引起朋友们的关注与关心。

按,本年春,杨苡到上海,其间,靳以嘱咐她转告萧珊,在说话、处事等方面要注意。杨苡与萧珊有过彻夜长谈,其中谈到穆旦。杨苡回忆:为了"一个共同的好友,一个绝顶聪明、勤奋用功的才从美国回来诚心诚意想为祖国作点贡献的诗人",自己认为"必须保护他,不要忙着为他出版书,以免招人嫉恨,引起麻烦",萧珊"却天真地拒绝了"这种"担心"。[①]

周与良认为:良铮后来的遭遇和某些人的嫉妒有关,因为当时他"业务拔尖","书出的多","无意中引来某些人的'不能相容'"。[②]

4月

1日 所译匈牙利的班雅敏·拉斯罗的诗歌《匈牙利的春天》、印度的阿里·沙尔特·霞弗利的小说《恰赫鲁队长》刊载于《译文》4月号,署查良铮译,均有《后记》,当期另有戈宝权、刘宾雁、孙用等人的译作。

《后记》称,前者翻译底本为1952年苏联出版的《自由匈牙利诗选》俄译本(马尔泰诺夫译),原作者班雅敏·拉斯罗1954年10月曾随匈牙利文化代表团访问中国,他"读完小学四年级以后就没有继续求学的机会,于是到一个纺织工厂里做学徒,又作过五金和镕焊工人",他的才能"直到匈牙利解放以后才发挥出来"。后者翻译底本为莫斯科外国文学出版社1954年出版的

[①] 杨苡:《淮海路淮海坊59号》,《文汇读书周报》2002年3月。
[②] 转引自李方:《穆旦(查良铮)年谱》,穆旦:《穆旦诗文集·2》,第399页。

《印度及巴基斯坦小说集》俄译本,苏联作家洪吉诺夫为小说集所写序言谈到:这篇小说会令人"回忆到早年的高尔基";"这篇故事有着巨大的难以理解的感染力","她一方面具有高尔基小说中的少女的特点;而另一方面呢,在这个刚毅的令人惊讶的乡村姑娘身上还能看到莱蒙托夫所描写的一些人物";"在她身上活着人民的精神,这种精神是任何戴软木帽的外国人所不能玷污的;她体现着人民的健康,这是和这片雄浑的自然,和这海洋、土地和天空的磅礴之力息息相通的。这是外在的和本地的暴力所不能征服的一种抗拒力量"。

5月

12日 收到平明出版社转来的陆海塘信并作复,署查良铮,主要内容如下:

今天看到平明转来你的信,谢谢你的建议、关心和协助。

据我所知,普氏抒情诗集已在印刷中,封面已由出版社制订好,你的封面设计转给他们也无用了。

该书包括一百六十首诗,你所列举的差不多都在内。

关于译诗复制原诗韵式问题,我的看法是:单就韵脚这个形式而论,它是诗的外在(依附上去的)形式,和诗的内容的内在形式不同。诗的内容不会因为韵式的改变而改变多少;在翻译中,那就更看不出什么区别了。

自然,能复制原诗韵式最好,这应该是一个理想,至于各别的译诗能否达到它,应视客观条件和译者能力而定。

即将出版的抒情诗有许多是按原诗韵式走的,望提意见。

按，此信为新见文献，《穆旦诗文集》未录。陆海塘的身份暂时无法获知，综合来看，此人俄文素养比较高，很可能是上海浦东祝桥中学（据信封地址）的一位俄文老师。

本月 所译《普希金抒情诗集》由平明出版社出版，署查良铮译，列入"新译文丛刊"，按顺序收录1814年到1836年间诗歌150首，附录《别林斯基论普希金的抒情诗》《普希金的抒情诗》（摘自1953年版苏联教科书《俄国文学史》）。全书229000字，初印25000册；8月，二印至28000册；10月，三印至34000册；11月，四印至38000册。

有《内容提要》《译后记》。《内容提要》称：所选诗歌"贯穿着诗人的二十三年的创作生涯，从这里不仅看到诗人的作品的发展及其创作道路，还可以从他的内心生活、他的思想和情感的玲珑的结晶来窥见诗人的动荡的一生和他的冲破黑暗势力的乐观精神。本书比较着重地介绍了公认为普希金最灿烂的诗歌时期的作品"。《译后记》称，最初翻译"原来没有什么选择的标准"，但是"著名的抒情诗作，那些常常被人提起和精选的作品，却也差不多包括在里面了。比较缺少的，是他的书信诗和警句。还有民歌体的诗"。"凡是原诗有韵的，译诗也都有韵。只有少数完全追随原诗的韵式；此外，有些译诗另外安排了韵式，也有些译诗力求近似原诗的韵式，但比原来的韵脚稀疏。"

6月

24日 为农历五月初五，端午节，也是新中国的第一次诗人节。据称，参加了诗人节，并和杜运燮一起看望过林庚。[1]

---

[1] 孙玉石：《"相见匪遥 乐何如之"：林庚先生燕园谈诗录》，北京大学诗歌中心、北京大学中文系编：《化雨集》，北京：人民文学出版社，2005年，第52页。

7月

5日 次子查明传出生。

月初或稍早 致萧珊,谈及南开大学外文系停办之事。

按,本月9日,萧珊在致巴金的信中谈道:"南开外文决定停办了,查、巫都来信告诉我这件事,两个人的态度显然不同,查很得意,'能逍遥一时且逍遥一时吧。'巫有点焦急,想进文学研究所,要我告诉卞诗人的地址。这跟物质基础很有关系。"①

本月 所译季摩菲耶夫的《文学原理(文学底科学基础)》由平明出版社出版,署查良铮译,列入"近代文学译丛",全书288000字,初印8000册;12月,二印至10000册。

此书即此前所出版的《文学概论》《怎样分析文学作品》《文学发展过程》三书的合集,此次全书出版,增加引言和附录(即季摩菲耶夫的《文学原理基本概念的系统化》)。有《内容提要》《译者的话》,后者的写作时间标为"一九五三年十二月。一九五五年订正。"相较于之前出版的分册,文字上做了多处"订正"。

8月

本月 为所译《拜伦抒情诗选》作《前记》。

9月

本月 参加南开大学的"肃反运动",共18天,主要内容为"肃清反革命,思想改造";当年参加中国远征军的问题重新被提

---

① 李小林编:《家书:巴金、萧珊书信集》,第217页。

出,成为肃反对象。妻子周与良在家中"帮助"解决思想问题。

按,本年2—5月,全国开始开展"肃清暗藏在人民内部的反革命分子运动"(简称"肃反运动")。2月5日,中国作协主席团举行第十三次扩大会议,决定展开对胡风文艺思想的批判。5月3日—6月10日,《人民日报》连续发表三批《关于胡风反革命集团的材料》,"肃反运动"全面展开。5月21日,《人民南开》新第90期发布《南开大学关于开展学术上的自由讨论和批评的决议》,该决议于11日第三次校务会议通过。同期《人民南开》开始整版刊登"提高警惕 批判胡风""坚决肃清胡风集团和一切暗藏的反革命分子"的文章,批判一直持续到该学期结束。8月,中共中央发出《关于彻底肃清暗藏的反革命分子的指示》。

周与良回忆:生物系"本来打算"将她也列为肃反对象,"可是历史上实在找不到任何借口",只好让她"在家里'帮助'良铮"。良铮"每天上午8时就到外文系交待问题,中午回家饭吃不下,晚上觉也睡不着,苦思苦想","劝他有什么事都说了吧,问题交待清楚也就没事了"。此前,他已将参加中国远征军的经历向领导如实讲述,"自己以为交待清楚就行了",但"领导说他不老实,连国民党员身份都不肯交待。实际上他真不是国民党员";"良铮非常苦恼没有可交待的,可是又被逼着交待"。①

巫宁坤回忆:肃反运动"在全国范围内大张旗鼓开展"后,"大街小巷和南大校园里到处都是红布横幅,宣告'坚决、彻底、完全、干净地肃清一切反革命分子'。九月一日南大开学,校长在全体师生员工大会上宣布停课搞'肃反运动',号召全体师生

---

① 周与良:《永恒的思念》,杜运燮等编:《丰富和丰富的痛苦:穆旦逝世20周年纪念文集》,第157—158页。

员工人人积极参加运动,揭发检举","文学院立即召开全体教职员一百多人参加的大会",会议主持者宣布他"不仅是南大的头号'暗藏的反革命分子',而且是一个'反革命集团'的头目。集团成员包括查良铮、李天生和德语讲师周基琨"。[①]

10月

本月 填写了一份《履历表》,主要内容如下。

"家庭情况"栏之"家庭经济状况(包括人口、田地、房屋、山林、债务、资本、佣人、各种收入、主要生活来源,生活情形)"板块,"解放前"部分填:"有父,母,及一妹,无房地产,无佣人,靠工资及少许积蓄生活,生活相当拮据,常有忧虑。""解放后"部分填:"有父,母,爱人及两个小孩,无房地产,但有节余的储蓄,除工资外尚有版税(或稿费)收入,也有佣人。生活较解放前大有改善,无忧虑。"

"社会关系:其姓名、住址、政治情况、过去和现在的关系如何?现在何处任何工作?"栏填有:"李赋宁,北京大学外文系,民主党派,过去大学中同学,现在仍保持接触,并几次请他在业务上帮忙。现任英文组教授。//卞之琳,北京大学文学研究所研究员,解放前在联大认识,因有共同对诗的兴趣,现在仍保持接触。//杜运燮,北京新华通讯社编辑。过去同学,现在仍保持接触。政治面貌为群众,颇求进步。有共同对文学的兴趣。//江瑞熙,北京新华通讯社编辑。过去同学,有共同对文学的兴趣。现在仍保持接触。群众。//董庶,昆明师范学院中文系主任。

[①] 巫宁坤:《一滴泪》,第29—38页;《旗·忆良铮》,杜运燮等编:《一个民族已经起来:怀念诗人、翻译家穆旦》,第148页。

中学时即已结为朋友,有共同对文学的兴趣。但自1942年以后即未相见,现在仍然通信,群众。//陈蕴珍,大学时前后同学,解放前时有往来,现在仍然通信。她是巴金的爱人,未担任机关工作,为出版社译书。群众。//巫宁坤,南开大学外文系副教授,和他在美国同学,返国后同在南大任教,来往颇多。群众。但因和他来往可能阻扰自己进步,决定此后不再来往。//周华章,上海华东纺织工学院教授。在美国同学,共同返国,现在保持接触及通信。群众。"

"有何特长和专门技能?熟练程度如何?"栏填:"对于诗及文学理论有兴趣。无专门技能。"

"懂得何族或何国语文能否作口头翻译?有无实际经验,熟练程度如何?"栏填:"英文,曾作过口译。俄文,只能笔译。"

按,表中"家庭经济状况"一栏的内容,新中国成立前后发生比较大的变化,"除工资外尚有版税(或稿费)收入,也有佣人。生活较解放前大有改善,无忧虑",意味着在较短的时间内翻译出版较多著作,且往往多次印刷,带来了比较可观的"版税(或稿费)收入"。

有研究认为,"1956年以前,稿费制度一直处于标准不一的混乱状态。大部分私营出版社(包括公私合营的三联)都在延用民国时期的版税制,只有国营出版社效仿苏联,施行定额制。其中,平明出版社依然是版税制,可预支,且版税可观、按时发放"。"穆旦在平明的版税,应当与同时期傅雷等人相同(或相近),为15%。按照穆旦译著的销量,即便是12%的版税,也是很可观的收入。"[1]

---

[1] 操乐鹏:《平明出版社的文学译介与出版活动考释》,《文艺理论与批评》2020年第1期。

又，有研究指出，1953—1957年，新闻出版总署采用苏联的稿酬模式，制订了"印数定额制"的付酬标准；其中，基本稿酬规定翻译稿每千字为4万—13万元（合今40—130元）；"印数定额"则是图书出版时，根据不同作品的具体情况，订出每印1万册（或2万、3万册）为一个"定额"，一般而言，发行面宽的书，定额大，发行面窄的书，定额小。1958年7月之后，文化部颁发了《书籍稿酬暂行规定草案》，规定翻译稿为每千字3—10元，这个标准较此前的有所降低；之后则"一降再降"。[①] 这对认识穆旦的翻译收入或能提供某种参照。

本月 填写了一份《历史思想自传》，共13页（主要内容已列入此前的相关谱文之中），其结尾写道："空口说革命是无用的，必须以行动结合起来；自己既然已明白，'自由'就是认识社会发展规律，按照规律行动，那么为什么还无组织无纪律呢？这都是自己应该痛改之点。自己在参加革命前，罪恶已多；参加革命后，更应如何将功折罪，这是自己应深切反省的。此后愿以行动来表示自己求进步的决心，以改造自己达到为人民服务的志愿。"

11月

本月 所译普希金的《加甫利颂》由平明出版社出版，署查良铮译，列入"新译文丛刊"，收入普希金叙事诗三首，为《加甫利颂》《塔西特》《科隆那的小房子》，另有关于三首诗的注释以及附录二则（《别林斯基论塔西特》《别林斯基论科隆那的小房子》），

[①] 陈明远：《知识分子与人民币时代》，上海：文汇出版社，2006年，第104—114页。

全书46000字,初印9000册。

有《内容提要》,其中写道:"本书包括普希金的叙事诗三首。《加甫利颂》在俄国十九世纪是一直不能公开发表的一首诗。它嘲笑了圣经上'纯净受胎'的故事,其中强烈的反教会精神曾引起社会上的轩然大波,给普希金惹来严重的麻烦。《塔西特》是另一首描写高加索山民的故事诗,有深刻的悲剧意味。《科隆那的小房子》轻松诙谐地描绘了彼得堡平民生活中的一则趣事,表现了诗人的卓越的艺术方法,是一首百读不厌的诗。"

本月 所译拜伦《拜伦抒情诗选》由平明出版社出版,署梁真译(应是取"良铮"的谐音),列入"新译文丛刊";收录60首抒情诗,分两辑,第1辑为"短篇抒情之作",第2辑"是从长诗摘出的","其中也有原是可以单独看为整体的作品"。翻译底本为"E. H.科勒利治编拜伦诗集第七卷册(伦敦及纽约一九〇四—一九〇五年版)"。全书105000字,初印12000册。

有《内容提要》《前记》。《内容提要》称:"拜伦是英国十九世纪伟大的革命浪漫主义诗人。恩格斯曾经指出,他的诗以其'感人的热情和对现代社会辛辣的讽刺,在工人中间拥有最广大的读者。'本书共译了他的抒情诗作六十首,从中可以看到诗人的三方面:一是他在封建及资产阶级统治下对生活所发的哀歌,一是他的充满反抗精神的争取自由解放的呼声,一是他对当代英国社会生活的辛辣讽刺和对阶级压迫的无情的揭发。这些诗作都按照写作的年代排列起来,也可以稍稍看到拜伦由浪漫主义过渡到现实主义的创作道路。"

《前记》主要谈了四个方面:一是,"作为革命浪漫主义者的拜伦(按,文中还提及雪莱)在资本主义国家已经成为污蔑、讥讽、和冷漠的对象了,他的伟大只有在人民民主国家才能得到应有的认识和尊敬"。一是,介绍英国浪漫主义诗歌的产生与特点,并对"反动的"和"革命的"这两种浪漫主义"加以对比的评述"。一是,对拜伦诗歌的评价。一是,"拜伦尽管在当时看来是一个进步诗人,但他还是充满了矛盾性",除了"进步"的一面外,也有"资产阶级和贵族文化传统的一些东西如个人主义(对自由的抽象的理解)及反社会主义的虚无因素"。参考苏联科学院1953年版《英国文学史》《苏联大百科全书》论拜伦。

12月

本月 将译著《拜伦抒情诗选》题赠给萧珊。题词:"给蕴珍:这是你赠书一年后的酬答。不过很不成东西!译者 一九五五、十二月。天津。"

冬

有物赠送给陈梦家,陈梦家后用毛笔书题诗四句:

千年只在一瞬间流去

廿年 轻的象浮云

有心人拾得旧梦

却不是昔日的乾坤

穆旦兄冷摊得此,归赵于余。奈何徒增今昔之感,故率题几句仍归于吾兄。

一九五五年冬,陈梦家[①]

[①] 陈梦家与穆旦的交往暂无线索,现据子仪:《陈梦家先生编年事辑》,北京:中华书局,2021年,第395页。按,其信息来源为"朵云四季拍卖会,中国书画(二)0315"。

本年　方今题赠译著《大中西铁路》(亚·萨克斯顿著,平明出版社 1954 年 11 月版),题词:"良铮先生指正　译者　一九五五。"

1956 年(丙申)　38 岁

▲4 月 28 日,毛泽东在中共中央政治局扩大会议上讲话,正式提出把"百花齐放、百家争鸣"作为繁荣和发展当代中国文化、科学事业的一项基本方针(简称"双百方针")。

▲9 月,《人民文学》9 月号发表何直(秦兆阳)的《现实主义——广阔的道路》、王蒙的《组织部新来的青年人》等作品。

1 月

本月　为所译《别林斯基论文学》作《译后记》。

4 月

22 日　作《我的历史问题的交代》,共 25 页,约 12500 字,分十个时期对自己的过去进行了"交代"(主要内容已见于此前的谱文),其结尾写道:"现在祖国的前途,个人的前途,都是光明的。身边的一切事物都在鼓舞着我,使我有决心及热情好好改造自己,加强学习,积极工作,在党的领导下,使自己发挥力量为人民服务,成为有益人民事业的人。"

本月　在天津,与儿子查英传、明传有合影(可见于《穆旦译文集·3》等处)。

本月　魏荒弩翻译的涅克拉索夫的《严寒,通红的鼻子》由作家出版社出版。该书可见于个人藏书,且版权页有批注:"应译为《红鼻子的严寒》。"

本月　蓝曼翻译的《马尔夏克诗选》由新文艺出版社出版。该书可见于个人藏书,其扉页上有批注(时间不详):"枯燥,无味,而又装作各种花样。毫无一丝人情味,毫无感情。完全是用脑袋写诗。"

5月

本月　所译普希金诗体长篇小说《欧根·奥涅金》由文化生活出版社出版新1版,署查良铮译,印5000册。

6月

月初　作《不应有的标准》(评论),认为三篇讨论何迟相声作品《买猴儿》的文章,"使用了一些对相声来说成为疑问的标准":"由于反映的对象、方法和媒介(或材料)的不同,而有艺术的不同类型。""相声是以荒诞不经的材料或情节来反映生活的",作为一种类型,其本质在于"以荒诞及夸张的材料获得生动、活泼、鲜明性的可能",但"在严格的生活逻辑方面,在全面、细致而现实地反映生活方面作出一定的让步"。以此衡量,《买猴儿》是"有意"夸张,它没有糟蹋、诬蔑现实社会,所尖锐讽刺的是"官僚主义和马大哈"。这几篇文章,要么不了解"相声的艺术的特点";要么不知道相声如何处理"特有的'真实性'和'严肃性'";要么"把生活的真实与艺术的真实等同起来",取消了"艺术的真实"。这样的"标准"是"不应有的"。

按，此文的写作时间，先前依据发表稿文末标注，认为是6月11日，但从中国现代文学馆所存手稿来看，写作时间还要提前数天：大致是穆旦读到5月30日出版的《文艺报》(半月刊)第10期上的三篇讨论何迟相声作品《买猴儿》的文章（即孙玉奎的《试谈相声〈买猴儿〉的夸张手法》、匕戈的《相声〈买猴儿〉有严重的错误》和丁洛的《略谈相声〈买猴儿〉》）之后，旋即写稿并投到《文艺报》，8日，《文艺报》编辑给出批阅反馈稿，又于11日定稿并寄出，编辑于13日收稿，14日决定用稿和刊发期数。所见审稿意见有三条：

此文抓住相声这一特殊形式的特点，谈得较好，后面补充部分谈相声本身也还好，但可稍加压缩，请考虑决定。季平 6.14

他的标点不在格子里，所以算起字来相当多。

用12期 侯14/6

30日 《不应有的标准》刊载于《文艺报》第12期，署良铮，列入专栏"怎样使用讽刺的武器？——关于相声《买猴儿》的讨论"。

按，根据《文艺报》第10期刊载的记者所写的《关于相声〈买猴儿〉的争论》，1954年11月《买猴儿》在《沈阳日报》刊出之后，曾在数家刊物发表，出版单行本，并在多个电台广播，影响很大。《文艺报》从第10期到第15期开辟讨论专栏，试图"通过对《买猴儿》这个争议很多的作品，联系到如何创作和评价讽刺作品的问题，来展开自由讨论"，共发表讨论文章近20篇，作者包括相声界人士、知名作家、漫画界人士、作者以及一般性的读者，如追红的《一个商业工作者的意见》（第12期）、侯宝林、轻松的《马大哈为什么出了名儿？》（第13期），老舍《谈讽刺》、何迟《我怎样写又怎样认识〈买猴儿〉?》(第 14 期),方成、钟灵《从相声谈到漫画》(第 15 期),等等。

又,《不应有的标准》的手稿现存于中国现代文学馆,为 25×20 的方格稿纸,竖行书写,共 9 页。稿纸本身未印单位名称,但有几页的右上端盖有"文藝報"字样,正文则有大量修改痕迹。细察之,修改有两类:一类是《文艺报》编辑所作繁密的小改动和多处大段删改;另一类是穆旦本人的修改。综合来看,应该是穆旦向《文艺报》投稿之后,编辑对稿件进行了批阅和删改,并反馈给穆旦本人,穆旦又进行了一定的文字增补和说明。也即,该手稿包括了三个向度:最初稿、编辑批阅稿和穆旦的反馈稿。《文艺报》所发表的,也即在目前通行的穆旦作品集中所看到的,算得上是最终的改定稿,不过,仍有少许文字的改动。[①]

9 月

20 日 收到中国青年出版社关于"青少年外国古典文学读物选题(草案)"的来信,并作复。书信抬头为"青年出版社负责同志",落款署查良铮,并附通讯地址"天津南开大学东村七十号"。

信中提出了七点意见,主要为:(一)改写本,"但丁的《神曲》似乎不宜于青少年的阅读,原因是枯燥无味,神学气味浓厚。同时,似乎《圣经的故事》(外国有多种改写本)应列入"。(二)美国小说家麦尔维尔的小说,"除《泰比》外,尚有《欧姆》","他的短篇小说也有故事性很强",这些海上冒险故事会引起少年的兴趣,

---

[①] 易彬:《捐赠、馆藏与作家研究空间的拓展:从中国现代文学馆所藏多种穆旦资料谈起》,《文艺争鸣》2018 年第 11 期。

开阔他们的胸襟。(三)《伊索寓言》及克雷洛夫的寓言,"建议不要采用人民文学社出版的《伊索寓言》译本,因为那种译文不文不白,很是艰涩,不适于儿童阅读"。(四)"狄更斯的《圣诞节之歌》及《双城记》是英美少年喜读的东西,似可列入。"(五)"侦探名著《福尔摩斯》听说在苏联亦颇流行,我们似也可以选择介绍一些。这部书没有后日英美侦探小说的毒素,相当朴素并有利于训练少年的观察及思考力。"(六)世界散文选中不应该遗落美国……(七)幻想小说方面,在国外流行颇广,有助于引起青少年的兴趣和进军科学的野心。"又:在世界寓言选中,似应附以格言选。"

按,此信长期散佚,现据某网络旧书交易平台,所见有遮挡,未能完整呈现(目前所录,前几点可以大致连缀起来,但第六、七点的意思欠完整)。同期出现的还有朱光潜、萧乾、徐调孚、陈伯吹、袁昌英、金克木、季羨林、杨绛(代钱钟书)、缪朗山等人就同一选题的复信。以此来看,出版社在较大范围之内就选题征集了意见。

所见文献中,有出版社寄给卞之琳的信和部分选题,从中可以看到出版社的约稿意图。信件为油印件,寄给各人的材料内容应是相同的,落款时间为1956年9月14日,其中写道:"我社是一个青少年读物的综合性出版社,在介绍外国文学方面,数年来我们是以当代作品,特别是苏联作品为主。现在在中央提出的'百花齐放,百家争鸣'的方针下,我们除了在介绍现代作品的工作中努力贯彻这一方针的精神以外,还准备适应我国广大青少年读者的特点和需要,介绍若干种一向为各国青少年喜闻乐见的外国古典文学读物,以便帮助他们养成更广泛更深入地接受人类文学遗产的兴趣,从而扩大他们的文化视野,丰富他们的精神生活。""我们将选题草案寄一份给您。希望您能在百忙中抽暇给我们提出宝贵的意见。无论是原则上的意见或具体的意见,如应该增减那些书等等,我们都非常欢迎。""我们准备在本年十月内根据各方面提出的意见来修订这个选题草案",希望能在十月中旬以前把您的意见寄给我们"。

选题材料显示,具体选题分为"改写本""全译本""选本"三类,观其目录(因所见亦非全件,只能大致说明之),包括比较广泛的内容:改写本方面,有《万叶集》《源氏物语》《神曲》《失乐园》《莎士比亚故事集》《浮士德》《莫里哀故事集》等;全译本方面,有《坎特伯雷故事集》《葛里弗游记》《鲁滨逊漂流记》《爱丽斯漫游奇境记》等;选本方面,有世界神话选、世界寓言选、世界名诗选、世界散文选、世界名剧选、世界短篇小说等。

受材料限制,出版社是否还有进一步的反馈与联络,"青少年外国古典文学读物"此后的出版情况,暂时均无法详察。①

10 月

本月 "肃反"审查小组结论:"任国民党入缅远征军英文翻译,少校待遇""国际宣传处新闻学院学员""任伪 207 师英文翻译,并任沈阳新报总编,上校待遇""上海中央社英文部编辑"等经历,"根据本人交待,按一般政治历史问题予以结论"。②

11 月

12 日 所译匈牙利的班雅敏·拉斯罗的诗歌《匈牙利的春

---

① 参见易彬:《"最大胆的,往往就是最真实的":从新见穆旦 1950 年代中期的两封信说起》,《文艺争鸣》2020 年第 5 期。

② 据查良铮档案之《关于查良铮同志问题的复查决定》(中共南开大学委员会,1980 年 7 月 16 日)。

天》刊载于香港《文汇报·文艺》,署查良铮译,当版另有张友松译马可·吐温的《竞选州长》等作品。

15日　在南开大学本年10月所作《结论意见书》上签署"本人同意"。

本年　从下半年开始,因"双百方针"的提出与贯彻,一时之间形成了相对宽松的文化环境。

按,6月13日,中共中央宣传部长陆定一的《百花齐放,百家争鸣》刊载于《人民日报》。11月21日—12月1日,中国作协召开文学期刊编辑会议,讨论如何贯彻"双百方针"的问题。1957年4月10日,《人民日报》发表社论《继续放手,贯彻"百家齐放、百家争鸣"的方针》。14日,天津市举行教授座谈"百家争鸣"方针的会议。

又,《人民南开》也多有报道:如1月21日,新第113期头版以红体字大标题刊出《为天津市进入社会主义社会而欢呼》;6月2日,新第127期第2版有《教授们谈"百家争鸣"》;10月27日,新第140期头版有报道《第二届科学讨论会胜利闭幕　各讨论会充分体现了"百家争鸣"精神》,等等。

约在本年　认购国家经济建设公债数千元。

按,该信息有两个来源,时间有出入,一说是在1956年[①],一说是1953年12月。[②]

[①]　杜运燮:《穆旦的诗和译诗》,杜运燮等编:《一个民族已经起来:怀念诗人、翻译家穆旦》,第114页。

[②]　陈伯良:《穆旦传》,第125页。

1957年(丁酉)　39岁

▲1月,《诗刊》创刊,主编为臧克家。

▲2月,毛泽东在最高国务会议第十一次(扩大)会议上作《关于正确处理人民内部矛盾的问题》的报告。

▲4月,中共中央公布《关于整风运动的指示》。

▲7月,《人民文学》推出"特大号"。

▲9月1日,《人民日报》发表题为《为保卫社会主义文艺路线而斗争》的社论。

1月

22日　与人民文学出版社签订译著《济慈诗选》的"约稿合同",合同编号为"人字第(四)38号","约定交稿日期"栏有"已交稿"字样,可知已译竟。

按,合同的相关条款包括:字数约计3000行,本合同签订时预付稿酬300元。其中,第3条为"出版社收到原稿后应在　个月内审查完毕,如对原稿无修改意见,应与著译人商订出版合同",未填时间,何时签订出版合同亦不可知。

30日　长女查瑷出生。

2月

本月　所译朗费罗《诗选》(有《译后记》)刊载于《译文》第2期"朗费罗诞辰一百五十周年纪念"栏目,署查良铮译,当期设有

"拉丁美洲诗辑""哥尔多尼诞生二百五十周年纪念",收录陈用仪译智利诗人聂鲁达《谈谈我的诗和我的生活》、冯湘一译苏联作家爱伦堡《论毕加索》等作品。

《诗选》为朗费罗诗十首,即《生之礼赞》《奴隶的梦》《阴湿沼泽里的奴隶》《海草》《箭与歌》《破晓》《孩子们》《雪絮》《晴和的一天》《我失去的青春》。《译后记》称:亨利·瓦兹渥斯·朗费罗为本年度世界和平理事会号召全世界纪念的、19世纪美国"家喻户晓"的诗人。尽管他的诗歌中有不少缺点,如"阶级和宗教的局限性""悲观的、感伤的、消极的因素"等,"仍不失为美国人民的诗人。最重要的是,他在惠特曼之前,以其自己的方式歌颂了美国人民的生活";从所选译的诗歌看,"仍旧有其情绪的光明的一面,那里表现着坚忍不拔、爱生活、爱劳动、爱青春、儿童与日常生活的温暖等。他的诗歌的这两方面恰好给从事于劳动的人们灌注了乐观进取的精神,而在他们(也是信奉宗教的人们)忧郁或不幸的时候提供了安慰"。

4月

27日 所译朗费罗的《生之礼赞》《孩子们》刊载于香港《文汇报·文艺》,署查良铮译,标注为"世界和平理事会号召纪念亨利·瓦兹渥斯·朗费罗诞生一百五十周年",当版另有谢青春译布莱克的《新耶路撒冷》等作品。

28日 此前《诗刊》来信约稿的讯息,见于臧克家致周扬的信。

按,当日,周扬在中国作协对各刊物编辑做了讲话。臧克家在信中汇报《诗刊》的情况,称:"'诗刊'一下手,就想联系新老诗人,鼓起他们创作的兴致。各种流派的诗人,(如穆旦、杜运燮、方令孺、王统照、冰心……)我们都写信约稿。'百花齐放'后,我们打算约些老诗人聚谈一下。"①此前,该月5日,臧克家亦曾给周扬写信谈及稿子质量的问题:"'诗刊'已出三期,听到了各种反应的意见。水平不够高,好稿较少。稿源有二:(1)发动新老诗人动手,(2)从大量投稿中选拔。但苦于好诗不多";"'百花齐放'的方针。具体体现到编辑中去,也不是一个简单的问题"。②

本月 虚岁40岁,与妻子周与良,儿子查英传、查明传一起合影(照片现有留存,且背面题有:"此余四十岁之照,呜呼。"可见于《穆旦诗文集·2》等处)。

5月

7日 《九十九家争鸣记》(诗)刊载于《人民日报》第8版。据称,这是应《人民日报》文艺部负责人袁水拍之约而写的稿。③

21日 上午,到中国作协大楼,与郭小川"又谈了一会"。

25日 下午,与曹辛之在《诗刊》社,与郭小川"谈了几句"。

按,穆旦为何事去作协大楼、《诗刊》社暂不得其详,两处记载均见于郭小川日记,均很简略。有研究指出,整理稿中两处均有错误,前一处记为"李良铮",后一处记为"曹幸之",当是"查良

---

① 该信仅署"27日",根据徐庆全推断,当是1957年4月,且日期有误差,当为28日,见《〈诗刊〉创刊前后的故事》,《名家书札与文坛风云》,北京:中国文史出版社,2009年,第153—154页。

② 参见徐庆全:《名家书札与文坛风云》,159页。

③ 周与良:《永恒的思念》,杜运燮等编:《丰富和丰富的痛苦:穆旦逝世20周年纪念文集》,第158页。

铮""曹辛之"之误。①

本日 《葬歌》(诗)刊载于《诗刊》5月号,当期另有杜运燮的《解冻》、袁水拍的《讽刺诗三首》、蔡其矫的《大海》、陈梦家的《记游三首》等作品。

按,向《诗刊》写稿一事,被认为和徐迟的约稿与鼓励有关。周良沛谈到:《诗刊》创刊之前,徐迟曾托方纪在天津主管文艺之便,在天津见了穆旦等几位诗人。"徐迟大胆、热情地鼓励他再写。虽然《诗刊》没有出刊,实际上是为《诗刊》约稿,虽然他还不好说出可以刊出其来稿,却说在'百花齐放'中,总是可以找到它的园地和读者的"。"这对穆旦,无疑是个极大的诗的鼓舞"。②

又,日本学者秋吉久纪夫指出,《葬歌》《九十九家争鸣记》均被译成英文在美国的哥伦比亚大学的校刊上转载。③

本月 所译普希金长诗《青铜骑士》由新文艺出版社出版新1版,署查良铮译,初印7000册;1958年7月,二印至11500册。

按,随着国家对于私营出版机构的整顿及公私合营改造,一些出版机构被合并,并且限定翻译文学作品只能由新成立的人民文学出版社、新文艺出版社(1952年成立,1958年改名为上海文艺出版社)、中国戏剧出版社等少数几家出版社出版。④ 穆旦最初的译著都由平明出版社出版,该社1955年底正式并入新文

---

① 郭小川著,郭晓惠执行编辑:《郭小川全集·9(日记)》,桂林:广西师范大学出版社,2000年,第98、102页。相关讨论参见子张:《穆旦与郭小川在1957年前后的交往》,《长沙理工大学学报(社会科学版)》2018年第2期。

② 周良沛:《又是飞雪兆丰年:忆徐迟于〈诗刊〉创刊前后》《想徐迟》,《神鬼之间》,第143—151、172—173页。

③ [日]秋吉久纪夫著,荀春生译:《穆旦年表试稿》。

④ 孙致礼:《1949—1966:我国英美文学翻译概论》,北京:译林出版社,1996年第185—189页。

艺出版社。①

本月 南开大学师生学习《人民日报》社论《为什么要用和风细雨的方法来整风》,"各级组织开会征求意见,号召大鸣大放。群众自发召开'自由论坛',张贴大字报"②。

本月 到北京,见过巫宁坤。此次北京之行,可能曾到中国社科院文学研究所接洽过工作调动一事。

按,本年6月24日,萧珊致巴金信中提到:"查良铮并未进'文研所',他去北京接洽了一次,但没有正式进去。"③据称,当时穆旦有一堂兄在哲学所,但具体情况不详。④

又,当时巫宁坤已调往北京外交学院,此为两人的最后一次见面。据其回忆,当时约了一位同事,也是穆旦多年前熟识的一位诗人,在住处闲聊一个晚上。他谈到自己已经在会上"鸣放"过了,穆旦"很不以为然,他说他谢绝参加任何鸣放会"。⑤

6月

本月 所译普希金《欧根·奥涅金》由新文艺出版社出版新1版,署查良铮译,初印15000册,1958年5月,二印至29000册。

---

① 1955年12月29日,萧珊致巴金的信中提到:"平明今天正式过去了","昨夜新文艺开联欢会"。这里所传达的信息应是出版机制正式转轨,即私营出版机构并入公营出版机构。
② 魏宏运:《魏宏运自订年谱》,第56页。
③ 李小林编:《家书:巴金、萧珊书信集》,第253页。
④ 据本谱作者与中国社科院文学所张炯先生的谈话(2007年5月27日,长沙)。
⑤ 巫宁坤:《旗·忆良铮》,杜运燮等编:《一个民族已经起来:怀念诗人、翻译家穆旦》,第148—149页。

7月

1日 将译著《欧根·奥涅金》题赠给萧珊,题词为"给蕴珍 良铮 一九五七,七月一日"。

8日 《漫谈〈欧根·奥涅金〉》(文)刊载于《文艺学习》第7期,署查良铮,当期另有以群、高歌今等人的作品。

文章指出,普希金在故事中"放进很多'不相干'的材料而致使它成了'俄国生活的百科全书',是有他的艺术上的必要的"。作品所描写的是"典型环境中的典型性格","一切都带着严格的现实性的标记,带着俄罗斯社会发展上一个特定历史时期的标记";但很多主题,如"爱情的感叹,死亡的哀悼,人世的变迁,时光和季节的流逝等等",都是浪漫主义诗人最喜爱的主题,它们"是受着现实主义(或现实感觉)的节制甚至渗透着的","就这样,我们不断地在两个世界的气氛中反复穿行"。普希金所重视的,是小说的"内在艺术形式","它是'诗'的生活与'散文'生活的融汇,浪漫主义与现实主义的融汇";"这样'两重性'的内容,才有这样'两重性'的形式(既诗意而又散文化的小说)"。因此,《欧根·奥涅金》成了"浪漫主义和现实主义相互渗透、彼此升华的一个很好的例子"。

本日 "诗七首"(即《美国怎样教育下一代》《感恩节——可耻的债》《问》《我的叔父死了》《去学习会》《三门峡水利工程有感》《"也许"和"一定"》)刊载于《人民文学》第7期,位列"诗"栏目的头条。

按,本年所发表的9首诗歌,除《美国怎样教育下一代》《感恩节——可耻的债》注明作于1951年,其他的均未注明写作时间。

又,7月号《人民文学》是一期有着190页的"特大号",此前刊物页码为126页。本期除了李国文《改选》、宗璞《红豆》、丰村《美丽》等小说外,还出现了较多"多少年来一直没动笔或很少发表作品的老作家",如启明(周作人)、汪静之、康白情、沈从文、端木蕻良、穆旦等。

19日 《普希金的〈寄西伯利亚〉》(文)刊载于《语文学习》7月号"作品介绍和分析"栏目,署查良铮,当期另有周祖谟、林庚等人的作品。

文章指出:《寄西伯利亚》"是一篇精采的、动人的诗。它充满革命的热情、美好的思想,而且音调铿锵"。诗歌的艺术处理很有特点:"两组相反的事物,'低沉'和'昂扬'的两类意象,交替地打动我们的心,使我们的情感在两组感性事物之间反复激荡。""由于诗人在诗里注意使用某些材料和词语,又避免使用另一些材料和词语,就把那样一幅现实图画暗示为另外一种东西,成为一个更广大的综合";藉此,诗歌"大大扩展了它概括的领域,从而提高了思想性","把具体的描绘和巨大的概括和谐地结合起来了"。

8月

本月 与袁可嘉、宋雪亭、黄雨石合译的《布莱克诗选》由人民文学出版社出版,初印6000册。个人所译包括"诗的素描"18首,即《咏春》《咏夏》《咏秋》《咏冬》《给黄昏的星》《给清晨》《歌——我在田野里快乐地游荡》《歌——我的倦慵之姿和微笑》《歌——爱情与和谐拉手》《歌——我爱快乐的舞蹈》《歌——记忆啊,到这儿来》《狂歌——狂暴的风在哭喊》《歌——刚离开露湿的山》《歌——披着灰衣的晨曦刚走在路上》《给缪斯》《捉迷藏》《牧人之歌》《老牧人之歌》;"杂诗选"3首,即《永远的福音(摘译)》《你的腰身怀满着种子》《让巴黎的妓院开放吧》。

《布莱克诗选》是为了纪念威廉·布莱克诞辰200周年而出版的,全书另有"天真之歌"(19首)、"经验之歌"(23首)、"杂诗选"(27首)、"断简残篇附嘉言集"(2首),并有袁可嘉所作《译序》(1957年6月)和人民文学出版社编辑部所作《编后记》。翻译底本以1925年牛津版《布莱克诗集》(*The Poetical Works of William Blake*, ed. by John Sampson)、夏芝(W. B. Yeats)所编现代文库版《布莱克选集》(*Poems of William Blake*)为主。

本月 所译普希金的《波尔塔瓦》由新文艺出版社出版新1版,署查良铮译,初印13000册;1958年7月,二印至16000册。

本月 将所译《布莱克诗选》题赠给萧珊,题词为"给蕴珍 良铮 一九五七,八月,天津"。

9月

25日 《问》《葬歌》《九十九家争鸣记》等当时所发表的诗歌被《诗刊》9月号所载黎之的《反对诗歌创作的不良倾向及反党逆流》一文谈及。

按,文章批判了"有声望的诗人艾青""极其消沉的情绪",流沙河"那些攻击党攻击社会主义的毒草",并以《问》《葬歌》《九十九家争鸣记》等诗为例批评了穆旦诗歌:"流露了比较严重的灰暗情绪,而这种情绪又表现得那样晦涩费解。"《葬歌》"几乎是一个没有改造的知识分子对知识分子改造的诬蔑";"从这种阴暗的情绪出发,他的诗必然会歪曲甚至会诬蔑现实生活攻击新的社会",如《九十九家争鸣记》。

本月 个人早年写作情况(也包括"中国新诗派"等内容)被

《文艺月报》第9期所载田之的《"人民文学"反右派斗争获初胜——剥露唐祈、吕剑的丑陋原型》一文谈及。

本月 所译《普希金抒情诗集》由新文艺出版社出版新1版,署查良铮译,全书229000字,印36000册。

本月 所译《普希金抒情诗一集》由新文艺出版社出版,署查良铮译,全书209000字,初印36000册;1958年4月,二印至56000册,7月,三印至76000册。

两书实为一书,只是开本、封面设计有所不同;编年收录1814年到1836年普希金抒情诗160首,附录收录《别林斯基论普希金的抒情诗》《普希金的抒情诗》,有《内容提要》。

10月

1日 所译朗费罗《诗选》刊载于香港《文艺世纪》第5期,署查良铮译。

8日 在《人民文学》7月革新特大号所发表的诗歌被《人民文学》第10期所载"本刊编辑部整理"的《这是什么样的"革新"?——读者对本刊七月号的批评》一文谈及。

按,文章认为刊物上"一些不大好的诗,特别是穆旦的'诗七首'中,有的'令人不知所云'"。

本月 所译《普希金抒情诗二集》由新文艺出版社出版,署查良铮译。全书283000字,初印45000册;1958年4月,二印至65000册,6月,三印至85000册。

这是继《普希金抒情诗集》之后新译的普希金抒情诗240首,有《内容提要》,其中写道:前后两册抒情诗集"共集起四百首,普希金中学以后所写的完篇抒情诗已经译有十之八九。从本集中,可以更深入地看到普希金抒情诗的广泛的多方面的发展,从而细腻地理解到他的时代以及个人生活。但尤其显著的是诗人的那种善于把生活的任何场合和任何细节都化为诗的本领,正是这种本领使普希金成为别林斯基所谓的'艺术的诗人'的。这本诗集成为诗人这种天才的最好的证明"。

本月 为所译《济慈诗选》作《译者序》。

本月 《三门峡水利工程有感》收入吴烟痕、青勃等人所著《三门峡短歌》(山西人民出版社 1957 年版)一书。该书以水利工程"三门峡"为主题,收入相关诗歌 38 首。

11 月

本月 所译《拜伦抒情诗选》由新文艺出版社出版新 1 版,署梁真译,印 25000 册。

本月 将所译《普希金抒情诗二集》题赠给萧珊,题词为"给蕴珍　良铮　一九五七、十一月"。

12 月

12 日 《评几本文学概论中的文学的分类》(文)刊载于《文学研究》第 4 期,署查良铮,当期另有李希凡的《谈〈雾、雨、电〉的思想和人物》、戈宝权的《塔吉克古典文学的始祖鲁达基》、卞之琳的《评李广田新著〈春城集〉》等作品。

文章是针对几本新出的文艺学概论方面的书而写的,即冉欲达等人的《文艺学概论》(辽宁人民出版社)、李树谦等人的《文学概论》(吉林人民出版社)和霍松林的《文艺学概论》(陕西人民出版社),认为这些书都是采用四分法,而未采用由科学认定出来的文学分类法。亚里士多德提出文学"三分法"(抒情的文学、叙事的文学和戏剧的文学)是一个"科学性的论断",涵盖了人类塑造文学形象的基本方法形态,对文学和非文学的界限做出了清楚的划分。别林斯基以及苏联的文艺家如季摩菲耶夫都肯定了这一分法。将文学分为散文、诗歌、小说、戏剧的"四分法"是"混乱"的,它们采用了两个范畴来分类文学,诗歌和散文是"从媒介的范畴来的",小说和戏剧是"从方法的媒介来的"。而且,"它的每一项目都没有被提到原则性的高度,都是指的实体,而非规律,因此没有机动性和弹性,一旦出现了新颖的品种,就得重新改动"。"一个现成的例子,比如未写出来的人民口头创作,它似乎就不好安排了(因为它的名字不是小说)。"

25日 《九十九家争鸣记》被《人民日报》第8版所载戴伯健的《一首歪曲"百家争鸣"的诗——对"九十九家争鸣记"的批评》一文谈及。

按,文章指出:"作者尽管用了隐晦的笔法,但是也不能掩饰它所流露出来的对党的'百家争鸣、百花齐放'的方针和整风运动的不信任和不满";"作者却鱼目混珠地借'批评'某些人不敢放手'鸣'、'放',对整风运动暗施冷箭"。"'九十九家争鸣记'发表的时候,正是右派分子在鸣放的幌子下向党大肆进攻的时候,这就不能不令人怀疑作者的真实动机了。"

本日 《我的叔父死了》《也许和一定》等诗歌写作被《诗刊》12月号所载安旗的《关于诗的含蓄》一文谈及。

按,文章批判了艾青、公刘、穆旦和吴兴华等人的"朦胧晦涩"诗风,他们在诗中"取消了真正的思想内容",这种"谜样的诗之出现,显而易见,是资产阶级文艺趣味的复活,是百花园中的莠草",是"社会主义时代"所不能容忍的,如穆旦的《我的叔父死了》《也许和一定》。

1958年(戊戌)　40岁

▲5月,毛泽东在中共八大二次会议上提出,无产阶级文学艺术应采用"革命现实主义和浪漫主义"相结合的创作方法。

▲12月,《毛泽东论文艺》由人民文学出版社出版。

1月

4日　《我上了一课》(文)刊载于《人民日报》第8版。此文实为检讨书:戴的批评"给自己上了深刻的一课",自己写作的动机是响应党"解除顾虑、大鸣大放"的号召,讽刺"个别不敢鸣放"的"落后现象",由于"思想水平不高","对鸣放政策体会有错误,模糊了立场","诗中对很多反面细节只有轻松的诙谐而无批判,这构成那篇诗的致命伤。就这点说,我该好好检查自己的思想"。"在艺术构制上",写讽刺诗"似乎有两种方法":一是直叙,"用正确而夹有讥讽的口吻"展开批评,"这比较直截,目的性明确,不易被'误解'";一是"采用一个虚构而夸张的故事",把"所要批评的几点溶化在虚构的故事中。这比较曲折,但生动;也有可能被'误解'",使读者将"个别"看作"一般",认为作品"歪曲了现实",《九十九家争鸣记》属后者。"艺术结构的一切问题,必依赖于一个更基本的问题,即作者必须很好地掌握人民内部的批评原则","关于这,毛主席'在延安文艺座谈会上的讲话'已经给了最明确的指示,我一定要好好学习它以便以后能学习写出较好的东西来"。

3月

21日 参加南开大学图书馆举行的"双反运动讨论"会。

按,根据坊间所传会议记录(共10页),有27人出席,包括冯文潜、钱荣堃等馆领导以及王玉琢、董泽云等人,查良铮的发言记录有两条,其中一条为:"关于买书过去因买的面太广也造成浪费,应确定研究中心、围绕研究中心来选购。"

29日 参加南开大学图书馆"自我思想改造运动第一次讨论"。

按,根据坊间所传会议记录(共3页),有29人出席,包括冯文潜、钱荣堃等馆领导以及王玉琢、董泽云等人。

前有钱荣堃副馆长的发言:"此处运动是自觉的思想改造是大喜事,应心情抒畅解除顾虑,首先体会一下昨天大会楚云同志(按,楚云为南开大学党委书记)报告此次运动的必要性、对个人发言的体会等,大家互相揭露互相帮助。"

查良铮的发言:"我想思想改造是从反右之后看到自己的危险,若不改造思想后半生还不知发生多少波动。可是不知如何方法改造最有效,也曾坚决要求下放。此次掀起自我改造运动,对我来说至少帮助我离开危险道路,十二分欢迎……"

4月

25日 《诗七首》被《诗刊》4月号刊载的邵荃麟《门外谈诗》一文和"工人谈诗"小辑中的一些讨论谈及。

按,邵荃麟时任中国作协副主席、党组书记,《门外谈诗》谈到了穆旦诗歌的"思想意识"问题:"现在有些诗,群众不懂,当然也存在着文化水平的问题,但更多的情况,是诗人在写诗时,并没有考虑是为什么人服务。有些诗人之所以采用那种沙龙式的语言,首先因为他们的思想感情就是沙龙式的",如穆旦《我的叔父死了》《"也许"和"一定"》。

"工人谈诗"小辑分三大版块:一、诗歌怎样和群众结合?二、喜欢什么样的诗?三、对目前诗歌的意见和要求?在第三版块中,有工人谈到了穆旦。来自湖南株洲铁路工厂的工人衡钟写道:有的作者"对生活并没有深切的感受","而去求救于技巧,在语言上故意雕琢,追求所谓独特风格。虽然成了诗的样子,但我们读了却像吃苦药一般",如艾青《在智利的海岬上》、穆旦《诗七首》。来自长春第一汽车制造厂热电站工人李清联写道:穆旦《诗七首》"写得很深奥,工人看不懂","看起来比天书还困难";"诗是为广大工农兵服务的,他们看不懂,那就可以怪诗人们的服务态度有问题"。

29日 所译《雪莱抒情诗选》,人民文学出版社有"书稿定额稿酬质量单"。

按,所涉及的主要内容包括"书稿质量"和"编辑加工情况",前者为:"译者对原诗理解及中文运用有一定能力,译稿无重大错误,中文也流畅,但有些地方似嫌推敲不够。"后者为:"重点核对原文,提出一些与原意有出入的地方,并就中文遣词用语,提了一些意见,贴小条,请译者解决。"责任编辑为王仲英(第9组),"总编辑核定"栏有"同意支付　梦麟代 30/4","组长签字"栏有"朱葆光 30/4"。

又,朱葆光(1910—1979),曾任人民文学出版社第四编辑室副主任、翻译。梦麟应该是张梦麟(1901—1985),人民文学出版社外国文学部编审。

本月 所译《济慈诗选》由人民文学出版社出版,署查良铮译,收入诗歌 65 首,翻译底本是 E. D. 西林考特编订的《约翰·济慈诗集》(E. De Selincourt：The Poems of John Keats,伦敦 1905 年版)。全书 109000 字,初印 13000 册。

有《译者序》,其中写道:济慈"从热爱现在、热爱生活出发,他所歌颂的美感是具体的、真实的,因此有其相当健康的一面。他善于从瞬息万变的现实世界掌握并突现其优美的一面,而他认为,正因为这'优美'的好景不长,它就更为优美,更值得人以感官去尽情宴飨——济慈的诗在探索这样一种生活感受上达到了艺术的高峰。济慈诗歌"在苏联读者中的声誉是很高的",他的诗歌呈现了"一个半幻想、半坚实、而又充满人间温暖与生活美感的世界","这样的作品在教育社会主义新人的明朗的性格方面,当然还是有所帮助的"。在翻译时,"力图在形式上追随原作,十四行诗和颂诗等都照原来的格式押韵(只有几处例外),在十四行上面,我更力求每行字数近似,使其看来整齐、精炼"。

5 月

11 日 《葬歌》等诗歌被《文艺报》第 9 期所载郭小川的《我们需要最强音》一文谈及。

按,《文艺报》当期有"诗人们笔谈·革命的现实主义和革命的浪漫主义相结合"专辑,郭小川认为"要把我们所说的革命的浪漫主义和知识分子的有气无力的叹息和幻梦严格地分清界线",用作批评对象的包括穆旦的《葬歌》的两段诗行:"个人主义者跟自己的过去告别,这个愿望,当然是无可责难的,但是又多么地依恋呵!"

6月

26日 与人民文学出版社就译著《丘特切夫诗选》签订"约稿合同",合同编号为"人字第(三)46号"。主要条款为:字数约计3000行;约定交稿时间为1959年10月;本合同签订时预付稿酬100元,等等。

夏

带儿子英传、明传到天津水上公园游玩、读书,有合影(可见于《穆旦译文集·7》等处)。

7月

7日 个人诗歌写作被《蜜蜂》7月号(诗歌专号)所载徐迟的《南水泉诗会发言》一文谈及。

按,文章将诗风分为"东风""西风",穆旦作为"西风派"被批判,"西风派"是有着"资产阶级的现代主义风格"的东西,穆旦属于"西风派":"'平衡把我变成了一棵树',写得很晦涩,很糟糕。他翻译过普希金很多的诗,译笔都很流畅,很明白,但他自己写的诗正相反。""东风派"是"有中国气派、中国风格的,民歌和古典诗歌传统的诗风"。"现在在诗歌上也是东风压倒西风。中国人民自己的民族的风格,要把西方驱逐出去。"新诗的发展道路就是民歌,民歌就是"新时代的人民的诗歌";"民歌就是新诗,新诗就是民歌"。

25日 个人诗歌写作被《诗刊》7月号"战士谈诗"小辑所载的文章谈及。

按,和此前的"工人谈诗"一样,也是分为三大版块:一、战士喜欢什么样的诗;二、诗人应向群众学习;三、对诗的意见和要求。也是在第三版块中,徐保均对穆旦诗歌有"意见":全国工农业大跃进的背景下也存在着"诗风不正"的现象,"有些人还是以写洋诗为荣,通篇充满了洋味。如果不写上一个中国名字,读者也许会当成是外国的译诗;有的诗晦涩难懂,读之不入口,听之不入耳,调子低沉情绪灰暗,听不到我们时代的声音,摸不到我们时代的脉搏,不知道抒发的是什么感情。像穆旦的诗"。

本月 所译普希金长诗《高加索的俘虏》由新文艺出版社出版新1版,署查良铮译,印4500册。

本月 所译普希金长诗《加甫利颂》由新文艺出版社出版新1版,署查良铮译,印4000册。

本月 所译《别林斯基论文学》(别列金娜选辑)由新文艺出版社出版,署梁真译,全书197000字,初印5000册。

有《内容提要》《译后记》。《内容提要》称"本书是从俄国伟大的革命民主主义批评家别林斯基的全部著作中选辑出来的片段,集中了他的文学及美学思想的精华,对文艺学及文学批评的各项重要问题都有所解答。从这里,我们不仅可以学习到许多关于文学的科学性的结论,而且可以看到别林斯基如何以批评为武器,为现实主义的文学进行了斗争,这种不懈的战斗精神,几乎在每一页、每一个问题上,都给革命的文学工作者树立了光辉的战斗榜样"。《译后记》称翻译目的"在于使读者看到俄国作家关于文学著作的立论的深刻与丰富,从而鼓舞他将来从事于原作的全部研究"。

8月

19日 经天津市委五人领导小组批准定为历史反革命分子,并决定判处管制。

25日 《葬歌》被《诗刊》8月号所载李树尔的《穆旦的〈葬歌〉埋葬了什么?》一文论及。

按,文章写道:"在我们社会主义的时代,个人主义已经没有一点儿革命性,有的只是反动性了,穆旦不仅不去批判他的资产阶级个人主义思想,反而以埋葬为名,来宣扬资产阶级个人主义思想,这是我们决不允许的。我们反对资产阶级个人主义思想,我们更加反对那些用修正主义的方法,表面上批判个人主义实际维护个人主义的人和作法!"

又,上述批评之外,据说还有一些未见于公开场合的意见。比如,袁水拍认为《九十九家争鸣记》"没有什么政治问题"。[①]《葬歌》引发议论之后,徐迟曾私下里对朋友们说:"没有什么大不了的事吧?说这'葬'旧之情是与'旧'情难断之情,那毛主席都说,改造的过程,甚至是痛苦的嘛——"[②]

29日 《葬歌》等诗歌被《四川大学学报(社会科学版)》第Z1期所载李隆荣的《谈谈新诗》一文谈及。

按,文章对1957年以来的新诗提出了批评,其中涉及穆旦的诗歌,认为穆旦的《蔡歌》(按,为《葬歌》之误)和蔡其矫的《南海上的一棵相思树》等作品,"更是情调阴暗、意绪消沉,而且形象、意境也往往或隐晦、或陈腐"。

[①] 转引自李方:《穆旦(查良铮)年谱》,穆旦:《穆旦诗文集·2》,第402页。

[②] 周良沛:《想徐迟》,《神鬼之间》,第172页。

9月

10日 参加南开大学图书馆"丁义恕"鉴定讨论会(根据坊间所传会议记录,共9页)。

本月 所译雪莱的《云雀》由人民文学出版社出版,署查良铮译,列入"文学小丛书"第一辑,收雪莱短诗37首,全书36000字,初印5000册;1959年2月,二印至20000册。

勒口有"文学小丛书"的介绍,书前有编者《前言》,称所选雪莱的诗篇"充满了诗人热烈的向往自由的呼声和对人生、对爱情所发的高贵的吟咏和对未来的坚定信心"。

10月

本月 所译《雪莱抒情诗选》由人民文学出版社出版,署查良铮译,翻译底本为 T. 霍金逊编订的《雪莱诗集》(Oxford University Press,London,1952年),共收录雪莱诗歌78首,全书216000字,初印10000册。

有长篇《译者序》,其中写道:"从雪莱的全部抒情诗中,可以看出他是一个真正乐观的思想家,因为雪莱相信,丑恶的现实是转瞬即逝的;真、美、善将永远存在;人可以不断提高和改善自己,人的智慧和宇宙的意志和谐一致,世界的黄金时代必将到来。如果说,拜伦的诗在很大程度上充满了宇宙的悲哀,雪莱的诗却充满了宇宙的欢乐。"雪莱的抒情诗"给我们刻绘了一个崇高的人的形象"。在赞扬其革命经历与革命激情时,《序》接着指出了雪莱的唯心思想、改良思想给诗带来的"不可否认的弱点"。

本月 填写了一份《思想小结》(12页),结合一年多来的整风运动,对自己的思想状况进行了详细"总结",全文约 8400 字,其结尾写道:"我有这种体会:一个共产主义是永远乐观的,永远不怕困难和曲折。而且,我相信毛主席的这句话:坏事可以变成好事。过去的已经过去了,如果我能从过去的错误中吸取足够的教训,对自己的改造将是一件大好事。而目前客观的条件是如此有利:党正在领导旧知识分子的思想改造运动,我一定要认真投入党领导的每一运动中,努力学习,好把自己尽快地改造成为一个又红又专的工人阶级知识分子。"

11 月

本月 将译著《雪莱抒情诗选》题赠给萧珊,题词为"给蕴珍:这是从你送的书译出的　良铮　一九五八年十一月"。

本月 将译著《雪莱抒情诗选》题赠给茅於美,题词为"给於美:良铮　一九五八,十一月"。

12 月

18 日 据天津市人民法院(58)法刑一管字 141 号判决书,被依法判处管制三年,撤销副教授职务,由六级降为十级。离开外文系,到图书馆"监督劳动"。

按,据称,"当时对一些有历史问题的人,较多的是受到'内控',只有极少数人是被法院明定的,穆旦便是正式由法院宣布为'历史反革命'和'接受机关管制'的一人"[①]。

[①] 来新夏:《怀穆旦》,《中华读书报》1999 年 12 月。

本年　巫宁坤开始被下放,其天津籍妻子李怡楷被分配到合肥。之后一段时间,借着李怡楷回天津探亲、到东村 70 号来看望的机会,详细探问巫宁坤在农场的情况。①

本年　南开大学校报《人民南开》对于思想改造、"大跃进"等事件进行了大量报道。

1959 年(己亥)　41 岁

1 月

1 日　日记写道:"正午希武来午餐,下午艮良夫妇来晚餐。谈到我最近受处分的事。我总的感觉是:必须彻底改正自己,不再对组织及党怀有一丝不满情绪,以后应多反省自身,决心作一个普通的勤劳无私的劳动者。把自己整个交给人民去处理,不再抱有个人的野心及愿望。"

按,所称希武即刘希武,当时为穆旦的妹夫,天津五中教师;艮良为周与良的三哥周艮良,时为天津建筑设计院工程师。

又,现存个人日记共有四本(种),本日至 1960 年 3 月 23 日为第一本日记,日记本扉页竖行记有:"查良铮 一九五九年天津南开大学东村 70 号。"又,"本日记以后所记下列各事:①思想斗争的过程,反省到的自身错误,自勉的决心及计画。②公开的发言。公务及私务。③值得记下的感情(而非自然主义地把一切

---

①　巫宁坤:《旗:忆良铮》,杜运燮等编:《一个民族已经起来:怀念诗人、翻译家穆旦》,第 149 页。

琐屑都记下来)"。

2日 日记写道:"意外地,王辛笛到办公室找我,晚上便去成都道桂林路口84号看他。相谈颇畅,经他得知巴先生及蕴珍近况。我将自己的近况也约略告诉了他。全日咳嗽甚剧,看中医服药。"

9日 日记记录了5日以来的情况:"自动打扫图书馆甬道及厕所,每早(七时半)提前去半小时。这劳动对自己身体反而好。"7日,冯老(按,为图书馆馆长冯文潜)就"要求增加工作时间"一事找谈话,说"组织说不用。告我要紧的是精神愉快,做事才能积极主动"。8日,接查良铃的信,9日,复信,商议她的工作调动之事("想调到天津来。这一下,娘爸住北京就住不成了,也得搬天津")。

本日 经天津市中级人民法院判处三年管制。

按,相关材料据南开大学档案馆所藏档案,不过仅见1979—1981年间的复查材料,未见当初的原始判决材料。所见《关于查良铮问题的复查意见》(中共外文系总支,1979年4月21日,手写体)提到了上述1958年8月19日和12月18日的信息;而《天津市中级人民法院刑事判决书》(1979年8月3日,印刷体)上所写的判决时间为1959年1月9日。

据称,被打成"历史反革命分子"之后,精神痛苦,停止写作,家人受到歧视。

按,妻子周与良有回忆:"良铮拿到判决书,过了两天",先去告诉岳父周叔弢,再把她叫去告知情况,"判决书上写着如不服判决,可上诉。和家人商量,认为这种判决上诉无门,不可能胜诉";之后,"每月发生活费60元,但仍和家人住在一起。他从不抱怨,只是沉默寡言,自己承受着极大的痛苦而不外露"。"所谓

'监督劳动',就是扫地,图书馆楼道和厕所每天至少打扫两次,原有的工人监督他劳动。晚间回家写思想汇报,认罪反省,每周去南大保卫处汇报思想,每逢节假日被集中到保卫处写思想汇报。"当她因自己和孩子"经常受到歧视"而"很生气"的时候,穆旦反而劝告"不要太认真,事情总会过去的"。同时,受管制之后,"很少和亲友来往,连信也不写";"主动不和几位好友肖[萧]珊、杜运燮等去信,怕给人家找麻烦"。有时,他会给孩子们讲故事来调剂生活,"晚间孩子们经常闹着讲故事,他给孩子们讲'西游记'、'三国演义'等,讲到高兴时,和孩子们开怀大笑",因此,她经常"鼓励他和孩子们玩"。而孩子们起初对于父亲的遭遇并不知情,"一直到1966年'文化大革命'抄家贴大字报才知道"。[①]

又称,丈夫停止了写作,"甚至讳言谈自己曾用'穆旦'为笔名写过诗","4个子女在他活着的时候都不知道'穆旦'这个名字"。[②] 此观点似不大确定。查英传称小时候在爷爷家看到过诗集《旗》《穆旦诗集》,但其观点和母亲一样。[③] 刘慧认为,因为这些诗集在,查英传他们那个时候可能知道。[④] 而穆旦本人的交待(《交待问题》,1968年10月9日)中有"'穆旦诗集','旗',(都在1966年交图书馆的革命组织)"之语,若此,则1966年之前家里是有早年诗集的。

19日 因前晚患感冒,未劳动,请假在家,日记继续反省:"最近想到,我的好与人争吵,必须改掉。杀气腾腾,这是我过去的作

---

① 周与良:《永恒的思念》,杜运燮等编:《丰富和丰富的痛苦:穆旦逝世20周年纪念文集》,第158—162页。
② 周与良:《地下如有知 诗人当欣慰》,《诗探索(第3—4辑)》,天津:天津社会科学院出版社,2001年,第106页。
③ 据本谱作者与查英传、查明传的谈话(2006年4月10—12日,天津)。
④ 据本谱作者与刘慧的谈话(2006年4月14日,北京)。

风的大毛病。若不如此,则不会犯种种错误。必须谦虚而谦和。"

2月

9日 正月初二,日记写道:"与良去上海,良铃回京,娘卧病于此。"

按,综合来看,应是穆旦母亲来天津过春节。周与良称,此前每年春节和暑假,穆旦都要带孩子去北京住些日子,"受管制三年,没有告诉他父母,他们一直不知道。春节期间他不能带孩子去北京拜年,只能推说忙,把二老接来天津"①。又,刘慧认为,舅舅被打成"历史反革命"、被管制三年之事,外婆"到死也不知道"。②

12日 春节共放八天假,至这天为止。日记里有"思想检查"内容,"这些天我读读红色书,作了作思想检查":"为什么自己的思想长期未变?①阶级出身?中毒太深。思想上的纠缠很多,如虚无主义思想。②害怕思想斗争,怕痛苦。③自高自大,自以为是的态度未得扫除。"

4月

19日 填写了一份《干部简历表》(南开大学人事处制,一九五九年制),内容与此前的几份表格多有重叠,其中,"现在家庭的经济状况"栏填"良好,须赡养父母及子女";"何时何地经何部门审查,结论如何"栏填"在肃反运动中被审查。结论有政治历

---

① 周与良:《永恒的思念》,杜运燮等编:《丰富和丰富的痛苦:穆旦逝世20周年纪念文集》,第158页。
② 据本谱作者与刘慧的谈话(2006年4月14日,北京)。

史问题及思想问题。(肃反运动在 1955 年 9 月,我在南开大学)";"个人认为历史需要说明的问题"栏为空白,未填写内容;最后的"审查机关盖章"栏,填有"历史反革命,正在受管制",并盖"中共南开大学委员会机会总支委员会"公章。

夏

与妹妹查良铃、儿子查明传、女儿查瑗、外甥女刘慧等人到北京香山公园游玩,在眼镜湖有合影(可见于陈伯良《穆旦传》);与妻子,儿子英传、明传,女儿查瑗等人到天津水上公园游玩,亦有合影(可见于《穆旦诗文集·2》等处)。

9 月

月底 日记里写有"思想总结提要",主要内容为:"①学习收获有二:ⓐ自八届二中全文件,学会要正确看问题,要看问题的本质和主流","ⓑ不要从资产阶级立场对待群众运动,过去我对运动'半是拥护,半是批评',总以批评为快,对它的看法不离一个'糟'字。这是自己落后根源之一。在外文系事件中,自己即曾夸大缺点。对肃反运动,即曾不满"。"②补充上次思想报告中的两点:ⓐ'阶级分析'方法是好的,可以达于真理,但使用它时必有一总的前提,即要为无产阶级服务","ⓑ如何作党的'驯服工具'?有四点认识":(一)"人在任何社会中,必然是一'工具'";(二)"为社会主义的工具,发扬人的一切合理方面。是为崇高事业服务";(三)"作党的驯服工具,是否就不用思想?否,这正是发挥至大创造力的时候,可以以我国高速度工业建设为例","必须明是非及扫除个人主义,而后才能跟着党走"。

（四）"是否不自由？"，在这个社会里"有合理发展个性的自由。你只要以党的方向为自己的方向，即感到自由"。

又，抄录了恩格斯《反杜林论》的观点："自由不是在于想像中的对于自然规律的独立，而是在于认识这些规律，并且在这种认识所给与的可能性之上，有计划地使得自然规律为着一定目的发生作用。"

本年　《拜伦诗选》由香港的上海书局出版，《拜伦抒情诗选》由万里书店出版，均署梁真译。此后还有其他署"穆旦"的诗集和署"查良铮"的译著在香港出版。

按，目前没有文献显示穆旦本人对此知情，信息据"香港文学数据库"，暂不得其详。查该数据库的香港中文大学图书馆馆藏信息，1950年代以来，穆旦的诗歌和译作在香港有较多出版。译作另有：杨熙龄、查良铮译《雪莱诗选》，上海书局1960年；查良铮译《普希金诗选》，上海书局1977年等。此外，馆藏1950年代查译著作还包括：平明出版社1953年版《文学概论》，平明出版社1955年版《拜伦抒情诗选》，人民文学出版社1958年版《雪莱抒情诗选》，人民文学出版社1959年版《云雀》等。

1940年代所出版的三部诗集均有影印（所谓"翻印书"），分别为《旗》，创作书社1970年（？），据1948年上海文化生活出版社铅印本影印；《穆旦诗集（1939—1945）》，1974年（出版者不详），标明附录《一个中国诗人》，附插勘误表，据1947年版影印；《探险队》，创作书社1974年，据1945年昆明文聚社铅印本影印。

约为1950年代　翻译 Г. А. 毕阿雷的《〈父与子〉和六十年代的文学及政治的斗争》（文）。原文为作者评述围绕屠格涅夫长篇小说《父与子》所发生的种种争论,小说于1862年初次发表,所称"六十年代"即1860年代,一个"历史的转变期"。所述论争,既有处于"自由主义阵营"的屠格涅夫与车尔尼雪夫斯基、杜勃罗留波夫等人为首的革命民主派之间的争执与分歧,也有"反动的统治集团的阵营"以及"有些屠格涅夫的民主主义的友人"对于小说的"责备","然而,这并没有影响屠格涅夫的历史的功绩","在《父与子》中表现了'新人'的伟大的道义力量和动人的品质,使这本小说有力而真实,成为俄国古典文学中卓越的著作之一"。

按,该译文仅见手稿(藏中国现代文学馆,由巴金于1997年捐赠),为520字的稿纸,竖行书写,共24页,非誊正稿,上有比较多的涂改痕迹。首页有"附录二"字样,文末有标注:"从一九四九年莫斯科国家文艺书籍出版局俄国长篇小说丛书版《父与子》中译出 (查良铮译)。"以此来看,所指可能并非中文译本的附录,而是原书的附录。

又,从穆旦的经历及其俄文的研习程度来看,首先可确定此稿是1953年回国之后译出的,具体为何时则无法确定,不过,结合其1958年下半年被打成历史反革命分子及之后的遭遇、实际的翻译情状、与巴金的交往(现存1970年代的数封书信)等信息来看,此稿更可能是1950年代中后期翻译的,故大致编入此一时段。至于何以进行此翻译,是俄文翻译训练,或是巴金约稿,又何以被弃置不用,相关记载阙如,目前也无法确断。[1]

---

[1] 关于手稿的更多情况,参见易彬:《捐赠、馆藏与作家研究空间的拓展:从中国现代文学馆所藏多种穆旦资料谈起》,《文艺争鸣》2018年第11期;《中国现代文学馆所藏穆旦手稿资料两种辑录》,李怡、毛迅主编:《现代中国文化与文学》第29辑,成都:巴蜀书社,2019年。

1960年(庚子)　42岁

▲6月,中苏关系破裂。

▲7—8月,中国文学艺术工作者第三次代表大会在北京召开,周扬作《我国社会主义文学艺术的道路》的报告。

3月

23日　日记里大段地记着"两种世界观的斗争":"①当前两种世界观的斗争是政治、思想战线上社[会主]义革命的继续和深入";"②辩唯物义和主观维义的对立";"③革命辩[证]法与形上学观点的对立";"④正确认识六亿人民主观能动作用是历史唯物主义的基本点"。又抄录了林默涵谈毛泽东《在延安文艺座谈会上的讲话》所"解决"的问题;以及"'列宁主义万岁'学习(到六月四日止)要求"。

8月

18日　次女查平出生。

11月

本月　姐姐查良镈带着小儿子白兴圣来天津,有合影(可见于《穆旦诗文集·2》等处)。

1961年(辛丑)　43岁

11月

22日　中共(南开大学)图(书馆)支部作《查良铮被管制期间主要表现情况及处理意见》(下端有"保卫处转呈党委会"字样),主要内容为:"查原工资系教师级6级149.5元,管制期间只发生活费60元。解除管制后,拟按原6级降至9级,约相当于行政干部第18级发给工资,以上意见是否有当请批示。"

本年　据南开大学《教职员工、教学辅助员名册》,为图书馆编目股馆员,有备注:"反革命分子管制"。

按,根据该名册,图书馆分办公室、阅览股、编目股和采购股,其中办公室(6人):馆长冯文潜,副馆长沙林、范维存、钱荣堃,秘书孙书瑜,干事刘茂翔。阅览股(12人):王景韫、赵霖、殷礼训、韩永强、吴继峰、李凤珊、王文通、董泽云、殷子纯、苏爱芳、张淑菊、林惠华。编目股(18人):王玉琢、杨朴魁、王端菁、张绍垣、韩孝儒、徐寿恺、刘予琪、丁义恕、周瑞华、程逸华、张文彬、毛乃钧、单柳溪、李世珍、耿有光、杜连荣、查良铮、于德求。采购股(9人):张绍钰、陈淑珍、唐克明、邓景贵、路颖、金敏慈、王世铮、刘世谟、邓昭聚。

对照前后一些职员表,人员有变动。而目前所能查证的交往线索也不多。其中,冯文潜、张绍玉、金敏慈等名字曾出现在穆旦日记之中。又,对于穆旦在图书馆的工作情况,魏宏运以及王端菁、李万华夫妇都有过回忆。魏宏运称,杨朴魁做中文编目,查良铮做英文编目。①

王端菁所谈可分为三个方面:(1)业务方面。查良铮主要工作是"干外文打字";当时图书目录"主要是蓝色的油印的那种"。"杨朴魁是整个编目组的负责人,管外文编目";她是副的,"管中文编目"。"外文由杨朴魁和王玉琢两个人编目,最后由查良铮打出来。"当时大家在一个大屋子工作,查良铮坐在角上"不言不语地打"。"每天工作8个小时。8点来上班,上午8点到12点,下午两点到6点",严格打铃、签到。主要事情是"业务上的","工作并不轻松,因为不光是原版书,还有影印的书,数量还是比较大"。(2)查译著作。"有一次听管我们的领导说,当时是人民文学出版社还是其他出版社来征求意见,说查良铮翻译的普希金的《欧根·奥涅金》是译文中最好的,说能不能出版?当时说能出,但是不出他的名字。后来大概是没出成。"(3)政治学习。"图书馆很多地方都是书架子,政治学习的时候,查良铮就坐在最角上,拿本外文书在那里看",有人有意见,"政治学习怎么能够看这个呢?"她就悄悄叮嘱,"以后别看了,有人盯着你呢"。

王端菁的丈夫,当时在教材科(图书馆四楼)的李万华也有回忆:查良铮搞卫生,但主要是打字。"'文化大革命'之后的集中劳改,图书馆、体育部、印刷厂都属于行政部门,所以都归到一个队,他跟查良铮在一个牛棚里头。"②

---

① 据本谱作者与魏宏运、王黎夫妇的谈话(2006年4月12日,天津)。
② 本谱作者与王端菁、李万华夫妇的谈话(2006年4月13日,天津)。

1960—1961 年间

据称,"生活资料极其缺乏,特别是食物,几乎所有家庭都不得不定量分食"。"城市里粮食、布、棉花、食油、糖、肉均实行凭票定量供应","布票每人每年 1 丈 6 尺,粮食每人每日平均 1 斤,蔬菜供应极少,浮肿病患者普遍存在"。①

按,周与良的回忆也有内容与此相关,"六十年代是吃豆腐渣的年代,良铮浮肿得厉害,配给他一斤红糖,他没有吃一口",全留给了从小体弱的二儿子查明传。②

1962 年(壬寅) 44 岁

▲4 月,中共中央批转中宣部定稿的《关于当前文学艺术工作若干问题的意见(草案)》(简称"文艺八条"),由文化部党组、文联党组下令全国有关单位贯彻执行。

▲5 月 19 日,教育家、清华大学原校长梅贻琦逝世。

1 月

4 日 天津市公安局批准撤销管制,继续在南开大学图书馆做职员,从事整理图书、抄录卡片、清洁卫生等事务。此后一段时间内,每逢"五一""十一"节假日,要去图书馆写检查。

---

① 魏宏运:《魏宏运自订年谱》,第 64—66 页。
② 周与良:《永恒的思念》,杜运燮等编:《丰富和丰富的痛苦:穆旦逝世 20 周年纪念文集》,第 163 页。

按,魏宏运根据南开大学历史系的情况指出:本年4月,"中共中央发出关于加速进行党员、干部甄别工作的通知,指出:凡是在'拔白旗'、'反右倾'、民主革命补课运动中批判和处分完全错了和基本错了的党员、干部,应当采取简便的办法,认真地迅速地加以平反。以此为依据,对照历史系几年来的各项运动,清查工作中的错误,落实政策"①。这可能是穆旦当时解除管制的一种背景。

穆旦子女回忆:管制结束后,"父亲的许多公民基本权利并没有得到恢复。为此,父亲下班后就关上房门伏案工作",很少和孩子们在一起,有时也躲不过"死缠",就在星期日带着孩子们"上城里去","他最喜欢去的地方是外文书店和古旧书店",在那里"买了许多俄文或英文的有关普希金和诗歌的书籍",也常常为英传"买些做无线电的书和杂志","还买《十万个为什么》等书"给孩子们读。"父亲喜欢看杂技",有时也带孩子们"去劳动人民聚居的南市一带的小剧场""看杂技或曲艺"。"父亲非常关心国家经济的发展,他常常把报纸上或书籍上的有关中国的钢产量、石油产量、铁路建设等资料收集起来,并将前后进行比较",让孩子们"也这样做,说:'这些报纸上的小资料很有用,积累起来就是一个小百科全书。'"②告诫孩子们"要多学知识","千万不要把时间浪费了",这类情形在妻子周与良的回忆中也有出现。③

---

① 魏宏运:《魏宏运自订年谱》,第68页。
② 英明瑷平:《忆父亲》,杜运燮等编:《一个民族已经起来:怀念诗人、翻译家穆旦》,第140页。
③ 周与良:《怀念良铮》,杜运燮等编:《一个民族已经起来:怀念诗人、翻译家穆旦》,第135页。

2月

22日 据图书馆工作人员的《体格检查结果》,服务证号为331号,检查结果:①血压100/62。②浮肿±。③砂眼±。慢性病一栏为空白,体重61公斤。

本日 个人工资级别问题由图书馆向学校人事处反映。

按,此据南开大学图书馆就"请批示查良铮的工资级别问题"向学校人事处提交的报告。该报告承接上一年11月22日中共南开大学图书馆党支部所作《查良铮被管制期间主要表现情况及处理意见》而来,主要内容:

> 历史反革命查良铮,经天津市法院批准,已解除管制。我馆党支部于1961年11月22日将"查良铮被管制期间主要表现及处理意见"报保卫处转呈党委会批示。现为了尽快决定查的工资待遇问题,特此将我馆对处理意见再行政报告你处。
>
> 查良铮原系外文系付[副]教授,我图工作需要,将他留在我馆工作。查原工资系教师6级149.5元,管制期内只发生活费60元,解除管制后拟按原6级降至9级发给工资。以上是我馆意见,请你处批示。

6月

28日 个人工资级别问题由图书馆向学校反映。

按,此据南开大学图书馆向学校提交《关于查良铮的工资级别问题的报告》。基本内容如1961年11月22日和1962年2月22日的两则报告所示,本报告最主要的内容为:"其工资待遇原拟由教师6级降至9级。现在我们同意你科改为行政级的意见。由原教师级6级降至行政级18级。"

报告上有人事科的批示："据干部科通知,从62年11月份起按行政18级发给工资。"

7月

本月 根据本月制订的图书馆"定员表",在编目股,职务一栏为"西文文科书分编和目录卡编制等",工资级别一栏为"未定,暂60.00元"。

本月 曾与家人到天津水上公园游玩,有合影(与小女儿查平的合影,可见于《穆旦译文集·2》等处)。

11月

30日 所译普希金诗歌的情况被《郑州大学学报》1962年第1期所载郑州大学教师丁一英的《关于查译〈普希金抒情诗〉、翟译莱蒙托夫的〈贝拉〉和鲁迅译果戈理的〈死魂灵〉》一文谈及。

按,文章指出:对照几个译本,翟(松年)译"相当不错",虽然也有"不少译得欠妥的地方";鲁迅译本与原文"如此的形神一致"。查译"是译得比较差的,不只译文粗糙,而且错误也比较多",虽然"在遣词用字上,还是有一定功夫的"。

秋冬之际

接巫宁坤从安徽大学发来"告急"电报,立即汇去数倍于失窃的钱,帮友人渡过生活难关。

按,巫宁坤回忆:1961年6月底,下放到北大荒的自己因患严重浮肿,"奄奄一息",获准"保外就医",到安徽大学。1962年9月之后的某月,工资失窃,"立刻给全家老小的生活造成了困难",当时老母亲身患重病,妻子又快要生孩子,只好给穆旦发告急电报。又,"文化大革命"发生后,"全家老小被遣送到农村去'安家落户',当上了'不给出路的政策'的典型",良铮"不知怎么知道了""一家无以为生的苦况",又汇来了一笔钱,帮助"度过了难关"。①

个人生活简朴,乐于助人,这种品质在妻子、子女的回忆中都有谈及。

按,周与良回忆:丈夫"在美国读书时,经常穿一条灯心绒或咔叽布裤,上身穿一件毛衣或一件旧西服,一直穿到回国。回国后改穿蓝色中山装,一直穿到褪了颜色,袖口和底摆都磨破还继续穿"。"他对孩子们总说:你们要艰苦朴素;刻苦学习。他教大女儿读英语时,第一本书是林肯传。他还经常把林肯幼年如何在困难的条件下,努力学习的事迹讲给孩子们听。同时他又尽可能帮助生活困难的亲戚和朋友。"②

子女回忆:父亲的"姐姐早年嫁到广西,姐夫早逝,子女又多,家中生活困难。60年代初,父亲虽然受到整肃,降职降薪,但仍然省吃俭用,每月汇款接济她们的生活,并一直从经济上支持她的大儿子读完大学"。"70年代后,父亲从劳改农场回到南开大学图书馆,生活稍微安定些。他仍念念不忘仍在农村'改造'

---

① 巫宁坤:《旗:忆良铮》,杜运燮等编:《一个民族已经起来:怀念诗人、翻译家穆旦》,第149页。
② 周与良:《怀念良铮》,杜运燮等编:《一个民族已经起来:怀念诗人、翻译家穆旦》,第134—135页。

的老友。每逢年节,父亲总要去副食商场亲自选购一些食品寄去。"①

本年　开始翻译拜伦长诗《唐璜》。

1963年(癸卯)　45岁

▲3月,中共中央发布了关于在全国开展"五反"运动的指示。

2月

本月　作《谈译诗问题——并回答丁一英先生》(文),阐述"译诗应该采用什么原则的问题"。针对丁一英的文章,承认自己的译本的确存在"错误",但之所以有分歧,主要还是在翻译到底应"讲本分"还是允许"创造性"行为上的不同看法,认为丁一英"坚持了一个错误的原则",即"字对字、句对句、结构(句法的)对结构"的译法。

文章重复了《欧根·奥涅金》后记中引用过的马尔夏克的观点:"译诗不仅要注意意思,而且要把旋律和风格表现出来……要紧的,是把原诗的主要实质传达出来";"为了保留主要的东西,在细节上就可以自由些。这里要求大胆","好的译诗中,应该是既看得见原诗人的风格,也看得出译者的特点"。又从下之

---

①　英明瑗平:《言传身教,永世不忘》,杜运燮等编:《丰富和丰富的痛苦:穆旦逝世20周年纪念文集》,第228—229页。

琳等人所作《十年来的外国文学翻译和研究工作》(《文学评论》1959年第5期)引伸出"创造性翻译"的观点,翻译不能和原文"一丝不走":一是,"为了可以灵活运用本国语言的所有的长处";二是,"文学翻译的首要任务是在本国语言中复制或重现原作中的那个反映现实的形象,而不是重现原作者所写的那一串文字"。文章举例对照了自己和丁一英的译诗,"对照原文来推敲字句"是"必要的,有时甚于在译散文时所花的工力;但是这种推敲,必须从属于对整个形象、对内容实质的考虑之下",即"怎样结合诗的形式而译出它的内容的问题"。并不是"每一字、每一辞、每一句都有同等的重要性",为了求"整体的妥贴",就需要"忍受局部的牺牲";而牺牲也会得到"补偿","使原诗中重要的意思和形象变得更鲜明了,或者就是形式更美了一些"。

3月

本月 为《丘特切夫诗选》作《译后记》,指出费奥多尔·伊万诺维奇·丘特切夫(1803—1873)"以歌咏自然、抒发性情、阐扬哲理见长"。"丘特切夫终其一生,不过是沙皇政权的一名官吏,事迹很平凡。然而在创作上,他的经历却比较复杂。"丘特切夫具有"双重性":他通过政论文和政治诗来表达他的政治见解和主张,但他还有"隐藏在生活表层下的深沉性格,他把这另一个自己展现在他的抒情诗中,在那里,他仿佛摆脱了一切顾虑、一切束缚,走出狭小的牢笼,和广大的世界共生活,同呼吸,于是我们才看到了一个真正敏锐的、具有丰富情感的诗人"。"丘特切夫有着他自己独创的、特别为其他作家所喜爱的一种艺术手法——把自然现象和心理状态完全对称或融合的写法";"这种被称为'印象主义'的艺术描写,再加上丘特切夫诗歌中的某些神秘的唯心哲学,以及某种可以解释为颓废的倾向(如《我爱这充沛一切却隐而不见的恶》),使十九世纪末的俄国象征派诗人把他视为象征主义诗歌的创始者。可见,丘特切夫的艺术手法,并不是有意地模糊现实的轮廓,或拒绝描绘现实,象后来的象征派诗歌所作的那样。他在自己的许多描写自然和心理的作品中,是和当代的现实主义潮流相呼应的。他的诗歌在一定程度上正面反映了时代的精神,这却是俄国象征派诗人所不曾看到、更没有继承到的优良传统。"

4月

25日 《谈译诗问题——并回答丁一英先生》刊载于《郑州大学学报》(人文科学版)本年第1期,署查良铮。

9月

本月 据南开大学图书馆制订的《下放进行劳动锻练的干部统计表》,在"能参加劳动者"之列。

按,根据该统计表,图书馆现有干部总人数48人。具体分为:一、已经过劳动锻练者13名。二、需要锻练尚未锻练者28人。其中又分为:1.因病不能劳动者11人。2.能参加劳动者15人。3.各种专业技术干部2人。三、年老不适参加劳动的。

11月

22日 个人信息被南开大学图书馆填入相关"年报表"。

按,有《1949年以来高等学校毕业的干部现任职务及质量情况年报表》,其中研究生共5人,包括钱荣堃、查良铮、王世铮、郭梅章等。

又,《1950年以来高等学校毕业的干部分布及所学科类年报表》,使用的是南开大学公用信笺,其内容为"学用不一致的人数"统计,共13人,分为"因政治条件不适担任原专业的""因身体条件不适担任原专业的""因工作需要未适担任原专业的""使用不当的""其他"等情形,查良铮等4人属"因政治条件不适担任原专业的"之列。

25日 个人翻译情况被《郑州大学学报》第3期所载丁一英的《读查良铮先生〈谈译诗问题〉的来信》一文谈及。

按,文章进行了细致举例,并同样援引《十年来的外国文学翻译和研究工作》,认为"'在语言运用上也要有极大的创造性',是受'文学翻译忠于原著、充分传达原著反映现实的艺术风格'这一前提限制的。因此翻译决不能是'改写',更不能是译者的另行创作";"艺术性翻译显然也得讲本分,也可以说更需要首先讲本分"。

年底

将译著《丘特切夫诗选》寄给人民文学出版社。

按,一直到1985年,该译著方才由外国文学出版社出版,子女的回忆称,当时"突然收到出版社的一封通知,说《丘特切夫诗选》已经出版",让家属"去领取稿酬","这个突然的通知使全家人迷惑不解,母亲也不记得父亲曾译过这样一部书"。后经"核对",方知"是父亲在20多年前即1963年寄给出版社的"。[①] 此

[①] 英明瑗平:《忆父亲》,杜运燮等编:《一个民族已经起来:怀念诗人、翻译家穆旦》,第141页。

番叙述凸显了穆旦此一翻译行为的秘密属性,但更早时候的约稿合同显示,该译著本在国家的翻译出版计划之列(见1958年6月26日的条目),穆旦在"三年管制时期"结束之后,1963年译就并寄出,是践行当初的"合约"。①

本年 个人情况被南开大学图书馆填入《解放后从资本主义国家回国留学生调查表》。

该表共两页,首页上端有"绝密",下端有"(此表必须由组织填写)"的字样,第二页下端有"中华人民共和国科学技术委员会制 中华人民共和国教育部翻印"的字样。"有何专长"栏填"诗及文学理论。懂三国外语(俄、英、法),英文可做口译,俄文只能笔译";"工作级别"栏填"87.50元,行政18级";爱人的"工资级别"栏填"5级177元";"生活情况如何?(收入开支、有无困难)"栏填"家有四个孩子,总收入264.50元,生活不够宽裕。每月要付用、贴补些原有积蓄";"政治历史问题有无结论?工作安排使用上有何问题?"栏填"于1958年12月反革命案定为历史反革命分子依法判处管制三年,于61年12月经法院宣布解除管制。因政治历史问题,现在工作与其所学专业不相符"。

本年或稍后 曾到历史系短期帮忙,参与俄文、"反修"方面的工作。

按,据1963年6月之后调到南开大学历史系资料室工作的冯承柏回忆:"当时系里正在搞'反修',批判历史学领域中的修正主义观点","组织了一批外文系的俄文教师来批判","俄文

---

① 参见易彬:《"最大胆的,往往就是最真实的":从新见穆旦1950年代中期的两封信说起》。

好"的查良铮也在其列。此事算不上"运动","是中宣部还是哪个上级交给的带有政治性的任务",所写材料没有正式出版。①

本年或次年 "旧日在美国认识的刘有诚(在兰州大学化学系)来天津出差",约在何国柱家相见,"当时还有何炳琳、刘丽生在座"(据《关于何国柱和我》,1968年11月21日)。

1964年(甲辰)　46岁

5月

19日　填写了一份《干部工资级别登记表》(有南开大学人事处公章),如下(表格形式有所调整):

干部工资级别登记表

姓名:查良铮　　现任职务:馆员　　填表机关 (盖章)

填表日期　1964年5月19日

批准定级、升级或降级的时间	在何单位,担任何职务	执行何类人员工资标准	级别	金额	批准机关
1952		教学	6	149元	
1955				60元(生活费)	
1956		行政	18	87	

---

①　据本谱作者与冯承柏的谈话(2006年4月11日,天津)。

按，该表下端有填写说明："此表填写干部1952年定级以来工资变动的情况，1952年以后定级的，从定级时起填写。"穆旦1952年尚未回国，正式报到是在1953年5月，因此，表格之中的1952年或为1953年之误。

本月 周珏良以所编《英美文学欣赏·第一集》（商务印书馆1963年11月版）相赠，扉页题有"送给良铮 珏良1964/5"。书中作者为刘世沫、戴镏龄、王佐良、李赋宁、周珏良、杨周翰、许国璋等人，多是联大时期的同学。

8月

本月 与母亲、小女儿查平、外甥女刘慧等人到北京北海公园游玩，有合影（与母亲的合影，可见于《穆旦诗文集·2》、陈伯良著《穆旦传》等处）。①

10月

20日 其时为"五反运动"期间，曾被人提意见。

按，材料写道："在南大无市场到别处找市场。今年郑州大学学报登了他给郑州大学学生论译诗。"材料所用为"五反办公室（对各部、处批评意见转递表）"，作者为外文系教师。所称"到别处找市场"应该是指此前在《郑州大学学报》发表的《谈译诗问题——并回答丁一英先生》一文。

---

① 刘慧女士曾翻拍了一张寄给本谱作者（2006年7月14日），为这里所提及的四人合影，并称其与陈伯良《穆旦传》第146页所录照片出自同一天。

秋至次年 8 月

参与南开大学历史系美国史研究室主持的美国战争史料的翻译工作,参与者为十余位历史系教师,主事者为杨生茂、冯承柏、李元良等人,后有两种译著正式出版,即《美国南北战争资料选辑》《美西战争资料选辑》。

《美国南北战争资料选辑》(1978年),辑录的是反映奴隶主的残暴统治、资产阶级与奴隶主合污以及黑人为解放事业而英勇斗争的材料。署杨生茂主编,"引言"部分标注了9位译者的名字,为周基堃、查良铮、陈文林、王敦书、杨生茂、李元良、张友伦、冯承柏、白凤兰,但正文各章节未一一注明译者信息。

《美西战争资料选辑》(1981年),为1898年美国发动的对西班牙战争的资料选辑,署杨生茂、冯承柏、李元良编,其"引言"部分未标注译者的名字,但正文每一篇末均注明了译者和校改者的名字,其中译者7人,为冯承柏、李元良、查良铮、陈文林、俞辛焞、张友伦、林静芬,校改者4人,为李元良、周纪琨、冯承柏、杨生茂,译、校者合起来共9人,主要工作由冯承柏、李元良承担。其中,《约西亚·斯特朗宣扬的种族主义理论(1885年)》《阿尔伯特·贝弗里治在波士顿的演说(1898年4月27日)》《美参议员阿尔伯特·贝弗里治的演说(1898年9月16日)》《麦金莱总统关于菲律宾问题的谈话(1899年11月21日)》《亨·卡·洛奇在参议院的演说(1900年3月7日)》这5篇,署"查良铮译 杨生茂校"。

按,穆旦参与翻译美国史之事,此前基本上只有冯承柏的回忆可供采信,因此只能依据其进入南开大学的时间,认为至少是在1963年6月之后,结束时间则无从说明。现可见2000年6月12日周与良致余世存的信,其中提到"穆旦由南大图书馆借调历史系美国史研究所做翻译工作",并且表示1980年代初,历史系将两本译著送给了她,这确认了穆旦参与翻译的事实。而既确认了翻译工作与美国史研究室的关联,结合其他文献考订,时间可以进一步明确为本年秋至1965年8月。

南开大学美国史研究室是1964年经高教部批准成立的,该研究机构有特殊的时代背景与政治属性,是"按照自上而下的指示建立的"。① 首任主任为杨生茂教授。冯承柏在回忆中称,先做俄文、反修方面的工作,后来杨生茂请他"顺带"做了些美国史翻译,与周与良的"借调"一说略有差异。

又,关于工作量的问题。《美国南北战争资料选辑》的翻译情况不详。《美西战争资料选辑》全书329页,穆旦所译5篇共约26页,占比不足8％,冯承柏称"翻译量不大",至少就《美西战争资料选辑》的翻译而言,大致即如此。对照冯承柏的回忆与周与良所述,美国史研究室既是按照中央指示建立的,"借调"去翻译的说法似更可信,但就其实际工作量而言,则又更多"顺带"的色彩。

在历史系工作期间,曾应几位年轻教师之请,给他们讲解英文,时间约两三个月。

按,冯承柏称,当时他和几个年轻人"英文底子并不好","很想找人在外语上给提高提高",趁此机会请查先生给大家讲英

---

① 参见杨令侠:《南开美国史资料室的故事》,杨生茂:《在"庆祝历史所日本史/美国史研究室成立30周年"会上的发言(1994年10月13日)》,载杨令侠、朱佳寅:《中国世界史学界的拓荒者:杨生茂先生百年诞辰纪念文集》,天津:南开大学出版社,2017年,第664、12页。

文,此事"不超过三个月","一礼拜顶多两三次,有三四个人";地点"在系里的一个小资料室里头",查先讲,"有什么问题讨论讨论"。周与良称用作讲解的是"一本英文小说",冯承柏则说"可能是哈代的小说"。① 在另一处,冯承柏谈道:"在短短两个月中,穆旦"讲述了很多知识",他对年轻人"特别好","有问题请教,他总是耐心解答,从不摆长者的架子"。②

本年 在八里台邮局,为长子查英传"买了第一本《无线电》杂志"。③

1965年(乙巳) 47岁

▲11月10日,姚文元《评新编历史剧〈海瑞罢官〉》一文在《文汇报》发表。

6月

本月 填写了一份由南开大学人事处制的《干部履历表》,主要栏目包括个人基本情况、爱人情况、家庭经济状况、主要社会关系、奖惩经历、家庭人口情况以及参加革命前后履历等。

"家庭经济状况(包括人口、田地、房屋、山林、债务、资本、佣人、各种收入主要生活来源,和生活情形)"栏,"土改前"填:"家

---

① 据本谱作者与冯承柏的谈话(2006年4月11日,天津)。
② 尹广学主编:《中华经典诗文诵读·第五卷》,济南:山东友谊出版社,2015年,第69页。按,该引文出自穆旦诗歌《赞美》的相关链接材料。
③ 周与良:《永恒的思念》,杜运燮等编:《丰富和丰富的痛苦:穆旦逝世20周年纪念文集》,第162页。

中生活，依赖父亲在天津地方法院书记的工资。没有土地、资本和债务。但有祖父遗留的房子，自己住，未租人。在日本占领时期，将房子出售，父母即在北平租房子居住。抗战胜利后，家中生活依赖我的工资收入来维持。比较困难。""土改后及目前情况"填："解放后，自己和家中的收入比解放前提高了。一因物价稳定，二因自己的收入（工资和稿费）比解放前多。"

"有何专长，懂何种外国语文、熟练程度如何"栏填："英文（读、写、说）。俄文（读）。法文（读，不够熟练）。"

"国内外主要社会关系，他们的政治态度、职业，过去和现在的关系如何"栏填："国外无社会关系。自己各亲姐妹各一。姐：查良鄟，家庭妇女。妹：查良铃，在北京新华书店工作，成分为群众。在天津比较常接触的主要社会关系为：周叔弢，岳父，现任天津市付市长。刘希武，妹丈，现任三十五中学教师，群众。"

"参加革命前后的履历"栏，相关事迹已分列到各年度具体条目，所列证明人有：翟松年、周珏良、王佐良、黄宏煦、陆智周、杜聿明、江瑞熙、杨刚、袁水拍、邵寄平、梁再冰、杨静如、周华章。

"其他需要说明的问题"栏填："自己在伪军中所任的几段职务，除1943年6月至7月由杜聿明派在陈明仁的队部外，其余都是在杜聿明的属下罗又伦之下工作（或教他英文，或替他翻译）的。罗在大陆解放时逃至台湾。我在美国读书时，他适游美，曾见过一面（时为1950年初），我曾劝他返回大陆。此后即未再见，也从无信件往来。"有签名，并钤印。

"审查"栏，意见填："当前尚未发现问题，本人填写没有大出入。"盖"中国共产党南开大学委员会行政总支委员会"公章，日期为1965年7月15日。

秋

在天津,全家有合影(可见于《穆旦诗文集·2》等处)。

11月

15日　相关信息被学校填入《参加"四清"师生干部登记表》。

按,表格中有多位图书馆职工参加"四清"的记载,未见查良铮的信息;有周与良的记载,其中"有无严重政治历史问题"一栏填有:"爱人系历史反革命,曾受管制。本人对爱人划为历史反革命时曾对组织有意见,以后尚能正确认识。"

本年　《唐璜》大致译毕,有将它寄给出版社的意图。[①]

1966年(丙午)　48岁

▲5月,毛泽东发出"五七指示"。

▲8月8日,中共八届十一中全会通过《关于无产阶级文化大革命的决定》。

1月

本月　作《学习主席思想,加紧改造自己》,12页。开头部分

[①] 英明瑗平:《忆父亲》,杜运燮等编:《一个民族已经起来:怀念诗人、翻译家穆旦》,第141页。

为:"自社会主义教育运动的一年多以来,自己投入热烈的学习主席著作的高潮中,自觉在思想意识上有了相当的提高。虽然表现在行动上,尚觉不够显著,更应加倍努力学习;但在思想意识上的提高,有总结一下的必要,好可以肯定成绩,看出缺点,再接再厉地鞭策自己改造思想。"接下来,"从三个方面来谈自己思想收获的情况":"(一)从主席著作的学习中,我吸取了自觉改造自己的力量。""(二)从主席著作的学习中,我认识了自己犯错误的原因。""(三)从主席著作的学习中,认识到必须改造自己的资产阶级世界观。"结语部分为:"对自己的改造当然应该一分为二地看:既有些微成绩,也有很大的不足。自己决心在新的一年中,努力作到以主席思想挂帅,克服自己的非无产阶级思想,跟上形势的需要,做好工作,使自己的思想水平向前大大地推进一步。当前的国内外形势和周身环境都很有利于自我改造,我相信在党的关怀教育和同志们的帮助下,自己定能取得自我改造的迅速而彻底的胜利。"

8月

本月 "文化大革命"全面爆发,南开大学校园内的政治气氛非常凝重。

按,据称,本月中旬,南开大学"东校门内大中路南侧二三十米竖起大字报席墙,贴了庞大的'百丑图'。被丑化的干部、老教师有百余人,包括娄平、吴大任、郑天挺、滕维藻、何炳林、李何林、李霁野、鲍觉民、顾昌栋、姚跃、陈建华"以及魏宏运等,"每个人都被画成怪相,写上'罪状'示众"。南开大学的一些著名的红卫兵组织,如"卫东红卫兵""八一八红卫兵"等,纷纷成立。①

本月或稍后 被批斗、抄家、剃阴阳头,还曾被集中劳改。

按,妻子和子女对此都有回忆。周与良回忆:"每天上下午南大附中附小的红卫兵都来家'破四旧'。书籍、手稿、一些家庭生活用品,被褥、衣服等都当'四旧'被拉走。"当时"住南大东村平房,大门一星期未关,每天家里地上都有乱七八糟一大堆杂物。孩子们常从乱物中拣一些书、手稿和日用品等。家具被砸烂,沙发布用剪刀剪开"。良铮每晚回家,"看见满屋贴着'砸烂反革命分子×××狗头',一言不发,有时默默地整理被掷在地上的书和稿件"。②

子女回忆:一天晚上,"一堆熊熊大火"把家门前"照得通明,墙上贴着'打倒'的大标语,几个红卫兵将一堆书籍、稿纸向火里扔。很晚了,从早上即被红卫兵带走的父亲还没有回来",母亲很担心,家人"都坐在白天被'破四旧'弄得箱倒椅翻,满地书纸的屋里等他","直到午夜,父亲才回来,脸色很难看,头发被剃成当时'牛鬼蛇神'流行的'阴阳头'"。看到家人"仍在等他",还安慰说:"没关系,只是陪斗和交待'问题',红卫兵对我没有过火行动……""母亲拿来馒头和热开水让他赶快吃一点。此时他看着满地的碎纸、撕掉书皮的书和散乱的文稿,面色铁青,一言不发。""突然,他奔到一个箱盖已被扔在一边的书箱前,从书箱里拿出一叠厚厚的稿纸,紧紧地抓在发抖的手里。那正是他的心血的结晶《唐璜》译稿。万幸的是,红卫兵只将它弄乱而未付之

---

① 魏宏运:《魏宏运自订年谱》,第82—83页。
② 周与良:《永恒的思念》,杜运燮等编:《丰富和丰富的痛苦:穆旦逝世20周年纪念文集》,第159页。

一炬！"①又谈到,"抄家时被红卫兵撕掉书皮的书",父亲"都用牛皮纸仔细地重新粘上书皮并写上书名"。②

10 月底或 11 月初

中共中央、国务院发布《关于北京大中学校革命师生暂缓外出串连的紧急通知》(10 月 29 日),原本和同学一起参加串联的外甥女刘慧来家里住了一星期。

按,刘慧回忆称,当时和同学们一起串联到上海时,接到停止串联的通知。返程至天津时,下车到了舅舅家,"那时天天都有批斗会"。舅舅每天早晨出去打扫卫生,中午回家吃饭,下午再去。当时学校还住着不少像她这样"逗留着不愿意回去,想继续往下走"的红卫兵,其间,"碰上几个上中学的红卫兵到家里借被子",幸得保姆大娘直说好话,最终只拿走一条毯子。③

又,离开天津的那天早晨,舅舅给了 400 块钱,外公外婆各 200 元,为了防止钱在路上丢掉,舅妈把钱分装在衬衫口袋里,用针线一针一针把袋口缝好。④

---

① 英明瑗平:《忆父亲》,杜运燮等编:《一个民族已经起来:怀念诗人、翻译家穆旦》,第 141—142 页。
② 英明瑗平:《言传身教,永世不忘》,杜运燮等编:《丰富和丰富的痛苦:穆旦逝世 20 周年纪念文集》,第 228 页。
③ 据本谱作者与刘慧的谈话(2006 年 4 月 14 日,北京)。
④ 陈伯良:《穆旦传》,第 151 页。

1967年(丁未)　49岁

▲5月29日,《林彪同志委托江青同志召开的部队文艺工作座谈会纪要》在《人民日报》公开发表。中央"文化革命"小组成立文艺组。

春

南开大学红卫兵的越轨行为很多,发生了老教授大搬家或合伙住房的情况。

按,穆旦全家后来被从东村70号赶出,这应是先声。及到该年11月,南开大学两派对立严重,不断发生武斗。

据称,当时"不少系的当权者命令住所比较好的老教授搬出,或腾出一半房间,让青年教师搬进去。郑天挺被从原住房赶走,住进了不向阳的9平方米的一间小屋。滕维藻被扫地出门,从北村七楼搬到十一楼,一家5口住在一间房内,只有几张床,什么东西都没有了。李何林也是扫地出门。杨生茂半个月被迫搬了两次家……"①

年底

因校内武斗而至何国柱家躲避。据稍后所作《关于何国柱和我》(1968年11月21日):"1967年底,我校发生武斗后几日,

---

① 魏宏运:《魏宏运自订年谱》,第85页。

何国柱爱人由于我家在武斗区,约我们去他家躲避,我去住过一夜。又过了几日,又住了一夜。"

本年 被赶到劳改队,接受批判,监督劳动,专门打扫校园的道路和厕所,清洗打扫游泳池。

1968年(戊申) 50岁

▲12月,毛泽东发出"知识青年到农村去,接受贫下中农再教育,很有必要"的指示,全国各地掀起了知识青年上山下乡的热潮。

5月

1日 作《思想检查》,3页,为当天学习了"几段最高指示"之后所写。其中,结合外文系事件谈到了自己的思想状况:"在改造自己的问题上,第一重要的事情就是要认清大局。认清什么大局呢?就是要认清阶级斗争的大局。""认清大局,选择今后的道路,这对自己是最重要的事;对改造自己,这的确是关键问题。今后每作一件事,每有一个思想,我都应该以此来衡量。"

27日 作《最近的学习和劳动感想》,1页。其中写道:"最近在体育馆的劳动中,大家把较轻的工作分配给我;领导上对我扎破了手,表示关心,都使我感到这么帮助我,使我很感激。我只有好好锻炼自己,多多劳动,以报答别人的帮助。在劳动中,大家不知不觉成了一个集体,这种集体感情,我觉得是很可贵的。"

6月

本月 东村70号的住房被红卫兵强占,被赶到13宿舍,全家6人居住在337室。

按,此事妻子和子女都有回忆,但其中有所差异。

妻子回忆:"家具、被褥和日用品全部被掷在后门外,放在露天下一整天,无人过问。当时学校很乱,一切机构都不起作用",直到天黑了,"一家6口人仍无处可去","只好去八里台找了两辆三轮车,把堆在露天下的物品,运到13宿舍门口"。在两位三轮车老师傅的帮助下,"良铮和'牛鬼蛇神'们把物品搬上3楼",从此,"我们一家6口人被扫地出门,搬到一间仅17平方米、朝西的房间","住了5年","许多物品,沙发、书箱都放在楼道和厕所里。屋里放了两张床和一个书桌。这张桌子又是切菜做饭的地方,又是饭桌和书桌。每天等大家吃完饭,良铮把桌上的杂物整理到一边,就在桌子一角开始工作到深夜"。[①]

子女回忆:那是一个周日清晨,一伙"别有用心的人"来砸门","声称要'造反革命的反',让父亲出来'认罪',限令一个小时之内把居室里的东西全都搬出来。母亲怕发生意外,马上让父亲躲了起来"。"造反派"把"所有的物品拖出房门扔到了大街上","嘴里还高叫着"交出查良铮。那天,一家人"都暂避到了亲戚家","晚上,躲过蛮横纠缠的父亲仍坐卧不安,他放心不下的是那部摆在露天的《唐璜》译稿。母亲安慰他说译稿是放在书箱里,压在其它书籍底下时,他才稍稍安静下来"。第二天,"劳改

[①] 周与良:《永恒的思念》,杜运燮等编:《丰富和丰富的痛苦:穆旦逝世20周年纪念文集》,第159页。

队的'牛鬼蛇神'们"把物品"搬到一座筒子楼的一间十几平米的房间里,放不下的家具就摆放到楼道两旁和公共厕所里"。①

上半年

这一时期,政治风气日趋紧张,文艺界被批斗的现象日益频繁。

按,2月21日,江青、姚文元、陈伯达在天津文艺界的一次会议上,点名批判方纪、孙振等20多位作家和艺术家,诬其参与"文艺黑会",参与导、演"黑戏"。之后,天津文艺界被批斗、审查者达到800余人。5月23日,于会泳的《让文艺舞台永远成为宣传毛泽东思想的阵地》刊载于《文汇报》。这是第一次公开提出"三突出"创作原则,即"在所有人物中突出正面人物来;在正面人物中突出主要英雄人物来;在主要人物中突出最主要的即中心人物来"。

7月

7日 作《交待材料》,2页。所交待的是周与良的哥哥周珏良和他的叔伯兄弟周绍良的情况。初见周珏良"约在1947年"认识周与良的时候,在周家见过一面。1953年之后,在岳父周叔弢家"时常见到他,因此便和他比较熟悉了"。"1957年鸣放时期,和他见过面,谈过话。"周绍良"在抗战时期在昆明西南联大同学处曾见过他几面,知道他当时是'跑滇缅路'做生意的"。"以后(约在1955)他到北京人民文学出版社工作,曾又见过他一

---

① 英明瑷平:《言传身教,永世不忘》,杜运燮等编:《丰富和丰富的痛苦:穆旦逝世20周年纪念文集》,第225页。

两面。"

16日 作《关于刘兰溪》,1页,全文如下:

我开始认识刘兰溪是在沈阳新报馆。那时他做记者,我做总编辑,我记得他初写新闻稿时,不很熟练,我曾给修改一个时期。对他的印象仿佛他是伪207师的复员青年军士兵。现在经过谈话,才知他是在伪207师军报中工作过一段时间的。对他到新报以前,在207师的活动自己是不知道的,是不认识他的。他在新报期间,仿佛他没有军衔,不拿军队的薪水。这是我凭印象这样说的。因对他没有个人交谊,了解不深,当时他是否确实如此,则不知道了。

我在新报1947年9月被查封后不久,即离开了沈阳,去到北平。离沈后就再也没有看到刘兰溪,一至今日,也没有再听说过他。

我任新报总编辑时,不做夜工作,开始时还看看外勤记者的采访稿,以后也不怎么看了。夜晚的编辑工作,由编辑主任邵季平(他现在天津红桥区制药厂中教夜校),看最后的大样由徐露放负责。我在报馆中的工作,主要是组织社论,自己每日写一篇二三百字的"日日谈",同时看读者来信。在1946—1947年之间的冬季,自己曾被罗又伦(伪207师师长)调到抚顺两三个月,去教他英文。在这期间自己就不管报馆的工作。

我在207师的职务是英文秘书(中校、上校),主要是教教罗又伦的英文。在新报期间,仍是207师的英文秘书,支上校薪水。我从未加入国民党或三青团或任何特务组织;我不知新报馆中有任何特务组织或特务活动。关于刘兰溪被派到东大搞特务活动,自己是不知道的。

我最后一次看到徐露放,是在1953年初我从国外回来以后,当时知道了他在北京茶叶公司工作,便写信给他到我家,谈了一次。以后便和他没有任何来往。

王先河是在伪207师中认识的。自己离开新报以后,和他便没有任何来往,也不知他在何处。

刘兰溪在报馆当记者,是很有活动能力,很能采访新闻的,这是我对他的印象,特作补充。

按,从目前所发现的文献来看,这是当时第一篇关于《新报》及相关人物的外调材料,此后写了很多此类文字。篇幅一般都不长,大致模式是:(1)介绍《新报》的情况,其中除了一般性的介绍外,还有是否有"特务组织或特务活动"等方面的内容;(2)与某某的交往情况,某某的政治情况,等等。因内容相通,多有重复之处,其他类似的文献不一一全文列出。

9月

30日 南开大学无产阶级专政小组作鉴定材料《查良铮》,1页,全文如下:

查良铮,原图书馆工作人员,历史反革命分子,反革命右派分子,六八年四月廿九日被革命群众送到我专政小组劳改,至九月廿日宣传队接管时止。

查良铮平时不言不语,从不暴露自己的思想,生活会和批斗会上极少发言。

查劳动表现一般,有时有乱说乱动行为,如一次和靳伯祥、刘君煌等牛鬼蛇神议论国防工事,受到批判。

在外调人员找他要他交待问题时,查良铮不能主动交待和揭发问题,采取回避和搪塞的态度。

10月

2日 作《我的罪行交待》,共8页。先是概述了从出生到报名参加缅甸的远征军的情形("报名参军时,有同学李赋宁陪我去报名"),然后分段交待:(一)"在伪入缅远征军第五军中作少校翻译"(同任翻译官的还有黄宏煦、刘希武);(二)与罗又伦的交往(可询问刘希武、江瑞熙、杜聿明、陈明仁);(三)"在伪国际宣传处新闻学院做学员"(同为学员有张鸿增、李炳泰,脱离新闻学院去投考中国航空公司作职员,"同去投考的有赵泽丰");(四)"在重庆中国航空公司做职员"(同事有"当时经理室的打字员唐笙[现在似在北京工作,曾见她在外文出版社出过书]"、营业主任高大经以及何怀德、曾淑昭等职员);(五)"在伪青年军207师作中校(以后是上校)英文秘书"("同作秘书的"有徐露放、王先河);(六)"在沈阳新报(1946年5月—1947年9、10月),我担任总编辑,同时任207师英文秘书"("有邵季平,徐露放,朱叔和[现在何处不详]可以证明");(七)"在1948年初我由北平家中去上海、南京,一面想法出国留学,一面找职业。这期间,曾在上海伪中央社英文部作过一个月的编辑工作"(现在北京新华社工作的梁再冰可以证明);(八)在南京联合国粮农组织驻南京办事处当译员、美国新闻处作编辑(江瑞熙、同事方应杨[旸]可以证明);(九)"在联合国粮农组织东南亚办事处做译员";(十)在美国读书及回国(巫宁坤、周华章、陈曼宜等人可以证明;(十一)回国后。结语写道:"今后必须在工人阶级领导下,努力学习主席著作,好好改造自己,重新作人,这是自己唯一的出路。"

9日 作《交待问题》,共1页,主要是交待写作和翻译方面的情况,其中谈道:诗集《穆旦诗集》《旗》"都在1966年交图书馆的革命组织"。

10日 作《思想小结》。

按,该交待稿目前仅见1页,未见全件。从2018年11月北京某拍卖公司发布的第1218号拍品信息来看,有一批1968年至1971年间的穆旦手写"思想小结"类交待文献,共14份43页,展示出来的为此件第1页和1971年12月所作《一年总结》的第1页。

26日 日记写道:"住在第一教学楼中。"

按,这是继1960年3月23日之后,重新开始记日记。从本日至1970年10月17日为第二本日记,日记本内封印有"毛主席语录:'人们的社会存在,决定人们的思想。而代表先进阶级的正确思想,一旦被群众掌握,就会变成改造社会、改造世界的物质力量。'《人的正确思想是从哪里来的?》"其下写有"改造日记 查良铮"。扉页竖行写有:"敬祝毛主席万寿无疆!"

又,来新夏有回忆:"较早地读过穆旦的诗",但"不知道穆旦就是查良铮","认识查良铮是50年代前期他由美国回到南开大学任教时,但也不知道查良铮就是穆旦";直到"文化大革命","同为'棚友',结成'一对黑',共同承担刷洗游泳池的劳动","休息时蹲在墙脚旁聊家常","才把查良铮和穆旦合而为一"。当众多"牛鬼蛇神"休息期间说着"天气如何哈哈哈"时,穆旦常常"一言不发,看着别人说话,神情忧郁寡欢";对于那些"说话"很多的人,穆旦又"悄悄嘱咐"身边的朋友"少说话"。[1]

28日 作《关于"新报"》,2页,分四点:第一点是《新报》的创立、各部门(经理部、编辑部和印刷厂)的情况,并"交待我是怎

---

[1] 来新夏:《怀穆旦》。

样到207师工作的"，提及罗又伦、徐露放、王先河、朱叔和、邵季平、李同水等人。第二、三点是关于"新报内反动党团组织"，表示"我不知道。我当时未听说过有此事。我自己没有参加过任何反动党团组织"。第四点叙及高吉任、王先河、朱叔和、李同水和刘耀华、苗云等六人的情况，表示不认识高、刘、苗三人，在《新报》停刊后即没有王、李二人的消息，朱则是"1948年在上海曾见到他，他当时在上海的一轮船公司中工作"，"解放后不知他在何处"。

本月 全国进入"斗批改"阶段，大批干部被下放到各地"五七干校"。

按，9月7日，《人民日报》《解放军日报》发表《无产阶级文化大革命的全面胜利万岁!》的社论，"标志着整个运动已在全国范围内进入了斗、批、改的阶段"。10月5日，《人民日报》在编者按中发表毛泽东关于"广大干部下放劳动"的号召。各地普遍开办"五七干校"，原党政机关、高等学校的绝大部分干部和教师，被送到干校劳动、学习。①

11月

21日 作《关于何国柱和我》，2页。谈到1951年冬，"大概是通过陈曼宜"认识了"在芝加哥某机关（我不知是何机关）工作"的何国柱，"由于他和我都是想回国的，所以比较接近，有时互相往来，吃饭和打扑克，并曾一起到过纽约和华盛顿游历"。何国柱回国到南开大学之后，"他来我家看我，我才知道他回来

---

① 中共中央党史研究室：《中共党史大事年表》，北京：人民出版社，1987年，第366—367页。

了。记得曾和他打过三两次扑克牌,以后便不再来往"。随后还谈到1963年或1964年、1967年底见面或交往的事,"在文化大革命中,和他的来往就是如此"。

24日 日记写道:"小组上曾有人发言问:如何才是深刻认罪?是否就是低了头,嘴上说认罪,就算是认了罪?我今天想,绝不如此。深刻认罪,虽然表现在行动上是必要的,但应不仅表现在行动上。认罪必须扎根在思想上,这是根本的";"而要从思想上认罪,就必须在自己头脑中树立主席思想,用这面照妖镜照出自己的反动本质,这样来认罪,才能认得牢。改造也才有目标,不是无的放矢"。

26日 日记写道:"发表了'认真学习两条路线斗争的历史',并学习了主席在七届二中全会讲话。有些话是针对自己情况的,如:'这种斗争方式(绥远方式)对于反革命的遗迹和反革命的政治影响,较之北平方式将要保留得较多些,保留的时间将要较长些。但是这种反革命遗迹和反革命政治影响,归根到底要被肃清,这是毫无疑义的。'这段话完全说明了为什么这次文化大革命要清理阶级队伍,把国民党残渣余孽肃清。对这些被肃清的人有三种办法:'他们中的许多人将被改造,他们中的一部分人将被淘汰,某些坚决反革命分子将受到镇压。'自己坚决争取作这第一种人,即'许多人'中之一。"

按,"两条路线斗争的历史"应是指1966年10月9日—28日,毛泽东主持的中央工作会议上,陈伯达作题为《无产阶级文化大革命中的两条路线》的报告,大肆批判所谓的"资产阶级反动路线"。之后,全国掀起批判高潮[①]。"主席在七届二中全会讲

---

① 中共中央党史研究室:《中共党史大事年表》,第354页。

话"即《在中国共产党第七届中央委员会第二次全体会议上的报告》(1949年3月5日)。"绥远方式"即"有意地保存一部分国民党军队,让它原封不动,或者大体上不动,就是说向这一部分军队作暂时的让步,以利于争取这部分军队在政治上站在我们方面,或者保持中立,以便我们集中力量首先解决国民党残余力量中主要部分,在一个相当的时间之后(例如在几个月,半年,或者一年之后),再去按照人民解放军制度将这部分军队改编为人民解放军"①。

27日 日记写道:"昨夜宣读了工宣队第四号通告,号召大检举揭发十类人。我要响应这一号召,好好想一想。"

29日 日记写道:"学习主席著作'七届二中全会报告'。早在二十多年前,主席就已预见到有进行文化大革命的必要";"就号召要同这些人作政治上,经济上,文化上的'公开的'和'隐蔽的'斗争。主席的话,句句都说到今天的现实,仿佛就是今天写出的一样"。"阶级斗争是客观存在,不以人们自己的意志为转移。自己要避免这一规律,必须好好改造思想。"

12月

2日 日记写道:"过去一周,主要是运煤,比较重,我检查自己,做了中游";"以后得争着作,努力改造。不要强调体力条件"。"下午拉煤,用手推车走,因走得急,碰上障碍两次,撞了右胸。晚间觉胸疼。"

3日 日记写道:"学习了贫下中农管理学校和工厂管理中小学的建议。教育权掌握在工农手中,这体现我国是真正工农

---

① 毛泽东:《毛泽东选集·第四卷》,北京:人民出版社,1960年,第1315页。

掌权的社会主义国家,而且教育的内容也不再是资产阶级那一套了。这是自有历史以来的伟大创举,中国为世界教育革命做了榜样。"

本日 晚,妻子被指"有美国特务嫌疑",关进生物系教学楼"隔离审查",有半年之久,四个子女在时年15岁的查英传带领下生活。

按,子女回忆:"父母都不能回家",每日三顿饭还要送去。"兄妹三人(小平尚小)分工做饭送饭,小明记得每次送饭见到父亲,他都是沉默寡言";"也曾关切地询问厕所经常外溢的粪水是否淹到了书籍,念念不忘的还是那部《唐璜》译稿"。①

又,妻子回忆:"一次小瑗(仅11岁)由于做饭劳累,晕倒在公共厕所,不省人事。"②

6日 日记写道:"昨晚讨论不要乱说乱动问题,这是因为有人在劳动中闲扯,互通情况,影响了另外一人的情绪,使他放松了改造";"一句闲话,可能引起什么后果,是自己控制不住的,在这种情况下,这种闲话顶好不说。因此要特别提高警惕,不要说无用的闲话。既有利于自己的改造,也有利于别人的改造"。

本日 作《关于查良钊》,1页。表示自己在联大作学生和留校做助教期间,"有时去看望"堂兄查良钊。他做了许多事务性工作,"至于他干了什么其他工作,我是不知道的,因为他的事情,他从不对我讲,我也没有问过他。我知道他很早就参加国民党,但不知他在国民党中担任什么职务"。

---

① 英明瑗平:《言传身教,永世不忘》,杜运燮等编:《丰富和丰富的痛苦:穆旦逝世20周年纪念文集》,第225页。
② 周与良:《永恒的思念》,杜运燮等编:《丰富和丰富的痛苦:穆旦逝世20周年纪念文集》,第159—160页。

7日 作《关于何怀德》,1页。谈到1944年在重庆、1948年在南京与何怀德的交往(已见前目),离开南京后,再没有他的消息;还提到农林部部长左舜生("青年党的头目")和"一个伪付[副]部长姓谢的"。

按,"谢"应该是指农林部政务次长谢澄平(见1948年5月13日条目)。又,所见材料的左下端有专政小组本月10日的审批语:"查良铮属专政对象,提供的材料仅供参考。"

8日 作《关于何怀德》,1页。比照前一天所作,事实描述基本相同,但措辞略有差异。

本日 日记写道:"这一周多,外调较多。自己的历史问题在重新审查中。对这件事,我所抱的态度是,坦白从宽,抗拒从严,尽自己所知的一切,向党向人们交待。过去已犯的罪,有多少就交待多少,不夸大也不缩小。"

按,在此后数天所记的日记里,较多涉及"坦白从宽"和"抗拒从严"的问题。又,从坊间新近所传文献来看,从本年7月16日的《关于刘兰溪》到下一年4月16日所作关于《新报》相关外调文字,计有30种,可见此一阶段穆旦接受其他单位前来外调的频次非常密集,而其中大多是跟《新报》有关。

10日 作《关于新报》,1页,谈到《新报》的创立、各版内容、查封等方面的情况。"新报内穿军装的只有徐露放和我,还有从伪207师复员出来的人如朱叔和,姓程的,等。凡是新报从本地或外地召来的人,则不穿军装。"最末提到孙跃庭,"我完全不记得此人",《新报》编辑主任、现在天津的邵季平和《新报》总务主任、现在北京的李振铎"可能知道"情况。

11日 日记写道:"昨晚学天津日报社论'清理阶级队伍工作必须抓紧,抓准,抓政策',强调必须按照党的政策办事";"我自己要清楚认识党的政策"。

12日 日记写道:"读报,苏修加强镇压机器,'提高对民警的要求',设'内务部',足见内部不稳,日益心慌";"农村成立'合作医疗制度',贫下中农可以无钱而看病吃药,这解决了一个大问题,是毛主席的革命路线的又一光辉体现"。两相对照,"我们是一天天好",苏修是"一天天烂"。"美帝也在加强暴力统治,是表示其虚弱。"

13—14日 日记写道:"批×××在劳动中因工具事而与人争吵。自高自大,自以为是,是旧知识分子的一个毛病","对自己有启发,我也有'自高自大,自以为是'的毛病,很不易改,不过是在压抑它,未使它冒头罢了。应时刻注意,不要自以为是。自己没有什么了不起!"

15日 日记写道:"晚开生活会,批评自己劳动比夏天时候差和在食堂买饭挑馒头油条。""买馒头油条,确是忘了目前地位,照旧习惯,私字出发,挑肥拣瘦,影响集体,以后应改正。"

16日 日记抄录上海《文汇报》7日社论《坚决对敌,掌握政策》:"在上层建筑中,特别要掌握知识分子出身复杂、关系复杂的特点。"

18日 日记抄录上海《文汇报》13日社论:"'坚决执行各项无产阶级的政策'稳准狠,防右防'左',应以'准'字为关键。"

19日 日记写道:"今天全校召开'批判刘少奇及其在我校代理人的罪行'大会,把党的政策'坦白从宽,抗拒从严'具体体现出来,树立了从宽从严的榜样。这次大会对我有深刻的印象,会后很兴奋。"又,"大会又宣读了我校工宣队第五号通告,把区别对待更加以详细规定,其中有一条是把'从国外回国由于爱国心办理回国手续的和从事特务活动的'区别开来,这就涉及到我

343

和与良了。我们是出于爱国心回国的,没有从事任何不利于祖国的活动,更谈不到特务活动。这问题已坦白交待,完全交待。但现在还有一事可做,就是要帮助革命群众如何查证其为事实"。

按,关于批判刘少奇,1968年10月13—31日,中共八届扩大十二中全会在北京举行,原八届中央委员、候补委员中,71%被定为"叛徒""特务""里通外国""反党分子"。全会批准了《关于叛徒、内奸、工贼刘少奇罪行的审查报告》,决定将刘少奇"永远开除出党,撤销其党内一切职务"。10月16日,《人民日报》转载《红旗》社论《吸收无产阶级的新鲜血液》,号召批判刘少奇推行的"阶级斗争熄灭论"等观点。①

22日 日记写道:妻子被"隔离审查",经"自己请求",管理组允许回家看望孩子,并考虑解决困难,"工宣队对我的关怀照顾,使自己深为感动。只有好好改造成为新人,以报人民之恩"。

本日 《人民日报》头版发表"毛主席语录":"知识青年到农村去,接受贫下中农再教育,很有必要。"

按,据称,"文化大革命"期间,上山下乡的知青达1600多万人,穆旦长子查英传即其中之一。

23日 作《关于沈阳新报》,1页。谈到《新报》的创立和工作人员的情况,提及罗又伦、徐露放、朱叔和、邵季平、李同水、刘兰溪、王先河等人。

28日 作《关于方应阳》,1页。介绍与方应阳交往的情况(按,关于1948年的情况已见前目),"只是在195几年在北京的马路上碰见一面,未谈三句即别"。

---

① 中共中央党史研究室:《中共党史大事年表》,第367—368页。

本日　日记抄录当日《天津日报》社论《坚决执行"打击面要小、教育面要宽"的政策》，"对党的政策，越学心里越明亮"；"应该好好改造自己，方不辜负党的英明教育"。

下旬　南开大学工军宣传队领导的清理阶级队伍第一阶段结束。

按，所谓"工军宣传队"即"工人、解放军宣传队"，应该就是穆旦日记所称"工宣队"。1968年8月，工宣队进入南开大学。原本在南开大学无产阶级专政小组劳改的穆旦，9月20日由"宣传队接管"。12月下旬，"校工军宣传队领导的清理阶级队伍第一阶段结束，得出的结论是：'南开大学叛徒成堆，特务成团，反革命分子成串'"，并在全校批判大会上宣布了这一看法。① 至于工宣队对于穆旦的审查意见，暂未获见。

1969年（己酉）　51岁

1月

1日　日记写道："读主席著作第四卷'丢掉幻想，准备斗争'及以下四文。很有启发，很触动自己。有些段落应反复思考。"日记大段抄录了《丢掉幻想，准备斗争》《唯心历史观的破产》两篇中的观点。

按，"'丢掉幻想，准备斗争'及以下四文"为《丢掉幻想，准备

---

① 魏宏运：《魏宏运自订年谱》，第94页。按，此谱谈到了历史系工宣队的一些情形，或可供参考。

斗争》(1949年8月14日)、《别了,司徒雷登》(1949年8月18日)、《为什么要讨论白皮书》(1949年8月28日)、《"友谊",还是侵略?》(1949年8月30日)、《唯心历史观的破产》(1949年9月16日)。前四篇为毛泽东为新华社写的对于美国国务院白皮书和艾奇逊信件的评论,《毛泽东选集》第4卷有编者按语:"这些评论揭露了美国对华政策的帝国主义本质,批评了国内一部分资产阶级知识分子对于美国帝国主义的幻想,并且对中国革命的发生和胜利的原因作了理论上的说明。"①

3日 日记写道:"学习元旦社论'用毛泽东思想统率一切'。"社论提出了五个目的:一是用毛泽东思想,体现民主集中制;二是革命委员会要实行一元化领导,即主席思想的领导;三是要用主席的思想解决革命队伍内部的矛盾;四是要用主席的思想团结一切可以团结的人;五是要用主席思想进行斗批改,清理阶级队伍。"为了以上各项目的,故必须深入开展'活学活用'群众运动:要斗私批修,言行一致。"

5日 日记写道:"读'丢掉幻想,准备斗争'等五文,在此基础上,清算自己所受的'民主个人主义'教育及其余毒。想写成批判,共有五条。"前三条是"批判自己的旧民主思想":"迷信选举制","迷信民主是目的","迷信个人反抗社会"。后二条是"关于个人主义":"迷信个人英雄主义","迷信个人自由"。

8日 日记写道:"读主席诗词。"并抄录13首,即《沁园春·雪》《沁园春·长沙》《菩萨蛮·黄鹤楼》《七律·和柳亚子》《浪淘沙·北戴河》《七律·到韶山》《七绝·1961》《卜算子·咏梅》《七律·和郭沫若》《西江月·到井冈山》《忆秦娥·娄山关》《清平

---

① 毛泽东:《毛泽东选集·4》,第1372页。

乐·会昌》《七律·冬云》。

11日 作《关于张金刚》,1页。先是谈到《新报》的创办以及徐露放、朱叔和、邵季平、刘兰溪等人的情况,"校对员中,记得有一姓张的,个子不高,即张金刚,他带着老婆住在报馆中",但不知其"政治面貌和活动",也不知其"是否特务"。"我在1946年冬季曾被调到抚顺教罗又伦英文,约住了两三月,以后又去天津买报纸,离沈阳多日,平日在报馆内不接触下面工作人员,故有许多人都不熟悉。"

15日 日记写道:"写'用主席思想统帅我的改造';大意:受管制是必要的,利于改造,符合主席对反对派加以制裁的思想。自己过去就是捣乱、失败、灭亡。缺点是没有能动世界观,批判自己的思想问题都是属于资世界观体系内的问题";今后"若换上无世界观所重视的问题,那就标识脑中有了无世界观"。

31日 作《关于李振江》,2页。涉及三方面的情况,一是关于毕业于西南联大师范学院的李振江的情况(1941年暑假交往的情况已见前目),1944年在中国航空公司昆明售票处客运部门工作期间,李振江在该公司货运部门工作,后未再见。二是"关于当时西南联大师范学院的政治情况",提到查良钊和他的两个助教(宋道成和黄澄)及陈雪屏。三是关于航空公司的航空检查所。

本日 作《交待材料(杨嘉)》,1页。谈到1940年至1947年10月间的个人简历以及关于查良钊的情况。

本月 作《清算我的"民主个人主义"教育及其余毒,彻底改造世界观》,12页。开头写道:"在我的思想改造过程中,近来深深感到有必要系统地清除旧有的思想体系,将其彻底批判掉,然后才能树立新的。在学习主席思想的高潮中,自己带着这一问题,重新学习毛选第四卷的最终几篇光辉著作《丢掉幻想,准备斗争》,《别了,司徒雷登》,至《唯心历史观的破产》。在这几篇著作里,主席提出在我国有所谓'民主个人主义者',并对他们加以谆谆教导。这个名词引动了自己的思索。""经过反复学习和思索,通过深挖自己的思想根源,我想比较全面地清除一下自己所受的民主个人主义的教育和思想余毒,给自己的思想来一个大破大立,以加速自己的改造。"

  按,对照穆旦此一时期的日记,可以清晰地看到交待材料与日记的重合性,不仅仅是学习毛主席的著作,交待材料随后谈到的"把自己所接受的'民主个人主义'教育和世界观,分列为五点,加以批判"的内容,与本月5日的日记基本重合。

2 月

  1 日 作《关于一张像片的交待》,2 页。表示这张"有个美国军人和四个中国人(其中一个是我)在内的像片","三天前我根据回忆交待了一些情况,但不完全,这三天内又继续追忆,并多方从像片内提供的线索,追忆出更多的情况"。该像片是1943年10月底或11月初在昆明飞机场照的,拍照者为重庆伪国际宣传处新闻学院昆明办事处主任周萍帆,合影者为一个美国人和他带来的中国译员,在机场偶遇的联大熟人何燕辉和他的朋友。

  5 日 作《关于褚世昌》,3 页。内容分为四点:第一点是关于《新报》从创办到停刊的情况,其中提及罗又伦、徐露放、王先河、朱叔和、李振铎、程某、庄汉、伍翠娟、陈祖文、邵季平、徐维华、傅琴、刘兰溪、刘兴武、张金钢、刘某、李同水、苗苗、陈诚等人。第二点是关于《新报》各版的情况,"我经常写'日日谈',登在第三版,大多是评论社会的,在我离开新报的三四个月(1946冬至1947年初)期间,'日日谈'由徐露放负责,是谁写,我就不知道了"。第三点是关于罗又伦、陈诚等人,"罗又伦曾到新报视察过一次","看过印刷厂,然后召集新报工作人员做了一个简短的讲话"。"陈诚约在1947年8月到沈阳,到后不久,就对沈阳新闻界作了一次讲话,到会的共有二十多人,都是各报负责人,新报是由徐露放和我去的。"第四点是关于褚世昌,"这个名字,使我想不起是谁,看他的像片也想不起来"。

本日 作《关于傅琴》,2页。内容分为四点:第一点是关于《新报》从创办到停刊的情况,其中提及罗又伦、徐露放、刘兰溪、朱叔和、邵季平、徐维华、陈诚等人。第二点是关于1947年8月陈诚到沈阳之后的情况。第三点是关于记者证件。第四点是关于傅琴,"她约在1946年下半年到新报工作,住在二楼,和我住处是一排,相距一两个门口。她做夜晚编辑工作,并翻译国际新闻电讯(新报电台收听的)为中文"。不记得她是"怎样进新报工作"、"抱什么目的"、"有什么社交活动"。

7日 作《关于陈曼宜》,5页。其中谈到陈曼宜及其丈夫李继尧的情况:"大约是1951年下半年","到芝加哥大学来入数学系研究院"的陈曼宜持其舅父吴纳孙的介绍信来找,以后"在芝大时有来往。周末有时聚会和吃饭打扑克牌。又因她和我都是想回祖国的,有共同的话题。我和我爱人周与良于1952年底离美,她和其他友人曾在芝加哥给我们送别"。后偶有书信往来。陈回国后住在北京高教部招待所的时候,与刚回国的李继尧相识,不久即同来天津南大,"找我和何国柱两家,玩了约一星期"。此时才认识李继尧。约1956年或1957年,"到北京航空学院李继尧的宿舍"去找过他们,"并在他们家中住了一夜"。

谈到联大外文系低一班的同学吴纳孙,"曾和他住在宿舍的上下铺"。"1943年我自印度回到昆明,没有住处,那时他和陆智周(联大同学)在外面租房子住,我就和他们同住,住了约两三个月。"1944年在重庆,"先是偶然在——可能是中央图书馆碰见一次","又在重庆他的住处去看他一次"。"约1950年吴纳孙路过芝加哥,曾找我,我和他玩了一天,他知道我的地址,可能是听李赋宁(当时和吴纳孙都在耶鲁大学)说的。"

也谈到办理回国手续的情形:起初因为"当时美国移民局不准学理工的中国学生回国"而曾"写信向东南亚等国家的学校找职业,想转道回国,但未找到职业";后托一位"和美国移民局的人较熟"的犹太律师帮忙,"并有周与良从教授得来的证明信(证明她所学的与国防无关)",最终被准许回国。"移民局没有在回国许可问题对我们提出任何条件和要求。它的许可信是寄给我们的。"不知道"陈曼宜和移民局有何关系"。

此外,还补充谈到在美期间与邹谠、卢懿庄夫妇交往的情况。

8日 作《关于徐露放和新报(补充材料)》,1页。主要谈及长春《新报》的情况。

9日 作《关于周珏良》,3页。内容分为四点:第一点是从中学、大学直到赴美留学之初的情况。第二点是从1953年初美国回来之后的情况,"有时我去京返家,顺便找过他。他来津返家,我们就在他父亲家和我家都见过面"。"反右以后",来往不多。"约1963或64年,我和郑州大学一教师关于翻译问题有讨论,因此以后写了一篇有关翻译诗的理论文章,曾给周珏良看,请他提意见,并问他是否能找地方发表。(未发表)"第三点是对"周珏良1957年何时来津"这个问题,表示"想过多次,未想起来"。第四点是关于自己解放后所发表和未发表的诗文,其中未发表的:"反右前曾写有诗二十多篇,以后都撕了。记得有一篇'野草',一篇'社会主义颂',一篇讽刺'公文旅行',一篇'大街上',其他则记不起。文章则写有一篇论译诗原则的。约写在1964年。"

11日　作《关于陈达夫》,2页。谈《新报》的各种情况,"陈达夫,我对他没有任何印象,他在新报的职务和活动自己是不知道的"。

16日　作《关于林开鑑》,1页。谈《新报》的各种情况,表示对林开鑑和林宴明"没有任何印象","原因是我从未做夜晚编辑工作,和一般编辑人员从不接触,故当时就不熟悉他们"。

18日　日记写道:"学习毛主席教育文选。"包括《十年总结》(1960年6月)、《在扩大的中央工作会议上的讲话》(1962年1月)、《接见非拉青年代表团谈话》(1964年8月)、《接见阿尔巴尼亚妇女代表团和电影工作者的谈话》(1965年)、《工作方法60条》《成都会议讲话》(1958年)、《中共在民族战争中的地位》以及《湘江评论》四期(1919年8月4日),大段抄录其中的观点。

23日　作《关于王敬宇》,2页。谈《新报》的各种情况,表示对王敬宇"没有任何印象,因我从不做夜晚编辑工作,和他没有接触,对这个人和这个名字都感到是生疏的"。

3月

7日　作《关于新报》,1页。谈到《新报》的创立、各部门(编辑部、经理部、工厂)、与罗又伦认识等方面的情况,提及徐露放、王先河、邵季平、傅琴、刘兰溪、刘兴武、张金钢、朱叔和、李振铎、伍翠娟、李同水、苗苗等人。

10日 作《关于新报》,1页。谈到《新报》的创立、各部门(编辑部、经理部、印刷厂)等方面的情况,提及罗又伦、徐露放、王先河、廖祖述、陈祖文、陈鍪(陈祖文与陈鍪"这两人是我过去的同学,由我找来的")、邵季平、徐维华、傅琴、王敬宇、林开鑑、张纪元、刘兰溪、刘兴武、张金钢、朱叔和、李振铎("我的亲戚")、伍翠娟、李同水、苗苗等人。

22日 作《关于新报》,1页。谈到《新报》创立、各部门人员、停刊、与罗又伦交往等方面的情况,"新报不属于207师的编制,除徐露放、王先河(新报主笔,207师秘书)和我外,其他雇用人员都没有军衔和军待遇"。"新报于1947年9月,在陈诚到东北后不久被查封,其理由是有'民盟嫌疑'。我理解陈诚是要一切军报停刊,其他军报是用自动停刊方式,而对新报则采用此方式使之停刊。新报停刊后不久,我即于10月离开新报,返回北平。我知道徐露放仍企图使新报复刊,并曾找民盟在东北的负责人卢某,请其出面主持。"所提到的人物还有邵季平、徐维华、林开鑑、王敬宇、张纪元、傅琴、刘兰溪、刘兴武、张金钢、朱叔和、伍翠娟、李同水、苗苗等。

24日 作《关于长春新报》,1页。介绍了徐露放派李光尧筹办新报分社的情况,"这事是由他和李光尧商议的,我不知其详,我只知长春新报分社在经济上的独立的,沈阳新报未曾给何帮助"。长春分社成立之初是代销沈阳新报的,曾和徐露放到长春看过一次,后派邵季平去帮忙做编辑工作,出版了四开小张报纸,"约出版了三、四个月便停刊了"。

26日 作《关于李德怀》,1页。《新报》期间,"曾使用一小孩(约十一、二岁)姜玉信做勤杂工"约一年左右,"现据李德怀交待,他曾在1947年给我送报送信和送稿工作几个月,我对此记不清楚,但经过看他的像片和考虑他交待的细节,可以肯定他是替姜玉信做这工作的人。他说在新报被查封后即回本溪家中,曾给我写过信,对此我完全不记得,但可以肯定的是,我对他无所求,我和他没有特殊关系"。

27日 作《我对群众的态度》,目前仅见1页。先抄录了三条"最高指示",正文写道:"无论从现在看,或是从历史上看,人民是历史的创造者,人民就是历史的主人。而反动阶级和反动派企图阻止历史的前进,总是要被人民打倒,而历史总是按照人民所意愿的方向发展下去。谁反对人民群众,谁必然落到可耻的下场。"

29日 作《全面交待我的罪行》,5页。先抄录了两条语录,接下来,先是谈到家庭、出生,后按照时间顺序,从在昆明西南联大读书时期到外文系事件以及"翻译外国十九世纪浪漫诗歌"等十个方面,"分别交待""自己过去对党对人民所犯的罪行"。

本日 作《关于王正宪》,1页。王正宪为清华大学和联大时期的同学,在学校时期,印象不深;大学毕业后也"没有接触"。1952年底在美国、1953年1月在广州有通信和见面。"大约在1960年以后,他因公来津,曾由南大教授钱荣堃带他到我家访问,坐在我家谈了十多分钟。只是一种普通访友的谈话。我和王正宪素不通信。"随后,还提到李博高和周华章。

4月

8日 作《关于董言声》,1页。"我约在初中三年级时认识他的,在高中时成了很熟的朋友,常在一起看电影,吃饭。""整个抗战期间未和他见过面,但有时通信";"1947年底我离平津前,在天津见过他,那时和他去过舞会"。1953年回国后,只在董"因公来津的时候"见见面,"在这十多年中大概有几次"。

12日 作关于《新报》期间赵义武的外调材料,但未见标题。介绍了《新报》创办、特约通讯员、停刊等方面的情况,"新报内有无反动党团及其他组织的活动,我当时不知道;现在通过多次外调,经人告我,才知道这种活动是有的"。不知赵义武是否为通讯员,"原因是我不作具体夜晚编辑工作,不审新闻稿件,此事皆由邵季平负责"。

16日 作《关于裘海亭》,1页。表示"裘海亭在新报编辑部内做庶务工作,我称呼他'裘先生',他不穿军装"。对于裘海亭怎么来《新报》的、"薪水是否少尉待遇"、"是否反动党团或特务组织的成员"等问题,均表示不知道。

8月

24日 致妻子周与良。信纸上端有"敬祝毛主席万寿无疆"的字样,信中记录了工作和生活的情形,自己每星期六下午六时返家,星期一早上七点到地头即可,伙食不错,"小孩子们过的都不错"。

按,当时,穆旦在天津市丁字沽北大街丁字沽生产大队部内住,周与良在河北省武清县414公社卷兹大队监督劳动。

31日 复妻子26日写、昨日收到的信。信纸上端有"敬祝毛主席万寿无疆"的字样。信中先是谈及失眠吃药、孩子们的生活("过的不错,照预算花钱,吃的也还不错")、小明的病况等情况,自己在工地上"和大家一起活动,没有区分。我们晚间学习不长,九时半必睡。和社员们共开过两次会,一次是批李美同,一次是学习主席著作积代会"。又说起妹妹查良铃的事,"她是认识问题,爸爸是伪职员,这定的都很实事求是,合情合理"。末尾有附言,姑姑来信,"对放在绍良处的包袱不放心"。

按,《穆旦诗文集》所收穆旦致妻子的信可能是仅存的两封。从日记来看,下放期间,穆旦与妻子的往来书信近百封,集中于1970年2月到1972年1月。考虑到穆旦的日记并非逐日记录,其中多有断缺,书信的实际数量应更大。但既不见披露,应是都被妻子毁掉。另外,从日记也可以见出,穆旦给家人的信也非常多,包括给孩子、爸妈、妹妹及外甥女,但可能仅有1976年之后的少数几封存留了下来。

11月

6日 根据"紧急指示",南开大学将所有"牛鬼蛇神"及其子女一律下放到河北完县腰山公社(今顺平县腰山镇)①。全家被分隔两地,自己在一个村庄,妻子周与良带着四个孩子在另一个村庄,两地"相距几十里,基本上不通音信。不久中小学开学,四个孩子回天津",夫妻俩"仍各自留在完县劳改"。②

按,本年10月17日,根据毛泽东关于国际形势有可能突然恶化的估计,林彪作出"关于加强战备,防止敌人突然袭击的紧急指示"。18日,这个"紧急指示"以"林副主席第一号令"正式下达,引起了各方面的极大震动。③南开大学的下放行动即按此指示行事,据南开大学校史记载:"11月,驻校工宣队、军宣队指挥

---

① 魏宏运:《魏宏运自订年谱》,第96页。按,魏宏运根据历史系的情况来说明,且表示是"随队伍步行至目的地",6日出发,历时7天方抵达完县。
② 周与良:《永恒的思念》,杜运燮等编:《丰富和丰富的痛苦:穆旦逝世20周年纪念文集》,第160页。
③ 中共中央党史研究室:《中共党史大事年表》,第372页。

部和校革委会紧急制定了《关于加强战备、疏散人口、深入开展教育革命的决议》,学校大部分教职员工被疏散到位于河北省完县(今顺平县)的腰山基地,驻校工宣队、军宣队指挥部和校革委会机关也迁到腰山。学校在此开办五七干校,时间达半年之久。"①周与良的回忆笼统记为"1970年",未记确切时间,现据相关校史文献编入。

又,穆旦稍后的日记中也提到"腰山",今日的电子地图显示,距离南开大学八里台校区约200公里。1970年4月23日,中文系李何林在致臧恩钰的信中谈到完县腰山公社,"全校文科五系和数学系都集中腰山附近各村摘'三反一打击'运动","每天三个单元,星期日有时只休息半天,给大家洗洗衣服"。②

又,姚树华回忆:在腰山期间,与查良铮同屋,"头顶地炉同睡一个大炕"。③

本年 长子查英传初中毕业。由于是"黑五类"子女,没有资格去生产建设兵团。

1960年代 某一时段,曾接父亲到天津住了一两个月,来看看,并帮助"抄抄诗稿"。④

1690年代 可能也写有诗歌,但没有存留下来。

按,杨苡回忆:穆旦这个时期也写有诗,比如劳改之余看着

---

① 南开大学校史研究室编著:《南开大学简史:1919—2019》,天津:南开大学出版社,2019年,第229页。
② 李何林:《李何林全集·第5卷》,石家庄:河北教育出版社,2003年,第64页。
③ 姚树华:《在冯秉铨身边工作的日子》,华南理工大学名师《冯秉铨》编委会编:《冯秉铨》,广州:华南理工大学出版社,2004年,第216页。
④ 据本谱作者与刘慧的谈话(2006年4月14日,北京)。

远处乡村的炊烟也会写下诗,当时在给她的信中即抄录有,但这些信件已经被毁。现行《穆旦诗文集》也没有关于这一年代的写作记录。①

1970年(庚戌)　52岁

▲6月1日,《人民日报》发表评论《做好普及革命样板戏的工作》。

1月

春节前的某一天　仍在"改造"之中,从完县某个村庄步行几十里去另一个村庄探望几个月没有见面的妻子。

按,这次短暂的会面深深地烙在妻子的记忆里,兹照录如下:

> 天气很冷,良铮忽然来看我,我说自从到完县以来没有收到孩子们的信,也没有他的消息,我见到他,控制不住眼泪。他看着我,劝我说"收到孩子们的信,都很好",还说"事情总会过去的,要耐心,不要惦着孩子"。他带了一小包花生米和几块一分钱一块的水果糖。几个月没见面,他又黄又瘦,精神疲乏,他只是安慰我"要忍耐,事情总会弄清楚的"。他还负疚地一遍又一遍地说:"我是罪魁祸首,不是因为我,一家人不会这样。"我看到他眼中含着泪水,脸色非常难看,便安慰他"我也是特务,应该受到惩罚"。说了几句

---

① 见易彬:《"他非常渴望安定的生活":同学四人谈穆旦》。

话,他准备走了,要走几十里才能回到住处。他非要把那包花生米和几块糖留下,我坚持不要,他说"你晕了,吃块糖也好些"。我说"身体还可以,也不想吃零食"。他说,"要多注意身体"。互道保重后,他就走了,停留不到半小时。我送他到村口,看他走远了,才回村。从后面看,良铮已经是个老人了,当时他仅52岁。回村后,我立即被批斗,"传递了什么情报,老实交待",真是天晓得。那里我的旅行包,经常有人检查,如果看到藏着花生米和水果糖,恐怕不知要批斗多少次。①

2月

16日 日记写道:"由津坐校车返回腰山。"

17日至月末 主要劳动:掏粪、送肥、开沙滩、植树、入饲养班。其他事项:"体力在恢复中,仍怕冷"(17—18日);发妻子、明传信;搬屋子(与刘祖才、张绍玉、金敏慈同屋);26日返天津。

按,自1969年2月18日之后,又重新开始记日记。不同于此前的记法,从此时一直到1971年1月,所记基本上是每天的流水账,如日常劳动、各类学习活动与"思想检查"、日常事件(包括各类通信)、身体状况等。由于日记内容非常琐屑,以下将基本上以月为单位集中整理。又因记录过于简略,很多背景性的材料暂无从获知。

---

① 周与良:《永恒的思念》,杜运燮等编:《丰富和丰富的痛苦:穆旦逝世20周年纪念文集》,第160页。

3月

本月 主要劳动:掏粪、喂猪。学习活动:参加完县批现反(按,应即"现行反革命")大会;"别人开会""别人开大会(四大)"(按,所指不明);"交思想检查,谈劳动上的思想"。其他事项:填写、补充查抄物资登记表,并寄出;收妻子信,并复。

4月

本月 主要劳动:掏粪(22日挑了26担尿、2担水)。学习活动:参加批斗现反六人会、写思想汇报("对运动的看法和自己极左影响")、挨批(17日晚)。其他事项:收妻子信,并复,收所寄雨鞋肥皂;收王春旭信(1日写,8日收);"返津,坐校车,住家中"(28日)。

按,王春旭为杜运燮的妻子。当时穆旦在给朋友们写信时,有时会将收信人写为朋友的家人,比如,现存1976年写给徐旋夫妇的儿子徐安泰的信。据称,这是有意而为之的,"是为避免引人注意,也是怕给友人带来牵连"。[①] 反之亦然。

5月

2日 到农场,分在2排6班。

本月 主要劳动:抹田埂、挖田沟、修屋顶等。各类学习活动:"下午开校动员大会,连动员大会,4·18反革案"(5—6日)、市内落实3个文件大会、学习、外调(15日)、参观非法印刷品、毛

[①] 穆旦:《穆旦诗文集·2》,第268页的编者说明。

主席声明发表支持革命人民反美、写感想、"上午校批斗现反会，6人。广播'改造世界观'。晚上批斗×××，装疯"(22日)、开全校会、展开三反运动、批张、批斗×××贪污、听市镇反大会等。其他事项："上午回家收书，晚五时回家，七时良铃自京来"(9日)；"和良铃叙一天(她明早走)"(10日)；"晚回家，见良铃信(退款)，即于18日去湖北"①(16日)；"去×南送小英下乡去"(17日)；"下午返家，给小英打行李，山西可能不去，明发榜"(18日)；"昨接咪咪信，物资已还。晚七时返干校"(24日)；30日下午回家、31日晚返干校。

按，"4·18反革案"是指4月18日这天，南开大学校园内出现了反革命标语。标语是用剪贴报纸上的铅字拼成的。5月4日，全校师生从完县返回，追查这一案件。② 又，小英指儿子查英传，咪咪为外甥女刘慧。

6月

16—26日　母亲从北京来天津，居留10日。

按，刘慧回忆称，舅舅家从东村搬到13宿舍后，有一次来信地址是13宿舍，"外婆就知道肯定出事了"。当时她提出要一起去，但外婆坚持说一个人去就行了，外婆"提着一个小草筐去的，只带着洗漱用具"，"偷偷去的，什么也不敢带"。③

本月　主要劳动：起秧、插秧、平田埂、补秧等。动员插队落户事宜："上午开动员插队落户大会。下午讨论"(1日)；"继续学

---

① 查良铃在新华书店工作，当时随文化部到湖北咸宁的五七干校，据本谱作者与刘慧的谈话(2006年4月14日，北京)。
② 魏宏运：《魏宏运自订年谱》，第98—99页。
③ 据本谱作者与刘慧的谈话(2006年4月14日，北京)。

习落户问题"(2日);"晚回家商讨落户事"(3日);"下午讨论,晚全连大会,报名落户"(4日);"上午开教系体现政策大会","晚讨论会,接受批评"(5日);"上午开校体现政策大会"(8日);"上午宣布我第一批插队落户,晚回家商量"(10日);"欢送会,第一批无我"(15日)。学习活动:批×××;"上午提意见给我"(11日,共11条);"到干校谈解决我的问题"(16日);交思想汇报;"与良写历史","说她问题严重,解决不了"(19日、20日);"写思想汇报已第三天"(26日)。其他事项:6日5时返家,7日2时返校;看腹胀病(给大黄苏打片);治牙等。

7月

1日 日记写道:"交'我的思想转变过程'材料。(6.30)"。

3日 日记写道:"上午来告下乡行期,下午继续谈此问题,无改期,小英自京返。"

12日 日记写道:"返回干校住。(为侦4·18)"

8月

1日 日记写道:"与问题快解决(四人访),写简历。"

按,对照上月19日、20日信,此处可能是指周与良的问题快要解决了。

21日 日记写道:"迁出干校,今通知24日早晨去大苏庄。"

24日 日记写道:"又返干校住,未下乡。"

31日 日记写道:"到图书馆上班。"

9月

5日 因姑姑病危,周与良到上海,居留至19日;10日,姑姑病逝。

23日 日记写道:"小英明日赴内蒙插队,今送行李。"

按,查英传插队地点为内蒙古五原县。周与良回忆:英传由于劳动肯吃苦,工作积极,次年被选为生产队小队长。插队期间,良铮"总去邮局买《无线电》",给他保存着。买此杂志始自1964年,当时英传"开始做矿石收音机,后来做电子管收音机,再做半导体",良铮"看了很高兴",有"小英动手能力强,将来让他修理无线电"的念头,还给他买"中学数、理、化自学丛书"以及"农、林、牧各方面的杂志和养猪、养鸡、种水果等技术书","叫小英在农村好好干,另一方面要努力学习,做一个有知识的人"。①

10月

10日 日记写道:"今通知我12日赴大苏庄。"

17日 日记写道:"晨赴大苏庄。""上午8时半乘卡车由津到大苏庄,11时多到,地名为南郊区大苏庄农场(教系干校)6连6排。"

按,从10月17日到1972年11月10日,为第三本日记。基本上是逐日记录,但所记很简略。大苏庄原为犯人的劳改农场,日记所标"教系干校",即天津市教育系统"五七"干校。今日电子地图显示,大苏庄农场距离南开大学八里台校区约60公里。

---

① 周与良:《永恒的思念》,杜运燮等编:《丰富和丰富的痛苦:穆旦逝世20周年纪念文集》,第162页。

又，子女曾回忆父亲回家时的情形：当时母亲还在河北完县，父亲可以每隔一周回一次休息两天，除了"采购一些生活必需品之外"，"全部用来译诗。在那间闷热的、挤得满满的小屋子的一角，堆放着酱油瓶和饭锅的书桌就是他工作的地方"。晚上大家都休息了，"一只小台灯仍伴着他的工作到很晚"。①

18日至月底 18日"全天休息"。19日开始劳动，主要为：运高粱秆、割苜蓿、基建劳动、箍土、运灰等，"改劳时8—12,1—5取消星日"（30日）。学习活动：天天读；晚学习班；"全日学习班，我发言：要走五七路，消灭历史罪行。今后努力于①提高自我改造觉悟，消除消极思想。②劳动联系思想，用主席思想斗一闪念，加速改造"（21日）；"听说，连部说我已摘帽"（25日）；听录音；电影等。书信情况：收妻子信，并复；发英传信，并收；发父亲信；发王春旭信。身体状况：消化不良，吃健胃止疼片。

11月

本月 主要劳动：收白菜、收胡萝卜、倒白菜、拉船、基建劳动（上房梁、装炉子、勾墙缝、房屋上泥、送砖、盖锅炉房等）、到井下及沙井子等。学习活动：发言（讲用）、大会、看电影《英雄儿女》、杜师傅忆苦思甜报告、学习、演节目等。书信情况：收妻子、妹妹、明传、父亲信，并复；收包裹；收英传信。身体状况：消化不良，要药。其他事项：夜大风，零下四度；晚下雪，达三寸。

---

① 英明瑷平：《忆父亲》，杜运燮等编：《一个民族已经起来：怀念诗人、翻译家穆旦》，第142页。

12月

12日 日记写道:"上午我讲用:提高了自觉性,扫除了三个障碍,认识到一、这劳动既改造思想,也是为人们服务(送白菜)。二、思想右倾保守(拉船、上泥)。三、小英回家问题,由劝其回变为鼓励。"

本月 主要劳动:挖土、运砖、修猪圈、拉水车、油漆、倒白菜等。学习活动(28—31日):学哲学,去场部听报告,讲用,大家学习,"全日讲用"、"上午讲用(总评),下午校领导来讲话"、"全日总评选五好。晚去场部看电影"、"下午总评大会,晚全排联欢"。书信情况:收妻子、父亲、妹妹信,并复;收英传信,发母亲信。身体状况:睡眠不好、闹嗓子、咳嗽、感冒。其他事项:3日回津,7日返;月末拉练。

按,"拉练"与1960年代末期到1970年代初期全国紧张的战备氛围有关,据记载,1970年11月24日,毛泽东在北京卫戍区提交的《关于部队进行千里战备野营拉练的总结报告》作批示,"批示的主要内容有:要求全军利用冬季实行长途野营训练一次。每个军可分两批(或不分批),每批两个月,实行官兵团结,军民团结。遵照毛泽东的指示,1970年冬季全军普遍进行了长途野营拉练。同年12月10日,中共中央发出通知:'大、中城市(包括省、地直属市)学校的野营训练,可在寒假或暑假期间分期分批进行,大学每批一个月,中学和小学五、六年级学生,每批20天到30天。此后的三、四年内,一些学校执行了这一通知"①。南开大学的情况即是基于这种背景②,穆旦1972年6月的日记中还有关于拉练的记载。

1970年代初

某日 在农场监督劳动期间,"在排队买饭看到一个在食堂工作的青年在看一本很破旧的《普希金抒情诗集》","好几天兴奋不已",由此"决定修改和增译《普希金抒情诗集》"。③

按,类似情形,在1977年2月4日致杜运燮的信中也曾谈道:"我也有时听到人们欣赏普希金诗的情况而为之鼓舞。总之是'特别'爱好,不同于一般。工厂里三十多岁的工人师傅,在南大开门办学去时,问老师们认识不认识这译者(并不知我在南大),想见见。一个译者能有此幸会,确实不易。就是这类偶然的小事使我增加了力量。我要把二本普希金、二本拜伦弄好以满足这类可能的一大片读者。"

1971年(辛亥) 53岁

▲4月,中美"乒乓外交"拉开序幕,7月,美国国务卿基辛格秘密访华,为中美关系打开了新的篇章。次年2月,美国总统尼克松访华,标志着自新中国成立后中美相互隔绝的局面终于打破。中美双方开始派遣互访人员,很多定居美国的人士得以回

---

① 张晋藩等编:《中华人民共和国国史大辞典》,哈尔滨:黑龙江人民出版社,1992年,第690页。
② 亦可参见魏宏运:《魏宏运自订年谱》,第101页。
③ 周与良:《地下如有知 诗人当欣慰》。

国探亲。

▲12月,全国开展"批林整风"运动。

1月

20日 下午坐校车回天津,至2月3日返大苏庄,共14天假,过春节。

本月 主要劳动:去井下(伙伴为王祖陶、席光康)、运肥、上肥、装肥、粉碎高粱、搞白菜等。学习活动:全日学元旦社论《沿着毛主席的革命路线胜利前进!》(3日)、整党报告、全日学习、听侯师傅忆苦、领导讲用。书信情况:收妻子、明传信并复,收妹妹信,发咪咪信。

2月

本月 主要劳动:堆柴、翻马粪、粉碎猪饲料(劳动伙伴为原世平、王祖陶)、补麻袋、修猪圈等。学习活动:"下午开会,谈春节感想"(4日)、"晚传达报告,反骄傲自满"(5日)、"整编及定位,我上午发言"(17日)、整风报告、"写批判稿'否定文化大革命就是妄想变天'"(23日)、批判发言。书信情况:发妻子、妹妹、英传信。

3月

本月 主要劳动:挖萝卜、剥树皮、运柴、搬树、填沟、轧草、培菜埂、埋树、垫羊圈、挖沟、垫路等。学习活动:"下午学习,天天读时我讲用:对五七道路加强了认识,过去不甚理解其意义"(4日)、"下午清查516动员大会,晚讨论"(7日)、"全日学习,晚忆苦思甜"(8日)、晚批判会(批于己无关,无能为力)、学习、听周总理报告(计委报告)、自学、开展"四大"大会、"巴黎公社一百周年。学习社论"(18日)、批判会、忆摆、看电影、"晚开促进会,我发言"(21日)、听大会(批张)、揭发、批判会(批曹)等。书信情况:收妻子、父亲信,并复;发母亲、妹妹、英传信。其他事项:"改编班,换屋子,我在2排6班"(6日);"今改6时起床,7:30—8:30天天读,8:30—11:30,下午2—6劳,晚10时熄灯"(8日);晚广播,乒乓赛中国胜瑞典(30—31日)。

4月

本月 主要劳动:修船、挖沟、培埂、装高粱、剁草、堆谷草等。"别人放假,我们劳动"(30日)。学习活动:去津开大会、"去场部大会,批张等(516罪行)"(7日)、大会批黑电台、迎新晚会、批丁等。书信情况:收妻子信,并复;发母亲信("要给英寄食");发英传、咪咪信;收京信(按,为杜运燮的女儿杜实京,10日)。其他事项:广播中国男乒冠军,林慧卿冠军;24日回天津,28日返等。

按,关于"516罪行",1970年3月27日,中共中央发出《关于清查"五·一六"反革命阴谋集团的通知》:"国内外阶级敌人同我们的斗争是很复杂的,反革命秘密组织决不是只有一个'五·一六',鼓动人们去抓更多的'反革命'。""所谓'五·一六'反革命集团,原指北京一度存在的一个名为'首都五·一六红卫兵团'的小组织",1967年8月间"散发污蔑攻击周恩来的传单";9月8日,《人民日报》刊文,"指出'五·一六'的组织者和操纵者,是一个搞阴谋的反革命集团,应予彻底揭露"。1968年,中央成立清查"五·一六"专案领导小组,但之后,"清查'五·一六'

集团的斗争不仅严重扩大化,而且演变成为全国性的两派群众组织之间的大混战,数以百万计的人遭到残酷迫害"。[①] 穆旦日记中多次记录有"'5·16'罪行"一类情况,应该都与此有关。

又,所记乒乓球比赛为在日本举行的第31届世界乒乓球锦标赛,中国队获得男子团体冠军,林慧卿获得女子单打、女子双打、混合双打三枚金牌。比赛期间,美国乒乓球队和中国乒乓球队接触,拉开了中美"乒乓外交"的序幕,中美关系开始解冻,也就有了稍后谱文中所叙及的穆旦当年友人从美国回来探亲等事实。

5月

本月 主要劳动:运草、抢修沟、抢种山芋、锄草、挖沟埋水管、挖树、修河、锄玉米苗、耪地、铡草等。学习活动:作检查、去场部听报告及迎新、看电影、纪念五·七、批会(昏)、学习5·20声明等。书信情况:收妻子信,并复;发英传信,并收。其他事项:去场部两次买鸡蛋(1元16个);"改为5时起,中午休3小时"(24日);嗓子疼(29日至下月1日)等。

按,"纪念'五·七'"应是指纪念毛泽东发布"五·七指示"5周年;"学习'5·20声明'"应是指1970年毛泽东发表的《全世界人民团结起来,打败美国侵略者及其一切走狗!》。

6月

本月 主要劳动:间谷苗、锄地、补种、突击耪地、补种子、补

[①] 中共中央党史研究室:《中共党史大事年表》,第374页。

种玉米、锄草谷地、开苗高粱、施化肥、挖沟、做埂等。学习活动：学习、听传达、演《红色娘子军》、听民工报告、"学习,预备讲用"、讲用、学毛主席与 Snow 谈话、别人听报告、"上午学,下午听修河民工报告,晚听七·一社论"(30 日)。书信情况：收妻子信,并复；收妹妹信；发英传信。其他事项：2 日回津,7 日乘校车返乡；"领工资 25 元,买 15 元饭票"(10 日)；第二批轮休(28 日)等。

按,Snow 应是指美国友好人士、著名记者埃德加·斯诺(Edgar Snow,1905—1972)。1970 年 12 月 18 日,毛泽东会见了斯诺。"在谈话中,毛泽东一方面认为'总要有点个人崇拜'；另一方面又说：'现在就不同了,崇拜得过分了,搞许多形式主义。比如什么"四个伟大",讨嫌！'毛泽东还谈到文化大革命中有两个东西他很不赞成,一是讲假话,二是虐待俘虏。"[①]

7 月

23 日 个人诗歌写作情况被香港《中国学生周报》第 992 期所载黄俊东的《云封雾锁的三四十年代文学》一文谈及,同时刊出的还有 1947 年版《穆旦诗集(1939—1945)》的 8 张书影,包括封面、有签名的扉页、目录、页 1—4、版权页。

按,文章介绍了 1930—1940 年代的一批作家(主要是诗人),着重介绍了《文艺复兴》《诗创造》等刊物；诗人方面,"第一位就是穆旦","他可算是中国现代诗中第一流的人物",并结合《合唱》有所论述。此文论述框架主要是基于唐湜的《诗的新生代》一文。不过,作者将穆旦误认为是王佐良的笔名(此事后经读者指出,见第 996 期所载读者来信)。稍后,胡燕青也谈到有

[①] 中共中央党史研究室：《中共党史大事年表》,第 376 页。

"云封雾锁"的感觉,即现代诗"遭受歧视","三四十年代的也并不出现中国语文科的课程内",汉园三友、穆旦、艾青、辛笛、孙毓棠等,"对大部分同学来说都只是一份茫然"。①

又,1974年,张曼仪、黄继持、黄俊东等人合编《现代中国诗选(1917—1949)》(香港大学出版社、香港中文大学出版部),选录穆旦诗歌9首,为《赞美》《诗八首》《裂纹》《旗》《先导》《三十诞辰有感》《我想要走》《手》《世界》。康夫有回忆谈到1976年夏天与人谈论穆旦诗歌的情形,且曾在香港湾仔创作书社买到穆旦诗集。②

本月 主要劳动:撒杀虫药、翻山芋秧、锄地、牵马、挖沟、填草堆土、弄草、插薯秧、平地、刈草、种萝卜、晒草、起砖、滤灰等。学习活动:学习、学习七一社论、"听7·5大会录音。(三个516分子的发言)下午学,晚批斗原"(6日)、批原、体育馆大会宽严五·一六分子(29日)、听录音、听井冈山展览等。书信情况:发妹妹信,并收;发父亲信;收妻子信,并复;收咪咪信("她分配了工作"),并复。身体状况:闹嗓子,嗓疼吃土霉素;咳嗽;"上午去场部透视","打链霉素,右肺增加纹理"(24日);打链霉素,仍吃药(藿香正气水)等。其他事项:15—20日,返津休假。

8月

20日 《城市的舞(外二章)》(即《绅士和淑女》《诗》)刊载于香港《中国学生周报》第996期第4版。

按,刊物信息显示,当时远在美国爱奥华作家工作室的诗人

---

① 胡燕青:《三呼冤(上)》,《诗风》1975年第39期。
② 康夫:《笔记〈穆旦诗全集〉》,《素叶文学》1998年第64期。

温健骝给《中国学生周报》编辑吴平、陆离寄函,附辛笛和穆旦的作品,并对《中国新诗》颇多赞许,穆旦这三首诗应该即是选自《中国新诗》。编者文字说明称:"穆旦—王辛笛的作品,四十年代我国优秀作家的作品,绕了半个地球,才到达我们的眼前。"

  本月 主要劳动:马号劳动、防洪、搭窝棚、晾草、拔草种萝卜、割草(种萝卜)、看砖、种白菜、平场地、捆苇子、收玉米、轧场、剥玉米皮等。学习活动:学习、讲用、听高教会报告、动员三秋劳动等。身体状况:吃四环素感冒仍不好(1日);咳嗽剧烈(2日);"下午去场部医院看嗓子,晚吃药病转劣"(9日);"咳嗽更厉害了,吃费那丁、咳必清"(10日);晚大咳(20日);有病回来(21日);晚大咳(30日)等。书信情况:收妻子信("接与信小英为五好社员",25日;"接与信,晚收到猪油及药",28日),并复;发母亲信;发妹妹信,并收;发咪咪信。其他事项:去天津,《新报》外调两次(11—16日);去北京(13—14日)。

9月

  本月 主要劳动:剥玉米皮、轧场、晒草、垛谷子秸、铡草、垛玉米秸、排棒子秸、看砖、砍高粱、割豆子、堆玉米垛等。学习活动:"校大会,一打三反"(13日)、听大会录音、"上午听报告,学习。教革及市革会一打三反文件,江胡王方李材料"(16日)、"听传达报告(教革、战备)一天"(23日)。书信情况:发英传信,收妻子、妹妹、杜运燮信,并复。其他事项:咳嗽剧烈(1日);"上午去场部买二元蛋,糖,点心。发认东西,下午煮熟"(18日);"上午通知我,人民内部了"(21日);"基地将销"(23日);去津休假(29日至10月5日)。

  按,1970年1月31日,中共中央发出《关于打击反革命破坏活动的指示》；2月5日，中共中央发出《关于反对贪污盗窃、投机倒把的指示》《关于反对铺张浪费的通知》，简称"一打三反"。之后即开展"一打三反运动"。"江胡王方李"指江枫、胡昭衡、王亢之、方纪、李树夫，当时被诬为"五·一六"阴谋集团在天津的"黑班底"。①

又，"人民内部了"应是指原来的结论改变了，转化为人民内部矛盾，不再被当作"反革命分子"来看待。

10月

5日 日记写道："以后值班守夜看场（下午7:30—12时）。"

24日 日记写道："下午返津看病治气管炎，见小英。"

26日 日记写道："上午返基地，编入大田组。"本月余下的一些工作：采药（白兰根）、放羊、运玉米核、"全日听同学讲用"（31日）。

本月 国庆节后，全国开展批林整风运动。

11月

本月 主要劳动：拉高粱秸、盖菜窖、放羊、培埂、种洋葱、起白菜、运白菜、看院、弄白菜、砍白菜、晒白菜、装炉生火、搞白菜、抢水险、填沟、入白菜、白菜入窖、垛柴、积肥、挑粪等。学习活动：学习、总结、学习实践论、晚生活会等。书信情况：发妻子信，并收（"接与信，在看物资"，22日）；收杜实京、杜运燮信（"接杜运燮信，他已迁林城。[10月28日]"，22日）；发妹妹信。其他事

---

① 刘小荣：《1966—1976年的天津》，北京：中共党史出版社，2011年，第82页。

372

项:"在家,买菜做饭"(6—12 日);"与刘俪生乘郊区二路返乡,下午三时半到达,院中已很冷清"(13 日);曹带来包裹(22 日);"改作息时间,六时半起床。7:15 吃早点。8—9 学习"(24 日)等。

12 月

本月 主要劳动:打柴、弄白菜、运茄子梗当柴、堆柴、填沟、打土埂、看门、起羊圈、倒白菜、起圈肥、扫院等。学习活动:看电影《看不见的战线》(按,朝鲜电影,1965 年拍摄)、写总结、习社论、学习、总结、听社论等。书信情况:发妻子信,并收;收妹妹信;发杜运燮(23 日)、萧珊(31 日)信;收王春旭的信("[20 日写]知宁坤、萧珊近况",30 日)。其他事项:12 日返津休假,18 日返乡("在津外调《新报》情况");"冷,零下 10 度以下,替张秉礼值班看院"(19 日);感冒咳嗽(20 日)等。

本月 作《一年总结》(按,仅见第 1 页,未见全件),先是抄录 3 条毛主席语录,正文是对 1970 年 10 月 17 日到大苏庄学农基地"劳动锻炼"一年零两个月以来的情况总结:"一年多的劳动和学习,由于基地领导抓得很紧,自己在思想上的收获是不少的;尽管自己学用主席著作,和领导的要求还有很大差距,个人缺点也多,但还是有不少的思想收获。"

1972 年(壬子)　54 岁

1 月

本月 主要劳动:装麻袋、运麻袋、起圈、称白菜、粉碎、点仓、河边打水、称粮等。学习活动:学社论、学习、晚生活会、加工资传达(14日)、"下午讨论,晚看电视,日本剧团"(15日)、"晚生活会,反自由主义"(16日)、晚讨论、晚讨论公开信等。书信情况:发妹妹信,并收("她于25日结婚",24日);发王春旭信、家信;收妻子信,并复;收萧珊信(24日)。其他事项:张秉礼调回(5日);"上午去场部,买面未成"(9日);"定18日返津"(10日);"曹回津带豆腐"(11日);18日回津,24日返乡下("与庞同路");"搞清洁。照像片一"(27日);"打行李。12:15乘校车,2:40到津,宣布我回图书馆"(29日)等。

按,萧珊来信应是本月16日所写。其中写道:"我们真是分别得太久了,你说有十七年,是啊,我的儿子已经有二十一岁了。少壮能几时! 生、老、病、死是自然界的现象,对你我也不会有例外,所以你不必抱怨时间。但是十七年真是一个大数字,我拿起笔,不知写些什么。还是先谈些家务吧。""你说你在学农基地已经一年多了,从你信里看来,你还是过去的你,知识分子改造是一个艰巨的历程,老友、新交,我也不知怎样认识你了。""66年以前倒经常有机会到北方来,可是朋友们却没有把我的消息带给你,这样我们失去了好多见面的机会。"最末转达了萧苘的问候。[1]

又,妹妹结婚事,据其女儿刘慧称,因为感情不和,其父母刘希武、查良铃于"文化大革命"初期离异。[2]

---

[1] 萧珊的来信最早见披于周与良的《怀念良铮》(1987年),现据陈思和、李存光主编:《一双美丽的眼睛:巴金研究集刊卷三》,第33—34页。
[2] 据本谱作者与刘慧的谈话(2006年4月14日,北京)。

2 月

4 日 日记写道:"到图书馆上班。"

当时或稍后 因住房过窄,革命委员会"开恩",另外分配了学生第 6 宿舍水房旁边的阴面的一间 10 平米的房子,与次子查明传住在那里。

按,此事妻子和子女都有回忆,时间点都说是在 1971 年,但子女的回忆中有"父亲从农场被放了出来,回到南开大学图书馆"之语,则时间可能还要稍往后一些。现据日记信息编入。

妻子回忆:"良铮非常高兴,每天劳动回来,忙着吃饭,提着旧蓝布包去那间又冷又潮的小屋埋头译诗。"①

子女回忆:"那时,父亲除 8 小时的图书馆劳动外,还有'牛鬼蛇神'劳动。每天下班很晚,回家后匆匆吃了晚饭",很少和家人们"坐在一起休息一下,总是马上就骑车去那间宿舍工作。小明 10 点多去那里睡觉时,总是看见他仍伏在那张黑木饭桌上,在昏暗的烛光下工作(当时因电力不足常常停电)。有时他深夜醒来,看见父亲还坐在那里深思或是在写着"。②

6 月

7—24 日 为期廿天的拉练,到霸县(按,今属河北省廊坊市)收麦。日记写道:"在老堤公社寨上大队住了八天,走路 4

---

① 周与良:《永恒的思念》,杜运燮等编:《丰富和丰富的痛苦:穆旦逝世 20 周年纪念文集》,第 160 页。

② 英明瑗平:《忆父亲》,杜运燮等编:《一个民族已经起来:怀念诗人、翻译家穆旦》,第 142—143 页。

天,来回六天,行程二百里"(7日日记);"我完全背包步行,最多行七十里(夜行)。曾患水泄"(24日日记)。

25日 到北京。

27日 返回天津。

7月

1日 日记写道:"发回了我的存款。"

17日 日记写道:"领回发还物质。"

约在此际 从劳改农场回来不久,与妻子特意合影,"纪念熬过了重重磨难"(可见于《穆旦诗文集·2》等处)。

8月

7日 重新开始翻译《唐璜》。

按,现存手稿封页上有文字:"1972年8月7日起三次修改,距初译约11年矣。"据称,《唐璜》译稿和当年萧珊赠送的《拜伦全集》,是落实政策之后,"从亿万册书籍和稿件中找回来的"①。

13日 友人萧珊因癌症逝世,时年54岁。为纪念亡友,"开始埋头补译丢失的《唐璜》章节和注释,修改其他章节","修订《拜伦抒情诗选》,增译拜伦的其他长诗"。②

按,子女有回忆:"那时父亲经常晚间下班后到图书馆的书库里查找有关注释《唐璜》的材料,很晚才回来。记得一次查到

---

① 周与良:《怀念良铮》,杜运燮等编:《一个民族已经起来:怀念诗人、翻译家穆旦》,第133—134页。

② 周与良:《怀念良铮》,杜运燮等编:《一个民族已经起来:怀念诗人、翻译家穆旦》,第133—134页。

一个多月未能找到的注释资料,回家后马上对母亲讲,狂喜之情溢于言表。父亲曾说过,《唐璜》是他读过的诗中最优美的,有些《唐璜》注释本身就像一首诗。""优美的文字经常使父亲陶醉",有时还会朗读原文给孩子们听,然后又读出他的译文,"这时是父亲最高兴的时候。父亲曾对朋友说,许多中国人读不到这样优美的诗,实在是一大憾事"。①

10月

27日 巴金来信。

按,此前,穆旦曾去信表示安慰并询问萧珊安葬的地方。巴金复信表示感谢:"我几次拿起笔想回信,可是脑子里仿佛一团乱麻,不知道从哪里写起,现在还是如此。"萧珊"在病中还几次谈到您,还想找两本书寄给您(《李白与杜甫》)","您问起她安葬的地方,我只能告诉您她的骨灰寄存处","您将来过上海,去那里,可以见到她的骨灰盒"。②

11月

5日 日记写道:"到东村70号刷浆,大前日分给我们此房。(11月2日)。"

10日 日记写道:"全家迁入东村70号。"

按,本年2月,美国总统尼克松访华,中国和美国签署联合

---

① 英明瑗平:《言传身教,永世不忘》,杜运燮等编:《丰富和丰富的痛苦:穆旦逝世20周年纪念文集》,第225—226页。
② 现存巴金致穆旦书信五封,已收入《巴金全集·24》,北京:人民文学出版社,1993年,第243—246页。

公报,中美关系解冻,双方开始派遣互访人员,很多定居美国的人士得以回国探亲。穆旦一家重新"迁入东村70号"可能跟当时情势以及周与良的哥哥周杲良将由美国回来探亲有关。类似信息,在柳士同的回忆文中有提及。①

27日 遇见华粹深,对方转达了杨苡的问询,并告知地址。随即写信给杨苡(为时隔7年之后的首次通信)。

信中写道:"蕴珍是我们的朋友,她是一个心地很好的人,她的去世给我留下了不可弥补的损失。""究竟每个人的终生好友是不多的,死了一个,便少一个,终于使自己变成一个谜,没有人能够了解你。我感到少了这样一个友人,便是死了自己的一部分(拜伦语);而且也少了许多生之乐趣,因为人活着总有许多新感觉愿意向知己谈一谈,没有这种可谈之人,即生趣自然也减速。我今年已经五十五岁了,头发白了,老相十足","但这只是外观,内心还是那个我,似乎还和年轻时一样,只是外界不同了"。

按,杨苡在回忆中提到了姐姐的好朋友华粹深,且表示他知道穆旦在交待材料里提到了自己,"有一份材料里有段时间的证明人他填的就是'杨静如'"(按,杨苡的本名),穆旦的儿子查英传也是因为看到材料后和她联系上的。②

本年 在北京,有个人照片(可见于陈伯良《穆旦传》等处)。

---

① 柳士同:《一面之师:纪念查良铮先生逝世十周年》,杜运燮等编:《一个民族已经起来:怀念诗人、翻译家穆旦》,第165页。

② 杨苡口述,余斌撰文:《穆旦在南京,1948》,《南方周末》2024年9月5日第C21版。

1973年(癸丑)　55岁

年初

为在内蒙古五原县插队的长子查英传的良好表现感到高兴。

按,子女回忆:英传从内蒙古来信,"公社党委已批准了他的入党申请书,并已经报到县里待批。另外,公社推荐他去县里参加大学招收学员的考试"。"接到信的当天,父亲显得很高兴,他对母亲说,'小英这孩子在农村干得这样好,能够受到党组织的器重,真应当为他高兴'。晚饭时,他斟了一小杯酒。这是他遇到喜事时经常采取的庆祝方式。那天,全家都是喜洋洋的"。[1]

2月

16日　日记写道:"与良出差广州,开生物志会。"

按,从本日到1977年2月23日,为第四本日记,"系写在小而薄的学生用笔记本中"。所记多为日常事件,日期稀疏,本年12则,后几年都少于10则。

4月

18日　致陆智常。告知"小王"(王宪钟)将回国,"也许见到

---

[1] 英明瑗平:《忆父亲》,杜运燮等编:《一个民族已经起来:怀念诗人、翻译家穆旦》,第137页。

他","他一定会问到大小陆克近况如何"。"另一个原因,就是觉得老朋友可以恢复一下对话,否则年近古稀,再对话也找不到了。"由此,"写一封信碰一碰"。

按,"大小陆克"即陆智常、陆智周兄弟。此为"相别廿年"之后的首次联系,对方当时在吉林工业大学(长春),此信是寄到大连工学院后转过去的。

21—29日 姐姐的儿子白昭圣、女婿阎志英从广西来天津,住在家里。

29日 日记写道:"王宪钟及夫人关龙新及三女来津,晚七时去天津饭店第一分店503号,和与良、小平去见。同时有天大的两位去,伉铁健及康泽林(机械系)。"

时为康奈尔大学教授、数学家王宪钟是自1953年初从美国留学归来之后20年里第一位从美国来访的友人,当晚相谈三小时,并赠其一册1957年版的《欧根·奥涅金》。会面一事,可见于本年5月11日致陆智常的信:"他是四月廿八—廿九在天津的。我廿八晚上去天津饭店见了他,谈了三小时,次日他上午来南大,我又陪他参观;晚上我又去旅馆送行";"他带着全家,夫人及三个女儿。还是老样子,不显老,头发黑黑的,也不秃顶。比起来,我则头发已白一半多了。他和我及另两位中学同学(伉铁健及康泽林,我过去不认识)畅谈了过去一些事。也谈到,他知你在大连工学院。""很快就过去了三小时。次日因为忙,也未到我家小坐。"

按,对照穆旦4月29日的日记和5月11日致陆智常的信,去天津饭店见面的时间更可能是28日(此一时期穆旦的日记很少,也有可能是事后补记的)。

又,美国友人来访事,子女有回忆:此后几天在议论时,有

"抱怨情绪","美国生活那么好,为什么父亲非要回来做'牛鬼蛇神'? 王先生此时回来受到贵宾式款待和领导的接见,而父亲当时虽已从'劳改'牛棚回到南开大学一年多,但每天早上仍要早上班半小时'自愿'打扫厕所"。父亲对此"有所察觉","谆谆告诫":"我们要热爱自己的祖国。"当时"对父亲说这些话的背景了解不多,因为父亲生前很少讲起他的过去",直到他逝世后,"才逐渐知道"。①

5月

11日 夜,致陆智常。谈到与王宪钟见面的事情,以及自己的工作、子女等方面的近况,还提到1953年或1954年的时候,曾与其夫人励融见过面。

6月

18日 日记写道:"今日将唐璜寄人民文学社(徐,孙编辑)。"

按,子女回忆:父亲"夜以继日地紧张工作,到1973年中,《唐璜》终于全部整理、修改、注释完毕。父亲试探地给出版社写信,询问是否可接受出版。当收到出版社'寄来看看'的回信后,父亲很兴奋,觉得他的艰辛劳动换来的成果,还有得到社会承认的希望。他紧握着那封信,只是反复地说着:'他们还是想看看的……'

---

① 英明瑗平:《忆父亲》,杜运燮等编:《一个民族已经起来:怀念诗人、翻译家穆旦》,第139—140页。

他亲自去商店买来牛皮纸将译稿包裹好,然后送往邮局"。①

7月

20日 填写天津市有关部门下发的《外语人员调查表》,2页,实际填写的内容比较简略,主要是个人基本情况、语种及翻译能力、简历等。其中,"本人参加过何种反动党、团、军队及反动会道门、是否已结论"栏填:"参加过伪入缅远征军和伪207师,已做结论。"表格最后几栏"本单位领导的意见""上级干部部门意见""市有关部门审查意见",均为空白。

26—30日 为暑假期间,去北京看望父母。姐姐查良鄩也到了北京。

8月

9日 日记写道:"小英来信,考学未录取。"

按,子女回忆:因父亲有"问题",查英传虽考试成绩不错,仍不能录取,入党问题也不能解决。父亲看过来信之后,"几天都一言不发,除了上班和吃饭,他都关上自己房门,埋头译诗","有时,他好像是在惩罚自己。他不再吃鸡蛋,要留给小英回来吃;用了近10年的一条洗脸毛巾也不让换,'等小英能够回来之日再换'"。②

---

① 英明瑷平:《忆父亲》,杜运燮等编:《一个民族已经起来:怀念诗人、翻译家穆旦》,第143页。

② 英明瑷平:《忆父亲》,杜运燮等编:《一个民族已经起来:怀念诗人、翻译家穆旦》,第137—138页。

9月

6日 日记写道:"购如下历史小说:封神,说唐,说岳,杨家将(飞龙传),明清演义(两国志),清史演义。"

19—22日 日记写道:"运燮来天津我家,并带海东。"

与杜运燮和他的儿子杜海东见面情形可见于次月15日致杨苡的信:"共同游游公园,谈谈天,六年没见了,很是难得。他来京办复职事,大约将在临汾师院教书去,以后也不易常见了。谈起那位美籍华人,他译了些现代中国诗,想见运燮,幸未得见,因为他被宣布为不受欢迎者,凡见过他谈过话的,都有点麻烦,要写材料。"又,此次见面有合影留存(可见于《穆旦诗文集·2》等处)。

按,美籍华人应是指许介昱(Kai-yu Hsu,1922—1982),早年毕业于西南联大,后留学美国,1959年获得斯坦福大学博士学位后,任教于旧金山州立大学,教学之余,从事中国文学的译介工作。所称"译了些现代中国诗"应是指其所译《二十世纪的中国诗》(1963年)。1973年3月,许介昱曾访华。

10月

国庆节前夕 托人将上海良友图书印刷公司1936年5月出版的《从文小说习作选》捎给沈从文。

按,信息据沈从文的《题〈从文小说习作选〉扉页》。也是在同一扉页,沈从文还写有:"一九七八年闻良铮因自行车相撞折腿,在医院开刀故去。"①

又,沈从文当时和稍后在给巫宁坤的信中也曾提到穆旦。1973年11月11日的信中有"上次良铮兄来京,才知你已到安徽多年"②之语。1980年4月23日的信中则有:"在半世纪风风雨雨中,亲友大半故去,彼此居然尚能活下,应当庆幸。极可怀念,即穆旦兄正当壮年有为,却于车祸中丧生,得消息时,不禁老泪纵横!因几次来京,到弟处谈天,印象尚一切如昨日也。"③1977年9月下旬,沈从文致杜运燮的信中也有"前几年他来京时还见过两次"的内容。④ 这里提到的穆旦"几次来京"拜望沈从文的情况,暂未见具体记载,待查。

15日 致杨苡(上月9日有来信),称看到黄裳《锦帆外集》中谈李尧林的文章,涉及南开学生生活,自己也回想起"几近三十年前的生活",并忆及当年在上海巴金家中朋友们相聚的情景,询问了黄裳的地址。谈到查英传没有考上学校,"其因在我,心中沉重"。还谈起从杜运燮那得知大学同学王逊的死,"据说是饮酒过多而致死的。⑤ 这也使我震动了一下","想我们当时热热闹闹的过的日子,犹在目前。我现在也每天饮一点酒,但不多,大概不致像他吧。""文字生涯,看来我是要关门了。现在设想手边有一些爱看的书,以度晚年。"

按,《锦帆外集》应为《锦帆集外》,文化生活出版社1948年4月初版。文章应是指《李林先生纪念》,其中写道:"他是一个最

---

① 沈从文:《沈从文全集·14》,太原:北岳文艺出版社,2009年,第470页。
② 沈从文:《沈从文全集·23》,第421页。
③ 沈从文:《沈从文全集·26》,第85页。
④ 沈从文:《沈从文全集·25》,第134页。
⑤ 王涵所著《王逊先生学术年谱》记为"因受迫害病逝于北京",见王逊著,王涵编:《王逊学术文集》,第272页。

好的老师,这在他的学生中大都是这样的感觉着的。最重要的原因是他有着一颗孩子的心,生活在我们的一群顽皮者的中间,很缺乏那一种岸然的气色。他和我们一起吃饭,一起玩球,一起唱歌,游戏,——上课时也常唱歌或走出去游戏一番的——,一起去看电影和溜冰。这使我们觉得很特别,可以亲近。"①

又,杨苡曾忆及1973年到天津的情形,在中西同学崔莲芳处往穆旦当时工作的南开图书馆打过电话,"他正好不在,他第二天听说后打回来",而她"已离开天津"。② 因目前所见穆旦给杨苡的信缺前面的部分,信中也没有相关内容,暂无从确定打电话和通信孰先孰后。

27日　日记写道:"因母病需开刀,急赴京。"

11 月

4日　日记写道:"返津,与良因出差赴京,同车返津。"

12 月

31日　日记写道:"下午4:55赴京。"

本年　鲁迅著作单行本陆续由人民文学出版社出版,书店里也有其他一些新出的书籍,购买了不少,包括《热风》《野草》《集外集》《且介亭杂文末编》《二心集》《三闲集》《朝花夕拾》《且介亭杂文》《且介亭杂文二集》,等等。

---

① 黄裳:《锦帆集外》,上海:文化生活出版社,1948年,第200页。
② 杨苡口述,余斌撰文:《穆旦在南京,1948》,《南方周末》2024年9月5日第C24版。

按，当时的文化政策一度有所放松，文化气候有所改变。1971年12月16日，《人民日报》刊载了毛泽东的话，"我希望有更多好作品问世"。之后一些诗集与小说的出版均与此有关。上述鲁迅作品名单，据穆旦遗藏，具体购买时间已无法一一确定。妻子和儿女的回忆，均有买书的记载。

妻子回忆：落实政策后，良铮和老同学吕泳"经常去文庙旧书店买了大量旧书，其中有鲁迅的杂文，陶渊明、李白、杜甫的诗歌，还有许多英文书"。[①]

子女回忆：父亲回到图书馆后，"生活稍为安定"。"新华书店陆续可见到新出版的鲁迅杂文集"的时候，"父亲都一一买来读"，也买了"外文书店新出的一些字典，如韦氏英文大词典，英汉双解词典等"；有时，"也从图书馆借出一些外文版的文学论文集、诗集来读"。公共汽车上、带孩子们去看病的候诊室里、去北京的火车上等，"都是读书的场所"，"父亲的记忆力极强，读过的东西许久都不会忘记"。[②]

本年 与在北京的父母同住一个院子的街坊曾到天津，在家里住了一个星期。其间，曾带他去吃狗不理包子，到海河边玩，有合影留存。[③]

本年 在天津睦南道147号，与妻子有合影，夫妇俩与岳父岳母亦有合影（前者见于《穆旦译文集·1》等处，后者见于陈伯良《穆旦传》等处）。

[①] 周与良：《永恒的思念》，杜运燮等编：《丰富和丰富的痛苦：穆旦逝世20周年纪念文集》，第160—161页。

[②] 英明瑗平：《言传身教，永世不忘》，杜运燮等编：《丰富和丰富的痛苦：穆旦逝世20周年纪念文集》，第226页。

[③] 据本谱作者与刘慧的谈话(2006年4月14日，北京)。

约在本年　因得到周珏良转赠的亲戚从美国带来的《西方当代诗选》,开始有选择地翻译英美现代派诗歌。

1974年(甲寅)　56岁

▲1月,"批林批孔"运动开始。

1月

3日　日记写道:"晚11时多返津。到东酒路郊区大山子站下车,过前一条公路(长途汽车公路)至106号洋灰灯柱拐进约百多步至大望京村,村后扬水站后身树旁沟内张钰、张淑岑介绍在赵家之旁,姜连明　郝海良　何学信　小旺。"

按,两位张姓人物为大望京村村民,其他四位为父母在北京的同院邻居。从前后事情来看,其时,母亲病重,穆旦和父母邻居去京郊张姓村民家,很可能是商量墓地之事。

23日　农历甲寅年初一,日记写道:"上午在家,下午访老友吕泳,竹年,晚赴周家,九时归,见北京电报,云娘病危,急乘夜车(2时42分)赴京,24日早5点多到家,娘已于23日下午二时许病故,在场有爸爸,良玲,小三(姜连明)和李家瑞。"据称,此次赴京有邵寄平陪同。[①]

24日　日记写道:"守在娘床边。来访者有七哥嫂,与良和小英同来。"

26日　安葬母亲。日记写道:"葬,早7时20分,初四日。"

[①] 李方:《穆旦主编〈新报〉始末》。

按，查良铃回忆：母亲李玉书与京郊农民张大爷保持了半个世纪的情谊，她死后，葬到了张大爷家的自留地里。因为张家人帮忙，"在短短三天内，把批墓地、打坑等等一系列事宜，都妥善地安排好了"。"良铮哥哥代表家人向张大爷的子女和帮忙的乡亲们深深地鞠躬行礼表示感谢"，三年后，"父亲故去也埋葬在那里"。①

27日　日记写道："赴八叔家，和与良、良铃到七哥家晚餐。"

月底或稍晚（"春节之后"）　曾和查英传一起在内蒙古插队的知青孙志鸣、刘承祺等人来家里拜访。

按，孙志鸣此后半年之内一直待在天津，几乎每星期都来，彼此多有交流。孙志鸣后来多次撰文回忆当时的情形：第一次拜访是"一个寒冷的冬夜"，校园里高音喇叭正播着"批林批孔"的叫喊。进屋后，"围坐在炉边"，"讲插队生活，讲精神上的苦闷、讲陌生的地方和更陌生的人"，讲完"组里知青们如何争相传抄普希金的诗，并从中得到安慰，现在应向译者当面致谢时"，"他搓着双手显得那么激动，屋里溢满了他的笑声"。

在了解底细之后，穆旦"便有选择性借一些刚译出来的诗"给他看："先是拜伦的《贝波》、《科林斯的围攻》等，后来便是艾略特、奥登、叶慈、斯本德等一大批英美现代诗人的作品"，"还写上了精辟的有独到见解的解释"；有一次讲到一首帕斯捷尔纳克的诗歌，表示其风格"和普希金不一样，倒可以称得上是苏联的艾略特"；也谈到了现代诗歌的"一个新的问题——晦涩"。

在诗歌翻译上，穆旦"主张神似"，"表示在以后的翻译中要更'破格'"，"不满意当时已经出版的《唐璜》中译本，认为没有把

---

①　查良铃、刘慧：《查良铮之母与京郊一农家半个世纪的情谊》（未刊稿）。

原著的俏皮译出来,所以读了感受不到原著的美"。艾略特《荒原》,他推崇赵萝蕤的译本。

"也常常评论中国现代诗坛上的人物":有一次提到艾青,表示"在缅甸和日本人作战的那些年月里,特别喜欢艾青的那篇《手推车》,常常诵读。现在无此兴趣了,也许是情随境迁,感慨系之吧";也谈到过徐志摩和七月派的诗。

从未"谈过他自己的作品",在请求之下,借给一本《旗》。随着"相互间的日渐深入",又拿出"自己刚写的诗",如"写在被裁成两半的16开白纸上"的"《秋》、《冬》和赞美友谊的诗","每次看完,他都忘不了叮嘱一句:可千万别说出去"。①

11月

3日 日记写道:"今天小瑗第一天上班,在黄河道塑料模板厂为徒工。"

按,周与良回忆:因长子查英传已到农村插队,初中毕业的查瑗可留城,"但由于家庭关系,被分配到天津市第十三塑料厂,带毒车间,并且三班倒,工厂在密云路,离家很远,每逢早班,早晨5时离家,良铮总要起来,送她到八里台汽车站,中班晚11点才能回家,他总去汽车站等她,尤其雪花纷飞的寒冷季节和倾盆大雨的日子,他总出去接小瑗"。"他教小瑗学习英语,第一本书

---

① 参见孙志鸣:《诗田里的一位辛勤耕耘者:我所了解的查良铮先生》,杜运燮等主编:《一个民族已经起来:怀念诗人、翻译家穆旦》,第185—191页;《一颗至真至诚的心:回忆穆旦的教诲》,杜运燮等主编:《丰富和丰富的痛苦:穆旦逝世20周年纪念文集》,第214—216页;《我所了解的诗人穆旦》,《黄河》1997年第5期。按,几种回忆有差异,比如第一种回忆称是和其他几个人一起去穆旦家的,第三种则称是一个人去的。

是《林肯传》,并让她每天背单词,还说'掌握一门外语,至少翻译点东西,可以混口饭吃。'"①

本年 接人民文学出版社的复信,称"《唐璜》译文很好,现尚无条件出版,原稿社存"②。

本年 曾去过妹妹查良铃所住的卢沟桥附近的单位宿舍,在卢沟桥有个人照片(可见于《穆旦说诗》)。其间,看到一个拾粪的老大爷,还过去和人家说了好一会话。③

1975年(乙卯) 57岁

2月

24日 日记写道:"东风表120元。"

3月

31日 日记写道:"牡丹缝纫机142元。"

7月

26日至8月2日 在北京度暑假。

---

① 周与良:《永恒的思念》,杜运燮等编:《丰富和丰富的痛苦:穆旦逝世20周年纪念文集》,第162页。
② 李方:《穆旦(查良铮)年谱》,穆旦:《穆旦诗文集·2》,第410页。
③ 据本谱作者与刘慧的谈话(2006年4月14日,北京)。

其间,在一个"闷热的晚上",带着外甥女刘慧去过东城演乐胡同北京东方歌舞团的青年演员郭保卫的家里。

按,与郭保卫交往是因为杜运燮的介绍,郭为杜的儿媳的弟弟。郭保卫回忆:之前,在看查译《青铜骑士》《普希金抒情诗选》等作品时,曾向杜运燮打听,知道译者查良铮即穆旦。1975年,他把作品抄在一个草稿本上,趁杜运燮的小女儿去天津看穆旦时带去。实际见面共有三次。第一次见面,是在他那"潮湿的小东屋",穆旦"身着西服短裤和短上衣,手握着一个本子",说是"认真地把每一首都看了",并对诗歌写法进行了点评。①

本月 与江瑞熙有合影(可见于《穆旦说诗》)。

8 月

12 日 致孙志鸣(本月 7 日有来信),谈及天津去内蒙招工的消息,又说到写作:"谈到技能,大概水中游泳,以写诗者的技能来竞争,该是最吃亏的事。因为心灵是一个大包袱。""我虽然主张诗可晦涩,却不同意散文也如此。"询问 1974 年的什么书上可以看见艾略特的诗歌。信末问候了另一个知青刘承祺。

按,孙志鸣回忆:信中关于"心灵是个大包袱"的话题在穆旦家中就已经谈到,当时他拿出刚译奥登诗《诱惑之三》"边读边讲":"于是他对命运鞠躬,而且很亨通,/不久就成了一切人之主;/可是,颤栗在秋夜的梦魇中//他看见:从倾圮的长廊慢慢走来/一个影子,貌似地,而又被曲扭,/它哭泣,变得高大,而且厉

---

① 郭保卫:《书信今犹在,诗人何处寻:怀念查良铮叔叔》,杜运燮等编:《一个民族已经起来:怀念诗人、翻译家穆旦》,第 169—170 页。

声诅咒。"①

21日 去睦南道取杜运燮的女儿杜实京带来的菜、西瓜和牙签,并见到郭保卫的同学秦培茵,她转交了郭的信。

按,次日穆旦回复郭保卫的信中,有一段写给杜实京的文字,从中可知其曾来天津家中,家里人都很喜欢她。又,据致杜运燮信(按,《穆旦诗文集》编入1975年,具体时间不详),杜实京在天津有照相,照片后随信寄给了杜运燮。

22日 致郭保卫,表示"对于诗本来已是隔门了,好像出家人一样了,可是这次在北京看到你对这件事热情很大,先是奇怪,以后也觉得可喜"。写诗"实在和写散文不一样","没有一点'奇'才是办不到的","把诗仅仅写成分行散文,无论如何是没有味道的"。希望对方能看看杜实京所抄录的奥登作品,"不要传播。不一定要学他,但看看有这种写法,他的艺术可以参考。写诗,重要的当然是内容,而内容又来自对生活的体会深刻(不一般化)。但深刻的生活体会,不能总用风花雪月这类形象表现出来"。最末是交代:书信"希望你看后扔掉,万勿保留,否则就不便再写了"。

按,穆旦晚年书信,给郭保卫的最多,郭保卫称有29封,《穆旦诗文集》收录26封。郭保卫回忆:穆旦的来信"不仅内容,令人深感兴趣",信封"也件件饶有兴味","简直是'奇异王朝',不少信封上,均是几个红卫兵或红小兵小将,持笔当枪,还正往墙上大书大写'批林批孔'标语,还有'将文化大革命进行到底'的

---

① 孙志鸣:《诗田里的一位辛勤耕耘者:我所了解的查良铮先生》,杜运燮等编:《一个民族已经起来:怀念诗人、翻译家穆旦》,第190页。

图案及横幅";"来信均是极工整的字,从不草书,也很少连笔"。①又称,"与穆旦通信的比例,大约为 2∶1 或 3∶1",自己的去信"多一些",穆旦往往是收到"几封信以后,才回信"。而周与良"担心这些都是祸根",都"烧毁"了。②

9月

6日 致郭保卫。称"不要留我的信,看后就扔,这是最重要的先决条件"。西洋诗"值得介绍进来",中西诗歌"一个主要的分歧点是:是否要以风花雪月为诗?现代生活能否成为诗歌形象的来源?西洋诗在二十世纪来一个大转变,就是使诗的形象现代生活化,这在中国诗里还是看不到的(即使写的是现代生活,也是奉风花雪月为诗之必有的色彩)"。进而从"奥登说他要写他那一代的历史经验,就是前人所未遇到过的独特经验"引申,"诗应该写出'发现底惊异'":"在搜求诗的内容时,必须追求自己的生活,看其中有什么特别尖锐的感觉,一吐为快的然后还得给它以适当的形象,不能抽象说出来";"别找那种十年以后看来会过时的内容"。"总之一和生活有距离,作品就毁了。"最末谈到"最近仿佛到了一个转风时期","希望能在文艺上宽松一些"。

按,关于奥登的"独特经验",穆旦写道:"由抄去的那点诗里你可略见他指的什么经验";而前一封信也提到杜实京抄录了一些奥登诗歌,但此信中未见到相关诗歌。不过,这些信息显示了

---

① 郭保卫:《穆旦,假如……:忆诗人给我的 29 封信》,杜运燮等编:《丰富和丰富的痛苦:穆旦逝世 20 周年纪念文集》,第 210—211 页。
② 郭保卫:《再忆穆旦》,《新文学史料》2007 年第 2 期。

穆旦当时翻译奥登等人的英国现代诗歌的进展情况。

9日 致郭保卫。感觉对方"仿佛""又有些陷在爱情的苦恼中",抄录奥登诗《太亲热,太含糊了》。又谈到自己早年诗作《诗八首》,"也充满了爱情的绝望之感"。"我搞的那种诗,不是现代能通用的","可是我又不会换口径生活。我喜欢的就是那么一种";"我是特别主张要写出有时代意义的内容。问题是,首先要把自我扩充到时代那么大,然后再写自我,这样写出的作品就成了时代的作品"。又说,"知识分子就是思想太复杂了,应该简化一些,生活也可以愉快一些"。

13日 去天津文庙,购买了梁遇春译注、上海北新书局1930年版《英国诗歌选》等书籍。

按,《英国诗歌选》可见于穆旦遗藏,封底签有"一九七五年九月十三日购于天津文庙 良铮"。扉页有查明传的说明:"这是父亲晚年看的书,并有他自己亲自包的皮和字迹。"

18日 致孙志鸣。主要谈及招工的事情,"我这一个月也是比一年的任何月都'满怀心事',凡是有子女在学校或下乡的人大概都同有此感吧"。

19日 致郭保卫(本月13日有来信),谈到"要使现今的生活成为诗的形象的来源"。抄录《还原作用》,"其中没有'风花雪月',不用陈旧的形象或浪漫而模糊的意境来写它,而是用了'非诗意的'辞句写成诗。这种诗的难处,就是它没有现成的材料使用,每一首诗的思想,都得要作者去现找一种形象来表达:这样表达出的思想,比较新鲜而刺人"。"不见得是好诗,但是它是一种冲破旧套的新表现方式。"又由郭保卫来信提及的温庭筠诗说起,"我有时想从旧诗获得点什么,抱着这目的去读它,但总是失望而罢。它在使用文字上有魅力,可是陷在文言中,白话利用不上,或可能性不大。至于它的那些形象,我认为已太陈旧了"。

10月

6日 日记写道:"去天津饭店(华侨饭店)见邹谠,卢懿庄,有何炳琳同去,下午五时到达,同到鸭子楼晚餐(每人十元餐费),后到旅舍又谈一小时而归,九时归。"

按,邹谠、卢懿庄夫妇为当年留学美国时的友人,"何炳琳"当作"何炳林",也曾留学美国,穆旦的外调材料和日记中都曾出现其名字。

9日 致刘承祺、孙志鸣。称"我相信每一个人在一生中总有几次的转机"。招工是转机;今年一个教育部长称要重视智育,"这也许可以成为一个转机"。信中抄录《还原作用》,"那是写我于旧社会里感到陷入旧社会的泥坑中的失望心情"。嘱咐"写诗也得多看诗"。

17—19日 随南开大学图书馆的同事到北京大学图书馆参观。后未随学校的车回津,而是滞留北京,并第二次去看望了郭保卫。

按,郭保卫曾回忆穆旦邀他同去北京站买次日车票的情形,他"又一次"发问:"你为什么弄诗呢?""你当演员,多快乐,何必找这烦恼事呢?""你为什么要和我认识呢?""谈得更多的"是翻译,"那时他的估计比较悲观","设想了许多保存译稿的办法,结果又一个一个推翻。最后,他望着一辆辆始发的公共汽车",说:"你看,我译的这些书,有用吗?将来……如果给你,放在你那里怎么样？你怎么处理？"①

25日 中学同学董言声从上海来，有合影。

按，该合影见于《穆旦说诗》（第188页，其中标记为"1975年12月"，不确）。《穆旦诗文集》所录日记有"10—25日 言声自沪来会。28日起士林送别"的记载。"10—25日"当作"10月25日"，"起士林"为天津餐饮店名。

本月 塞缪尔·埃利奥特·莫里森等著，南开大学历史系美国史研究室译《美利坚共和国的成长》（第一卷，第一分册）由天津人民出版社出版。

按，南开大学历史系辜燮高曾回忆"上世纪50年代和穆旦一道翻译《美利坚共和国的成长》一书的往事"②；穆旦"一天定稿的翻译可以有千余字"，"又准确又优雅"。当时在翻译此书时，他们"接触频繁，经常交流译文，力求准确"；"曾遇到一个二百个单词的长句子，穆旦抠了半天，翻译得很好"；但"穆旦半年的劳动没获得一点点承认"，辜燮高取出的译著只有集体署名，并没有署穆旦的名字。③ 据此，穆旦参与了此书的翻译。

《美利坚共和国的成长》"曾由天津人民出版社于1975年10月开始，将每卷各分为三个分册陆续出版"，1980年10月，"改版重印，每卷合为一册，译文经译校者作了个别修订"。该书为美国通史，"共二卷，约一百五十万字，按年代顺序，从美洲人类的起源，一直记述到1968年尼克松当选为美国总统"（见1980年

---

① 郭保卫：《书信今犹在，诗人何处寻：怀念查良铮叔叔》，杜运燮等编：《一个民族已经起来：怀念诗人、翻译家穆旦》，第172—173页。
② 邹汉明：《作为诗人和翻译家的穆旦》，《嘉兴日报》2006年7月14日。
③ 任知：《穆旦的天津已经没有了》（2008年）。按，从内容看，两人所述为同一次采访。

版《出版说明》)。该译著体量宏大,1980年所出为上卷,1991年方出版下卷。

对照各种文献和说法,可发现辜燮高的说法有一些可议之处:其一,关于翻译时间。南开大学美国史研究室1964年始成立,译著《美利坚共和国的成长》所据底本为纽约牛津大学出版社1969年版,其回忆称"50年代和穆旦一道翻译",时间上不合。其二,关于署名。1970年代中期的出版物基于政治等方面原因不署个人名字,并非个别现象,但后出版本的署名信息可供参照。查1975年版和1980年版、1991年版《美利坚共和国的成长》,后两者均列出了译者姓名和具体所译章节,上卷署9位译者,下卷署7位译者,未见查良铮的名字。前述《美西战争资料选辑》,穆旦只翻译5篇,林静芬只翻译2篇(约3页)、俞辛焞只翻译1篇(约2页),均有明确的署名。而《美利坚共和国的成长》后出的版本,也是循此惯例,对译者和所译章节做出具体的说明,如若穆旦参与翻译,似无遗漏其名字的理由。其三,关于分工(工作量)。《美国南北战争资料选辑》署名译者为9人,翻译量为16.2万字;《美西战争资料选辑》的相关译校人员共9人,翻译量为22.3万字;而1975年版《美利坚共和国的成长》第一卷第一分册为24.7万字,第二分册为26.3万字,这么多的字数,仅以二人之力一时之间似乎难以完成(辜的回忆未谈及其他人翻译的信息)。此外,三本书的共同译者冯承柏,明确提到穆旦参与了《美国南北战争资料选辑》的翻译,而没有提及《美利坚共和国的成长》一书;历史系只将《美国南北战争资料选辑》《美西战争资料选辑》送给穆旦家属,《美利坚共和国的成长》不在其列,这些都是不利于该回忆的佐证。

总之,辜燮高回忆之中的若干细节,如相关的翻译时间、署名、分工等方面与相关译著都有不合之处,与相关人物的回忆似也有参差,存在可疑之处,不过,目前也无法完全确断,且冯承柏的相关回忆与文字也有不周全之处,故暂依据《美利坚共和国的成长》初次出版的时间录入。①

11月

5日 巴金来信,感谢其托朋友带去的天津咖啡糖,"这是蕴珍生前爱吃的,非常感谢您的友情。蕴珍逝世三年了,谢谢您还想到她"。

10日 周与良的五哥周杲良到家里叙谈,并到天津水上公园游玩,有照片(个人照可见于《穆旦诗文集·2》等处)。周杲良在美国斯坦福大学任教,本月6日到天津。

14日 致郭保卫(前日有来信),称要多读《悲惨世界》这样的"伟大作品","即使不是诗,也能使你的心灵受到陶冶,使你的笔得到启发"。结合所寄来的诗歌《矿工》,认为"应从多读些东西着手",《闻一多全集》第四卷中有新诗选《现代诗钞》,可到江瑞熙处借阅("上次我在京去江瑞熙家,坐到中午,未吃饭便回家了")。最近在译艾略特的《荒原》,"这是现代英诗的古典作品,要加许多注解才看得懂"。

17日 致孙志鸣。称五原县女知青戚罗素已回天津,"最近来我处几次"。又谈及查英传,最近"非常乐观积极,因此也减轻了我的一点沉重感","这个孩子大概和我年青时一样,有一种理想主义(虽然他不搞诗);我是碰了许多钉子,但他还没有"。"只

---

① 更多讨论参见易彬:《作家传记文献搜集与考订的难题:从穆旦翻译美国史资料说起》。

有理想使生活兴致勃勃。当然如果太没有物质水平,那也会令人丧气的。人就是经常在矛盾中求出路的,这两方面的矛盾经常不是从这面,就是从那面来压你,使人永远不太满意。"

12月

7日 巴金来信,称"蕴珍逝世前也常谈起您和运燮同志,她也没有忘记在昆明念书的那一段生活"。"我已经把她的骨灰接回家里。她的声音和相貌一直在我的耳边和眼前。您上次带来的糖就是她生前爱吃的,要是她能活到现在,那多好!很感谢您亲切地谈到她。"又,"早收到了"十日来信,并把新地址抄给了萧荀。

本年 作诗《妖女的歌》《苍蝇》。

按,1996年版《穆旦诗全集》首次收录《妖女的歌》,编排在1956年;后出的《穆旦诗文集》将它放在1975年。何以会有这番时间跨度如此之大的挪移,编者未置一词说明。此从《穆旦诗文集》。

本年 国内政治形势好转,在鲁迅杂文集《热风》的扉页上写下:"有一分热,发一分光,就令萤火一般,也可以在黑暗里发一点光,不必等候炬火。"

本年 在南开大学东村70号之前,有个人照片(可见于《穆旦译文集·8》等处)。

本年 江瑞熙曾来过天津,曾到某公园游玩,有合影。①

本年 有一封致杜运燮和王春旭的信(日期不详),谈到查

---

① 据本谱作者与查英传、查明传的谈话(2006年4月10—12日,天津)。

英传上学与工作的事都没法弄好,"心情不安"。最近听到周荣鑫作过两三次报告,"其内容很深很多,主要是要整顿教育,注重业务"。

又,"最近我在旧书店还买到一些英文文学书(抄家的书),其中有些 detective stories"。"你提到我该多看看旧诗,这一点我接受。的确我在这方面缺少接触,可是马上拿些旧诗来读,却又觉得吸收不了什么。总的说来,我写的东西,自己觉得不够诗意。即传统的诗意很少,这在自己心中有时产生了怀疑。有时觉得抽象而枯燥。有时又觉得这正是我所要的:要排除传统的陈词滥调和模糊不清的浪漫诗意,给诗以 hard and clear front,这些话也是老话,不说你也知道了。不过最近考虑诗的问题,又想了一遍罢了。""你们这样喜欢读诗的人","给了我的译诗不少鼓励。我想还要陆续译一些,比如 Eliot 的 Wasteland,以便将来凑成集子"。最近买来苏联女作家 Olga Forsh 的十二月党人的历史小说,是作者在 77 岁写、80 岁出版的,这给了"很大鼓舞"。信末还提到杜实京照片事。

按,该信录入初版《穆旦诗文集》时被编排在 1976 年,后前移至 1975 年。从信中所提到的周荣鑫的相关情况来看,此信至少应在 1975 年 11 月之前。[①] 而对照本年 8 月 22 日致郭保卫信中所提及杜实京来天津的情况,则此信应是在 8—11 月间。又,信中 detective stories,即侦探小说;hard and clear front,杜运燮

---

① 周荣鑫 1975 年年初出任教育部部长,其间起草了《教育工作汇报提纲》,着手全面整顿全国教育事业。其做法受到"四人帮"的打击,从 1975 年 11 月起即开始受到批判,被视作"反击右倾翻案风"在教育领域发端,12 月中旬,被打成"不肯悔改的走资派",之后被剥夺一切职务。1976 年 4 月 13 日,被迫害致死。见傅颐:《教育部长周荣鑫的最后岁月》,郭宏主编:《人物述往(上)》,上海:上海辞书出版社,2005 年,第 222 页以下。

译为"严肃而清晰的感觉形象";Eliot 的 Wasteland,即艾略特《荒原》,"将来凑成集子",即后来的《英国现代诗选》。穆旦这段时间内跟多位朋友谈及翻译的情况和成集的打算,应是已有较多翻译积累。

1976年(丙辰)　58岁

▲1月初,《诗刊》《人民文学》等一批刊物陆续复刊。

▲1月8日,周恩来总理逝世。4月5日,天安门"四五"运动爆发,群众写下了大量声讨"四人帮"、歌颂周总理的诗词。

▲7月28日,唐山大地震,严重波及天津。

▲9月9日,毛泽东主席逝世。

▲10月,"四人帮"被粉碎,"文化大革命"结束。

▲11月5日,《人民日报》公开发表毛泽东1975年7月15日关于电影《创业》的批示。

1月

5日　致郭保卫,告知来信已收到,但托人带来的稿子还未见到;最近在翻译英文近代诗,预备"弄成一册"。信末有附言:"高兴知道你认识了新的诗友,但别提我。"

本日　致孙志鸣。对方此前来信应是告知其已工作的消息,复信谈及招工,对查英传"能否被招回,不抱幻想";又说起孙的工作事,"从现在起,对于生活、前途,应该严肃对待一下吧,看看自己如何投下自己的力量。我觉得你有中文能力,能否设法运用上它"。"最近出版的诗刊","你想不想试试?"

14日 前一天值晚班,下午休息,骑车去郊外某地取回郭保卫的诗集(据本月24日致郭保卫信)。

19日 日记写道:"晚骑车赴德才里摔下,伤右腿,不能动。"

具体情形可见于本月25日致董言声的信:"当我摔倒在街上时,一群人围着,七言八语说,'这位老大爷岁数可不小啦,摔得够重的',我听着心里老大不舒服,心里想我怎么那么老?于是对他们说'同志们走吧,我自己会起来的'。可是怎样也起不来。这就是一个真的信号:的确年老不行了。快完蛋了。"

按,子女回忆:父亲那段时间给查英传"四处打听招工的事情,希望他能回天津"。当晚,也是为了找一位熟人,打听招工的情况。①

又,当时在父亲身边的查明传有回忆:地点是在八里台附近德才里的一个居民区,至于到底是去找老同学吕泳还是他人,已无法确知。当晚十点多之后,一辆三轮车"把车和人一块拉回来了"。查明传认为,摔伤"绝对跟那个时候的心情有关。那个晚上,没准他骑车脑子里想着诗,没想着看路。有时候走路、干事,他脑子不在那里,想着他翻译诗了"。回来之后对伤腿也没有进行处理,只是说"没关系,去做你们自己的事吧",没有让送他去医院检查,"只有当疼痛难忍时,才让母亲烧一块热砖给他热敷止痛"。②

24日 致郭保卫,告知骑车摔伤一事,"行动不了,大概没有碎骨,而是伤了筋"。又谈到,"诗情洋溢""是写诗的根本,无此写不出诗来。但应再深入,加入思想和人生经验的体会""旧

---

① 英明瑷平:《言传身教,永世不忘》,杜运燮等编:《丰富和丰富的痛苦:穆旦逝世20周年纪念文集》,第229页。
② 据本谱作者与查英传、查明传的谈话(2006年4月10—12日,天津)。

诗太不近乎今日现实","以旧诗为一种锻炼则可,常此下去则是浪费"。

25日 致董言声(此前,对方的爱人淑涟曾来信,提及为小女儿查平买琴的事,今日又收到信和诗),谈及摔伤的事,"躺床就酸疼,辗转不能眠。特别有人生就暮之感"。已叫孩子请会按摩的老三来看看,"就便我还得跟他要像片(咱们合照的)"。随信附寄了当年在南开中学时一起念过的杜甫《赠卫八处士》的英译原文,又提到对方之前的天津之行,"至今想起仍有余温","人生的变化是频仍而意料不及的","人生太短,二十年一闪而过,再这么一闪,咱们就都没有了。日前追悼周总理,我有些泪是念及此而潸潸然"。

按,信中提到的"老三",暂不知为何人;合照像片事,应是指1975年10月25日董言声从上海来津时所照。

2月

4日 日记写道:"照X光相,右股骨颈外面骨折。须三个月休养。"

9日 农历大年初十,周叔弢在致周一良的信中写道:"良铮骑车伤足,不能起床,与良要在家里照顾他。"

按,周叔弢为周与良的父亲,周一良为其大哥,所谈为春节团聚事。①

17日 致郭保卫。称"日子是太单调了,心情也沉沉的"。"看来得三个月至半年休养,还得多仰卧。"为什么写诗?"性格

---

① 周景良等:《可居室藏周叔弢致周一良函》,广州:广东人民出版社,2018年,第38页。

就是命运"。"写诗当然不是一条'光明大道',这一点望你警惕,能放弃就放弃为好。我觉得受害很大,很后悔弄这一行。"又称,"和年青人谈话是我很高兴的事,因为自己近于老年,需要注入青春的活泼和观点,这使自己借助外力年青一点,否则将更暮气沉沉。这些天虽'平静地躺着',但心里并不平静,烦、腻,以及人事关系的复杂都渗入情绪中";闲时看看外文版《基督山恩仇记》,"买不到,甚至也看不到"内部作品。

本月 因家中有困难,致函学校有关部门。函件全文为:"我家现有困难如下,我年已五十八,最近右腿骨折,长子查英传在内蒙插队,次子查明传曾因病休学多年,现在虽在上学但仍有低烧等症经常须人照料女儿查瑗在工厂当徒工除三班倒外,还担任社会工作,很少时间在家,因此家中确有困难。 查良铮 一九七六,二月"。

按,该函写在一张白纸上,黑笔竖行书写,未见抬头。白纸左侧有红笔直行书写的文字。综合来看,当是穆旦向南开大学校方说明情况困难,以请求帮助。红色文字则是某校领导给图书馆领导的批示:"年已五十八,右腿骨折,医生证明,应说是事实,这样是会有一定困难的。怎样解决这个困难?馆领导应重视。除此之外,长子回津暂时照顾,可写信商量。如调回天津则是政策问题,如政策许可,回津后也会像女儿一样地紧张工作,能否照顾养病,也很难说。"

又,本年 3 月 31 日致孙志鸣信中,有"英传在津住了一个月,现已回蒙一个半月了"之语,可能跟此有关。

3 月

8 日 致郭保卫(前些天有来信)。称"诗应该写的内容,就是不同于散文"。"自古诗人以愁绪为纽带,成了知交。我的朋友运燮原是写诗的,但现在变成了100%的乐天派,因此情绪就谈不出来。现在你的来信补了这个空隙。可是,年青的诗人,我想劝你……"因为听说郭保卫"在筹建幸福的家庭",随信附录所译路易士的《两人的结婚》,"倒不是劝人悲观,而是要帮助认识某些礁石,以免小船撞上去"。

10日 作《智慧之歌》(诗)。写作时间从手稿版。① 初刊本(《新港》,1983年第2期)署1976年;《八叶集》《穆旦诗文集》等,均署1976年3月。

按,穆旦晚年诗歌的写作时间及现行诗集既有的编排顺序有可议之处。在现行收录穆旦作品最为齐全的《穆旦诗文集》之中,1975年有诗两首,即《妖女的歌》《苍蝇》。其余27首均编排在1976年下,起于3月的《智慧之歌》,止于12月的《冬》。仔细甄别,29首诗作可分为四个类型:第一类是标注了年月日、年月或者月日,时间可以确定,即《智慧之歌》《理智和感情》《城市的街心》《演出》《诗》《理想》《听说我老了》《冥想》《春》《友谊》《夏》《有别》《自己》《秋》《停电之后》《退稿信》《黑笔杆颂》《冬》,计有18首。第二类是笼统标注为"1975年"或"1976年"的诗作,即《苍蝇》《沉没》《好梦》《老年的梦呓》《"我"的形成》《神的变形》,计有6首。第三类是"据作者家属提供的未发表稿编入""写作时间推测为1976年"的作品,即《问》《爱情》,计有2首。第四类是时间未定型,即归入1975年名下的《妖女的歌》、归入1976年名下的《秋(断章)》和《歌手》,计有3首。此外,《穆旦诗全集》曾收录《面包(未完稿)》,注明"大约写于1976年后半年,诗人的思

---

① 陈伯良:《穆旦传》,第192页。

绪亦在断章中大致表现出来"。① 已完成的诗行共有4节,其结构为4—4—3—3,但第4节第3行未完成。若视为十四行诗,则此诗已算是大致完成,但《穆旦诗文集》未录,故暂时忽略。

综合来看,第三、四类属无法确定写作时间的作品,只是第三类对写作时间进行了"推测";而第二类诗作可能也并不存在本质区别。统观穆旦的全部写作,大部分作品均明确标注了写作日期,便于系年,笼统标注为"1975年"或"1976年",并不符合作者本人的做法。此外,第一类中的《停电之后》,1986年版《穆旦诗选》仅仅标为"1976年",而非"1976年10月";第二类中的《老年的梦呓》,其第2、4、5节曾载入1977年2月19日致董言声的信,题为《老年》,书信写作时间和诗歌写作时间之间是否有关联,看起来也只能说是一个谜。第四类中的《歌手》,曾和《演出》一起载入1977年1月12日致郭保卫的信,未署写作时间,此前也未单独成篇,第2版《穆旦诗文集》首次单独析出,但并不是依据书信的时间,而是编入标注为1976年4月所作《演出》之后。这样的编排方式,似都有可议之处。

也即,至多只有60%的穆旦晚年诗作可以确定时间,其余诗作均无法确断写作时间。将两首写作时间难以确断的作品编入1975年,又将两个有确切写作时间的作品分别编排在1976年的首位和末位,中间贯穿着若干写作时间无法确定的作品,其间可能包含了某种人为的编辑意图,而非穆旦本人写作图景的准确呈现。

《智慧之歌》自1986年版《穆旦诗选》出版以来,始终被穆旦诗歌通行本编排在1976年诗歌之首。无外乎两个原因:其一,

---

① 穆旦著,李方编:《穆旦诗全集》,第357页。

它确是穆旦1976年的开篇之作;其二,作品整理者们愿意将其视为穆旦1976年诗歌的开端之作,即以"我已走到了幻想的尽头"来统领穆旦晚年的写作。看起来,第二种可能性更大,但目前这方面暂时也无确切的材料,相关写作时间信息均从《穆旦诗文集》。①

17日　收到董言声信并作复。对同学帮忙买琵琶一事表示感谢;称"这次的确摔得够意思",已经两个月,"仍不能走路,不能久坐(会发麻),只能躺,多躺又头昏,就生活在这个矛盾中,吃得也少了,日子胡乱磨过去"。抄寄了几首陶渊明的诗,并提及《赠卫八处士》中的"人生不相见,动若参与商","我奇怪的是,人在年青时,就感慨人生无常,咱们十七八岁喜读它,现在添上四十多年经历,更该如何深有感触吧!"

按,在穆旦遗藏中,有萧望卿的《陶渊明批评》(开明书店1947年版)、王瑶编注的《陶渊明集》(人民文学出版社1957年版)等书。

31日　收到孙志鸣信并作复。表示"近两月因不能外出并需卧床而特别苦恼,整天昏昏沉沉,躺不是,坐也不是。抽空也看些书,读点旧诗。很爱陶潜的人生无常之叹"。随信抄录了陶潜诗歌《归园田居·二》:"……我麻日已长,我土日已广,常恐霜霰至,零落同草莽。""我想自己余年可数,是不是也该搞点什么。"又说起招工的事情。

按,孙志鸣日后重读此信所抄录的《归园田居》时有感想,记起有一次穆旦把奥登的《悼念叶芝》交给他时,"顺便说了一句:

---

①　参见易彬:《个人写作、时代语境与编者意愿:汇校视域下的穆旦晚年诗歌研究》。

'你是它的第一位读者,但愿不是最后一位读者。'现在回想起来,先生当时也许已怀着一种敏感的知识分子担心自己终将经不起'霜霰'打击的不安心情"。①

本月 某日下午,郭保卫来天津南开大学东村70号看望,在家里住了三四天。

按,郭保卫回忆:知道穆旦爱喝一杯,特意带了一瓶高粱大曲,两人就着酒和花生边喝边聊起来,"谈兴甚浓"。穆旦分析了《基督山伯爵》中某些情节描写,谈了新中国成立前办杂志、当时荣任文化部副部长的袁水拍的情况等,还拿出徐志摩的诗、郭沫若文集、《望舒草》、《青铜骑士》、《别林斯基论文学》等书以及新译奥登诗稿给他看。走的时候,又给了其中一些书以及《三门峡短歌》、四五本1957年《诗刊》,"还找出那刊有《葬歌》的一本",表示"是写我们知识分子决心改造思想和旧我决裂的"。

又,穆旦当时"住在外间,靠墙边是他的一个小床,他的腿伤了,穿着大棉裤",而自己睡在"书桌另一边的小钢丝床上",相处几天,"更具体地看到"穆旦"怎样勤奋地认真译著,怎样顽强地奋斗苦搏"的情形:"每天清晨,洗漱后,他就吃力地架着拐,一步一步挪到书桌前,坐在自己的小床上,打开书,铺开纸,开始一天的工作。由于腿伤不能长时间固定在一个姿态上,坐久后,便要慢慢地将自己的好腿放到床上,然后再用手将那条伤腿搬上床,靠着被子,回手从书桌上将刚译的稿子拿起,对照原著,认真琢磨,不时地修改着,晚上,孩子们各自分头看书,他又回到自己的小桌前,工作起来。到11点钟,简单地洗漱后,才吃力地躺下。

---

① 孙志鸣:《诗田里的一位辛勤耕耘者》,杜运燮等编:《一个民族已经起来:怀念诗人、翻译家穆旦》,第190—191页。

虽已熄灯,但他并不能很快入睡。夜间,时而可以听到,他那因挪动自己身体而发出的细微但却很吃力的呻吟。夜,笼罩了一切,他入睡了——又结束了一天名不副实的'病假'。"①

本月 作《理智与感情》(诗)。

4月

21日 致江瑞熙(早已收到对方来信)。谈及购买电视机的事,去售卖店"打听何时来货","自己到门口去挤着站队"。孩子去年底"站了几次队","终于有一次得手",却又因为证件"没有革委会的印章"而"被斥退"。今年春节后,查英传去内蒙古之前,还是"买了一架小电视,八寸的,友谊牌(245元)(带无线电)(晶体管)"。"不过,我还想劝你的是,不买最好,因为家里有需要读书的人时,那对他的时间是一个不小的损失。"

按,查明传回忆:当时买东西需要介绍信,父亲就以图书馆的名义,自己写了一封。他和父亲去排队买,结果没买到,"父亲很不高兴,把介绍信揉成一团扔了"。又称,当年的介绍信可能还在。②

又,江瑞熙回忆:在天津、北京,"两人有不少见面机会,但通信不多,当时条件不允许。当时的气氛相当压抑。见见面,到公园坐坐。大家心里都有心事。不谈政治,谈儿女,谈一些生活中可笑的事,有时候,倒也谈得海阔天空"。买电视机即是话题之一。"总的情况是,当时穆旦的心情压抑,精神世界也不明朗。"

---

① 综合郭保卫:《再忆穆旦》;《书信今犹在,诗人何处寻:怀念查良铮叔叔》,杜运燮等编:《一个民族已经起来:怀念诗人、翻译家穆旦》,第174—175页。
② 据本谱作者与查英传、查明传的谈话(2006年4月10—12日,天津)。

联系不很多,有两方面原因,"一是组织上有招呼,要少和穆旦联系";二是自己和朋友们"也在心理上有所回避"。①

23日 致郭保卫(已收到于"那个热闹的星期六"写来的信,前日又收到一封),告知已从报纸上得知"天安门事件"。此前一段时间,"忙于自己的工作(想改译普希金),不愿给任何人写信"。又劝郭保卫"多写发表出的东西";"你的梦也做得太多了,现实和梦不同,所以应多顾及现实"。腿伤一时好不了,"只好由之,我正好利用时间,多做点爱做的事"。信末附录改译的普希金《葡萄》一诗。

29日 致董言声(两周前有来信)。说起当年"南中的牛肉馆特别好吃",前些天周与良的三哥周艮良说起这件事,"偏偏你来信也提此事,足见其真"。又称,前段时间在《闻一多全集》里"重温"了自己当年的诗歌,抄上"写的很不错,请你也再欣赏一下"的《还原作用》。"那真是无忧无虑的日子。你,我,董庶和竹年,咱们一起坐船到八里台及黑龙潭,船上撑起白布篷,闻着芦苇的香味,躺在船上听着橹声,谈着未来,归来已万家灯火。这是多么清清楚楚印在脑中的事情!那个八里台多么美!可是现在我天天在八里台,再找那地方已不可得。"随信寄上一张四个孩子的像片。

本月 作诗《演出》《城市的街心》《诗》《理想》《听说我老了》。

初夏

某日上午,李世瑜、柳士同来访。

---

① 见易彬:《"他非常渴望安定的生活":同学四人谈穆旦》。

按，李世瑜为天津人，巫宁坤妻子李怡楷的哥哥，柳士同为普希金诗歌爱好者。柳士同回忆：查先生腿伤"尚未痊愈；走起路来一瘸一拐，极不方便"，"却因为有一位喜爱普希金的青年来拜访，而兴奋得忙里忙外"，拿出所译普希金的诗，"幸存下来的《别尔金小说集》"，"滔滔不绝地"谈着，从浪漫主义谈到现代主义。得知自己从没读过现代主义作品，"连忙又站起来，一瘸一拐地到里屋"，拿出新译的艾略特和奥登的诗，"从介绍这两位现代派诗人的生平、经历和背景入手"，引导"去欣赏和理解他们的作品"，"又选出几首代表作讲评"，其中有两首是抗战时奥登来中国写的。[①] 按，文章将拜访时间写成1975年初夏，与穆旦腿伤时间不符，当是1976年。

5月

25日 致董言声。说起腿伤事、琴（琵琶）的包袱事、中学同学事。在天津只有李竹年、吕泳，"时常想起"早已去世的董庶，"人生很不圆满，有头无尾，令人莫名其妙，谁写这种剧本该打屁股"。"咱们一混想不到就是六十岁了，这个可怕的岁数从没有和自己联系起来过。好像还没有准备好，便要让你来扮演老人；以后又是不等你准备好，就让你下台。想到此，很有点自怜之感。""我记得咱们中学时代总爱谈点人生意义"，"只有坚持意义，才会自甘受苦，而结果仍不过是空的"。"可惜我们只能看廿世纪的事，廿一世纪就于我们无关了。一千年以后更与我们无关，那时的人看我们，一定觉得可笑又可怜，而且也将没有任何

[①] 柳士同：《一面之师》，杜运燮等编：《一个民族已经起来：怀念诗人、翻译家穆旦》，第165—167页。

人知道我们曾经活在这世上。所以,咱们这么多思虑,终于也是无结果而终。"

27日 致郭保卫,称未及时回信,"一则话少了,一说就出毛病,自觉不合适;二则我在这期间投入一种工作,每天校改普希金抒情诗",过去"弄得草率,现在有条件精益求精",已重抄改好的诗歌约五百首。腿伤进展不快,仍得用双拐走路,尚未出门,"我也急了,但也无法。因此用普希金解闷"。

本月 作诗《冥想》《春》。

6月

13日 晚上,孙志鸣的弟弟来家中,带来孙志鸣的信,并有交谈。

15日 致孙志鸣,称"这两个月,我一头扎进了普希金,悠游于他的诗中,忘了世界似的,搞了一阵,结果,原以为搞两年吧,不料至今才两个多月,就弄得差不多了。实在也出乎意料"。随信附所译《寄西伯利亚》一诗,"原来韵脚很勉强,又是二、四行韵,一、三行无韵,现在我改成都韵,而且取消那种勉强状态"。还询问"内蒙八月间有招工吗?"

19日 致郭保卫(已收到11日来信,本日又收到《诗刊》),表示祝贺,并称《诗刊》上的作品,郭的一首最好,"抒情味道浓,没有政治标语(而又有政治内容),可以留十年还看得过",诗"要有艺术性"。又,正在"慢慢抄"普希金诗歌。信末询问刊物上那几首讽刺苏修的诗是否袁水拍之作。

按,翻阅1976年第6期《诗刊》,既没有署名郭保卫,也没有署名樊帆(郭保卫后来用过的笔名)的篇目,郭保卫可能是用的其他笔名。"几首讽刺苏修的",应是指署名"滨之"的《"缓和"

"爱国主义"及其它》（五首）。

28日 致杜运燮（信残缺，缺前半部分）。附《苍蝇》《友谊》等三首诗，表示"《友谊》的第二段着重想到陈蕴珍，第一段着重想到你们。所以可以看到，前者情调是喜，后者是悲"。"岁数大了，想到的很多是'丧失'（生命，友谊，爱情），（也有理想），这些都不合时。所以看看就抛掉吧。我想到苏联女诗人阿赫玛托娃，就以 lost love 为主题写了不少，现在很受国外推崇。这里有些东西可以深写，也许有一天能感动人吧。对我说，不过自遣而已。""写诗必须多读诗，否则没有营养，诗思就枯干"，"所以我也在忙于读诗，Auden（按，即奥登）仍是我最喜爱的"。

按，所附三首诗未随《穆旦诗文集·2》所录书信登出。从信中提到"你们的五六只鸡"，可知此前杜运燮已寄来在山西临汾所写《鸡的问题——农村生活杂写之一》。又，初版《穆旦诗文集》收录该信时，标示日期为"1975年6月28日"，据此，《苍蝇》《友谊》等诗的写作时间至迟也应是1975年5月或6月。但后两版《穆旦诗文集》将此信移至"1976年6月28日"。信中提到"是自己忙，脑子里像总不停"的状态，确是更接近于1976年中段穆旦在其他书信中所流露的情绪，但何以会后延一年，编者并未给出任何说明。而这一变更也使得这两首诗的写作时间成为问题。

本月 作诗《夏》《友谊》《有别》。

7月

19日 致江瑞熙。告诫患美尼尔氏病的老朋友务必要重视，随身带药，减少"夜工作及用脑"，"这使我想起老杜之脱离，也算福气"。妻子周与良得了急性风湿炎，临床休息已一个月，

"我们东倒西歪的日子看来是临近了。本来都是近六十了,这真是一个可怕的数字"。

27日 致郭保卫(本月18日郭保卫来信告知要举行婚礼,曾给刘慧写信,托她买礼物于月底前送去),表示最近一个月,家里"充塞着病号"。《诗刊》的诗"和外国诗究竟太不同了",随信附近译奥登诗歌《暗藏的法律》,再次告诫,写诗"希望注意艺术性"。

28日 凌晨2时,唐山大地震,严重波及天津。当时情形见8月13日致郭保卫的信:"我的三间屋子都有裂纹,以我住的一间最利害","当时闪过一个念头,'这么大的地震,大概我要完了'"。8月15日致巴金的信中也有描述:"我当时正醒在床上,忽觉地动(事先没有警告),赶紧起来,但因半年多前右腿骨折未痊愈,行动不便,跑至门洞未得出门。震得很厉害,先是上下跳动,然后东西摆动,以后又是南北摆动,幅度之大,好似在大海的海船上。当时屋子吱吱地响,灰土下落,电线发出火花,外面响声雷动,在这约一分钟的大混乱中,我心中想,'我这回大概完了'。幸而屋子没塌,三间屋子都裂了纹,屋上的烟囱倒了,砖头落下,如果跑出太快,倒许被落砖打死。全家都安全出了屋子,外面还下着小雨。""当日黄昏又有一次大的震动,据说有七级以上,又摇下一些残房。""全市都住在棚内","我们在南大校园,在屋前搭了棚,晚间睡在棚内,白日午睡在屋中,或在树下看书谈天,倒颇似夏令营的生活。如果没有不断的警报来恫吓,弄得神经紧张的话"。

按,查明传回忆:地震之后,大家就住在房子之间空地里搭的地震棚内,其中有后来的南开大学校长母国光。棚子很小,用塑料布隔开,用竹竿把四个角撑起来,一个大的,里边再分割成小的。晚上没灯,父亲就给孩子们讲福尔摩斯探案集,他的想象力、讲故事的能力很强,绘声绘色,小孩们听了非常害怕,又非常想听。房子前门上方裂了缝,有点漏雨。还好当时没有太多雨,后来将房子修了一下。当时经常有余震,很多人都是在外面住了好几个月,到冬天才回屋子里住,睡在床底下、桌子底下,父亲有腿伤,不好走路,就用几块砖把床垫高,下面放着被子、床单,自己和父亲住在一起。①

查明传所提到的床应该就是本年11月28日穆旦致巴金的信中所提到的"室内床"。又,在穆旦的遗藏里,有一本英文版的福尔摩斯的书,里边有他用铅笔写的文字。

本月 作《自己》(诗)。

8月

8日 致徐安泰(徐璇、茅於美的孩子)。报告平安,告知住在屋外与邻居共搭的棚里,"昨夜大暴雨,我们在户外弄得被褥皆湿。这样还不知要住户外多久"。"这次我因腿伤,还不能自如走动,需一拐支持,所以家中一切应急措施,我都参与不了,颇为心急,但也无法。"

11日 巴金来信,询问是否受到唐山大地震的影响。

13日 致郭保卫,谈及地震后的生活:"这一场大地震,将成为历史事件而载入史册,所以你充分经历它,将来也是有用的,等四十年以后,你在夏夜乘凉时,对着子孙讲起这一页时,必然是津津有味的。"

15日 致巴金,告知天津地震的情况,"现在我们还不知要

---

① 据本谱作者与查英传、查明传的谈话(2006年4月10—12日,天津)。

在户外住多久,这对大多数人倒是一个考验,特别是身体差或老弱"。谈及腿伤事,"摔了右腿的股骨颈以至骨折,从那时至今都在家中养病","在这次大灾难中变得完全无用。心里很焦急,但也无法"。又,不久前,有两位物理系的老师来借去萧珊所译《别尔金小说集》。

27 日 致郭保卫(已收到信和旧诗),表示同意他提到的"诗的局限"的说法,"诗在目前的处境是一条沉船,早离开它早得救"。"为了完全避开诗,我倒希望你立刻写小说。"地震后的天津"到处还是紊乱","我们现在总生活得不正常,也许不能求得正常而后才工作";在译《罗宾汉的故事》。本想将新作《秋》抄上,但"一想算了","谈谈实际生活的重要",说起最近给在小县城当工人的杜实京去信的事。

9 月

16 日 致郭保卫。称主席逝世,地震还未完,家里乱糟糟的,"不像过日子似的,心里和外界都不安"。伤腿"给我的累太大了","脑子里空洞洞的","枯坐家中,抱着一本又一本小说度日,更觉得头脑空洞,乏味得很了"。因地震一直睡在户外棚中,"逐渐感到户外睡另有情趣";"很久没有听你谈谈读书或写诗的事了",希望多读书。此前信中抄录奥登的《隐藏的法律》,"是为了开阔一下诗的写法"。

按,穆旦当时书信中较多谈及奥登,并多次抄录其诗歌,从目前所披露的书信来看,实际录有《太亲热,太含糊了》《隐藏的法律》两首,从中可以见出当时翻译英国现代主义诗歌的进展情况(信中还曾抄录其他译作,如路易士的《两个人的结婚》),但比照最后结集的《英国现代诗选》,除了有少许异文外,也有未收入该诗选的译作,比如《隐藏的法律》。

本月　作《秋》(诗)。

10月

16日　致郭保卫(前几天有来信),称"这些天发生的大事,令人高兴"(按,指"四人帮"倒台),"新的历史一页翻开了"。"过去的文学题材内容既窄又不符合许多现实现象。因此留下生活上的一大片空白没有得到反映。""文学的任务首先是要打动人心,最近出的一些电影,离这要求很远。""我不愿意以自己影响人,所以不谈自己,是为了少施加影响。""你读过鲁迅吧?学学他的小说如何?"信末为嘱咐之语:"当然还是要小心。任何时候都要小心。"

19日　去医院复查,照X光片,发现股骨颈长歪了,只有做手术才能治好。当天日记写道:"知右腿不好,须开刀,心甚烦。"

21日　日记写道:"全市'除四害'游行,小英前日来信,招工在邮电管理局。"

26日　巴金来信,谈到"四人帮"被揪出之后的好心情。又表示得信之前一直不知道腿伤的事,也"没有想到这样严重","希望您安心治病吧。运燮同志来信还说您已经做完了旧译普希金抒情诗500首的修改工作,这倒是一件可喜的事,'四人帮'垮台之后,普希金的诗有出版的希望了"。

30日　致郭保卫。称对于当前形势,"也不要太介入,现在言论纷纷,有点像五七年。要看一看再讲话"。随信抄录鲁迅的《文艺与政治的歧途》中的主要观点,表示"最近四人帮事件,吃惊地看到他们'祸国殃民',这样的字样来得突然,以前从未觉得他们有什么如此的地方,这恐怕也是文学家事前从不给我们透露的原故吧?他们从'一向正确'的高台上一下子变为'祸国殃民',不能不令人吃惊,文艺家的敏感哪里去了呢?"抄录本日新作《停电之夜》,并询问文化部、袁水拍的情况。信末仍为嘱咐之语:"不要留他。你嫌我写信最多不过两页,但我觉得已经够多了,出了谨慎的范围了。"

  按,郭保卫回忆:当时和穆旦见面时曾谈论过鲁迅"如果还活着"的问题。① 又,《停电之夜》现有多个版本流传,另有诗题为《停电之后》,诗行也有重要的异动。相较而言,本日书信中的版本是最完备的,分两节,每节10行,形式很整饬。其余各版,初刊本(《雨花》1980年第6期)每节均只有8行,回忆文版(郭保卫:《忆穆旦晚年二三事》,《新港》1981年第12期)和《穆旦诗文集》版(为第1卷所录诗歌)则是同为第2节10行,第2节8行。异文有十多条,其中最主要的是其他各版第2节第4行之后均缺少两行:"那是一滴又一滴的晶体,/重重叠叠,好似花蘂一样。"何以改动、由谁改动,已不得其详。

11月

  7日 致郭保卫(已收到来信,内有诗歌和关于北京文化界的信息)。谈及"作了几个月的高官"的袁副部长。又由所抄诗歌中的"软体动物"的说法引申,把周身的人细加分析,能写出不少写实的作品,"就把时代多少刻画了出来"。"在一般小人物中,大概共感是很容易的,从小人物的观点看事物,大概结论差不多。小人物不自高自大,目光平凡,不愿对事物吹嘘和美化,其结果自然是贬多于褒。这都是'小人物之歌'了。"还提及国家

---

① 郭保卫:《再忆穆旦》。

的政治、经济问题以及关于台湾和朝鲜方面的"小道消息"。信末附言:"作品和政治联系少的,也许经得住时间一些,风花雪月还是比较永久的题材。"

10日 致郭保卫,抄录新作《退稿信》和《黑笔杆颂——赠别"大批判组"》。前者是看到对《创业》的批示而有感;后者是听到"大批判组"垮台之后写的。"今后对百花齐放也许开放一些吧。"它们是可以发表的,"但我自己已无意发表东西,想把它送给你,由你去修改和处理,如果愿送诗刊(我想是可以送诗刊)","那就是你的东西,由你出名字,绝不要提我"。

按,"对《创业》的批示"应是指本月5日《人民日报》第3版所载北京市文化局评论组的《围绕电影〈创业〉的一场惊心动魄的阶级斗争》,内有毛泽东1975年7月25日关于反映大庆石油工人艰苦创业的电影《创业》的批示:"此片无大错,建议通过发行。不要求全责备。而且罪名有十条之多,太过分了,不利调整党的文艺政策。""大批判组"应是指"北京大学、清华大学大批判组",以"梁效"等为笔名,从中共十大(按,1973年8月24日至28日,中国共产党第十次全国代表大会在北京召开)到1976年10月"四人帮"垮台,在三年多一点的时间里,共写出文章二百余篇,公开发表181篇,内容涉及政治、经济、科技、教育、文学艺术、历史等各个方面。

15日 晚9时50分,发生7.1级地震。当时情形可见于本月28日致巴金的信:"事先完全没有预报,而且还传达说十一月无大震。在这种情况下,大家有些心慌,当然坏房又已变为更坏,所以纷纷盖小房住。我家原立足于在室内床下住,因为平房,危险较小。但这几天看到别人都盖小房,我们便和邻居也盖了一个,以后有危险情况,就可以睡在户外小土房中,现在天津全市几乎成了一大片农村情景,小土房林立,大不似从前了。现在有时小震,轻颤一下即过,今天昨天都有,这真是生平未遇的奇事。想起17世纪伦敦有'黑死病',天津的地震灾难似可相比了。"

21日 天津市军民举行庆祝粉碎"四人帮"的游行,据称,"家家饮酒,吃捞面,酒都脱销了"。①

22日 致郭保卫(已收到抄寄的诗词),表示其来信中针对前面两首诗所添的句子"有一点问题"。《退稿信》原意是"讽编者脑中的旧框框,不适用'百花齐放'的形势"。"黑笔杆"是指"大批判组之类的黑文人的"。两诗并未指涉江青,"不好把江青私生活的东西放进"。"把握不定"当前形势,"像'退稿信',现在也许太早,等一等看,杂志上提倡百花时,再拿出也不晚,凡有点新鲜意见的东西,都会惹麻烦,人家都不太喜欢的。"

25日 致董言声(唐山大地震后曾来信,亦曾复信,之后"很久没有通信了"),说起15日地震及盖小土房的事。"我的腿也没有好消息","地震紧张,医院不对普通病人开放病房","这是我个人的不幸遭遇。苍天不佑,奈何!"询问了"四人帮"倒台之后上海是否有好的骨科医院。小女儿查平今年暑假初中毕业,分到纺织技校,留在天津,"这是她哥哥下乡赚来的"。

本日 致白超圣(外甥,姐姐查良鋆的儿子,前日和今日都有来信),主要谈及生活方面的事情,寄蛤蚧(作药用)的事,15日地震方面的事,"现在也在准备盖小房过冬"。因震情的缘故,医院暂不收病号。还说了四个子女的情况。

28日 收到巴金的来信并作复:"'四人帮'被揪出后","很

---

① 魏宏运:《魏宏运自订年谱》,第118页。

高兴","这个好消息应该使您年青十年,廿年,我希望您鼓起青春的热情"。因在地震期,医院不收病人,手术暂不能做。腿伤后"因有大量空闲,把旧译普希金抒情诗加以修改整理,共弄出五百首,似较以前好一些,也去了些错,韵律更工整些,若是有希望出版,还想再修改其他长诗"。"普希金的诗我有特别感情,英国诗念了那许多,不如普希金迷人,越读越有味,虽然是明白易懂的几句话。还有普希金的传记,我也想译一本厚厚的。"信末提到袁水拍挨批的事,"大概为'四人帮'染污了,很可惜"。

按,巴金这一时期在跟友人的通信中,多次谈及穆旦。如8月12日,跟杜运燮谈道:"我前两天给良铮去了信,天津受灾较大,不知道他的情况怎样,您有无他的消息?"[1]10月8日,在给杨苡的信中提到:"查良铮来过一信说前几个月骑车摔伤了腿,地震期间受惊不大。"[2]12月3日,又跟杜运燮谈道:"良铮处我有信去,他也有信来,没有料到,他的腿伤倒那样严重。"[3]

12月

2日 致郭保卫(此前,对方来信提出"是否可以去人民文学出版社打听一下《唐璜》的下落"[4]),表示怕译稿《唐璜》丢失,现写了给人民文学出版社编者的信,请他代交,并把稿子拿出来,存好或交给刘慧。"我译的东西以这部稿子最精彩,你取出也可

---

[1] 巴金:《巴金全集·22》,第465页。
[2] 杨苡编:《雪泥集:巴金书简》,北京:生活·读书·新知三联书店,1987年,第53—54页。
[3] 巴金:《巴金全集·22》,第465页。
[4] 郭保卫:《穆旦,假如……忆诗人给我的29封信》,杜运燮等编:《丰富和丰富的痛苦:穆旦逝世20周年纪念文集》,第212页。

以看一看。""两首诗既已寄出,便算了。现在写东西顶好按照要求写,听听编者要什么,否则大概要碰壁而回。因此我兴趣不大。即使批四人帮吧,你得批到恰好的程度,多一点少一点都不行,本来我想提他们把'按劳付酬'扣上帽子为'物质刺激',但因现在报上不见此话,所以也删去。报上有什么,你再重复什么,作品又有什么意思。"提到郭沫若的诗被传抄的事情。信末再次询问文化部门和袁诗人(袁水拍)的情况。

按,给人民文学出版社编者的信未见披露,是否存世尚不可知;"两首诗"应是指 11 月 10 日信中附寄的《退稿信》和《黑笔杆颂》;"已寄出",或是指郭保卫已将两首诗投稿寄出。

9 日　日记写道:"小英由津赴内蒙,到地质队报到,结束了他六年多的农村插队。今并得悉'唐璜'译稿在出版社可用。"

本日　致郭保卫(今日收到来信),感谢他跑了趟出版社。"想不到四人帮的揪出,也直接影响到这一部稿。顿时使我的心情也开朗些。""现在人们(作者和读者)都被箍得久了,解放也解放不开,不知怎么样。""必须有一个过程,先让人们熟悉一下不同的式样,别一看到奇怪的东西就不顺眼,就要砍杀。""文艺如何发挥促进社会发展的作用,值得考虑。"又提及袁水拍的大字报事,"灵魂和利益的冲突,出卖灵魂而就飞黄腾达,这够发人深省。这次运动又给人大开眼界,扩大心胸。加深对社会的认识,的确很受教育。我以前曾坚持的一些看法,现在看来是对的,尽管当时是格格不入,被认为'跟不上时代呀'等等。许多'跟上时代'者往往今日都傻了眼"。

按,郭保卫和穆旦子女后来对《唐璜》译稿之事有回忆。

郭保卫回忆:拿着信去了出版社,"编辑们说,这部稿子他们早已看过,觉得很好,只是由于当时的形势所限,才一放五六年"。这虽"仍是个含糊的信息",穆旦得知后"却大为振奋"。郭保卫援引了12月9日的信,认为这是"与他接触以来,听到的他的最振奋的声音"。① 为打听消息,郭保卫去找了"另一位忘年交",刚刚"复出"的冯牧,"希望能想办法了解一下《唐璜》的下落和出版的事",冯牧"立即热情地给韦君宜先生写了一封短信",让他"拿着信找她"。②

子女回忆:此前,父亲写了一封信给出版社,"这又是怀着一线希望写信询问《唐璜》。他不顾天寒风冷,坚持要自己去邮局发信"。郭保卫带来的消息"对于身残卧病在家一年的父亲是很大的鼓舞",他在"很少写的日记本上"记下了一笔,"这部父亲倾注最多心血,花费最长时间所译的译稿送出版社3年多后,这是他第一次得到它的消息,也是他所知道的最后消息"。③

本日 致杜运燮(已收到信和抄寄的诗词),表示有很多"气人的事","我经常想着我的座右铭:勿为当前太分心。'现在'是陷阱,永远掉在这里面,就随时而俱灭"。来信"有一种气氛",使自己写下了《冬》(1),随信将它与此前已写好的《冬》(2)寄上。"诗是来自看法的新颖,没有这新颖处,你就不会有劲头。有话不得不说,才写。这是一类诗,像 Auden 的即是。但这类诗也有过时之日,时过境迁,大家就不爱看它了。"在翻译"罗宾汉的故事","想给小孩子看看外国水浒"。"我劝你利用一下余暇,找一本书消遣,同时也减少一点'俗'务。"

---

① 郭保卫:《书信今犹在,诗人何处寻——怀念查良铮叔叔》,杜运燮等编:《一个民族已经起来:怀念诗人、翻译家穆旦》,第176—177页。
② 郭保卫:《穆旦,假如……忆诗人给我的29封信》,杜运燮等编:《丰富和丰富的痛苦:穆旦逝世20周年纪念文集》,第212页。
③ 英明瑷平:《忆父亲》,杜运燮等编:《一个民族已经起来:怀念诗人、翻译家穆旦》,第143页。

423

按,《穆旦诗文集》所录为残信,缺开头部分。"气人的事"具体所指不详。又,《冬》诗共分4章,各章内部结构多有讲究,整体结构却明显不均衡,第1章分4节,每节5行;第2章分3节,每节4行;第3章分4节,每节4行;第4章分4节,每节4行;前两章的差别尤其明显。这种状况的产生,可能和各章并不是同一时间完成的有关系(如信中所谈,第2章是在第1章之前完成的)。

11日 致白兴圣(姐姐的儿子,今日收到来信,其中应是告知了工作的情况),表示"你能满意于干锻工,这是很好的,因为人的快乐就是来源于'满意'","不过也要上进,就是干锻工,也要想法精益求精","下了班能有时间学习,就学习一下,不要以干体力活当作一辈子到头了"。还谈及蛤蚧(作药用)的事以及查英传工作的事情。

22日 致妹妹查良铃,并托小郝(按,可能为此前日记中曾提到的郝海良)带去。主要谈及腿伤医治的事情,"我老是这么瘸子也很不安心"。

29日 致杜运燮(此前,对方来信认为《冬》第一章最后一行都是"人生本来是严酷的冬天",未免太悲观,并附上新写的《冬与春》),表示"我给你抄寄的那诗,大概由于说理上谬误而使人不服;可是有形象在,形象多少动人,尽管那形象也是很陈词滥调的,像听熟了的不动脑筋的歌曲。我并不喜欢,但我想在诗歌变得味同嚼蜡时,弄一些老调调反倒'翻旧变新'了。你反对最后的迭句,我想了多时,改订如下:将每一迭句改为①多么快,人生已到严酷的冬天。②呵,生命也跳动在严酷的冬天(前一句关于小河,也改为'不知低语着什么,只是听不见')。③人生的乐趣也在严酷的冬天。④来温暖人生的这严酷的冬天。这样你看是不是减小了'悲'调？其实我原意是要写冬之乐趣，你当然也看出这点。不过乐趣是画在严酷的背景上。所以如此，也表明越是冬，越看到生命可珍之美。不想被你结论为太悲，这当然不太公平。现在改以上四句，也许更使原意明显些。若无迭句，我觉全诗更俗气了。这是叶慈的写法，一堆平凡的诗句，结尾一句画龙点睛，使前面的散文活跃为诗"。又附寄了《冬》三、四章。

又，《唐璜》将来有机会出版，"对我是个鼓励。一是人家能看出自己的成绩，没有白费心。二是文学有前途"。受此"鼓励"，又在译拜伦诗歌，"我相信中国的新诗如不接受外国影响则弄不出有意思的结果。这种拜伦诗很有前途，可发挥相当影响。不只在形式，尤在内容，即诗思的深度上起作用"。又，"译联合国文件那么干巴巴，哪如译文学作品？其实也是练笔，否则笔会生锈"。

按，杜运燮诗《冬与春》化用穆旦所喜爱的英国诗人雪莱的名句："冬天已经来到，春天还会远吗？"（"但一有冬天，新的春天就不远"）并铺陈了一种乐观情绪："炉边的快慰是寻找冬天里的春天，/人生是不绝的希望，无数的新起点；/灰烬里的火星也在发光发热，/地球一转身，又是万山绿遍。"①

信中提到"译联合国文件"事，很可能跟当时成规模的联合国文件翻译工作相关②，但具体内容暂无从得知。又，基于之前关于穆旦晚年诗歌写作时间的讨论，因为部分诗歌的写作时间存疑，《冬》也并不能确断为最后一首诗作。

本月　购人民文学出版社 1973 年版鲁迅"且介亭杂文三册"，并在《且介亭杂文》的扉页上写道："于四人帮揪出后，文学

---

① 杜运燮：《杜运燮 60 年诗选》，北京：人民文学出版社，2000 年，第 79 页。
② 此处依据刘训练教授的观点（2022 年 5 月）。

事业有望，购且介亭杂文三册为纪。良铮 一九七六，十二月。"

按，关于穆旦晚年创作和翻译的情况，妻子和子女都有回忆。

妻子回忆："'四人帮'打倒后"，良铮曾高兴地对她说，"希望不久又能写诗了"，"相信手中这支笔，还会重新恢复青春"，"意识到他又要写诗了，就说'咱们过些平安的日子吧，你不要再写了。'他无可奈何地点头"。"当时只要他谈到写诗"，她"总加以阻止"；良铮"最后留下的20多首绝笔诗"，都是背着她写下的；"在良铮去医院动手术前些天，纸篓里常有撕碎的纸屑，孩子们也见到爸爸撕了好多稿纸"；"在整理他的遗物时，孩子们找到一张小纸条，上面写着密密麻麻的小字，一些是已发表的诗的题目，另外一些可能也是诗的题目，没有找到诗，也许没有写，也许写了又撕了，永远也找不到了"。[①] 按，"'四人帮'打倒后"这一时间可能不确：在《热风》扉页题字是在1975年，而从1976年3月开始（姑且认为穆旦1976年的写作始于此），至1976年10月"四人帮"倒台，穆旦已写了较多诗歌，因此穆旦说"希望不久又能写诗"一类话以及周与良的"阻止"发生的时间应会更早一些。

子女回忆：父亲腿伤几个月后，因病情恶化，阵发性疼痛迫使他不得不停止工作。"但是，一旦疼痛稍有缓解，他马上又重新拿起笔来。母亲劝他休息，他说：'不让我工作，就等于让我死。'一位来访的父亲的老朋友问他为什么在毫无出版可能的情况下做这样艰苦的工作，父亲说：'这是我所喜爱做的工作。我

[①] 周与良：《永恒的思念》，杜运燮等编：《丰富和丰富的痛苦：穆旦逝世20周年纪念文集》，第161—163页。

觉得中国需要这些诗。'"①

又,查明传称自己那时候也写过一点诗,父亲"就悄悄地拿到里屋。看了一会,就拿出来,放在桌上。看没那个苗子,不是那回事"。查英传则认为"不是苗子的问题,父亲知道写诗要出事,不把你往那培养"。此外,父亲当时与外文系庞秉钧来往很多,"一星期有两三晚","他吃完晚饭一来,就到里屋把门一关,谈得很晚"。②

1977年(丁巳)　59岁

1月

1日　致江瑞熙夫妇(年前有来信)。称"去北京是无望的,除非在北京的医院开刀,因为天津医院不能解决,那时可见到你们,但也许可能死掉,那就完了。目前为此不决。新年应有展望的热情,我的话就此打住"。"压了十多年的"《唐璜》"也可能有见天日的一天了","想到这,便又有一点干劲,想多搞一点,现在家中无事,便以此消遣"。不久前读了"一本和'飘'同时齐名的小说",*Forever Amler*,"又想起 1793 年的 Rolespiecee,历一页页何其近似!现在咱们见事多了起来,多读历史很有味道,因此也可以比较 philosophical 一点,因此而不惑"。随信附寄了

---

①　英明瑗平:《忆父亲》,杜运燮等编:《一个民族已经起来:怀念诗人、翻译家穆旦》,第138—139页。

②　据本谱作者与查英传、查明传的谈话(2006 年 4 月 10—12 日,天津)。

427

《冬》第2章。

　　按,《飘》(Gone with the Wind),美国作家玛格丽特·米切尔(Margaret Mitchell)的作品。Forever Amler,美国作家温索尔(Kathleen Winsor)的小说,有中译本,名为《琥珀》。"1793年的Rolespiecee",疑有误,很可能是指罗伯斯比尔(Robespierre),1793年实行专政。① "philosophical"可译作"达观的"。

　　3日　致郭保卫(去年12月30日有来信),称看到了2日晚郭的演出,"你们是一种热闹的艺术生活,是比一般生活有意思些"。受《唐璜》消息的"鼓舞",正在重改并新译拜伦诗歌,"我相信他的诗对我国新诗应发生影响;他有些很好的现实主义诗歌,可又是浪漫主义的大师,两者都兼,很有可学习之处,而且有进步的一面"。"现在时兴的,还是小靳庄之类的诗,如果能改变成三、四十年代的新诗,那就很不易了","我想翻译的外国诗应可借鉴,如果能登些这类诗,给大家换换胃口,也是好事"。希望三月份到北京治疗伤腿。同信附录一首自己写的诗,"请看后扔掉,勿传给别人看"。

　　按,所称"一首自己写的诗",《穆旦诗文集》未录,具体情形不详,无从断定是否新作。

　　4日　致董言声,称已将来信中提到的"四人帮"故事"给人转述了几遍";"四人帮的揪出,对我也有好处","我的精心之笔,有一千页"的《唐璜》也可能出版,受此"鼓励","近来又利用空闲搞了一点译诗"。谈及"卅年代和董庶","真是令人感慨",而今"嘴里留下的只是苦味"。"当然,也许还有廿年可活,我还要寄以希望。""我总想在诗歌上贡献点什么,这是我的人生意义(当

---

① 吕鹏观点(2021年1月22日)。

然也够可怜)。"感谢老友在上海打听医院的事,随信附寄修改之后的《冬》诗第1章。

按,从复信可知,董言声曾提到上海的"黑老K",而此人也曾有来信,表示"四人帮"被揪出后,"头上的大石头搬走了,从此可以睡大觉了"。所称"黑老K"为何人,暂无从确定。

5日　　致巫宁坤(去年底有来信),称"一点小事,可以闹到致命,但愿我这一局尚不致于此"。《唐璜》有机会出版,"很受鼓舞",又加劲整理并且新译了拜伦诗歌,"因为我越来越觉得,新诗的复兴要靠外国作品的介绍。好像欧洲的文艺复兴是发难于希腊罗马的文艺的介绍一样"。

12日　　致郭保卫(今日收到来信和诗两首),表示其诗每行字数太多,要注意"精短简洁","诗行太长就失去诗的分行意义了"。"我曾译了拜伦的叙事诗'贝波',给人看了,便仿它写了几百行的叙事诗","我倒很希望你朝这方面努力一下"。打算等过完春节"进医院,狠一下心作手术"。随信寄上《演出》《歌手》两诗,"现在文艺界的百花齐放好像没有什么动静,一切都像在睡觉似的"。

按,仿《贝波》"写了几百行的叙事诗",应该是至今尚未公布的长篇叙事诗《父与女》。又,信中所附两诗,《歌手》一诗现已单独析出,《穆旦诗文集·1》(第2版)首次录入,将其编排在《演出》之后。《演出》署1976年4月作,《歌手》在抄送时未注明写作时间,是否新写亦不可知。《穆旦诗集》(2019年)将其编排在《冬》之后。

13日　　致妹妹和妹夫(查良铃、汤仲杰夫妇,此前,早收到了来信,几天前又收到一封),谈到动手术之事,"存在疑虑,因此迟迟不决"。"反正我在春天前得治疗了。""现在无事,在家里弄翻译";"四人帮的揪出,对我也有直接影响",即《唐璜》可用;"只是小英的工作,使我不太满意"。

19日 致董言声(此前有去信,未见复信),称周与良的三哥周艮良将去上海开会,会期为1月27日至2月5日,到时让他去取琴。表示"腿好之后,一定立即出发南北旅行一趟。这腿病使我感到寿命之飘忽,人生之可畏,说完就完。这一年多闷居室中,心情也不好,总之很不舒服"。

28日 致郭保卫(11日有来信),称"老百姓对国事许久不能表达意见,应该透透气才是"。评价了对方的诗,"暗喻不要太随便,应该在诗内有线索,读者自会解释出"。告知还在译拜伦诗歌,"我倒有个想法,文艺上要复兴,要从学外国入手,外国作品是可以译出变为中国作品而不致令人身败名裂的,同时又训练了读者,开了眼界,知道诗是可以这么写的","因为一般读者,只熟识小靳庄的诗,不知别的,欣赏力太低"。

按,这是现存穆旦致郭保卫的最后一封信。对照郭保卫的回忆,目前共披露26封,还有3封信未录,但目前仅能见到其中一封的片段(写作时间不详):"你的来信,仿佛有几句话在对我研究,我不知结论是怎样,……你大概看我是冷冷的,我的确是冷冷的;有人看我有些感情,我大概也有些感情。总之,连我自己也说不清自己是怎样。从写诗的经验看,凡写诗的人都敏感和富于感情,但又由于他把感情寄托于诗中,能和自己的感情脱离,选择一个角度去观察和体味它。因此,他的感情就成了身外之物。这种感情,不如有些不会写诗的人。"[1]

---

[1] 郭保卫:《书信今犹在,诗人何处寻:怀念查良铮叔叔》,杜运燮等编:《一个民族已经起来:怀念诗人、翻译家穆旦》,第184页。

又，关于"小靳庄的诗"。1974年6月22日，江青在视察了位于津郊宝坻县的小靳庄之后，将社员所写的诗歌树为"农业学大寨""批林批孔"的典型，作为"革命样板"在全国推广。《人民日报》《光明日报》《解放日报》《文汇报》以及各省的地方性报刊都曾刊载、转载小靳庄社员诗歌选，并且刊发了大量评论文字及学习体会。天津人民出版社先后出版《小靳庄诗歌选》等六本专集，总印数达一百七十万册；人民文学出版社等也出版了小靳庄社员诗歌选。①

2月

4日 收到杜运燮的来信并作复："将近一个月来，我煞有介事地弄翻译，实则是以译诗而收心，否则心无处安放。"所译拜伦叙事长诗《锡隆的囚徒》《柯林斯的围攻》"很可为我们的诗歌借鉴。我最近还感觉，我们现在要文艺复兴的话，也得从翻译外国入手"。"读者会看到：原来诗可以如此写。这可以给他打开眼界，慢慢提高欣赏水平。只有广大水平提高了，诗创作的水平才可望提高。"又谈到，"我有时听到人们欣赏普希金诗的情况而为之鼓舞"。"我要把二本普希金，二本拜伦弄好以满足这类可能的一大片读者。当然，这一切只是假想而已，能不能出尚在不可知之列。""写诗恐怕更是如此。""活着本身就是白费力气，最后白白回到泥土了事。所以明知其为傻事而还可以兴致勃勃。""希望你仍是不要'常堕俗务中'。"

11日 致白超圣（已收到来信，日前又收到其大哥的信，按，

---

① 参见刘福春：《中国当代诗歌编年史：1966—1976》，开封：河南大学出版社，2005年，1974年之后的相关条目。

应是日记中提到的白昭圣),谈及生活、查英传的工作以及腿伤手术的事情——"此事令人不快,但也无法"。还谈到春节期间天津的物资供应。

12日 致巫宁坤(已收到花生,前日又收到信),提到腿伤手术事,"只要不死(大概不会),能走路(这说不定),我暑假可去你处玩玩"。谈及《唐璜》出版事,"别替我高兴太早","现在还不见出版物有何更新之处","时间尚早"。"我认为中国诗的文艺复兴,要靠介绍外国诗。人家真有两手,把他们的诗变为中国白话诗,就是我努力的目标,使读者开开眼界,使写作者知所遵循。普希金和拜伦正好比我们现有的水平高而又接得上,奥登则接不上。虽然奥登低于前两位大师。"查英传已在呼和浩特地质局做电工,"为儿女操心在他身上最明显,结果不完全理解"。又,"历史重演,个人的历史也是多次重演。所以现在读那种流放的悲歌(按,具体所指不详),我们深寄以同情"。

16日 致江瑞熙,称对他"真要谈谈(不是记流水账)心"的姿态"很高兴"。"形式化,公式化,代替不了个人的细微感觉,细微感觉则甜酸苦辣都有,到共产社会也除不掉,因此标语口号、政论等等,永远也代替不了诗歌及文学。""现在只感到历史重演的事很多,旧的一切并不能全取消,以前以为是取消了,现在恢复得好厉害。因此,更觉得不能把事情简单化了。"动了手术之后,"还想到山西及南方游一游"。查英传已选调到呼和浩特地质局做电工,"这也减少一点我心理上的重压"。信末问及联大同学刘北汜和他的小说。

17日 除夕,与家人吃过年饭之后,"照例"架着双拐走进了自己的房间,关上门继续翻译工作。

按,周与良回忆:后来走进屋中,"发现与以往不同,他已睡下,并说自己'很累'","他常说'很累',可能是处在创作构思当中,因而未引起家人的注意","他在住院前夕整理文稿,撕掉几纸篓文字,且极少言笑,仅与小女儿有过交谈,似乎'对死亡已有预感'"。①

子女回忆:父亲腿伤之后,"因病痛而睡眠很少",每天早晨,总是和家人"同时起床,简单地吃一点早饭后,就架着双拐,坐到那张用了40多年的黑木椅上开始工作","聚精会神地伏案写作,或是执笔沉思,问话也常常得不到回答","喝水、吃饭都常常忘记"。"1976年冬天,他房间的小煤炉,常常因没有添煤而熄灭,冰冷的房间他好象全无感觉。晚饭是全家人一天内唯一可以聚在一起的时刻。有时,父亲的情绪好一点或译笔有得意之处,他会把译诗拿到饭桌上念给我们听,念到精采处脸上会现出明朗的笑容。这时也许是父亲最愉快的时刻,似乎全然忘记了伤痛以及一天艰辛工作的疲劳和当时的艰难处境。晚饭后他从不与我们呆在一起,依然是关上房门工作,一直到很晚。"1976年和1977年除夕吃年夜饭时,要家人们"拍摄几张全家合影"(按,暂未见报露),饭后,"照例架着拐走进他的房间,关上门继续工作","外面鞭炮齐鸣","看电视的欢笑声","都不能吸引他中断工作"。②

18日 大年初一,致杜运燮(已收到来信,并寄去糖),谈到全家过年团聚、天津的秩序、腿伤治疗等方面的情况。更多的是谈及文艺,"我认为一支笔能写幻想,比能写实用文要可贵些"。针对其所谓"报上文章有新气象",表示《天津日报》上的文章"仍

---

① 李方:《穆旦(查良铮)年谱》,穆旦:《穆旦诗文集·2》,第417页。
② 英明瑗平:《忆父亲》,杜运燮等编:《一个民族已经起来:怀念诗人、翻译家穆旦》,第138页。

433

是干巴巴的那些老调老辞,只不过短了点儿,真无法卒读"。"这大概又是你有乐观精神而我缺乏的缘故。至于诗,那就更别提。"又谈到内部书,"实则这些苏联小说是反映其内部矛盾的,看了可以更清楚地知道苏联情况,应不限制才对。苏联文学能反映内部问题,反映不满情绪,我看还是可喜现象。文艺工作如不对社会发表意见,不能解剖和透视,那就是失职。现在咱们的小说没有人爱看,其道理也在于此吧"。

19日 致董言声,表示"对琴和琴套都很满意",又称,"再过四五个月,就可望恢复正常,那我就要各处走一下"。"看到来信,对于旧情,你也是保留着赤子之心","人的有味和无味,区别就在这里。"随信附录诗歌《老年》,为《老年的梦呓》第2、4、5章。

按,《穆旦诗文集》所录《老年的梦呓》一诗共6章,其中第1章分4节,每节4行,形式相对整饬;后5章均未分节,且诗行为6、8、8、8、14行不等。这一状况可能跟两个因素有关:其一,如《冬》,各章为不同时段完成;其二,为未完成之作。此外,其写作时间可能并不确定,《穆旦诗文集》仅标注"1976年",实际上,既是1977年2月抄录,是当时新作亦未可知。

又,关于琵琶事。子女回忆:当时查平在学习琵琶,每天晚间大家"都不愿意听她声音很大的练琴声",有一次"欲阻止她的练习,父亲从他工作的房间出来,说他喜欢听,让小平去他的房间练习。就这样,80年代再版父亲所译诗集中的一些诗句,正是在小平的琵琶声中修改的"。① 按,此回忆或有可议之处,琵琶从上海带回天津、再拿回家已是2月18日,且小平"到外地玩去

---

① 英明瑷平:《言传身教,永世不忘》,杜运燮等编:《丰富和丰富的痛苦:穆旦逝世20周年纪念文集》,第227页。

了,这些天不在家,所以还未试弹"。抑或,在购买新琴之前,另有旧琴可练。

又,赵清华对穆旦"逝世的前几天"的情形亦有回忆:"躺在病床上,他仍然工整地手书陶渊明的杂诗'盛年不重来,一日难再晨,及时当勉励,岁月不待人'和'古人惜寸阴,念此令人惧'等名句寄给友人以明志(原件墨宝在董言声处保存)"。[1] 此信很可能是穆旦写给老同学董言声的,但《穆旦诗文集》未见收录。

20日　致爸爸、妹妹(英传已带回来信),谈到春节天津供应不坏;将定于大年初六进总医院治疗,找了一个"骨科医院的好大夫",建议"动较小手术"。查英传因此事而请假推迟回呼和浩特,"我争取早日治好。以便可以在天热时出外走走,到北京和南方去玩玩"。

春节前后　与周珏良相见,谈到"又细读了奥登的诗,自信颇有体会,并且在翻译"。

按,奥登诗歌后收入《英国现代诗选》(1985年),周珏良回忆:"那时他还不可能知道所译的奥登的诗还有发表的可能。所以这些译诗和附在后面代表他对原诗的见解的大量注释,纯粹是一种真正爱好的产物。"[2]

在此前后　孙志鸣又一次来见。

按,孙志鸣的回忆没有记载确切的时间,仅记为"粉碎'四人帮'后的第一个春天",其中写道:穆旦告诉他,"《唐璜》有可能出版。真是个令人兴奋的消息!春天竟来得这么快,出人意料","还兴致勃勃地谈了他的打算:一俟腿痊愈后,要到祖国各地走

---

[1]　赵清华:《为南开中学办点实事(外二章)》,天津市南开中学印:《天津市南开中学建校九十周年纪念专刊(1904—1994)》,1994年,第26页。

[2]　周珏良:《序言》,查良铮译:《英国现代诗选》,第2页。

走,看看名山大川,访访多年不见的老朋友"。①

23日 日记写道:"赴总医院住院,股骨胫腿动手术,由尚钧大夫主治。"

按,此为穆旦写下的最后一则日记。子女回忆:当时医院正从"文化大革命"中开始恢复,许多医生刚从农村回到城里,各种应有的制度还没有从运动的破坏中恢复过来。"在手术前,一位熟悉的手术医生告诉父亲,一些手术工具好久未用过,还要整理,这些给父亲造成心理压力。"②

24日 住进天津总医院,准备接受腿伤手术。

本日或稍前 邵寄平、朱志瑜来访。

按,邵寄平记为"旧历正月初七",当时"谈到一些外国名著,穆旦说他最喜欢读的是雨果的《悲惨世界》,因为写的是'人性'。和他告别时已是晚9时许。相隔仅一日,就接到他次子查明传的讣告",因此,自己和朱老师"是最后和他告别的朋友"。③

查英传补记了25日、26日的事情,但没有24日(正月初七)的信息。④ 对照来看,24日晚上应该是在医院度过的。以此来看,邵寄平回忆或有误,尽管其中有具体时间("正月初七""相隔仅一日"等)。

25日 "上午由小明接回家洗澡换衣准备手术。""中午,上午和小平老师、吕老师、李津、老姑(铃)谈话,吃饭晚了,加上回

---

① 孙志鸣:《诗田里的一位辛勤耕耘者》,杜运燮等编:《一个民族已经起来:怀念诗人、翻译家穆旦》,第191页。

② 英明瑗平:《言传身教,永世不忘》,杜运燮等编:《丰富和丰富的痛苦:穆旦逝世20周年纪念文集》,第229页。

③ 邵寄平:《穆旦二三事》,杜运燮等编:《丰富和丰富的痛苦:穆旦逝世20周年纪念文集》,第204页。

④ 24日信息据李方:《穆旦(查良铮)年谱》,穆旦:《穆旦诗文集·2》,第417页。

家等八路汽车,午1点吃过半碗饭,就感胸疼,躺床上。下午4点半在家做心电图,查明是心肌梗塞,下午6点,由南大校车送一中心医院,住院在抢救病房,夜11点做心电图,说好转。"(据查英传补记的日记)

按,所记4位人物,"小平老师"是指教查平琵琶的老师;"吕老师"可能是老同学吕泳;李津是南开大学中文系李何林教授的儿子、查英传的同学,曾与他一起插队;老姑(铃)即妹妹查良铃,当日从北京来天津。妻子、子女后来都曾忆及25日这天的一些情况。

周与良回忆:当天,良铮将几部译稿整整齐齐地锁进一个小皮箱,"当时心情极坏"。[1] 又,良铮到医院动手术之前,"将《欧根·奥涅金》最后修订完",这是他"最后的译作"。[2]

子女回忆:25日上午父亲从医院回家换衣,"在医院附近的公共汽车站等车时,他对一位偶遇的朋友说,'这一年腿伤把我关在屋里,但是也做了不少事。《普希金抒情诗选集》,《拜伦诗选》,《欧根·奥涅金》都弄完了。'父亲好像如释重负"。"他留下的最后一句话,是让我们去休息;嘱咐我们保存的唯一遗物,是一只帆布小提箱。他在入院前几天,曾对小平说:'你最小,希望你好好保存这些译稿。也许要等你老了才可能出版。'"提箱"里面整整齐齐放满了译稿!每部译稿的封页都清楚地标明了题目或是哪一部译稿的注释"。"最大最厚的一部是标明《唐璜》和《唐璜注释》的文稿。这部千余页稿纸的译稿虽然纸张粗糙且灰

---

[1] 周与良:《后记》,查良铮译:《拜伦诗选》,上海:上海译文出版社,1982年,第464页。

[2] 周与良:《后记》,查良铮译:《欧根·奥涅金》,成都:四川人民出版社,1983年,第338页。

黄，但文字工整，多数稿纸上都有许多修改，封页有一行字："1972年8月7日起三次修改，距初译约11年矣。'"①

也有学者对《欧根·奥涅金》(修订本)进行了细致分析，认为前四章"按照他设计的四种押韵形式，做到每行都押韵，而且诗行整齐、节奏鲜明、语言优美，读起来如行云流水，琅琅上口，耐人寻味"。但这种"大胆试验，似乎只做了一半，便中断了"："从第五章第2节起，他一反前四章的译法，改为他在翻译其他长诗中惯用的，虽较原文稀疏，却仍有韵脚连锁的译法，即每四行中，至少必有两行是有韵的。这样一来，在后四章里，每个诗节中都有3至5个无韵的诗行。这样做译者选词的灵活性固然是增大了"，"译文语言仍旧优美、生动，吟诵起来却明显不及前四章那样诗味浓郁"。查良铮是"那样细心，那样认真，那样执着追求完美的译家，决不会让他的译著前半部分和后半部分出现两种不同的风格。突发的心脏病使他中断了他对《奥涅金》的翻译"。②

26日 "凌晨3点50突坏转，抢救无效。"周与良、查英传、查瑷在场(据查英传补记的日记)。

按，子女回忆："午夜12点前，医生、护士告诉说，父亲经输液后，已进入稳定状态，可以放心一下了。可是午夜1点后，父亲病情又突然变坏"，"医生对父亲的急救已经无效了"。③

---

① 英明瑗平：《忆父亲》，杜运燮等编：《一个民族已经起来：怀念诗人、翻译家穆旦》，第136页、第141页。
② 剑平：《查良铮先生的诗歌翻译艺术：纪念查良铮先生逝世30周年》，《国外文学》2007年第1期。
③ 英明瑗平：《言传身教，永世不忘》，杜运燮等编：《丰富和丰富的痛苦：穆旦逝世20周年纪念文集》，第229—230页。

3月

1日 尸体火化,骨灰存放在天津东郊火葬场26室648号内。

去世之后,家人清理遗物,发现一张"写着密密麻麻的小字"的小纸条[1],现以《穆旦晚期诗作遗目》为题收入《穆旦诗文集·1》,共录诗题58个。

见于《穆旦诗文集》的有《爱情》《沉没》《理想》《演出》《自己》《"我"的形成》《诗》《老年的梦呓》《城市的街心》《智慧之歌》《友谊》《问》《停电之夜》《神的变形》。

其他的为《历史》《碉堡》《词藻小史》《幻想的旅程》《鸟瞰》《盛大的夏天》《火热的语言》《某人写照》《描圆》《时间不会说话》《保M》《神塔》《大厦》《魔影》《镀金时代》《体面的语言》《妖女》《瞑想》《口头G》《美好的故事》《真理》《原谅》《不宣而战》《听说》《我老了》《悼》《失眠》《奔月》《童年》《普通人》《好》《梦》《失败者》《欢呼声中》《软体》《父与女》《四季之歌》《苦水》《半真半假的》《这儿一切都好》《茅屋》《一加一(二、三)》《这个世界》《我受伤了》。

按,根据已有诗作,《妖女》或为《妖女之歌》,《瞑想》或为《冥想》,《听说》《我老了》或为《听说我老了》,《好》《梦》或为《好梦》。

查明传称,父亲遗物中可能还有类似的诗题。[2] 但至少从目

---

[1] 周与良:《永恒的思念》,杜运燮等编:《丰富和丰富的痛苦:穆旦逝世20周年纪念文集》,第161—163页。

[2] 据本谱作者与查英传、查明传的谈话(2006年4月10—12日,天津)。

前来看,这里所显示的诗题若未收入《穆旦诗文集》,那很可能已经无法再找到。其原因,可能是没有写,也可能是主动撕毁了。

长篇叙事诗《父与女》应是有意想保留下来的。

按,查明传回忆:该诗"工整写在几张8开白纸上,折叠成小方块放在一牛皮纸信封里,然后用按钉(图钉)钉在一个50年代由周叔弢(外祖父)拿来的木质挂衣架的圆盘底座的下面",80年代初,在"准备将这个很旧的挂衣架送给当时的一个中学同学"的时候,"才发现信封及在内的诗稿"。① 这一精心收藏的举措表明,穆旦虽主动撕毁了晚期的一批诗歌,却有意要将这首长诗和其他20多首诗歌一并存留下来。

查英传回忆:父亲有他下放的公社管知识青年的干部的地址,对跟他有关系的全部的人都感兴趣,包括跟知识青年聊天,就是想了解他们当时的情况。因为家里有这么个知识青年,结果所有跟知识青年有关的事情,他都打听。这也就是为什么《父与女》能够写出。②

《父与女》的主要故事框架即是知青故事,由于种种原因,该诗未收入《穆旦诗文集》,但是在一定范围内流传过,何文发在谈到1996年版《穆旦诗全集》时曾提到,该集收录齐全,"除了长诗《父与女》,因题材敏感,未能收入外"。③ 又,王自勉亦称穆旦遗稿中有一首"因其观点的鲜明和言词的犀利,至今未能公开发表"的长篇叙事诗④,虽未点明诗题,但很显然即是《父与女》。

---

① 据查明传给本谱作者的邮件(2010年5月12日)。
② 据本谱作者与查英传、查明传的谈话(2006年4月10—12日,天津)。
③ 何文发:《访书录》,香港《沧浪》1997年第8期。
④ 王自勉:《艰辛的人生·彻悟的诗歌 诗人穆旦》,《世界周刊》1999年第804期,转引自陈林:《穆旦研究综述》,《中国现代文学研究丛刊》2001年第2期。

本谱作者所见为穆旦友人所寄打印稿,有巫宁坤写的《后记》。由于某种原因,这里也不便详述。简言之,诗歌写的是一对父女在"文化大革命"期间的遭遇,女儿初中上山下乡当知青后不明不白死掉(疑被害死),父亲告状无门最终落得精神失常的下场,由人民教师沦落为学校传达室的勤务。诗歌没有将极端政治年代里的一个女死父疯的故事演化为一种血泪的控诉或哭号,而是如同《唐璜》一样,以一种"半庄半谐,夹叙夹议","奇突、轻松而讽刺的笔调"①写出,残酷而荒唐的时代政治,以及被这种政治所牢牢统摄的人物行为、思想观念、社会生活图景、日常生活事件基本上被置于反面——即以反语的形式出现,置于讽刺的中心。该诗形式整饬,为"八行体",共81节,每节均为8行,其韵律基本上为前6节隔行押韵,后2节互押。这一形式来自穆旦晚年倾心翻译的拜伦诗歌,1977年1月12日致郭保卫信中即有仿《贝波》"写了几百行的叙事诗"之语。

后世影响

1977年(当时或稍后) 妻子周与良四处托人,询问穆旦(查良铮)著作的出版消息。

按,对此,儿子查英传以及郭保卫等人都有回忆。

查英传回忆:1977年父亲刚去世的时候,"母亲就给赵清华写信,说这个该怎么办？他翻译的书怎么才能出版？赵清华是在教育厅做教育的,他知道出书的规矩。他说,第一步是先平

---

① 查良铮:《拜伦小传》,《拜伦诗选》,第7—8页。

反,平反之后才能出书","他出了好多主意"。①

郭保卫曾回忆在炎热的夏天与周与良、查瑗去北京图书馆查找穆旦资料的情形:"先是在中国现代文学的目录中查找,想看看那时的北京解放了哪些诗人,哪几本诗集可以放行";"又去找已翻译出版的外国文学著作的目录",毫无结果,"京城里最大的图书馆没有给人传递任何可喜的信息"。②

巴金与朋友们的书信中多次谈到穆旦,除了对他的早逝表示可惜之外,还谈到处理其遗稿的事情。

按,据1977年3月9日巴金致巫宁坤的信,巴金得知穆旦去世的消息,可能首先是来自于此,巴金信中还在感念萧珊逝世后穆旦来信的安慰。4月14日,巴金在致杜运燮的信中表达了对穆旦逝世的难过之情,并且为穆旦译作的出版提了建议。4月25日,巴金在致杨苡的信中谈到了穆旦的死讯(杨苡在该信附注中谈到,她得知讯息已是4月下旬)。4月29日,巴金在致杜运燮的信中提到了穆旦译稿的事情。5月7日,巴金在致杨苡的信中谈到了穆旦的译稿《唐璜》,且可知此前给杨苡寄过查译《奥涅金》《波尔塔瓦》等书。8月6日,巴金在致巫宁坤的信中谈到了穆旦译稿的事情。③

1977年10月15日 穆旦父亲查燮和去世。

1978年12月 参与翻译的《美国南北战争资料选辑》(杨生茂主编)由上海人民出版社出版,所标注的译者为:周基堃、

---

① 据本谱作者与查英传、查明传的谈话(2006年4月10—12日,天津)。
② 郭保卫:《书信今犹在,诗人何处寻·怀念查良铮叔叔》,杜运燮等编:《一个民族已经起来:怀念诗人、翻译家穆旦》,第182页。
③ 巴金:《巴金全集·22》,第473、468、469、474页;杨苡编:《雪泥集:巴金书简》,第61—63页。

查良铮、陈文林、王敦书、杨生茂、李元良、张友伦、冯承柏、白凤兰。

1979年2月27日　杜运燮《忆穆旦（查良铮）》刊载于香港《新晚报·星海》。

1979年4月21日　南开大学外文系党总支作《关于查良铮问题的复查意见》。该意见为手写，用南开大学公用信笺。全文如下：

关于查良铮问题的复查意见

查良铮，男，1917年生，家庭出身旧职员，本人成分旧军官，浙江省海宁人。原为外文系教授，58年调图书馆工作，1977年2月病故。

查良铮于1958年8月19日经天津市委五人领导小组批准定为历史反革命分子，并决定判处管制。1958年12月18日天津市人民法院(58)法刑—管字141号判决书依法判处管制三年，撤销付[副]教授职务，由六级降为十级。1962年1月4日天津市公安局批准撤销管制。1978年7月27日南开大学党委复议：自接管之日起，即属于已摘掉历史反革命分子帽子，可不再重新结论。

查良铮的爱人周与良同志提出申诉，不同意78年党委的复议，认为查良铮不应定为历史反革命分子，要求重新复查。

经过我们复查，1958年查良铮被定为历史反革命分子并判管制三年的主要依据是："查在1940年以前在西南联大时，曾参加'青岛'、'南流'①等反动文艺社，发表反动文

---

① 按，青岛、南流，应作青鸟、南荒。

艺，同时在匪中央日报上书写反动诗《火炬》。1942年2月充匪青年军少校翻译官去往印度，回国后在匪国民党干训团充中校秘书，1948年在联合国粮农组织南京办事处任翻译，同年12月到暹罗又任该处秘书。1952年回祖国，……反动思想没有得到改造，与南开大学×××形成小集团对抗领导，肃反被斗宽大处理后仍心怀不满……1957年党整风之机，大肆向党进攻，在人民日报发表《九九家争鸣记》反动文章。"

对上述问题复查意见如下：

查良铮1942年以后的历史问题，1956年10月南开大学曾"根据本人交待予以结论"。关于"与南开大学×××形成小集团对抗领导"问题，即1954年的"外文系事件"，学校已于1955年2月20日做出总结报告"不予论处"，我们认为仍应维持这个处理意见。关于1957年发表"九九家争鸣记"问题，经审查，该文反映出查对基层执行"百家争鸣"方针方向的不满意见，虽有影射，但构不成向党进攻。查在历史上的问题是存在的，主要是1940年以前在西南联大上学时参加反动文艺社，书写反动诗等。1942年后曾任反动军队的少校英文翻译，中校上校英文秘书等职。根据上述情况，我们认为查良铮的问题可以政治历史问题结论（维持1956年10月的结论），建议上级将1958年对查良铮定为"历史反革命分子"问题、"判处三年管制"问题、"降职降薪"问题，均予改正。当否，请上级批示。

中共外文系总支
1979.4.21

1979年8月3日　有《天津市中级人民法院刑事判决书》（打印件），内容：

天津市中级人民法院刑事判决书

(79)津中法刑申判字第436号

查良铮，男，已故，浙江省海宁人，住南开大学宿舍，原任南开大学付[副]教授。

查良铮于一九五九年一月九日经天津市中级人民法院判处管制三年。其家属提出申诉。

现经本院复查认为：根据党的有关政策规定，查良铮的历史身份不应以反革命论处。故撤销原判，宣告无罪。

如不服本判决，得于判决送达后次日起十日内，向本院提出上诉状及付本，上诉于天津市高级人民法院。

天津市中级人民法院（公章）

一九七九年八月三日

1979年12月　《洗衣妇》《春天和蜜蜂》《诗八首》《出发》选入北京大学等中文系中国现代文学教研室编选的三卷本《新诗选》（上海教育出版社）。

按，《新诗选》为"中国现代文学史参考资料"之一种，这是穆旦逝世之后，其诗歌第一次正式面世，也是第一次进入文学史视野当中，分别选自1947年版《穆旦诗集》和1948年版《闻一多全集·现代诗钞》。

又，据不完全统计，1979年之后至2010年本谱初版时止，选录穆旦作品的选本超过325种，由于选本繁多，后文只罗列最主要的几种。同理，新时期之后查译著作大量出版，选本（即编者将查译和其他译本合编）也非常之多，本谱一般亦不录入选本的相关信息。

1980 年 2 月　诗《演出》《自己》《友谊》《秋》《冬》以"穆旦遗作选"为题刊载于《诗刊》2 月号。

1980 年 6 月 10 日　《苍蝇》刊载于香港《新晚报》。

1980 年 6 月　《停电之后》刊载于《雨花》第 6 期。

1980 年 7 月 16 日　中共南开大学委员会作出《关于查良铮同志问题的复查决定》,全文:

关于查良铮同志问题的复查决定

查良铮,男,1918 年生,浙江海宁人,1952 年从美国回国,原任外文系付[副]教授。

1942.2—1943.1 任国民党入缅远征军英文翻译,少校待遇。1943.10—1944.2 国际宣传处新闻学院学员。1946.5—1947.8 任伪 207 师英文翻译,并任沈阳新报总编,上校待遇。1948.3—1948.4 任上海中央社英文部编辑。

以上问题均于 1956 年 10 月根据本人交待,按一般政治历史问题予以结论。

1979 年 4 月 21 日,外文系党总支对查良铮同志 1954 年的"对抗领导问题"(即"外文系事件")、1957 年在人民日报发表《九九家争鸣记》问题,进行了复查。校党委在外文系党总支复查的基础上于 1980 年 7 月 16 日,常委会议研究认为:所谓对抗领导问题、《九九家争鸣记》问题,均属于正常范围内允许的不同认识方面的争论,不属于政治性问题。

根据以上事实,经党委研究,并经天津市中级人民法院 1979.8.3 批准:撤销 1958 年定为历史反革命分子的决定。

党委决定:撤销由高教六级付[副]教授降为行政十八级的

决定,恢复付[副]教授职称。

在降级时期内的工资不再补发。

中共南开大学委员会(公章)
一九八〇年七月十六日

1980年7月 所译拜伦《唐璜》由人民文学出版社出版,署查良铮译、王佐良注,列入"外国文学名著丛书",分上下两册,全书一千余页,有《译本序》(王佐良作,1979年8月),翻译底本为厄恩斯特·柯勒律治编订的《拜伦诗集》(伦敦1918年),初印40000册。

按,《译本序》详细分析了《唐璜》的艺术特色,并对晚清以来拜伦诗歌的翻译情况进行了简单勾勒。不过,对于译者晚年如何翻译《唐璜》的过程、译者的诗人身份未置一词。穆旦本人为《唐璜》所查找的详细注释被弃置,直到2005年《穆旦译文集》出版才首次面世。王佐良后曾谈到《唐璜》的译法:"以原诗的意大利八行体为基础,保持其全部脚韵,但在韵的排列上略加变动;保持其口语文体,以及文字上的几乎一切特点(包括成为拜伦讽刺艺术一大组成部分的'倒顶点'),全书十七章十四节一律如此。"①

又,巫宁坤称:1978年,文艺界开始复苏,人民文学出版社即准备出版《唐璜》,但有人"以'译者有严重历史问题'为借口,跳出来横加阻挠。与良为平反之事奔波,仍然遭到抵制"。②

1980年9月15日 遗作《冬(第2章)》《友谊》诗刊载于香

---

① 王佐良:《穆旦:由来与归宿》,杜运燮等编:《一个民族已经起来:怀念诗人、翻译家穆旦》,第8页。

② 巫宁坤:《诗人穆旦的生与死》,1997年。

港《八方文艺丛刊》第 3 辑。该刊有《九叶专辑》,刊载了袁可嘉《〈九叶集〉序》以及各人诗歌若干。

1981 年 6 月　参与翻译的《美西战争资料选辑》(杨生茂、冯承柏、李元良编)由上海人民出版社出版,共译有 5 篇,署"查良铮译 杨生茂校"(详见 1964 年的条目)。

1981 年 7 月　《在寒冷的腊月的夜里》《控诉》《赞美》《诗八首》《春》《自然的梦》《裂纹》《赠别》《海恋》《旗》收入《九叶集:四十年代九人诗选》(江苏人民出版社出版,初印 9000 册)。

扉页有献词:"在编纂本集时,我们深深怀念当年的战友、诗人和诗歌翻译家穆旦(查良铮)同志,在四人帮横行时期,他身心遭受严重摧残,不幸于一九七七年二月逝世,过早地离开了我们。谨以此书表示对他的衷心悼念。辛笛 陈敬容 杜运燮 杭约赫 郑敏 唐祈 唐湜 袁可嘉 一九八〇年一月 北京。"

1981 年 11 月 19 日　南开大学向天津市文教委员会提交《关于举行查良铮同志骨灰安放仪式的请示报告》。全文:

南开大学文件

南报字(1981)第 28 号

★

关于举行查良铮同志骨灰安放仪式的请示报告

市文教委员会:

查良铮同志原为我校外文系副教授,浙江省海宁人,1977 年 2 月 26 日因患心脏病逝世,终年 59 岁。

根据(79)津党组 7 号文件"关于干部逝世后治丧规格的暂行规定"第三条的精神,拟为查良铮同志举行骨灰安放仪式,现就有关事宜报告如下:

一、拟于一九八一年十一月二十七日下午三时在天津烈士陵园举行查良铮同志骨灰安放仪式。

二、建议由市人民政府文教委员会负责同志参加,由南开大学副校长胡定国同志主持,付[副]校长吴大任同志讲话。

三、建议市委办公厅、组织部、市科委、市政府办公厅、文教部、人事局、民政局、天津日报社等单位派员参加。

南开大学外文系、图书馆的同志,学校各系各部处同志和死者家属生前友好参加。

四、查良铮同志的骨灰存放在天津烈士陵园。

以上意见当否,请批示。

南开大学(公章)

一九八一年十一月十九日

附:在查良铮骨灰安放仪式上的讲话。

在查良铮同志骨灰安放仪式上的讲话

查良铮同志于1977年2月26日晨心脏病突然发作,抢救无效,在市第一中心医院逝世,终年59岁。

查良铮同志是浙江海宁县人。生前原任南开大学外文系副教授后在图书馆做外文图书编目工作。查良铮同志1940年毕业于西南联大外文系。1949年去美国芝加哥大学英文系深造。1952年获文学硕士学位。我国解放以后,查良铮同志欢欣鼓舞,立志将全部精力奉献给祖国的建设事业。因此1953年他和爱人周与良同志排除重重困难,毅然由美国归来参加祖国社会主义建设。回国后担任南开大学外文系副教授。1958年对查良铮同志做出了错误的决定,1980年经有关部门复查,予以纠正。恢复副教授职称。

查良铮同志是我国现代诗人、翻译家。笔名穆旦、梁真。早在四十年代就发表了许多诗作,出版了《探险队》、《穆旦诗集》、《旗》等诗集。五十年代查良铮同志主要从事翻译工作,向我国读者介绍了许多世界文学名著和文艺理论著作。其中包括普希金、雪莱、拜伦等人的多种著作。如普希金的《欧根·奥涅金》、《波尔塔瓦》、《青铜骑士》等,《雪莱抒情诗选》、《拜伦抒情诗选》等。在对他做出错误处理之后,查良铮同志身心受到严重摧残,但他除完成图书馆工作外,仍翻译工作,修订并增译了普希金、拜伦等人的著作。《唐璜》已于1980年由人民文学出版社出版,拜伦诗选、普希金抒情诗集等即将出版。

查良铮同志在南开大学外文系和图书馆工作期间,工作认真,治学严谨,为培养外语人员作出了积极贡献。

查良铮同志热爱祖国,拥护党的领导,拥护党的各项方针政策,粉碎"四人帮"后,为我们伟大祖国的欣欣向荣和国际地位的日益提高感到高兴。表示愿在晚年发挥他的创作和翻译特长,在祖国的社会主义新长征中作出新的贡献。在粉碎"四人帮"后不久即逝世,使我们感到非常悲痛。

现在查良铮同志与我们永别了,我们要化悲痛为力量,把我们的各项工作做好,为祖国四化建设多做贡献。

1981年11月19日 南开大学发出《讣告》:"南开大学外文系副教授、诗人、翻译家查良铮同志,因患心脏病,抢救无效,于一九七七年二月二十六日逝世,终年五十九岁。定于一九八一年十一月二十七日下午三时在天津市烈士陵园举行骨灰安放仪式。"

1981年11月27日 下午3时,南开大学在天津市烈士陵园举行穆旦骨灰安放仪式。

按,《诗刊》1982年1月号有南婴的简短报道《诗人、翻译家查良铮(穆旦)骨灰安放仪式最近举行》,其中提到巴金、严辰等人送了花圈。

郭保卫回忆:"各方面人士去的不少,不少亲友也从外地赶到。厅堂正面高悬着《查良铮同志骨灰安放仪式》的大字横幅。骨灰盒上放着他的遗像,旁边摆着两个用鲜花扎成的小花圈。"[1]在香港工作的堂弟查良镒,代表所有的堂兄弟姐妹撰写了挽诗《沉痛哀悼良铮十哥》。[2]

杨苡称,当时正值李政道第二次回国,他是穆旦夫妇在芝加哥留学时的同学,希望见周与良。"开始时周与良并不见。她要校方给一个说法。后来校方,包括周与良的父亲出面,决定穆旦恢复副教授职务,并且重新给穆旦举行追悼会,周与良才去北京见李政道。追悼会是在周与良从北京回来后举行的。"[3]

1982年1月 所译《普希金抒情诗选集(上)》由江苏人民出版社出版,署查良铮。编年收入从1813年到1823年间的诗作。有《前言》(巫宁坤作,1981年),称1957年之后20年,作者"增补修订普希金抒情诗共四百余首,总为一集"。全书254000字,初印138500册,1983年1月,二印至248500册。

1982年2月 所译《拜伦诗选》由上海译文出版社出版,署查良铮,分短诗、长诗选段和长诗三部分,有《拜伦小传》与《后记》(周与良作,1981年11月)。全书248000字,初印43000册,

---

[1] 郭保卫:《书信今犹在,诗人何处寻:怀念查良铮叔叔》,杜运燮等编:《一个民族已经起来:怀念诗人、翻译家穆旦》,第183页。

[2] 陈伯良:《穆旦传》,第201页。

[3] 易彬:《"他非常渴望安定的生活":同学四人谈穆旦》。

1983年2月,二印至123000册。

《拜伦小传》介绍了拜伦的家庭情况,个人生活和行历的情况,诗集出版和销售的情况,以及当时英国和欧洲的统治阶级对于他这个"叛逆者""胆敢在政治上与它为敌"的态度:打击与报复。《小传》后半段指出:"拜伦还有最重要的一组诗应该单独提出,它们从形式到内容、风格不同于他的其他诗作;这就是《唐璜》(1818—1923)和与它相类似的《贝波》(1817)和《审判的幻景》(1822)。"受英国诗人和意大利诗人的启发,拜伦"创制一种使用八行节的叙事诗,半庄半谐,夹叙夹议,有现实主义的内容,又有奇突、轻松而讽刺的笔调"。并且指出,拜伦的作品"对欧洲文学发生过巨大的影响",而英国在其去世之后对它的评价"日趋低落,这是大英帝国的统治阶级偏见必然导致的结果"。不过,"今天对拜伦的研究和评价有了新的起色",正如1972年版《剑桥英国文学简史》上对拜伦的评语:"只在纯抒情诗上,他次于最优;因此读者不应在诗选中去了解拜伦。仅仅《恰尔德·哈洛尔德游记》、《审判的风景》和《唐璜》就足以使任何能感应的人相信:拜伦在其最好的作品中不但是一个伟大的诗人,而且是世界上总会需要的一种诗人,以嘲笑其较卑劣的、并鼓舞其较崇高的行动。"

《后记》交待成书经过:1972年初步落实政策时,在发还的物品里找到当年萧珊赠送的《拜伦全集》,"他如获至宝,开始增译和修改一九五八年出版的《拜伦抒情诗集》,汇集成现在的《拜伦诗选》"。

1982年4月 所译《普希金抒情诗选集(下)》由江苏人民出版社出版,署查良铮,编年收入1824年到1836年间的诗作,附录有《别林斯基论普希金的抒情诗》。全书290000字,初印

138500册,1983年1月,二印至248500册。1988年3月,两卷译作出版第2版,一印为57200册;至1991年3月,该书以《普希金抒情诗选》为题由译林出版社出版第3版;至1995年5月二印,印数不详。

1982年11月 所译《雪莱抒情诗选》由人民文学出版社出版,署查良铮,为1958年10月版的第3次印刷,新时期之后首印,有《再版后记》(周与良作,1982年3月23日),全书216000字,印数130000册。

1983年10月 所译普希金的《欧根·奥涅金》由四川人民出版社出版,署查良铮,书末附有相关注释与A.斯罗尼姆斯基的《关于〈欧根·奥涅金〉》,有《后记》(周与良作,1982年元旦),全书136000字,初印53000册。

按,《后记》称这是改定本,是在1957年版的基础上加以修改的,"几乎每行都用铅笔做的修改和新加上去的注释"。

1984年11月 《智慧之歌》《城市的街心》《春》《夏》《友谊》《有别》《自己》《秋》《停电之后》《冬》收入《八叶集》(三联书店香港分店、美国《秋水》杂志社联合出版),均为1976年的诗作。

按,该集由郑敏留学美国时的友人木令耆(刘年玲)提议,请郑敏集稿,木令耆编辑并作《序》。所谓"八叶"即"九叶"除了曹辛之以外的八位诗人,辛笛、杜运燮、袁可嘉、唐祈、唐湜、陈敬容、郑敏、穆旦,所录均为新中国成立之后的诗歌。

1985年5月下旬 穆旦骨灰安葬于北京。

27日,骨灰盒从天津程林庄骨灰室取出。28日上午,安葬于北京香山脚下的万安公墓,墓碑正面刻着"诗人穆旦之墓";墓基刻有由周珏良所撰写的穆旦小传:"穆旦姓查名良铮祖籍浙江海宁生于天津少而能诗廿二岁毕业于昆明西南联合大学为当时著名诗人出版著作有探险队旗穆旦诗集等后在美国芝加哥大学研究英俄文学获硕士学位祖国解放后胸怀赤子之心毅然回国任教天津南开大学遭无端迫害无法进行创作但仍含辛茹苦在困难条件下翻译大量英俄诗人拜伦雪莱济慈艾略特奥登普希金等作品为繁荣祖国诗坛做出重要贡献"(按,原文未标点)。同葬墓中的,有上、下二册初版本《唐璜》。

1985年5月　所译《英国现代诗选》由湖南人民出版社出版,署查良铮译,列入"诗苑译林"丛书,初印13650册,收录6人诗作:艾略特(11首)、奥登(19首/诗组)、斯蒂芬·斯彭德(7首)、C.D.刘易斯(3首)、路易斯·麦克尼斯(3首)、叶芝(2首)。有《〈诗苑译林〉出版前言》和《序言》(周珏良作,1981年10月)。

按,C.D.刘易斯(Cecil Day Lewis,1904—1972)即穆旦早期所译《对死的秘语》的作者台·路易士,路易斯·麦克尼斯(Louis MacNeice,1907—1963)即穆旦早年所译《诗的晦涩》的作者路易·麦克尼斯。又,周珏良的《序言》称:"这本诗选是诗人之选,而非学人之选","是一位诗人跨越了文化和语言的障碍,与在不同文化传统下用另一种文字写作的另一些诗人的心灵上交流的产物。因之它有不同于一般的特色"。"记得一九三八年至一九三九年和良铮同在西南联大的时候,英国燕卜荪先生教现代诗一课,叶芝、艾略特、奥登以及更年轻的狄兰·托马斯(Dylan Thomas,1914—1953)的诗都是当时在课堂上讲过的",因此,"于七十年代后半期又译了当时几乎无人过问的艾略特等人的诗,这就不是没有渊源的了"。《诗选》主要介绍艾略特和奥登,其他的诗人翻译较少,并非"不重视",而是因为作者"不幸早逝,这本诗选还是未完成的杰作"。

又,《英国现代诗选》的出版事宜,由彭燕郊与杜运燮、周珏良等人联络。

1985 年 5 月　所译《丘特切夫诗选》由外国文学出版社出版,署查良铮译,收录丘特切夫诗歌 128 首,有长篇《译后记》,全书 107000 字,初印 20100 册。

1985 年 6 月　所译《普希金叙事诗选集》由四川文艺出版社出版,署查良铮译,收录 50 年代出版的《波尔塔瓦》《青铜骑士》《高加索的俘虏》《加甫利颂》四部译诗集等。有《关于译文韵脚的说明》,附录 11 则(主要为别林斯基对普希金叙事诗及其人物形象的分析以及苏联教科书《俄国文学史》相关观点的摘要)和《后记》(周与良作,1984 年 4 月 7 日),初印 21650 册。

按,《后记》对译者 1958 年之后如何坚持翻译以及各时期穆旦译诗集出版的情况作了简单的介绍。

1986 年 1 月　《穆旦诗选》由人民文学出版社出版,初印 3000 册,收录诗歌 59 首,有附录《穆旦著译目录》、《后记》(杜运燮作,1982 年 6 月)。

按,《后记》介绍了穆旦的经历、写作、翻译等方面的情况,并评价了穆旦的诗歌观念与主要诗作。又,《后记》写作时间较早,而《诗选》迟至 1986 年 1 月方才出版,其间可能有某种出版障碍。

1987 年 2 月　《理智与感情》《诗》《理想》《听说我老了》《冥想》《老年的梦呓》以"穆旦遗作六首"为题刊载于《诗刊》2 月号,当期另有唐祈的评论《现代派杰出的诗人穆旦》。

1987 年 5 月　所译雪莱《爱的哲学》由人民文学出版社出版,署查良铮译,收录雪莱诗歌 65 首,初印 100000 册。据介绍,均是从《雪莱抒情诗选》之中选印的。

1987 年 11 月　杜运燮、袁可嘉、周与良编选的穆旦逝世十周年纪念文集《一个民族已经起来：怀念诗人、翻译家穆旦》由江苏人民出版社出版，初印 2240 册，收录评价文 14 篇、回忆文 9 篇，附《穆旦小传》《穆旦（查良铮）著译目录》以及诗歌 7 首，杜运燮、袁可嘉、周与良作《后记》。

1988 年 5 月 25 日 为纪念穆旦逝世十周年，英国文学研究会、江苏人民出版社在北京欧美同学会联合举行了"穆旦学术讨论会"。杜运燮主持大会，巫宁坤、卞之琳致辞，在会上发言的有王佐良、唐祈、朱立德、邹狄帆、孙剑平、毕朔望、邵燕祥、郑敏、袁可嘉、西川、赵衡、李瑛、绿原、孙玉石、蓝棣之、杨匡汉、周与良等人。会议情况参见刘文武的《穆旦学术讨论会在京举行》（1988 年）。

1993 年 8 月 25 日 诗《好梦》《"我"的形成》以"穆旦遗作二首"为题刊载于香港《大公报·文学》第 61 期。有编者按语，由周与良提供，杜运燮誊录。

1994 年 2 月 《老年的梦呓》刊载于《诗刊》2 月号。

1994 年 10 月 诗歌 30 首收入张同道、戴定南主编的《20 世纪中国文学大师文库·诗歌卷》（海南出版社）。

按，该丛书由王一川、张同道主编，分诗歌、小说、散文、戏剧四卷，每卷分上、下两册，提出要"重新审视 20 世纪中国文学"，"还文学以文本，还历史以公正"。《诗歌卷》将穆旦列为第一位，序言《纯洁诗歌》称："穆旦并不广为人知——这正是中国的悲哀。"

1996 年 9 月 李方编《穆旦诗全集》由中国文学出版社出版，列入"20 世纪桂冠诗丛"，初印 9000 册，收录到当时为止所发现的穆旦全部诗作 148 首（含两首自译英文诗），有序言两则（王佐良的《论穆旦的诗》、谢冕的《一颗星亮在天边：纪念穆旦》），附李方所撰《穆旦(查良铮)年谱简编》,周与良作《欣慰与感谢(代跋)》。

1997年1月 杜运燮、周与良、李方等人所编《丰富和丰富的痛苦:穆旦逝世20周年纪念文集》由北京师范大学出版社出版,初印1000册,收录评论文14篇、回忆文13篇。杜运燮作《编后记》。

1997年4月 曹元勇编穆旦诗文集《蛇的诱惑》由珠海出版社出版,列入李子云等主编的"世纪的回响"丛书,初印10000册,有《〈世纪的回响〉丛书序》(钱谷融)、《一个中国诗人(代序)》(王佐良)、《编后记》(曹元勇)。全书分两辑,第一辑为各时期的诗歌60首,第二辑为文论5篇、书信29通,为穆旦晚年书信的首次披露。

1998年3月 译著《罗宾汉传奇》由中国文学出版社出版,署穆旦、李丽君、杜运燮译,为英国人查尔斯·维维安的中篇小说,有《前言》(杜运燮作,1997年1月),全书131000字,初印5000册。

按,杜运燮在《前言》写道:这是穆旦的未竟之译作,是"为帮助其长女查瑗学习英语,随手翻译的初稿",当年翻译了26章中的15章。后来,周与良将译稿交给他,由李丽君和他陆续译出后11章,并由他"最后统一译名、统一文字风格等,因此对穆译的部分也略作了必要的改动"。此项工作至1990年完成。

1999年10月 中国现代文学馆编(梦晨编选)的《穆旦代表作》由华夏出版社出版,列入"中国现代文学百家"丛书;2000年此书以《穆旦文集》为名、2009年以《野兽:穆旦代表作》为名,由同一出版社出版。

2000年1月 周良沛编选《穆旦诗选》由长江文艺出版社出

版,列入其所编选的"中国新诗库"第 8 集。2003 年 3 月出版单行本。

2000 年 7 月 《穆旦诗集》由人民文学出版社出版,列入"百年百种优秀中国文学图书",为 1947 年版《穆旦诗集》的重排本;2001 年 1 月,列入"新文学碑林"丛书出版;2020 年,列入"中国现代名家诗集典藏"丛书出版。

2002 年 5 月 1 日 穆旦夫人周与良逝世。

2003 年 9 月 21 日 穆旦四位子女查英传、查明传、查瑗、查平从美国和加拿大赶回北京,将父母骨灰合葬于万安公墓,共有查、周两家亲属及生前友好 50 余人参加。

2004 年 4 月 王宏印著《穆旦诗英译与解析》由河北教育出版社出版。

2004 年 10 月 陈伯良著《穆旦传》由浙江人民出版社出版;2006 年 9 月,该传修订版由世界知识出版社出版。

2005 年 10 月 八卷本《穆旦(查良铮)译文集》由人民文学出版社出版,初印 1000 册,收录了绝大部分的译著,周珏良的《穆旦的诗和译诗》为代序,各卷目录:一、《唐璜(上)》,二、《唐璜(下)》,三、《济慈诗选》《拜伦诗选》,四、《英国现代诗选》《布莱克诗选》《雪莱抒情诗选》,五、《普希金叙事诗选》《欧根·奥涅金》,六、《普希金抒情诗选(上)》,七、《普希金抒情诗选(下)》,八、《丘特切夫诗选》《朗费罗诗选》《罗宾汉传奇》。译著季摩菲耶夫的《文学原理》、别林斯基的《别林斯基论文学》以及一些零散的译著未收录其中。

书前列有"穆旦(查良铮)译文集顾问委员会"。名誉顾问为巴金。顾问为杜运燮、周与良、辛笛、唐湜、郑敏、袁可嘉、杨宪益、巫宁坤、杨苡、邵燕祥、李方、刘玉山。

2006年4月8—9日　"穆旦诗歌创作学术研讨会"在天津南开大学举行。出席会议的有申泮文、来新夏、郑敏、牛汉、屠岸、陈伯良、邵燕祥、查英传、查明传、查瑗以及国内学者共计60余人。详细情况参见罗振亚的《拓展·创新·交锋："穆旦诗歌创作学术研讨会"综述》(2006年)。

2006年4月　李方编选的两卷本《穆旦诗文集》由人民文学出版社出版,初印1000册。这是到当时为止最为翔实的穆旦作品集。

第1卷为诗,实录诗歌146首,周与良的《永恒的思念》作"代序";按穆旦生前所出版的三部诗集先后之序排列,其他诗歌列入"集外诗存"。较之《穆旦诗全集》,该版新增《一九三九火炬行列在昆明》《伤害》及12首诗的英译(自译),散文诗《梦》移至文卷,剔除了《绅士和淑女》及1976年的残诗《面包》,误收译自奥登的《法律像爱情》。

第2卷为散文、书信(多数为第一次披露)、日记(第一次披露),并有附录两类:一为评论文,录入杜运燮《穆旦著译的背后》、王佐良《谈穆旦的诗》、袁可嘉《诗人穆旦的位置》、谢冕《一颗星亮在天边(节选)》;二为李方的《穆旦(查良铮)年谱》。

李方作《编后记》。有"穆旦(查良铮)诗文集编委会 顾问委员会",名单如前。

2006年7月　《穆旦精选集》由北京燕山出版社出版,列入"世纪文学60家"丛书。

2007年1月　高秀芹、徐立钱著《穆旦:苦难与忧思铸就的诗魂》由文津出版社出版。

2007年4月28日　南开大学举行穆旦逝世30周年塑像落成仪式。塑像由南开大学文学院艺术设计系教师李军、薛义设计雕刻,坐落于范孙楼小花园中。塑像侧后方的围墙上铸有"诗魂"两个大字;底座前方刻有"春临南开,怀我穆旦,勒石造像,以为永怀",背面刻有《冬》中的诗句:"当茫茫白雪铺下遗忘的世界,/我愿意感情的激流溢于心田,/人生本来是一个严酷的冬天。"

2007 年 12 月 商瑞芹著《诗魂的再生:查良铮英诗汉译研究》由南开大学出版社出版。

2010 年 1 月 穆旦著、查明传等人所编《穆旦自选诗集1937—1948》由天津人民出版社出版,为 1948 年拟编订、但未最终定稿的《穆旦诗集》的整理出版稿,收录 1937—1948 年间的诗歌 80 首,附录《一个中国诗人》(王佐良)、《一颗星亮在天边》(谢冕),有《穆旦小传》、《后记》(查明传作)。

2010 年 12 月 易彬著《穆旦年谱》《穆旦与中国新诗的历史建构》由中国社会科学出版社出版。

2011 年 10 月 李怡编选的《穆旦作品新编》由人民文学出版社出版,列入"中国现代作家作品新编丛书"第 3 辑。

2011 年 10 月 诗选集《赞美·诗八首(穆旦卷)》由长江文艺出版社出版,列入"中外名家经典诗歌"丛书。2014 年 12 月,该书易名为《穆旦诗精编》,列入"名家经典诗歌系列"丛书再次出版。

2012 年 11 月 易彬著《穆旦评传》由南京大学出版社出版。

2013 年 1 月 李怡、易彬主编的《穆旦研究资料(上、下)》由知识产权出版社出版,列入"中国文学史资料全编·现代卷"丛书。

2014 年 6 月 《穆旦诗文集》(增订版)由人民文学出版社出版。该版体例同 2006 年初版,第 1 卷为诗卷,实录诗歌 152 首,新增《我们肃立,向国旗致敬》《祭》("在黑夜里,激起不断的吼声")、《失去的乐声》《X光》《记忆底都城》《歌手》,重新录入《绅士和淑女》,剔除《法律像爱情》。第2卷新增《山道上的夜——九月十日记游》《生活的一页》《抗战以来的西南联大》《从昆明到长沙——还乡记》《岁暮的武汉》《从汉口到北平》《回到北平,正是"冒险家的乐园"》等篇目。

2014年9月 段从学著《穆旦的精神结构与现代性问题》由人民出版社出版。

2017年6月 吴向廷著《穆旦诗歌的历史修辞》由华文出版社出版。

2018年4月4—6日 "纪念查良铮(穆旦)诞辰百年暨诗歌翻译国际学术研讨会"在南开大学外国语学院举行。

2018年4月 《穆旦诗文集》(第3版)由人民文学出版社出版。该版主要新增数种曾淑昭所提供的新材料及穆旦晚年致陆智常的书信等。

2018年4月 王宏印著《不朽的诗魂:穆旦诗解析、英译与研究》由南开大学出版社出版。

2018年8月 欧光安著《文言与白话:现代英汉翻译个案研究——以吴宓与穆旦为例》(英文版)由南开大学出版社出版。

2018年9月17—19日 "纪念穆旦诞辰百年学术研讨会"在中国人民大学文学院举行。

2018年10月 作品集《我看》由长江文艺出版社出版,列入"教育部新编初中语文教材拓展阅读书系"丛书。

2019年1月 《穆旦诗集》由人民文学出版社出版,简介称"收录了穆旦现行于世的所有诗歌作品",实录153首,有周与良的《永恒的思念(代序)》。

2019 年 5 月　易彬汇校的《穆旦诗编年汇校》由北京大学出版社出版。

2020 年 8 月　八卷本《穆旦(查良铮)译文集》由人民文学出版社出第 2 版。

2021 年 9 月　易彬著《一个中国新诗人——穆旦论集》(上下)由花木兰文化事业有限公司出版。

2022 年 9 月　《穆旦诗集手稿本》由人民文学出版社出版,为 1948 年拟编订但未最终定稿的《穆旦诗集》的再次整理版,有全部手稿(剪报)的影印,与整理稿逐页对应。

2022 年 11 月　李方编《穆旦说诗》由北京出版社出版。

主要征引文献

说明:

1. 为避繁琐,穆旦个人的各类文献(包括发表其作品的相关报刊)均从略。

2. 按编年体展开,以展现不同时间点穆旦相关文献的状况。具体排序以著作为先,论文为后;与穆旦直接相关的研究为先,其他研究为后。

(一) 各类论著

1924 年

于炳祥、寿昀、赵有三等:《最近之天津教育(十二年夏至十三年)》,《晨报附刊》,6 月 3 日至 10 月 13 日连载(按,非逐日刊载,其中关于天津城隍庙小学的内容,见 7 月 8 日)。

1929 年

南开中学校编辑:《私立天津南开中学一览》,10 月 17 日出版(未署出版机构)。

1946 年

陈达:《浪迹十年》,上海:商务印书馆。

1947 年

Robert Payne. *Contemporary Chinese Poetry*. London: Routledge.

1948 年

闻一多:《闻一多全集》,上海:开明书店。

教育部教育年鉴编纂委员会:《第二次中国教育年鉴·第六编 学术文化》,上海:商务印书馆。

黄裳:《锦帆集外》,上海:文化生活出版社。

1949 年

Robert Payne. *The White Pony: An Anthology of Chinese Poetry*. London: Allen & Unwin.

1950 年

唐湜:《意度集》,上海:平原社。

1951 年

亦门(阿垅):《诗与现实·第三分册(论现象)》,北京:五十年代出版社。

1960 年

毛泽东:《毛泽东选集·第四卷》,北京:人民出版社。

中国人民政治协商会议全国委员会文史资料研究委员会编:《文史资料选辑》第八辑,北京:中华书局。

1971 年

黄俊东:《云封雾锁的三四十年代文学》,香港《中国学生周报》第 992 期。

《温健骝的来函》,香港《中国学生周报》第 996 期。

1974 年

张曼仪、黄继持、黄俊东等编:《现代中国诗选》,香港:香港大学出版社、香港中文大学出版部。

1975 年

［美］塞缪尔·埃利奥特·莫里森等著,南开大学历史系美国史研究室译:《美利坚共和国的成长》(第一卷第一分册),天津:天津人民出版社。

胡燕青:《三呼冤(上)》,香港《诗风》第 39 期,8 月 1 日。

1978 年

杨生茂主编:《美国南北战争资料选辑》,上海:上海人民出版社。

［美］塞缪尔·埃利奥特·莫里森等著,南开大学历史系美国史研究室译:《美利坚共和国的成长》(第一卷第二分册),天津:天津人民出版社。

1979 年

北京大学等中文系中国现代文学教研室编选:《新诗选》(全3卷),上海:上海教育出版社。

杜运燮:《忆穆旦(查良铮)》,香港《新晚报·星海》,2 月 27 日。

樊帆(郭保卫):《茅棚下的樵夫:一个青年了解的穆旦(查良铮)晚年(上、下)》,《新晚报·星海》,11 月 13 日、20 日。

1981 年

辛笛等:《九叶集》,南京:江苏人民出版社。

清华大学校史编写组编著:《清华大学校史稿》,北京:中华书局。

董鼎总编辑:《学府纪闻:国立西南联合大学》,台北:南京出版有限公司。

杨生茂、冯承柏、李元良编:《美西战争资料选辑》,上海:上海人民出版社。

樊帆(郭保卫):《忆穆旦晚年二、三事》,《新港》第12期。

1982年

何迟:《何迟相声创作集》,北京:中国戏剧出版社。

1983年

中国人民政治协商会议沈阳市委员会文史资料研究委员会编辑:《沈阳文史资料·第4辑》。

1984年

木令耆编选:《八叶集》,三联书店香港分店、美国《秋水》杂志社。

萧乾编选:《杨刚文集》,北京:人民文学出版社。

于衡:《烽火五十年》,台北:皇冠出版社。

1985年

杜运燮:《忆冬青文艺社》,《云南师范大学学报》第1期。

1986年

西南联大校友会编:《笳吹弦诵在春城:回忆西南联大(第一集)》,昆明:云南人民出版社,北京:北京大学出版社。

中共中央党校党史研究班:《一二九运动史要》,北京:中共中央党校出版社。

南开大学校长办公室编:《张伯苓纪念文集》,天津:南开大学出版社。

林元:《一枝四十年代文学之花:回忆昆明〈文聚〉杂志》,《新文学史料》第3期。

1987年

杜运燮、袁可嘉、周与良编:《一个民族已经起来:怀念诗人、翻译家穆旦》,南京:江苏人民出版社。

杨苡编:《雪泥集:巴金书简》,北京:生活·读书·新知三联书店。

中共中央党史研究室:《中共党史大事年表》,北京:人民出版社。

1988 年

紫芹编选:《T·S·艾略特诗选》,成都:四川文艺出版社。

巴金等:《长河不尽流:怀念沈从文先生》,长沙:湖南文艺出版社。

北京大学校友会联络处编:《筑吹弦诵情弥切:国立西南联合大学五十周年纪念文集》,北京:中国文史出版社。

季羡林等:《外语教育往事谈:教授们的回忆》,上海:上海外语教育出版社。

袁可嘉:《论新诗现代化》,北京:生活·读书·新知三联书店。

刘文武:《穆旦学术讨论会在京举行》,《外国文学》第 4 期。

1989 年

杨志行、纪文郁、李信主编:《解放前南开中学的教育》,天津:天津教育出版社。

天津市南开中学印:《天津市南开中学建校八十五周年纪念专刊》(内部印刷)。

1990 年

唐湜:《新意度集》,北京:生活·读书·新知三联书店。

沈阳市人民政府地方志编纂办公室编:《沈阳市志·第十三卷》,沈阳:沈阳出版社。

辽宁省地方志办公室编:《辽宁省地方志资料丛刊·第 12 辑》。

朱乔森编:《朱自清全集·4》,南京:江苏教育出版社。

戴孝庆、罗洪彰主编:《中国远征军入缅抗战纪实》,重庆:西南师范大学出版社。

1991 年

清华大学校史室编:《清华大学史料选编·二(上、下)》,北京:清华大学出版社。

1992 年

张晋藩、海威等:《中华人民共和国国史大辞典》,哈尔滨:黑龙江人民出版社。

方敬:《回忆〈阵地〉》,《新文学史料》第 4 期。

1993 年

张闻博、何宇主编:《西南联合大学叙永分校建校五十周年纪念集(1940—1990)》(内部印刷)。

闻一多:《闻一多全集》(第 12 卷),武汉:湖北人民出版社。

巴金:《巴金全集》(第 22 卷、24 卷),北京:人民文学出版社。

范泉主编:《中国现代文学社团流派辞典》,上海:上海书店。

1994 年

张同道、戴定南主编:《20 世纪中国文学大师文库·诗歌卷》,海口:海南出版社。

王圣思选编:《九叶之树长青:"九叶诗人"作品选》,上海:华东师范大学出版社。

蒙自师范高等专科学校等编:《西南联大在蒙自》,昆明:云南民族出版社。

天津市南开中学印:《天津市南开中学建校九十周年纪念专刊(1904—1994)》(内部印刷)。

闻黎明、侯菊坤:《闻一多年谱长编》,武汉:湖北人民出版社。

袁可嘉:《半个世纪的脚印:袁可嘉诗文选》,北京:人民文学出版社。

朱浤源等访问、记录:《罗友伦先生访问记录》,台北:"中央研究院"近代史研究所。

[日]秋吉久纪夫著,荀春生译:《穆旦年表试稿》,《中国文化研究》夏之卷。

1995 年

李方:《穆旦早期佚诗二首及其笔名考》,《东岳论丛》第6期。

吴小如:《书廊信步》,沈阳:辽宁教育出版社。

1996 年

王圣思选编:《"九叶诗人"评论资料选》,上海:华东师范大学出版社。

孙致礼:《1949—1966:我国英美文学翻译概论》:南京:译林出版社。

徐丽松整理:《读郑敏的组诗〈诗人与死〉》,谢冕等主编:《诗探索》第 3 辑,北京:中国社会科学出版社。

1997 年

杜运燮、周与良、李方等编:《丰富和丰富的痛苦:穆旦逝世20 周年纪念文集》,北京:北京师范大学出版社。

杜运燮、张同道编:《西南联大现代诗钞》,北京:中国文学出版社。

何文发:《访书录》,香港《沧浪》第 8 期。

孙志鸣:《我所了解的诗人穆旦》,《黄河》第 5 期。

巫宁坤:《诗人穆旦的生与死》。按,此文为作者纪念穆旦逝世20周年而作,曾由穆旦纪念网发布,但相关链接已失效,现可见中国诗歌网2018年8月20日的发布(https://www.zgshige.com/c/2018-08-20/6940506.shtml)。

1998 年

北京大学、清华大学、南开大学等编:《国立西南联合大学史料》(6卷本),昆明:云南教育出版社。

吴宓著,吴学昭整理注释:《吴宓日记》,北京:生活·读书·新知三联书店。

吴小如:《心影萍踪》,上海:上海教育出版社。

云南省文学艺术界联合会、云南省地方志编纂委员会编撰:《云南省志 卷七十四 文学志》,昆明:云南人民出版社。

中国出版工作者协会书籍装帧艺术委员会编:《艺术之子曹辛之:曹辛之(杭约赫)纪念文集》,天津:天津教育出版社。

田伏隆主编:《星斗其文 赤子其人:忆沈从文》,长沙:岳麓书社。

杜运燮:《海城路上的求索》,北京:中国文学出版社。

周一良:《毕竟是书生》,北京:北京十月文艺出版社。

天津市南开中学编:《天津市南开中学》,北京:人民教育出版社。

唐德刚:《书缘与人缘》,沈阳:辽宁教育出版社。

王佐良:《怀燕卜荪先生》,刘洪涛、谢江南选编:《语言之间的恩怨》,天津:天津人民出版社。

康夫:《笔记〈穆旦诗全集〉》,香港《素叶文学》第64期。

马大任:《回忆抗战时期的重庆新闻学院——并怀念国防宣传史上的一群小兵》,台北《传记文学》第72卷第1期。

1999 年

张寄谦编:《中国教育史上的一次创举:西南联合大学湘黔滇旅行团记实》,北京:北京大学出版社。

崔国良、张世甲主编:《南开新闻出版史料(1909—1999)》,天津:南开大学出版社。

赵俪生:《篱槿堂自叙》,上海:上海古籍出版社。

周良沛:《神鬼之间》,济南:山东画报出版社。

辽宁省地方志编纂委员会办公室编:《辽宁省志·军事志》,沈阳:辽宁科学技术出版社。

姚丹:《"第三条抒情道路":新发现的几篇穆旦诗文》,《中国现代文学研究丛刊》第3期。

来新夏:《怀穆旦》,《中华读书报》12月22日。

2000 年

赵瑞蕻:《离乱弦歌忆旧游:从西南联大到金色的晚秋》,上海:文汇出版社。

杜运燮:《杜运燮60年诗选》,北京:人民文学出版社。

姚丹:《西南联大历史情境中的文学活动》,桂林:广西师范大学出版社。

郭小川著,郭晓惠执行编辑:《郭小川全集·9(日记)》,桂林:广西师范大学出版社。

唐湜:《来函十六封及说明》,《新文学史料》第2期。

[日]秋吉久纪夫著,荀春生译:《穆旦的诞生地:天津探访记》,阎纯德主编:《汉学研究》第5辑,北京:中华书局。

魏宏运:《从〈穆旦诗全集〉想起》,《南开周报》6月30日。

魏宏运:《忆南开的中国共产主义者同情小组》,《南开校友通讯》复第23期。

2001 年

杨宪益著,薛鸿时译:《漏船载酒忆当年》,北京:北京十月文艺出版社。

王泉根主编:《多维视野中的吴宓》,重庆:重庆出版社。

方惠坚、张思敬:《清华大学志》,北京:清华大学出版社。

清华大学校史研究室编:《清华大学九十年》,北京:清华大学出版社。

北京外国语大学外国文学研究所编:《王佐良先生纪念文集》,北京:外语教学与研究出版社。

郭晓惠等编:《检讨书:诗人郭小川在政治运动中的另类文字》,北京:中国工人出版社。

周良沛:《穆旦漫议》,《文艺理论与批评》第1期。

陈林:《穆旦研究综述》,《中国现代文学研究丛刊》第2期。

周与良:《地下如有知,诗人当欣慰》,谢冕等主编:《诗探索》第3—4辑,天津:天津社会科学院出版社。

2002 年

巫宁坤:《一滴泪》,台北:远景出版事业有限公司。

周一良:《钻石婚杂忆》,北京:生活·读书·新知三联书店。

鲲西:《清华园感旧录》,上海:上海古籍出版社。

金克木:《风烛灰》,北京:生活·读书·新知三联书店。

李开义、殷晓俊:《彼岸的目光:晚清法国外交官苏雅在云南》,昆明:云南教育出版社。

沈阳市文史研究馆:《沈阳历史大事本末·下》,沈阳:辽宁人民出版社。

杨苡:《淮海路淮海坊59号》,《文汇读书周报》3月1日。

易彬:《"他非常渴望安定的生活":同学四人谈穆旦》,《文汇读书周报》9 月 27 日（按，四人为杨苡、杜运燮、江瑞熙/罗寄一、郑敏）。

江弱水：《伪奥登风与非中国性：重估穆旦》，《外国文学评论》第 3 期。

张家林：《"同情组"和它的第一个小组纪实》，《南开校友通讯》复第 25 期。

邢建榕、周利敏：《新文艺出版社创办史料一组》，《档案与史学》第 3 期。

2003 年

王圣思：《智慧是用水写成的：辛笛传》，上海：华东师范大学出版社。

唐湜：《九叶诗人："中国新诗"的中兴》，上海：上海教育出版社。

李济生：《巴金与文化生活出版社》，上海：上海文艺出版社。

李致、李舒主编：《巴金这个人：献给中国当代文学大师巴金百年华诞》，成都：成都时代出版社。

李何林：《李何林全集·第 5 卷》，石家庄：河北教育出版社。

2004 年

陈伯良：《穆旦传》，杭州：浙江人民出版社。

刘淑玲：《〈大公报〉与中国现代文学》，石家庄：河北教育出版社。

刘福春：《新诗纪事》，北京：学苑出版社。

邵燕祥：《找灵魂——邵燕祥私人卷宗：1945—1976》，桂林：广西师范大学出版社。

华南理工大学名师《冯秉铨》编委会编：《冯秉铨》，广州：华南理工大学出版社。

舒乙:《巴老再捐四份手稿》,《大爱无边》,桂林:漓江出版社。

2005 年

北京大学诗歌中心、北京大学中文系编:《化雨集》,北京:人民文学出版社。

黄菊:《〈文聚〉研究》,硕士学位论文,西南师范大学。

汪致正主编:《巴金的两个哥哥》,北京:人民文学出版社。

刘福春:《中国当代诗歌编年史:1966—1976》,开封:河南大学出版社。

方惠坚等编著:《蒋南翔传》,北京:清华大学出版社。

徐庆全:《名家书札与文坛风云》,北京:中国文史出版社。

辽宁省地方志编纂委员会办公室编:《辽宁省志·报业志》,沈阳:辽宁人民出版社。

郭宏:《教育部长周荣鑫的最后岁月》,郭宏主编:《人物述往·上》,上海:上海辞书出版社。

巫宁坤:《人生本来是一个严酷的冬天:穆旦逝世二十周年祭》,《文汇读书周报》2 月 25 日。

李景端:《想起"九叶诗人"》,《文汇读书周报》3 月 18 日。

李方:《友谊的永恒鉴证:穆旦致巴金夫妇四封佚函勾沉》,《文汇读书周报》12 月 2 日。

唐振湘、易彬:《由穆旦的一封信想起……》,《新文学史料》第 2 期。

[韩]金素贤:《智者的悲歌:穆旦后期诗歌研究》,毛迅、李怡主编:《现代中国文化与文学》第 1 辑,成都:巴蜀书社。

郑敏、李润霞:《诗与哲学的起点:郑敏访谈》,北京大学中国新诗研究所编:《新诗评论》第 1 辑,北京:北京大学出版社。

2006 年

陈伯良:《穆旦传》,北京:世界知识出版社。

西南联合大学北京校友会编:《国立西南联合大学校史(修订版)》,北京:北京大学出版社。

吴宓著,吴学昭整理注释:《吴宓日记续编》,北京:生活·读书·新知三联书店。

杜运燮:《热带三友·朦胧诗》,北京:中国戏剧出版社。

王逊著,王涵编:《王逊学术文集》,海口:海南出版社。

陈明远:《知识分子与人民币时代》,上海:文汇出版社。

李光荣:《西南联大的后期文学社团》,《新文学史料》第1期。

易彬:《〈吴宓日记〉里关于查良铮(穆旦)的记载》,《新文学史料》第1期。

查明传:《在南开大学"穆旦诗歌研讨会"上的发言》(会议论文,4月8—9日)。

郑敏:《再读穆旦》;罗振亚:《拓展·创新·交锋:"穆旦诗歌创作学术研讨会"综述》,吴思敬主编:《诗探索(理论卷)》第3辑,长春:时代文艺出版社。

段从学:《回到穆旦的丰富性和复杂性》,北京大学中国新诗研究所编:《新诗评论》第1辑,北京:北京大学出版社。

胡续冬:《1957年穆旦的短暂"重现"》,北京大学中国新诗研究所编:《新诗评论》第1辑,北京:北京大学出版社。

易彬:《"他非常渴望安定的生活":同学四人谈穆旦》,北京大学中国新诗研究所编:《新诗评论》第2辑(按,此文与2002年发表于《文汇读书周报》的为同一访谈,但内容上有所增订)。

邹汉明:《作为诗人和翻译家的穆旦》,《嘉兴日报》7月

14日。

2007年

高秀芹、徐立钱:《穆旦:苦难与忧思铸就的诗魂》,北京:文津出版社。

闫苹、段建宏主编:《中国现代中学语文教材研究》,北京:文心出版社。

剑平:《查良铮先生的诗歌翻译艺术:纪念查良铮先生逝世30周年》,《国外文学》第1期。

王敦书:《王敦书教授谈治史》,《史学史研究》第1期。

张新颖:《穆旦在芝加哥大学:成绩单隐含的信息及其他》,《书城》第3期。

郭保卫:《再忆穆旦》,《新文学史料》第2期。

李方:《穆旦主持〈新报〉始末》,《新文学史料》第2期。

易彬:《穆旦的中学毕业时的纪念册》,《新文学史料》第2期。

李光荣:《高原文艺社始末及其意义》,《新文学史料》第2期。

李光荣、宣淑君:《冬青文艺社及其史事辨正》,《中国现代文学研究丛刊》第6期。

高波:《穆旦〈诗八章〉后的"隐情"》,《楚雄师范学院学报》第7期。

李光荣、宣淑君:《穆旦在南荒文艺社的创作》,《西南民族大学学报》第11期。

李章斌:《关于〈穆旦诗文集〉的纰缪和疏漏》,《博览群书》第12期。

2008 年

陈建功主编:《巴金文库目录》,北京:文化艺术出版社。

钱存训:《留美杂忆:六十年来美国生活的回顾》,合肥:黄山书社。

陈思和、李存光主编:《一双美丽的眼睛:巴金研究集刊卷三》,上海:上海三联书店。

冯承柏教授纪念集编委会编:《春思秋怀忆故人:冯承柏教授纪念集》,天津:南开大学出版社。

李光荣、宣淑君:《试论南湖诗社的组织与活动》,《红河学院学报》第 1 期。

易彬:《"穆旦"与"查良铮"在 1950 年代的沉浮》,《中国现代文学研究丛刊》第 2 期。

曹雪峰:《〈法律像爱情〉是译作:谈〈穆旦诗文集〉的一个纰漏》,《中国现代文学研究丛刊》第 6 期。

谷羽:《形神兼备精益求精:评查良铮译普希金抒情诗》,吴思敬主编:《诗探索(理论卷)》第 1 辑,北京:九州出版社。

陈越、解志熙:《人与诗的成长:穆旦集外诗文校读札记(附录:穆旦集外文六篇)》,郭英德主编:《励耘学刊(文学卷)》第 7 辑,北京:学苑出版社。

任知:《穆旦的天津已经没有了》,豆瓣读书,10 月 30 日发布(https://book.douban.com/review/1540271/)。

2009 年

沈从文:《沈从文全集(修订版)》,太原:北岳文艺出版社。

叶公平:《新发现的穆旦史料》,《中华读书报》8 月 12 日。

李章斌:《现行几种穆旦作品集的出处与版本问题》,《中山大学学报》第 5 期。

宣淑君：《文聚社的出版物》，《西南民族大学学报》第8期。

2010年

屠岸口述，何启治、李晋西编撰：《生正逢时：屠岸自述》，北京：生活·读书·新知三联书店。

吴俊、李今、刘晓丽等主编：《中国现代文学期刊目录新编》，上海：上海人民出版社。

冉春：《留学教育管理的嬗变》，济南：山东教育出版社。

易彬：《穆旦与巴金、萧珊夫妇交往年表》，陈思和、李存光主编：《五四新文学精神的薪传（巴金研究集刊·卷6）》，上海：上海三联书店。

易彬：《"穆旦"：作为翻译者的一面》，《现代中文学刊》第2期。

段从学：《穆旦与〈布谷〉副刊》，吴思敬主编：《诗探索（理论卷）》第1辑，北京：九州出版社。

北塔：《述论穆旦诗的英文翻译》，吴思敬主编：《诗探索（理论卷）》第2辑，北京：九州出版社。

王贺：《牛汉、冯振乾与海星诗社》，吴思敬主编：《诗探索（理论卷）》第4辑，北京：九州出版社。

解志熙：《一首不寻常的长诗之短长：〈隐现〉的版本与穆旦的寄托》、解志熙辑校：《穆旦长诗〈隐现〉初刊本校录》；陈越：《再从军路上的〈还乡记〉：查良铮（穆旦）佚文四篇》、陈越辑校：《〈还乡记〉：查良铮（穆旦）佚文四篇》；李怡：《认识"新诗现代化"的重要文献：关于穆旦翻译的两篇西方现代诗论》，北京大学中国新诗研究所主编：《新诗评论》第2辑，北京：北京大学出版社。

段从学：《查良铮（穆旦）译本〈唐璜〉的注释问题》，《现代语文（文学研究）》第11期。

2011 年

刘小荣:《1966—1976 年的天津》,北京:中共党史出版社。

易彬:《政治理性与美学理念的矛盾交织:对于闻一多编选〈现代诗钞〉的辩诘》,《人文杂志》第 2 期。

马绍玺:《穆旦轶诗〈记忆底都城〉与"文聚丛刊"》,《中国现代文学研究丛刊》第 5 期。

2012 年

易彬:《穆旦评传》,南京:南京大学出版社。

[美]易社强著,饶佳荣译:《战争与革命中的西南联大》,北京:九州出版社。

易彬:《年谱材料的误用与谱主形象的塑造:对于〈艾青年谱长编〉的批评》,《中国现代文学研究丛刊》第 12 期。

2013 年

李怡、易彬主编:《穆旦研究资料(上、下)》,北京:知识产权出版社。

谢华编著:《中国报纸创刊号图史·第 8 卷》,哈尔滨:哈尔滨出版社。

张绍祖主编:《近代天津教育图志》,天津:天津古籍出版社。

侯祥麟、罗沛霖、师昌绪等口述,王德禄、杜开昔访问,王德禄、高颖、程宏等整理:《1950 年代归国留美科学家访谈录》,长沙:湖南教育出版社。

查良铮著,刘奎辑校:《抗战以来的西南联大》,谢冕、孙玉石、洪子诚主编:《新诗评论》2012 年第 2 辑,北京:北京大学出版社。

王若明、王若移、马扬生等:《昆明〈华侨书店〉风云录(1941 年 4 月—1952 年 8 月)》(内部印刷)。

乔红、易彬:《〈南开高中学生〉与穆旦的成长》,吴思敬主编:《诗探索(理论卷)》第 1 期,桂林:漓江出版社。

李秀芳:《社会主义改造中的平明出版社》,《扬子江评论》第 1 期。

陈玉兰:《海宁查氏与天津查氏关系论》,《浙江社会科学》第 7 期。

2014 年

林徽因著,梁从诫编:《林徽因集:小说·戏剧·翻译·书信》,北京:人民文学出版社。

金永兵:《后理论时代的中国文论》,北京:文化艺术出版社。

王鹏程、鲁惠显:《穆旦西南联大时期佚文及〈隐现〉的最初版本》,《现代中文学刊》第 1 期。

宫立:《穆旦质疑清华课程设置》,《东方早报·上海书评》8 月 10 日。

2015 年

王洞主编,季进编注:《夏志清夏济安书信集:卷一》,香港:香港中文大学出版社。

魏宏运:《魏宏运自订年谱》,北京:商务印书馆。

费建钧:《统计人生之路》,石家庄:河北人民出版社。

余子侠、冉春:《抗日战争时期中国教育研究》,北京:团结出版社。

尹广学主编:《中华经典诗文诵读·第五卷》,济南:山东友谊出版社。

易彬、杨艺媛:《穆旦集外文五种》,《长沙理工大学学报》第 2 期。

林建刚:《穆旦情诗中的隐秘情人》,"腾讯·大家专栏",11

月 25 日首发。

2016 年

冯雪峰:《冯雪峰全集》,北京:人民文学出版社。

洪子诚:《材料与注释》,北京:北京大学出版社。

《辽宁报业通史》编纂委员会编:《辽宁报业通史(1899—1978)·上》,沈阳:辽宁人民出版社。

吴钧陶:《云影》,上海:上海辞书出版社。

凌孟华:《〈穆旦诗文集〉增订本增补散文求疵》,《广播电视大学学报》第 2 期。

易彬:《从新见材料看回国之初穆旦的行迹与心迹》,《扬子江评论》第 5 期。

洪子诚:《当代文学的史料问题》,《长沙理工大学学报》第 6 期。

陈子善:《周班侯时代的上海》,上海书评,3 月 13 日。

2017 年

李万华口述,徐悦整理:《南开忆往》,天津:南开大学出版社。

杨令侠、朱佳寅:《中国世界史学界的拓荒者:杨生茂先生百年诞辰纪念文集》,天津:南开大学出版社。

吴兴华:《风吹在水上:致宋淇书信集》,桂林:广西师范大学出版社。

蔡斐:《重庆近代新闻传播史稿:1897—1949》,重庆:重庆出版社。

易彬:《集外文章、作家形象与现代文学文献整理的若干问题:以新见穆旦集外文为中心的讨论》,《文学评论》第 4 期。

陈子善:《短文一束》,《点滴》第 6 期。

王锡荣:《虽是交代材料,也有史家品格:从〈冯雪峰全集〉收入"交代材料"谈起》,《文汇报》1月17日。

2018 年

周骥良:《百年周家》,天津:天津人民出版社。

周景良等:《可居室藏周叔弢致周一良函》,广州:广东人民出版社。

中国人民政治协商会议天津市委员会文史资料委员会编:《天津文史资料选辑·第130辑》,天津:天津人民出版社。

子张:《穆旦与郭小川在1957年前后的交往》,《长沙理工大学学报(社会科学版)》第2期。

易彬:《个人写作、时代语境与编者意愿:汇校视域下的穆旦晚年诗歌研究》,《中国现代文学研究丛刊》第3期。

易彬:《捐赠、馆藏与作家研究空间的拓展:从中国现代文学馆所藏多种穆旦资料谈起》,《文艺争鸣》第11期。

李方:《穆旦佚诗信笺考订》,《新文学史料》第4期。

司真真:《穆旦佚文七篇辑校》,《新文学史料》第4期。

王天红:《穆旦诗歌英译述评(1946—2016)》,《新文学史料》第4期。

陈琳、杨新宇:《穆旦的集外文〈怀念昆明〉》,《现代中文学刊》第6期。

汤志辉:《新发现穆旦早年佚文〈笑话〉》,《文汇读书周报》4月16日。

杨新宇:《穆旦佚文〈从长沙到武汉〉》,《文汇读书周报》5月21日。

2019 年

南开大学校史研究室编著:《南开大学简史:1919—2019》,

天津:南开大学出版社。

王岫庐:《穆旦时论翻译佚作钩沉(1943—1944)》,《中国现代文学研究丛刊》第 4 期。

李煜哲:《从"苦难"到"祭歌":穆旦的缅战经历叙述之变——从穆旦集外文〈苦难的旅程——遥寄生者和纪念死者〉说起》,《现代中文学刊》第 3 期。

易彬:《穆旦的"爱情"与爱情诗的写作:从新见穆旦与曾淑昭的材料说起》,《现代中文学刊》第 3 期。

易彬:《"自己的历史问题在重新审查中":坊间所见穆旦交待材料评述》,《南方文坛》第 4 期。

易彬:《中国现代文学馆所藏穆旦手稿资料两种辑录》;司真真:《穆旦译文三篇辑存》,李怡、毛迅主编:《现代中国文化与文学》第 29 辑,成都:巴蜀书社。

李光荣:《西南联大冬青文艺社的中期》,《社会主义论坛》第 5 期。

2020 年

许渊冲:《西南联大求学日记》,北京:中译出版社。

操乐鹏:《平明出版社的文学译介与出版活动考释》,《文艺理论与批评》第 1 期。

凌孟华:《填补穆旦缅印从军经历空白的集外文两篇(附录:光荣的远征、国军在印度)》,《中国现代文学研究丛刊》第 4 期。

易彬:《诗艺、时代与自我形象的演进:编年汇校视域下的穆旦前期诗歌研究》,《中国现代文学研究丛刊》第 4 期。

易彬:《"最大胆的,往往就是最真实的":从新见穆旦 1950 年代中期的两封信说起》,《文艺争鸣》第 5 期。

解志熙:《〈"蝗灾"〉及其他:穆旦散文译文拾遗》,《广州大学学报》第 5 期。

冯跃华:《"穆旦纪念文集"中的史料问题》,《长沙理工大学学报》第 6 期。

2021 年

子仪:《陈梦家先生编年事辑》,北京:中华书局。

马芳若:《马芳若日记》,四礼堂刊(内部印刷)。

刘子凌:《诗人的"舞台感":新见穆旦集外佚文〈两种人〉简论》,《中国现代文学研究丛刊》第 4 期。

杨新宇:《〈穆旦诗编年汇校〉的意义:兼谈新发现的穆旦笔名》,《书屋》第 10 期。

2022 年

穆旦:《穆旦诗集手稿本》,北京:人民文学出版社。

李赋宁:《我的英语人生:从清华到北大》,北京:商务印书馆。

黄德海:《读书·读人·读物:金克木编年录》,北京:作家出版社。

陈丹:《20 世纪 50 年代归国留美学人:困境、组织与贡献》,北京:中央编译出版社。

曹凌云:《生为赤子:唐湜与他的文友们》,沈阳:春风文艺出版社。

易彬:《作家传记文献搜集与考订的难题:从穆旦翻译美国史资料说起》,《南方文坛》第 2 期。

2023 年

杨苡口述,余斌撰写:《一百年,许多人,许多事:杨苡口述自传》,南京:译林出版社。

2024 年

冯昕:《"日日谈"篇目辑录与穆旦〈新报〉经历再探》,李怡、毛迅主编：《现代中国文化与文学》第 48 辑，成都：巴蜀书社。

杨苡口述，余斌撰文：《穆旦在南京，1948》，《南方周末》9 月 5 日第 C21、C24 版。

(二)档案材料

1. 南开大学档案馆馆藏人事档案查良铮卷

《回国留学生工作分配登记表》，1953 年 2 月 21 日。

《高等学校教师调查表》，1953 年 6 月。

《履历表》，1955 年 10 月。

《历史思想自传》，1955 年 10 月。

《我的历史问题的交代》，1956 年 4 月 22 日。

《思想小结》，1958 年 10 月。

《干部简历表》，1959 年 4 月 19 日。

《干部履历表》，1965 年。

2. 南开大学档案馆馆藏相关档案

《南开大学人事室南开大学有关教师调动卷》，1953 年 1 月—11 月。

《南开大学关于"外文系事件"的有关材料》，1954 年 3 月—1955 年 4 月。

《南开大学教职工名册》，1953 年 11 月。

《南开大学关于院、系、专业调整、增设、机构建立、人员编制等方面的材料》，1955 年。

《南开大学关于开展学术讨论和批判的决议、总结、情况报告等及有关外文系事件的总结报告》，1955 年 5 月—1956 年 5 月。

《南开大学教职工名册》，1958 年 5 月。

《南开大学教职员工、教学辅助员名册》,1961年。

《南开大学五反办公室(对各部、处批评意见转递表)》,1964年10月16日—12月24日。

《南开大学农村四清办公室(参加四清师生、干部登记表)》,1965年10月—11月15日。

3. 坊间所传穆旦及妻子周与良的档案类材料

周与良:《回国留学生登记表》,1953年1月15日。

查良铮:《回国留学生登记表》,1953年1月16日。

查良铮:《回国留学生登记表》(回字第938号),1953年2月21日。

查良铮:《回国留学生工作分配登记表》(回字第938号),1953年2月21日。

周与良:《回国留学生登记表》(回字第938号),1953年2月21日。

周与良:《回国留学生工作分配登记表》(回字第938号),1953年2月21日。

周与良、查良铮夫妇致人事部函,1953年4月14日。

查良铮:《学习主席思想,加紧改造自己》,1966年1月。

查良铮:《思想检查》,1968年5月1日。

查良铮:《最近的学习和劳动感想》,1968年5月27日。

查良铮:《交待材料》,1968年7月7日。

查良铮:《关于刘兰溪》,1968年7月16日。

查良铮:《我的罪行交待》,1968年10月2日。

查良铮:《交待问题》,1968年10月9日。

查良铮:《关于"新报"》,1968年10月28日。

查良铮:《关于何国柱和我》,1968年11月21日。

查良铮:《关于新报》,1968年12月10日。

查良铮:《关于查良钊》,1968年12月6日。

查良铮:《关于何怀德》,1968年12月7日。

查良铮:《关于何怀德》,1968年12月8日。

查良铮:《关于沈阳新报》,1968年12月23日。

查良铮:《关于方应阳》,1968年12月28日。

查良铮:《清算我的"民主个人主义"教育及其余毒彻底改造世界观》,1969年1月。

查良铮:《关于张金刚》,1969年1月11日。

查良铮:《关于李振江》,1969年1月31日。

查良铮:《交待材料(杨嘉)》1969年1月31日。

查良铮:《关于一张像片的交待》1969年2月1日。

查良铮:《关于褚世昌》,1969年2月5日。

查良铮:《关于傅琴》,1969年2月5日。

查良铮:《关于陈曼宜》,1969年2月7日。

查良铮:《关于徐露放和新报(补充材料)》,1969年2月8日。

查良铮:《关于周珏良》,1969年2月9日。

查良铮:《关于陈达夫》,1969年2月11日。

查良铮:《关于林开鑑》,1969年2月16日。

查良铮:《关于王敬宇》,1969年2月23日。

查良铮:《关于新报》,1969年3月7日。

查良铮:《关于新报》,1969年3月10日。

查良铮:《关于新报》,1969年3月22日。

查良铮:《关于长春新报》,1969年3月24日。

查良铮:《我对群众的态度》,1969年3月27日。

查良铮:《关于李德怀》,1969年3月26日。

查良铮:《关于王正宪》,1969年3月29日。

查良铮:《全面交待我的罪行》,1969年3月29日。

查良铮:《关于董言声》,1969年4月8日。

查良铮:《关于裘海亭》,1969年4月12日。

查良铮:《关于新报》,1969年4月16日(说明,此件内容是关于《新报》的,但未见标题,依前例,此处亦以《关于新报》名之)。

查良铮:《外语人员调查表》,1973年7月20日。

4. 坊间所传相关(档案类)材料

广东省人民政府文教厅关于查良铮、周与良的函(两封),1953年1月17日。

中央人民政府高等教育部学校人事司关于查良铮、周与良的函,1953年2月20日。

中央人民政府高等教育部致中央人事部的函,1953年3月6日。

由中央人民政府人事部第三局签发关于查良铮、周与良夫妇的《回国留学生分配工作意见签》(编号分别为133、132号),1953年4月6日。

高教部学校人事司致南开大学函(高人发446号),1953年4月10日。

中央人民政府人事部第三局二科签发的文件(发文乙字2516号),1953年4月22日。

中央人民政府高等教育部学校人事司致中央人事部三局的函,1954年10月16日。

中央人民政府人事部第三局致天津南开大学人事科的函,

10月30日。

《体格检查结果》(单位:图书馆),1962年3月22日。

5. 坊间所传"南开大学图书馆档案(三 人事)",时间为1959年至1963年12月底

《查良铮被管制期间主要表现情况及处理意见》,1961年11月22日。

关于"请批示查良铮的工资级别问题"的报告,1962年2月22日。

《关于查良铮的工资级别问题的报告》,1962年6月28日。

《定员表》,1962年7月。

《下放进行劳动锻练的干部统计表》,1963年9月。

《1950年以来高等学校毕业生的干部分布及所学科类年报表》,1963年11月22日。

《解放后从资本主义国家回国留学生调查表》,未具日期。

(三)未刊稿

查良铃、刘慧:《查良铮之母与京郊一农家半个世纪的情谊》(刘慧提供)。

刘慧:《忠厚善良、俭朴为本的外公》(刘慧提供)。

杨苡致本谱作者的信(2002年7月5日)。

杨苡致陈伯良的信(2005年1月28日)、李德纯致陈伯良的信(2005年3月12日),陈伯良提供(2007年7月5日)。

(四)相关谈话

2004年10月17日,与杨苡的谈话(南京)。

2006年4月9日,与邵燕祥的谈话(天津)。

2006年4月10—11日,与申泮文的谈话(天津,其中,10日的谈话查英传、查瑷在场)。

2006年4月10—12日,与查英传、查明传的谈话(天津)。

2006年4月11日,与冯承柏的谈话(天津)。

2006年4月12日,与魏宏运、王黎夫妇的谈话(天津,查英传与南开大学文学院李润霞在场)。

2006年4月13日,与王端菁、李万华夫妇的谈话(天津,李润霞在场)。

2006年4月14日,与刘慧的谈话(北京)。

2007年5月27日,与张烱的谈话(长沙)。

后　记

年谱是关于时间的书。或许也可以说,时间掌握了本书的写作。

说起来,洪子诚老师为本书作序并发表已经是2018年的事情了,此后几次见到洪老师,他都关切地询问出版进展(用玩笑的口吻说:"书还不出版啊,不会坑我吧?")。或许有些奇怪的是,此书初版于2010年(中国社会科学出版社),而从着手修订、到预告、再到现在已有七八年的时间了,似乎也没有特别的紧迫感。人到一定的年龄、又杂事相扰固然是原因,更主要的,还是因为文献的不断涌入——单就预告出版以来,档案类文献有较大批量的出现,而随着各类数据库的普及,新文献的发掘也不在少数,其中有些或可归为此前的遗漏,比如说关于《新报》时期的编辑活动与写作情状的梳理;而更多的,是此前较少或从未进入视野的文献——在强大的搜索引擎下,如鬼魅般纷纷浮现出来。如此这般,书出得慢固然会带来一些沮丧感,但文献有进一步的完善却是显而易见的(相关经验与问题,当专门撰文述及)。

在书稿进入二校的时候,又读到了穆旦当年的友人杨苡先生的口述——继口述著作《一百年,许多人,许多事:杨苡口述自传》(余斌撰写,2023年)之后,又有了新的篇章《穆旦在南京,1948》(《南方周末》公众号2024年7月10日推送,纸版9月5日方见刊)。二十多年前——2002年,我有机会采访杨苡先生(又因为她的热情张罗,采访到了杜运燮、江瑞熙等人),并保持了数年的通信。对照之,不难发现有的说法与当年相重叠,更多的是新内容,而最引人注目的应该是杨苡与穆旦的关系。先后都有人发来链接询问其中关于穆旦的爱情故事是否可靠,我给出的看法是:有一些细节可以在穆旦的相关文献中找到佐证,或可藉此展开某种辨诘(纠正),有的则是独此一家,无从找到相关的线索(2002年的时候,当事人之一的江瑞熙倒是还健在)。或许可以说,相比于今日读者惊讶于杨苡先生对于往事的沉湎以及其中一些饶有意味的细节,我倒是有些好奇时间所留下的缝隙,即间距二十年的两种口述中围绕穆旦恋爱这件事所出现的主角偏离——更确切地说,是新主角的出现。无论如何,新内容自然有必要编入年谱的,而关于口述、记忆等方面的话题,确也可待讨论。

稍早一点点,还没有收到校对稿的时候,某次和学生一起去省图书馆,要查看缩微胶卷,机器却无法正常使用,略感沮丧之际,看到一位查阅资料的长者几乎把身子都凑到显示器上去了,忍不住打了一个招呼。后来知道,老人已八十岁,是一位中学退休老师,他看的是数字化版的湖南《大公报》,要找的是他父亲的材料——线索却非常渺茫。照他说,父亲只是一个普通人,当年为家乡做了一些好事,受到称道。《大公报》主编李抱一写过一篇家乡的三位有为青年的报道,其中就有他父亲。他已经翻过李抱一的书,里边没有收录,就想着到李抱一主编的《大公报》看看有没有线索,但在省图已经三天,没有任何收获。当时一听,就想着且先放下手里的活吧,看看能不能帮上什么忙(不就是搜资料嘛,一天到晚干的不就是这种活儿么,再说,搜谁的资料不是搜呢!)。从老人所提供的信息,很快就在1934年出版的《礼拜六》第556期搜到了一条,也是唯一的一条,是他父亲一封信函的手稿影印。老人很惊讶,怎么这么快就找到了!一时之间也没法给他解释(对文献工作者而言,这有什么诀窍呢,在数据库里搜就是嘛,这个数据库没有,那就再试试另一个),老人后来还想让查查他祖父的资料,几番搜索,发现有重名,没有确切的信息。这样很快到了闭馆的时刻,各自分开。说起来,这原本是稀松平常之事,只是因为当时就写下一篇公号文《图书馆偶遇》,且在结尾有感慨:"怎么说呢,我们为一个重要的文学家——原本并不相干的人而来,他为他的父亲——一个没有多大名气的人而来,算是各得其所吧。历史总有它的记载方式和存在理由,而工作意义之大小,或有无,首先全在于个人的意愿。"所以,一并记录在这里,作为文献搜集的插曲,一条时间的印痕;同时也是提醒自己,对于散落在时间深处的历史人物与相关文献,不管看起来是否重要,都要审慎对待——对于年谱这些琐细的工作而言,尤其如此。实际上,《穆旦年谱》中的一些人物线索,如董庶、王逊、方应旸(宇晨)等,都值得细细讲述。

与本书同期出版的,还有《彭燕郊年谱》和《幻想底尽头——穆旦传》。这三本都是基于大量文献而写就的书,看起来是有些凑巧,其实交稿时间原本是有间隔的,且关于穆旦的两本书是修订再版,而《彭燕郊年谱》是新版;不过,放到二十年的研究历程来看,也不妨说是一次阶段性的集中呈现,显示了本人在目前阶段的关注重心和对于文献、历史的看法。后两书的"后记",在述及研究历程时有过一些相互指涉,也曾描摹研究工作的甘苦,这里再饶舌已无必要。只是惟其如此,写这篇后记时难免带着一种比较复杂的心情,并不完全是因为逝去的生命岁月,也有不足为外人道的原因。

二十余年走来,很多师友给过热情的帮助、支持和鼓励,这是一直铭感在心的。前两书的"后记"致谢了很多师友以及相关刊物,基于互文的考虑,这里就简略些吧,不再一一述及,而只想再补充几位,即赵国忠老师、刘训练教授以及年轻的译者吕鹏,谢谢你们提供文献、线索,或帮助解决疑难问题。当然,我最尊敬的学者洪子诚老师拨冗为本书作序,这是要特别感谢的。也要感谢洪治纲教授热情邀约,使本书有机会列入"浙江现代文学名家年谱"书系——也让生于天津、但一直将"浙江海宁"填入相关材料的籍贯栏的穆旦有机会回到"原籍";还要感谢浙江大学出版社、特别是吴心怡女史为本书出版所做的细致工作。

洪子诚老师在序文中谈及相关印记"可能消蚀而难以辨认,甚至湮没遗忘",而年谱这样的历史研究工作就是"'抵抗'这种湮没与遗忘",因为"我们生活在有意加速遗忘,和享乐性的无意失忆交错的时间里"。其结尾又引述了臧棣的诗句:"凡可归入结局的,都还不是真相",这些都是颇有意味的论断,《穆旦年谱》有机会再次出版,即显示了时间的效力,但毫无疑问,这远非"结局",而如何穿过文献的层堆与历史的迷雾去探求所谓"真相",也是一项无止境的工作。

1976年5月25日,穆旦在给旧友董言声的信中写道:"可惜我们只能看廿世纪的事,廿一世纪就于我们无关了。一千年以后更与我们无关,那时的人看我们,一定觉得可笑又可怜,而且也将没有任何人知道我们曾经活在这世上。所以,咱们这么多思虑,终于也是无结果而终。"穆旦晚年的书信,写给董言声是最为动情的。似乎一俟接到董言声的信，穆旦就很容易沉浸到往事回忆，且多有人生虚无的感慨。尤为真切地应和了郑敏在《诗人与矛盾》(1987)中对于晚年穆旦的评价："一个能爱，能恨，能诅咒而又常自责的敏感的心灵在晚期的作品里显得凄凉而驯服了。"而这部年谱，作为自认是"可笑又可怜"的穆旦和他的朋友、他的时代"曾经活在这世上"的见证，愿能告慰那颗受难的心灵，也愿它能遇到更多的读者。

2024 年 10 月 28 日